小平 您好

王朝柱 著

中国青年出版社

目　录

前言

一、创作缘起

邓小平，是中国人民的儿子，是我国改革开放的总设计师，是二十世纪中华民族的第三位伟人。

二〇〇四年八月二十二日，是邓小平一百周年诞辰。作为文艺工作者，应该大书特书邓小平所建树的丰功伟业。那时，我五易其稿，为中央电视台写了一部二十集电视剧《邓小平》。遗憾的是，因故未能在庆祝邓小平诞辰一百周年时播出。为此，我重负在身，为对不起一代伟人邓小平而抱憾终生。

中国共产党第十七届代表大会闭幕不久，有关领导同志请人转告我，二〇〇八年十二月是党的十一届三中全会召开三十周年，中央决定借此隆重庆祝改革开放三十周年，希望我在原电视剧《邓小平》的基础上进行加工、修改、重拍。同时，要求我能立即投入创作，为未来拍摄争取时间。

我听了传达以后，当即燃起重新修改《邓小平》的创作激情。接着，我根据领导对修改剧本的要求，调阅了华国锋、叶剑英、李先念、汪东兴等当事人的材料，和有关的领导、专家进行论证之后，遂进入剧本的修改。

不久，赵化勇、胡恩、李汀等同志相继找到我，传达了吉炳轩同志要求重新拍摄《邓小平》由我任编剧的指示；接着，吉炳轩同志于二〇〇七年十二月二十一日召开座谈会，正式宣布重拍电视剧《邓小平》。作为编剧，我只有把热爱邓小平的情感化做修改电视剧《邓小平》的创作热情，遂开始了夜以继日的剧本修改。

二、写什么

邓小平是中共第一代领导集体的重要成员，是中共第二代领导集体的核心。如果没有改革开放，邓小平在历史上的地位绝不会超过周恩来。

因此，电视剧本《邓小平》应该写属于邓小平的改革开放的伟大时代。

邓小平的改革开放的伟大时代从什么时候算起呢？对此，邓小平讲了如下这段话："说到改革，其实在一九七四年到一九七五年我们已经试验过一段。一九七三年周恩来总理病重，把我从江西'牛棚'接回来，开始时我代替周总理管一部分国务院的工作，一九七五年我主持中央常务工作。那时的改革，用的名称是整顿，强调把经济搞上去，首先是恢复生产秩序。凡这样做的地方都见效。不久，我又被'四人帮'打倒了。我是'三落三起'。一九七六年四五运动，人民怀念周总理，支持我的也不少。这证明，一九七四年到一九七五年的改革是很得人心的，反映了人民的愿望。"

因此，电视剧本《邓小平》就应当按照邓小平自述的这段话来写，即从一九七三年出山写起。

三、怎么写

邓小平和他的时代距离今天实在是太近了！加之有争议的政治事件、政治人物也太多了，写什么，不写什么；写谁，不写谁，都是十分敏感的事情。为此，我们确定了几条原则：

1.严格遵守有限的政治空间。换句话说，当初电视剧本《邓小平》所写的政治事件和出场人物，是经过中央文献研究室的领导和专家确定的；如今，修改剧本所写的政治事件和出场人物，是根据有关领导的指示确定的。鉴于该剧主题重大、史诗品格，以及有关领导部门不写活着亲属的指示精神，只能采用宏大叙事的载体。

2.放手去作无限的艺术文章。电视剧本《邓小平》调动一切艺术的手段，严格遵照艺术创作的规律，把历史的真实转化成艺术真实。简之，电视剧本《邓小平》所写的事件是典型化的环境，所写的人物是典型化的艺术形象。就这个意义上讲，即使是尚在人世的真人也不要对号入座。

3.电视剧本《邓小平》是以主人公邓小平为主线的传记体的作品。因此，剧本中的政治事件和政治人物的取舍完全是服务于主人公邓小平的。另外，有些重要的政治事件不能采用戏剧手法处理，只好由其他当事人交待；有很多重要的政治会议不能采用艺术办法来处理，只好采用画外音来交待了。

4.电视剧本《邓小平》不是那种严格的编年体的作品。尤其是在十一届三中全会之后的内容，基本上是以事件为中心进行创作的。

四、我要讲的话

五年前，我动手写二十集电视剧《邓小平》的时候，曾经得到了众多领导、专家的帮助，我在剧本的前言中写下了真诚的感谢；这次我在该剧的基础上改写二十六集电视剧《邓小平》的时候，同样又得到了众多领导、专家的帮助。特别要说明的是：主管部门的领导数度召开座谈会，并成立了具有相当权威性的顾问小组和以中央电视台台长赵化勇为组长、副台长胡恩为常务副组长、李培森为副组长的领导小组，为确保电视剧《邓小平》准时完成拍摄任务提供了强有力的保障。

我在上述领导、专家的帮助下，如期完成了二十六集电视剧《邓小平》的写作任务。该剧顾问小组成员逄先知、金冲及、王兆海、杨伟光、李准、仲呈祥、李京盛，以及“重大革命和历史题材影视创作领导小组”成员张琦、王福成、章壮沂等立即进行审阅，及时地举行了隆重的研讨会。与会领导、专家十分热情地肯定了剧本，并建议立即筹拍。同时，也提出了一些具体的修改意见和建议。对此，我是心存感激的！

接着，我告别忙着过春节的妻子和女儿来到郊外，昼夜笔耕不息，再次完成了二十六集电视剧《邓小平》的修改。

邓小平领导改革开放是艰难的，写作电视剧本《邓小平》和修改《小平 您好》也是十分困难的。我希望这部电视剧《小平 您好》为世纪伟人邓小平添彩，为改革开放增辉！

二〇〇八年元月十八日于香山

二〇〇八年二月十八日于香山

第一集

江西新建县　小平小道　外　日——

一道闪电，引来一声惊雷，炸裂低空翻滚的云海怒涛，引来如注的急风暴雨。

窄窄的“小平小道”坑洼不平，积满的雨水向两边流去。

邓小平一手撑着雨伞，一手挽着卓琳，他们迎着风雨，踏着泥水，沿着“小平小道”艰难地走来。

低沉的画外音：“一九七一年九月十三日，林彪偕妻子叶群、儿子林立果乘坐三叉戟飞机仓皇出逃，遂上演了折戟沉沙，摔死在蒙古温都尔汗的好戏！这时的邓小平同志仍然没有人身自由，继续在江西省新建县拖拉机修造厂劳动，天天走在这条被后人叫做‘小平小道’的道路上……”

邓小平和卓琳停在风雨中的“小平小道”上，伸出右手抹了一把脸上的雨水，向着风雨如注的远天望去。只见：

又是一道立闪，又是一声惊雷，响彻大雨织就的天空。

中南海　毛泽东的书房　内　夜——

毛泽东坐在沙发上，十分吃力地看着手中的文件。

吴秘书引周恩来、叶剑英走进来：“主席，总理和剑英同志到了。”

毛泽东下意识地站起，身体一晃，险些栽倒。

周恩来、叶剑英疾步向前，扶住毛泽东。

毛泽东逞强地推开周恩来和叶剑英。

周恩来：“主席，坐着谈吧！”

毛泽东倔强地：“不！我还不到‘廉颇老矣，尚能饭否’的年龄嘛，一定要站着谈！”

周恩来：“主席，关于撤销军委办事组、成立由叶剑英同志主持的军委办公会议的通知看过了吧？”

毛泽东：“看过了。剑英同志！”

叶剑英:“主席!”

毛泽东:“你要告诉军委办公会议的成员:林彪、陈伯达搞阴谋活动,蓄谋已久,目的就是要夺权;文化大革命中整你们几位老帅,也是林、陈他们搞的。”

叶剑英:“是!”

毛泽东:“从现在开始,要好好整顿我们的军队,头脑不要太简单了!”

叶剑英:“请主席放心!”

毛泽东:“恩来啊,军委办公会议讨论重大问题,你必须参加。”

周恩来:“是!主席,你对成立审查林彪、陈伯达反党集团专案组的名单有什么意见吗?”

毛泽东:“没有!恩来,此事重大,你一定要负全责啊。”

江西新建县　将军楼大院　外　晨——

十分幽静的小院中央,有一座二层小楼。

沿着小院四周大墙的下边有一条小路。

年过六十七岁的邓小平沿着这条小路快步走着,他的额头上渗出汗水。

年过五十五岁的卓琳走出小楼门口,望着快步晨练的邓小平喊道:“老爷子,停止锻炼!”

邓小平边走边说:“不行,我还差三圈呢!”

卓琳:“那也得停下!方才老罗打来电话,让我们赶到厂里去。”

邓小平驻足沉思,遂微微地摇了摇头。

拖拉机修造厂车间　内　日——

邓小平坐在一台旧的机床前,就像是一个熟练的钳工在操作。

卓琳坐在不远处的台前默默地工作着。

一位中年干部走到近前,大声地:“老邓,快停下,到食堂听我传达中央文件!”

邓小平抬起头,愕然地:“老罗!你再说一遍?”

老罗:“到食堂听我传达中央文件!”

拖拉机修造厂的食堂　内　日——

几十名男女工人坐在板凳上，交头接耳，小声议论。

老罗站在桌前，拿着一份红头文件大声说："请安静！今天传达的中央文件特别重要，要用心听，会后还要分组讨论！"

这时，邓小平和卓琳相伴走进食堂，自觉地坐在后边。

老罗大声地："老邓，你的耳朵有点儿背，坐到前边来！"

邓小平起身走到桌前，寻找座位。

一位叫陶大姐的中年妇女把自己的马扎送到邓小平的身边："老邓，坐我的马扎吧！"

邓小平："谢谢！"坐在马扎上。

老罗双手捧着中央文件，十分严肃地："今天，由我传达中共中央《关于林彪叛国出逃的通知》！"

与会的工人听后炸了窝，七嘴八舌地议论起来。

邓小平表情严肃，一言不发。

与会的工人渐渐平息下来，遂把目光集中到邓小平的身上。

拖拉机修造厂院中　外　日——

邓小平、卓琳默然走在回将军楼的"小平小道"上。

老罗拿着中央文件赶过来："老邓，你耳背，听不全，把文件带回去看吧！"

邓小平接过文件，感谢地点了点头。

将军楼书房　内　夜——

邓小平大口地抽着烟，愤然眺望窗外沉沉的长夜。

书桌上放着中央文件《关于林彪叛国出逃的通知》。

卓琳围着做饭的围裙兴冲冲地走进，一见邓小平的样子愕然："哎，林彪都摔死了，你还在想什么？"

邓小平掷掉手中的烟蒂，低沉地："林彪不亡，天理难容！"

卓琳："为了庆贺林彪折戟沉沙蒙古的温都尔汗，我亲自做了几道菜，一家人高高兴兴地吃顿饭。"

邓小平："有茅台吗？"

卓琳："有。"

邓小平："好！我要喝个痛快。然后，你们再陪着我打它一夜桥牌！"

将军楼院中　外　晨——

秋日的朝晖分外娇艳，一缕霞光淡抹在将军楼上。

透过玻璃窗，可见邓小平坐在书桌前握笔书写。

画外音："……林陈反革命集团这样快地被揭发被解决，真是值得庆幸的大事。如果不是由于主席和中央的英明的领导和及时地觉察，并且及时地加以解决，如果他们的阴谋得逞，正如中央通知所说，即使他们最终也得被革命人民所埋葬，但不知会有多少人头落地，我们社会主义祖国会遭到多少曲折和灾难。现在终于解除了这个危险，我和全国人民一道，是多么的高兴啊！……"

北京中南海毛泽东的书房　内　夜——

毛泽东坐在沙发上，十分吃力地读邓小平的来信。

邓小平的画外音："……我个人没有什么要求，只希望有一天还能为党做点工作，当然是做一点儿技术性质的工作……报上每天看到我们社会主义祖国在国内建设的突飞猛进，和国际威望的空前提高，都使我的心情激动起来……"

吴秘书走进："主席，您找我？"

毛泽东指着手中的信："小平的信写得真诚，他没有变，你告诉汪东兴，让他亲自管小平的事。"

吴秘书："是！"

毛泽东："英雄气短，儿女情长，小平几个孩子的事也让汪东兴帮助解决！"

吴秘书："是！主席，毕竟小平同志……"

毛泽东："我懂了！你是让我当解铃的系铃人啊。"他提笔在邓小平的信上批示："印发政治局。他家务事请汪办一下。"

桌上的电话铃声响了，吴秘书拿起电话："喂！我是吴秘书……好，我这就报告主席。"他拿着电话，"主席，总理的电话，他要向您紧急报告陈老总的病情。"

毛泽东闻之震惊，吃力地站起接过电话："恩来吗？陈毅同志的病情怎么样了？”

中南海西花厅办公室　内　夜——

周恩来十分沉重地打电话：“主席，陈毅同志的癌症全面转移了，大夫说，他，来日不多了……”

传出毛泽东的话声：“一、要全力抢救；二、你要亲自安排好陈毅同志的后事；三、陈毅的悼词我要看。”

周恩来：“请放心，我会按主席的指示办好的。”挂上电话，在室内快速地踱步。

李秘书走进：“总理，医院打来电话，说陈老总再次出现休克。”

周恩来：“知道了，你立即陪我去医院！”

中南海毛泽东的书房　内　夜——

毛泽东坐在沙发上批阅陈毅的悼词。

周恩来、叶剑英沉重地走进。

毛泽东焦急地：“陈毅同志真的不行了吗？”

周恩来悲痛地点了点头。

毛泽东：“悼词看了，你对悼词的修改和说明我也看了，基本可用。有关对陈毅同志功过的评论，不宜在追悼会上作。”

周恩来：“我立即召开政治局会议，根据主席的指示精神，通过对陈毅同志的悼词。”

毛泽东：“政治局议了陈毅同志的追悼会了吗？”

周恩来：“议了，由中央军委出面组织，只请内宾，不请外宾。”

毛泽东自语地：“可我们的陈老总是元帅外交家啊！”

周恩来和叶剑英不语。

毛泽东：“剑英同志，你是元帅，一定要把陈毅元帅的葬礼办好啊！”

叶剑英：“请主席放心！”

毛泽东：“我就是不放心啊！我了解陈毅，他一定还有什么话要对我说。”

叶剑英：“对！他说一生对党、对主席忠心无二。”

毛泽东：“还有吧？”

叶剑英:“有!不过……”

周恩来:“还是由我说吧!陈毅同志在弥留期间老是说:告诉主席,我们几位老帅大闹怀仁堂不是对着主席的,也不是什么‘二月逆流’,更不是反党活动啊!”

毛泽东:“我正式宣布,‘二月逆流’经过时间的考验,根本没有这个事,今后不要再讲‘二月逆流’了。请你们去向陈毅同志传达一下,让他好合上眼。”

周恩来:“是!”他从皮包中取出一份文件,“主席,这是欢迎美国总统尼克松访华的有关材料。”

毛泽东接过材料:“要是我们的陈毅同志在多好啊!”

室内游泳池　内　晨——

毛泽东穿着睡衣站在游泳池旁边,大口地吸着烟,望着那平静的池水沉思:

幻化:池水翻起波涛,一浪高过一浪。

毛泽东掷掉手中的烟蒂,命令地:“吴秘书!”

吴秘书走到近前:“主席!”

毛泽东:“要车,我要出席陈毅同志的追悼会去!”

吴秘书一怔:“可出席陈老总追悼会的没有主席啊!”

毛泽东:“我以陈毅同志老战友的身份去不行吗?”

吴秘书:“行,行……可主席穿的是睡衣啊!”

毛泽东:“少啰嗦!外边再加一件大衣不就行了嘛。”

毛泽东的书房　内　晨——

吴秘书跑进书房,拿起电话:“请接总理……总理,我是吴秘书,主席连睡衣都没换,就要车去参加陈老总的追悼会了……好,好,我这就坐车去八宝山!”啪的一声挂上电话。

西花厅总理办公室　内　日——

周恩来焦急地打电话:“汪主任,要立即提高陈毅同志追悼会的规格!邀请西哈努克亲王和夫人参加追悼会,务必请宋庆龄、李先念、徐向前、聂荣臻、郭沫若等老同志参加!”他啪的一声挂上电话。

李秘书双手捧着大衣披在周恩来的身上。

周恩来一边穿大衣一边向门外走："告诉司机了吗？"

李秘书："告诉了！他说超过主席的轿车没问题。"

长安大街　外　晨——

一辆黑色的红旗轿车飞驰在大街上。

化入车内：

周恩来坐在轿车上，两眼盯着前方：

轿车前方不远处有一辆黑色的红旗轿车。

李秘书："总理，前边就是主席的轿车。"

周恩来："超过去，但不要惊动主席。"

司机狠踩油门，并入内道，平稳地超过了毛泽东的轿车。

八宝山贵宾室　内　晨——

张茜臂缠黑纱，胸戴白花，哭得像个泪人似的。

周恩来、叶剑英引毛泽东走进贵宾室。周恩来闪身一边，哀伤地："张茜同志，主席来参加陈毅同志的追悼会了！"

张茜抬起头，泪眼望着向他走来的毛泽东。

毛泽东紧紧地握住张茜的手："张茜同志，我和你一样，为失去陈毅同志而悲痛。"

张茜喊了声"主席！"遂双手抱着毛泽东的右臂抽泣不止。

毛泽东："陈毅同志是一个好人，是一个好同志，陈毅同志是立了功的。"

张茜哽咽着："谢谢主席，有你这几句评语，陈老总就能合上双眼了，我和孩子们……"

周恩来："张茜同志，继续听主席说。"

毛泽东指着周恩来、叶剑英："要是林彪一伙的阴谋得逞了，是要把我们这些老人都搞掉的，他清楚，只有我们这些老人才能阻止他们上台。就这个意义上说，我们这些老家伙还不能到马克思那里去报到。"

周恩来："我们还得要继续跟着主席革命！"

毛泽东："还有刘邓嘛，他们是有战功的。就说邓小平吧，是人民内部矛盾。”他转身看着张茜，“要节哀，有什么困难就找我，找总理，找剑英。”

张茜：“谢谢主席！”

毛泽东：“好！我去向陈毅同志的遗体告别了。”他说罢步履吃力地走出贵宾室。

叶剑英紧随其后，步出贵宾室。

周恩来小声地：“张茜同志，你们要把主席的意思传出去。”他说罢快步走出贵宾室。

钓鱼台十七号楼　内　夜——

江青拿着一纸文稿，十分焦急地在室内快速踱着步子。

有顷，王洪文、张春桥、姚文元走进屋来。

江青将手中的文稿摔在茶几上，劈头盖脸地说道：“你们都看了这份谈话纪要了吧？主席为什么突然讲刘邓有战功，邓小平是人民内部矛盾？”

王洪文和姚文元面面相觑，未置可否。

张春桥若无其事地拿出一支香烟点上，深深地吸了一口，又轻轻地吐出。

江青发火了：“你们这是怎么了？一个邓小平是人民内部矛盾就吓成这个样子？”

王洪文：“江青同志，我们不是为这件事情担心！”

江青：“那你们又是为什么事情担心？”

姚文元：“接班人！”

张春桥：“对！林彪已经折戟沉沙一个多月了，主席既没有明确表示让洪文同志接班，也没有让周恩来当第二把手，令人不解的是，他不仅意外地出席陈毅的追悼会，而且还公开说刘邓有战功，邓小平是人民内部矛盾……”

江青蹙起了眉头：“春桥同志，你是不是说主席又想起了邓小平？”

张春桥：“这是一定的！但是，邓小平不仅是远水，解不了主席的近渴，而且还是党内最大的第二名走资派！”

江青：“那我们该怎么办？”

张春桥：“我们必须抓紧时间，力推洪文同志接班！”

江青、姚文元微微地点了点头。

张春桥:“欲要夺取政权,必先制造舆论。为了防止革命的政权落在周恩来这些老家伙的手里,同时还要阻止邓小平这些走资派复出,就看文元同志的这支笔了!”

“对!对……”王洪文、江青赞同地说。

新建拖拉机修造厂车间　内　日——

机器轰鸣,车床转动,男女工人一边说笑一边劳动。

邓小平站在车床前,十分认真地干着钳工的活计。

突然,车间窗外传来百转低回的哀乐。

工人们停止了劳作,昂起头倾听;

卓琳有些愕然地抬起头;

邓小平抬起头,额头上渗出大颗的汗珠,严肃地等待着。

播音员:“中共中央、中央军委、国务院沉痛宣告:中国共产党的优秀党员、中国人民解放军元帅、国务院副总理兼外交部长陈毅同志于一九七二年一月六日夜不幸逝世,享年七十一岁。……”

邓小平身体晃了晃,他双手扶住车床。

播音员继续广播:“我们伟大的领袖毛泽东主席出席了追悼会,周恩来总理致悼词……”

邓小平额头上布满大颗的汗珠,他身体晃了几晃,终于趴在了机床上。

卓琳快步赶到近前,双手扶住邓小平,大声地:“哪位工人同志带来白糖了?”

那位陶大姐答道:“我!”她把半包白糖倒入搪瓷缸子,拿起热水瓶倒满水,快步送到邓小平的身边:“老邓,快喝下去,我这白糖水专治你的低血糖病!”

卓琳接过搪瓷缸子小心地给邓小平喝糖水。

邓小平渐渐恢复了:“谢谢你的白糖水!”

陶大姐:“不用谢,只要你摘掉走资派帽子,再当上大官,还记住我们这些工人就行了!”

邓小平惨然一笑。

老罗走到近前:“卓琳同志,老邓提前收工,回家休息!”

将军楼客室　内　午——

邓小平坐在破沙发上,双手捧读一张《人民日报》。

特写:毛泽东向陈毅遗体告别的相片,身后站着清癯的周恩来和年迈的叶剑英等人。

卓琳走进,为邓小平倒水。

邓小平把《人民日报》放好,怅然地:“主席老了!”

卓琳:“是啊! 主席一过春节就虚岁八十了。”

邓小平:“总理怎么这样瘦呢?”

卓琳:“累的!”

邓小平叹了口气:“是啊!第三届人大产生的国务院有十六位副总理,时下就剩下先念一位副总理辅佐总理了!”

老罗高兴地走进:“老邓,好消息,上级指示:从现在开始,恢复你的组织生活。”

卓琳脱口而出:“真的?”

老罗:“我可不敢开这种玩笑!”他转眼一看沉默不语的邓小平,“老邓,你不高兴?”

邓小平:“我当然高兴!”

老罗:“你怎么没有一点儿笑脸?”

邓小平:“笑不一定挂在脸上嘛!”

老罗:“好! 我走了。”转身走出客室。

卓琳:“恢复你的组织生活和你写给主席的信……”

邓小平:“当然有关,只有主席才能做出恢复我组织生活的决定。”他看着报纸上毛泽东的照片叹了口气,“此时此刻,我是真诚地祝福毛主席健康长寿啊!……”

北京　中南海西花厅办公室　内　晨——

周恩来坐在桌前伏案疾书,写毕,放在一摞公文上。

周恩来起身关死台灯,打开窗幔,一缕晨曦射进屋内,他习惯地活动了几下上肢，似感到腰部不适。

李秘书拿着一份文件走进：“总理，你不能这样没有白天黑夜地工作了，就是铁打钢铸的身子也会垮的！”

周恩来：“只要是为了党，为了人民，垮也是值得的！”他拿起桌上一份文件，“这是一份反映大批知识青年返城过春节的简报，我批给了办公厅和北京、天津二市，要对他们进行教育，过好春节。”

李秘书接过简报：“是！”

周恩来又从桌上拿起一份简报：“这是我批示的今年国民经济计划发展草案，请即刻送余秋里和谷牧同志。”

李秘书接过批件：“是！”

周恩来再次拿起一份文件：“这是外交部呈送的欢迎美国总统尼克松访华的计划，我看过了，请立即转呈主席。”

李秘书接过批件：“是！”

桌上的电话铃响了，周恩来拿起红色电话：“喂！我是周恩来……你们要组织好抢救工作，我马上赶到！”他挂上电话，严肃地：“要车，我要赶到主席的住处！”

毛泽东的书房　内　晨——

毛泽东微合双眼，无力地躺在沙发上。

保健医生席大夫全力抢救毛泽东。

吴秘书站在一边，急得手足无措。

周恩来快步走来：“席大夫！主席的病情如何？”

席大夫：“只有微弱的呼吸，尚处在休克状态。”

吴秘书叫了一声“总理！”像个孩子似地抽泣起来。

周恩来：“你们要全力抢救。我们这个国家的担子重，不能没有毛主席！”

“是！”

周恩来紧紧抓住毛泽东的右手，小声地：“主席，主席，我是恩来啊！……”他潸然泪下。

突然，毛泽东深深地吸了一口气，又长长地吐了出来。

席大夫惊喜地:“主席缓过来了!”

周恩来:“主席!”转而又淌下了悲喜交加的泪水。

毛泽东渐渐睁开了双眼，他惊诧不已地看看满面泪水的周恩来和席大夫、吴秘书:“你们这是怎么了?”

吴秘书抢先地:“被主席突然休克吓的。”

毛泽东:“不!我好像睡了一觉。”他挣扎着想坐起来。

席大夫双手按住毛泽东:“不能动,方才主席的确是休克了,要静养。”

毛泽东乐观地笑了:“恩来,不要信他们说的!我方才做了一个梦,见到马克思了,他说,你毛泽东还不到来我这里的时候,更不能把中国革命的担子压在周恩来一个人身上。就这样,我又被马克思送回来了。”

周恩来:“马克思说得对,中国革命不能没有主席。”

毛泽东:“那你我——不，还有被林彪他们视为眼中钉的老同志一道挑这副担子。”

周恩来:“我一定遵照主席的精神去办。”

毛泽东:“好!我们一道商议接待尼克松总统的事吧。”

周恩来犹豫地:“主席的身体……”

毛泽东笑着说:“没事!”

钓鱼台甬路　外　夜——

江青身着黑色的斗篷,步履蹒跚地走在甬路上。

张春桥迎面快步走来,惊诧地:“江青同志,你怎么一个人在这里?”

江青低沉地:“春桥同志!你说主席万一……”

张春桥:“一是主席不会出现万一,再是万一主席有那么一天,你依然是我们的核心,是全国人民的旗手。”

江青沉思有顷:“谢谢你!”

张春桥:“但是,还有一个人,令江青同志和全国造反派放心不下。”

江青:“你是说邓小平?”

张春桥:“对!自从主席休克之后,周恩来、叶剑英这些老家伙天天围在主席的身边,目的嘛,就是胁迫主席请邓小平出山。”

江青:“那我们也必须立即行动起来!”

张春桥:“好！我已经通知洪文和文元，很快就赶到江青同志的下榻处。”

张春桥和江青大步向前走去,很快消失在夜幕中。

新建县将军楼　内　日——

卓琳坐在沙发上,有些沉重地看着茶几上那几张报纸。

特写:一张周恩来在机场与尼克松握手的照片,一张接待朝鲜代表团的照片,一张接见日本民间代表团的照片。

邓小平拿着两个装得鼓鼓的大信封走进,兴奋地:“运气来了,门板都挡不住！”

卓琳淡淡地:“什么运气啊,使你这样高兴？”

邓小平:“二月份,我恢复了组织生活;四月份,通知我们的两个孩子上大学;五月份,王胡子通过孩子告诉了主席对我的指示;六月份嘛,”他用力把两个信封往茶几上一掷,“你我的工资开始照发了！”

卓琳拿起两个装有工资的信封看着,各种情潮涌上心头。

邓小平诧异地:“你今天这是怎么了？”

卓琳指着茶几上的照片:“你看看这几幅总理的照片,不到半年,怎么瘦得这么快？”

邓小平:“我早就注意到了!总理长我六岁,他再忙,再累,也不应该日渐消瘦,更何况人过七十会发胖的呢！”

北京　中南海西花厅　内　夜——

周恩来打电话:“汪主任，我根据主席批示的精神，已经做出多次批示,一定要全面检查一次被拘留、关押、监护、隔离人员的身体情况……好,好！有病的要治疗,病重的要住院,身体不好的要加点儿营养,不要等人病危再送院治疗！”他有些生气地挂上电话。

叶剑英心情十分沉重地走进办公室。

周恩来客气地:“剑英同志,你怎么来了？”

叶剑英:“你太累了,我是特意来请你休息的。”

周恩来指着桌上那一摞摞文件:“你看看，有多少工作在等着我去做啊！”

叶剑英："你透支太多了，必须休息！"

周恩来："你不会不知道吧，林彪一伙垮台了，可天下还不安静，那些与林彪一起祸国殃民的阴谋家摇身一变，又成了受林彪迫害的英雄，我们的党，我们的国家，我们的人民……"

叶剑英："我清楚！正因为这些，你就更需要休息。再不行，我就向主席报告，让主席命令你休息！"

周恩来："你千万不要向主席报告！自林彪事件发生以后，主席的身体一天不如一天……"

叶剑英："你呀，就是不想想自己！说吧，我该怎么办？"

周恩来："一、代我去看看从外地回到北京的老同志，尤其是军队的老同志；二、中日关系可能会发生突变，你我要协助主席力促中日关系正常化。"

毛泽东的客室　内　夜——

毛泽东驻足窗前，异常沉重地思索着什么。

吴秘书悄然走进："主席，总理的病情报告看了吗？"

毛泽东低沉地："看了。"

吴秘书："您的意见呢？"

毛泽东："我也正为这件事为难。总理得的是癌症，又是七十五岁的人了。我个人的意见，第一，要保密，尤其不能让总理知道；第二，还是保守治疗为好。"

吴秘书："是！"转身退下。

毛泽东坐在沙发上，十分吃力地批阅文件。

吴秘书引周恩来、叶剑英走进："主席，总理和叶帅到了！"

毛泽东："你们先请坐，我还有一点儿就看完了！"他看罢文件放在桌上，"我的视力越来越不行了，真的是老了！"

周恩来："主席，还是请医生给主席查查眼睛。"

吴秘书："保健医生说了，主席得的可能是白内障，需要动手术，可主席就是不信！"

毛泽东："我就是不信！人老了，视力自然就会减弱，这是符合自然规律的事情！”

叶剑英：“我不赞成主席的意见……”

毛泽东：“各持己见好不好？下边，先谈中日关系！”

周恩来：“主席看了外交部的报告有何指示？”

毛泽东：“我基本上同意你的看法：美国总统尼克松秘密访华，对日本朝野是一个刺激，多数人认为是受了美国人的愚弄；田中角荣上台以后，中日关系正常化已经变成日本政坛不可逆转的潮流。”

周恩来：“如果再加上我方的工作……”突然大咳不止。

毛泽东有些伤情地：“恩来，你要注意休息啊！”

叶剑英：“他呀，和主席一样，只知道工作，从不把自己的身体放在心上！”

毛泽东：“恩来和我可不一样！如今的毛泽东，已经变成了天桥的把式——只说不练；恩来是总理，要总理天下大事，既要说，还要练，没有一个好身体是不行的！”

叶剑英：“对！我看应该给总理多配几个得力的助手。”

毛泽东：“这是一个好主意！陈云同志不是回到北京了吗？请他和先念同志协助恩来管经济。”

叶剑英：“外交呢？”

毛泽东沉思良久：“最合适的人选是小平同志，可他嘛，远水解不了近渴。为解燃眉之急，请郭老和廖承志同志出山，帮着恩来促成中日关系正常化。”

周恩来：“有郭老和承志帮忙，我就会减轻不小的压力。”

毛泽东：“剑英同志，八一建军节就要到了，为了造成一个阵势，多请一些老同志、老战士出席庆祝建军节大会！”

新建县将军楼　内　日——

一缕阳光透过玻璃窗射进书房，显得是那样的明亮。

邓小平伏案疾书，传出画外音：

“……在去年十一月我在呈给主席的信中，曾经提出要求工作的请求。我是这样认识的……”

北京中南海　毛泽东书房　内　夜——

毛泽东坐在桌前，吃力地看信。

邓小平的画外音：“……我觉得自己身体还好，虽然已经六十八岁了，还可以做些技术性的工作（例如调查研究工作），还可以为党、为人民工作七八年……”

毛泽东看罢邓小平的来信似在想些什么。有顷，他拿起毛笔在邓小平的信上批示。

钓鱼台十号楼　内　夜——

空旷的客厅之中回荡着毛泽东的画外音：

“请总理阅后，交汪主任印发中央各同志。邓小平同志所犯错误是严重的。但是，（一）他在中央苏区是挨整的，即邓、毛、谢、古四个罪人之一，是所谓毛派的头子。整他的材料见《两条路线》、《六大以来》两书……（二）他没历史问题，即没投降过敌人。（三）他协助刘伯承同志打仗是得力的，有战功。除此之外，进城以后，也不是一件好事都没有做的，例如率领代表团到莫斯科谈判，他没有屈服于苏联……这些事我过去讲过多次，现在再说一遍。……”

在毛泽东的画外音中，缓缓出现江青、张春桥、王洪文、姚文元焦虑不安的特写。

江青雷霆大发地说道：“主席是不是老糊涂了？他为什么老是听周恩来、叶剑英这帮老家伙的话呢？”

“我们也百思不得一解啊！”王洪文、姚文元无奈地说道。

张春桥严肃地说道：“现在不是说怪话的时候！”

江青：“那我们也不能坐以待毙啊！”

张春桥：“对！既然我们先发制人的策略失败了，那我们就一块研究后发制人的招数！”

江青、王洪文、姚文元不约而同地看着张春桥。

新建县　将军楼大院　外　日——

邓小平坐在竹椅上边吃橘子边说：“南丰蜜橘自古有名，但吃起来，还是我们四川的橘子甜，好吃。”

卓琳边吃边说："那是自然了，如果这南丰县不在江西，而是在四川，你一定会说：南丰蜜橘天下第一！"

邓小平笑了："这就叫谁不夸俺家乡好！我经常想，一个连家乡都不爱的人，决不会是真正的爱国主义者！"

老罗边说边高兴地走来："我赞成老邓的话！"

邓小平："看老罗高兴的样子，一定又给我带来了喜讯！"

老罗："你怎么知道？"

卓琳："他经常玩笑地说：你是向他传报佳音的天使！"

老罗笑着说："今天又被你说对了！上级同意了老邓的请求，去革命摇篮井冈山、赣南中央苏区参观。"

江西土路　外　日——

《大海航行靠舵手》的歌声飞遍初冬的大地。

一辆伏尔加轿车飞驰在红土地的公路上。

化入轿车内：

邓小平、卓琳怀着异样的目光看着车外的一切。

邓小平："主席创建井冈山革命根据地的时候，我正在广西领导左右江起义。后来，我率领部队向江西转移的时候，主席已经离开井冈山来到赣南、闽西，创建了中央苏区。因此，我没有到过井冈山。"

卓琳："没想到，四十多年以后，由我陪着你上井冈山。"

永新三湾　日——

邓小平、卓琳在讲解员的陪同、解说下参观。

讲解员："一九二七年，伟大领袖毛主席率领秋收起义的部队来到永新，在三湾对军队进行改编，把党支部建在连队上，党对军队实行绝对的领导。"

邓小平："三湾改编很重要。这是毛泽东同志的一个创举，三湾改编的意义，与后来古田会议一样重要。"

讲解员："永新人民对中国革命做出了自己的贡献，请首长看看这些为革命牺牲的烈士就清楚了。不久前病逝的陈正人和张国华等同志，也是从我们永新走出去的。"

邓小平看罢一幅幅烈士的遗像："贺子珍同志也是永新人，他们一家对中国革命做出了很大的牺牲，应该写上。"

讲解员惊得吐了吐舌头。

宁冈砻市　茅坪坝　外　日——

讲解员："这里就是毛主席和朱德会师的地方。但是，在前几年，林彪安插在江西的代理人却把'朱毛会师'改成了'毛林会师'。林彪叛国摔死之后，朱毛会师的历史才又恢复过来。"

随员气愤地："还有更荒唐的事，他们还把朱老总当年下山挑粮的扁担改成林彪的扁担！"

邓小平："假的就是假的，真的就是真的。一句话，历史还是历史，历史不能篡改。"他转身对随员，"沿着毛主席当年走过的路上井冈山！"

井冈山黄洋界　外　日——

在悠扬、动听的井冈山民歌的音乐声中摇出：

五百里井冈山绵延起伏，万顷林海竹涛随风起舞，不时又被滚滚云雾所吞没。

在随员的陪同下，邓小平拄着竹竿和卓琳登上黄洋界，举目眺望，心潮澎湃。

卓琳："还行吗？"

邓小平："行！我这一身零件除了这条腿，其他都是好的，再干二十年没问题！"

井冈山纪念地　日——

邓小平、卓琳相继参观大井、小井、红军医院，与当地的人进行座谈；

邓小平、卓琳参观毛泽东、朱德等居住的地方，感慨万千，他对随行人员说："要告诉我们的同志，井冈山精神是宝贵的，应当发扬，传统丢不得！"

北京　中南海毛泽东的客室　内　夜——

毛泽东独自在室内缓慢而又吃力地踱步。

吴秘书紧随其后，焦急地："主席，该休息了！"

毛泽东："不！再不活动啊，我就真的快到马克思那里报到了。"

吴秘书："不会的，主席一定会长寿的！"

毛泽东："你呀，也学会对我说好听的了！七十三，八十四，阎王不叫自己去。再过几天，我就虚岁满八十了，离孟子去世的八十四岁没有几年了！"

周恩来走进一看，急忙上前扶住毛泽东："主席，快坐下。"

毛泽东："你也活过了孔子的年限七十三岁，可这内政、外交，政治、军事，还有这停不下来的文化大革命……"

周恩来："请主席放心，我的精神很好。"

毛泽东："一个人是要有点儿精神的！可也不能光靠精神过日子啊！"他坐在沙发上，从茶几上拿起一封信，"恩来，这是谭震林同志写给我的信，他是井冈山的，虽有一时的错误，但还是好同志，应该让他回来。"

周恩来："我赞成主席的意见。"

毛泽东："那就请汪东兴他们办一下。"

周恩来接过信："我去落实。"

毛泽东："这一年来，受林彪他们迫害的老同志多数都回到了北京。我还听说，小平同志上了井冈山，很有些收获。"

周恩来："他现在又去赣南中央苏区参观了！"

毛泽东："好嘛！让他多看看当年创业的艰难，听听江西老表说些什么，对他下一步该怎么走是有好处的。"

瑞金街头　外　日——

挂在电线杆上的高音喇叭播放着《大海航行靠舵手》。

街道两旁的墙上刷着大标语："你们要关心国家大事，把文化大革命进行到底！""抓革命，促生产"等。

邓小平、卓琳在老尤的陪同下走在破旧的街道上。

街道两旁站着很多看热闹的男女老少，他们在悄悄议论。

邓小平、卓琳的身后有十多个红小兵，他们有说有笑。

老尤："你是我们瑞金四十年前的老书记，可我们还是没有像样的东西招待你。"

邓小平："不用招待，今天中午就去你老尤家吃饭。"

老尤犹豫地："这……不行，县招待所已经准备好午饭了！"

邓小平："今天中午，就是省接待处准备了饭也不吃！"

卓琳："他来瑞金前就对我说，一定要在当年的房东老尤家吃顿饭。"

老尤家的院子　外　日——

邓小平、卓琳和老尤坐在天井的竹椅上，卓琳淘米，老尤择菜，邓小平抱着竹筒烟具不停地吞云吐雾。

老尤："看样子，你很快就回北京了，是吗？"

邓小平："是的！中央通知我近期回京。可一想到就要离开待过三年的地方，心里又舍不得，等过了春节再走！"

老尤："虽说我为老上级回北京高兴，可我这个当年的通讯员拿不出像样的东西为你们送行，心里真不是个滋味啊！"

卓琳："他看着当年战斗过的老区人民还过这样的苦日子，心里更不是个滋味啊！"

邓小平："不说这些了！我记得三年困难的时候，你在北大读书的儿子尤才告诉我：你的父亲——我的老房东宁可自己饿肚皮，也要把自己家的粮食交给国家。"

老尤："是的！那时，他不知从哪里听说毛主席饿浮肿了，就急了，回到家就把家里的粮食交给了国家。"

卓琳："他老人家受老邓的牵连了吗？"

老尤："受了！他临死的时候对我说：当年，邓总书记住在咱们家，你给他当过通讯员，他怎么会是党内最大的走资派呢？不管老百姓怎么批斗你，也不准说小平同志是走资派！"

邓小平："多好的人民，这才是党和国家真正的希望啊！"

卓琳："你的儿子尤才在做什么？"

老尤："北大毕业以后分到科学院工作，可他一直待在大西北，从不对家里说做什么，连他爷爷死都没回来。"

邓小平："我告诉你吧，他在大西北搞卫星，搞导弹。"

老尤："你是怎么看林彪这个人的？"

邓小平："林彪这个人不能说没本事，但是个伪君子。现在，林彪垮了台，日子会好过些，就是还有几个人在胡闹！”

老尤：“叫我看啊，他们也是秋后的蚂蚱——没有几天蹦跶头了！”

邓小平：“好！我们就借老尤的这句吉言回北京。”

将军楼大门外　日——

一辆解放牌大卡车停在门前。

解放军指战员帮着往卡车上装东西。

邓小平和卓琳从大门中走出。

老罗带着十多个工人赶来，紧紧握住邓小平的手，激动地：“你要走了，我代表全厂的工人给你送行。”

邓小平：“谢谢你们！我们在厂里三年多了，麻烦了大家，一句话，我不会忘记你们的！”

男女工人七嘴八舌地：“老邓！老卓！你们回北京后，有机会来江西，一定要来厂里看看啊！”

卓琳：“会的，会的，厂里的工人、干部都很好，我们会想念你们的！”

陶大姐捧着一个纸包走到卓琳跟前，含着泪：“这是一包白糖，我怕老邓在火车上犯病，你就收下吧！”

卓琳双手接过白糖：“谢谢，谢谢！”

邓小平和卓琳登上轿车，摇下车窗，探出头，挥动双手，大声说道：“再见了！欢迎你们来北京做客——”

定格叠印字幕：

第一集终

第二集

一列北去的客车，穿越希望的田野。

化入软卧包厢，邓小平和卓琳相对品茗，望着窗外一派欣欣向荣的景象。同时，送出深情的男声画外音：

"邓小平积六年的政治磨难和三年的劳动锻炼，不仅为重新复出准备了充足的精神和体力，更为重要的是他把党和国家、人民的命运作了深层次的反思，决计为中华民族这艘古老的战舰再次出征出力！但是，党和国家被林彪这伙野心家破坏得太不成样子了，再加上江青、张春桥等人兴风作浪，设置重重障碍，摆在邓小平面前的是一个个短兵相接的战场……"

中南海毛泽东的书房　夜　内——

毛泽东坐在沙发上吃力地读罢一份文件，弃至茶几上。

毛泽东慢慢地站起身来，微合着双眼，缓缓踱步，近似自言自语地吟诵："危楼还望，叹此意、今古几人曾会？鬼设神施，浑认作、天限南疆北界。一水横陈，连冈三面，做出争雄势。六朝何事，只成门户私计？……"

毛泽东吟诗的特写：微眯的双眼潮湿了。

周恩来随吴秘书走进，示意吴秘书退下。

毛泽东拭泪睁眼，看见周恩来站在客厅中："恩来，你何时到的？"

周恩来："我到了一会儿了！"

毛泽东："怎么不叫我停止吟诗？"

周恩来："难得有机会听主席读诗，更何况是读宋朝大词人陈亮的《念奴娇·登多景楼》。"

毛泽东："我这是有感而吟啊！自从珍宝岛战役打响以后，我就认定苏联亡我之心不死。近来，美苏两霸又搞什么核武器谈判，使我不得不想如何才能打破他们的核垄断。"

周恩来："我们只有加紧研发自己新的核武器！"

毛泽东："是啊！从国际大势看，天下很难太平。如果再想到林彪叛国北飞的现实，我就不能不吟‘因笑王谢诸人，登高怀远，也学英雄涕’啊！”

周恩来：“我想，这也就是主席加快启用小平同志的所在啊！”

毛泽东：“你说得很对。可中央也不是所有人都像恩来你这样看呀！”

周恩来：“这是很自然的！但是，政治局多数同志听了主席的指示之后，还是赞同尽快恢复小平同志的组织生活和国务院副总理的职务。”

毛泽东：“为减少阻力，我想中央应当再作一个决定，一直发到县、团级的党员。”他凝思片刻，“自然，还要将复职的文件送交小平同志，听取他的意见。”

周恩来：“我会尽快召开政治局会议，落实主席的指示。”

西花厅办公室　内　夜——

周恩来和邓颖超在无声地收拾简单的行装。

桌上的电话铃响了。

邓颖超拿起电话：“喂！我是邓颖超……好，我这就请恩来接电话。”她拿着电话，“恩来，叶帅的电话。”

周恩来接过电话：“剑英同志吗？主席批准了《关于恢复邓小平同志的党内组织生活和国务院副总理的职务的决定》。”

远方显现出叶剑英打电话的画面：“很好啊！”

周恩来：“这个决定批准了，我可以请假两周，去玉泉山休息一下。”

叶剑英：“我会去看你的！”

周恩来：“不行！主席同意在我休息期间，由你代我签署政治局会议和报告。”

叶剑英：“其他中央和国务院的工作是怎样安排的？”

周恩来：“中央军委的事务工作由你负责；国务院事务由先念同志和国务院业务组处理和上报。”

叶剑英：“好！你就安心地休息吧。”挂上电话的同时，远方的画面渐渐消失。

周恩来放下电话：“小超，过几天，你要代我去看看小平和卓琳他们。”

花园村　邓小平住处的大门外　夜——

邓小平、卓琳站在大门外，焦急地望着。

有顷，一辆黑色轿车飞快驶来，戛然停在门口。

邓小平和卓琳急忙迎上去。

邓颖超步下轿车，紧紧拥抱着邓小平："小平老弟，真不容易啊，我们又见面了！"

邓小平："邓大姐，这都是多亏马克思保佑啊！"

邓颖超转身紧紧拥抱着卓琳："小平同志有今天，多亏有你陪伴在身旁啊！"

卓琳："主要是多亏你和总理的关心啊！"

邓颖超："不！主要是主席十分器重我这个小平老弟。"

夜空响起一阵愉悦的笑声。

邓小平家的客室　内　夜——

邓颖超："卓琳，你还不知道吧？当年在上海，我以当家子大姐的身份，还为小平老弟和去世的张锡媛小妹操办过第一次婚礼呢！"

卓琳："小平给我讲起过。另外，他还对我说：我和邓大姐都姓邓，说不准啊，上推不用五百年我们就是一家。因此，她这个大姐我是认定了！"

邓颖超："他这个老弟我也认定了！"

邓小平忧心忡忡地："用句老话说：一支笔写不出两个邓字来。大姐，告诉我，总理的身体好吗？"

邓颖超猝然变色："很不好！恩来为了党和国家，一直坚持工作。直到主席批示恢复你国务院副总理职务的当天，他才请假两周，去玉泉山治疗。"

客厅内长时间沉默。

卓琳："我可以代表他去玉泉山看望总理吗？"

邓颖超："不需要。临行，他还对我说：等我病情稍许稳定以后，我会代表主席来看小平同志的。"

邓小平："这样说来，主席的身体健康状况也不好，是吧？"

邓颖超："是的。林彪事件对主席的刺激实在是太大了！从那以后，他的病情一天天加重，曾出现过休克。"

客厅内再次出现长时间的沉默。

邓颖超："恩来说，告诉小平同志，未来，他肩上的担子很重啊！"

邓小平沉重地："对于总理和主席的身体状况，我的确猜到一些，可没想到会是这样严重。"

邓颖超："恩来说了，等他结束休息以后，主席就要向你交待工作。"

长安街上　外　日——

一辆黑色的红旗轿车飞驰在长安大街上。化入车内：

邓小平坐在轿车后排座位上，微闭双眼似在沉思。

毛泽东的书房　内　夜——

毛泽东在书房中踽踽踱步，似在思索着什么。

有顷，吴秘书走进："主席，江青同志打来电话，要求在召开政治局会议前见主席，报告她昨天和总理、先念同志约见小平同志的情况。"

毛泽东："告诉她：总理已经向我报告了。会前，我要见见邓小平，没有时间。"

吴秘书："是！"转身退下。

毛泽东背转过身去，继续在室内踽踽踱步。

周恩来引邓小平走进，看着毛泽东踱步的背身，向邓小平示意说话。

邓小平举起右手行军礼，庄重而又低沉地说道："主席！我来向您报到了！"

毛泽东身体微微一颤，转过身来，看见邓小平行军礼的样子，感情复杂地："小平！……"下意识地伸出右手。

邓小平大步走到毛泽东的面前，叫了一声"主席！"紧紧握住毛泽东的手。

毛泽东审视邓小平片刻："好啊！六年多不见了，还是老样子，身体也这样好。"

邓小平："请主席放心，跟着你再工作十年没问题！"

毛泽东惨然一笑："十年？恐怕我和恩来都没有了。你不要忘了，我长你整整十一岁哇！"

周恩来扶着毛泽东："不去说这些了，还是坐下谈工作吧。"

毛泽东、周恩来、邓小平相继落座。

毛泽东抽出一支香烟:“小平,你和我一样,是离不开烟的。今天,你我堪为久别重逢,就共吸一包香烟吧!”

邓小平接过香烟,擦着火柴,请毛泽东先点燃香烟,然后自己再点燃香烟深深地吸了一口。

毛泽东边抽烟边品味:“今天这烟的味道分外好!”

邓小平:“主席,请你交待任务吧!”

毛泽东:“我已经交待完了!”

邓小平愕然一怔。

毛泽东:“恩来已经年过七十五岁了,且又重病在身;我呢,虚岁都过了八十,恩来想去,这担子还是压给你。当然喽,恩来和剑英、先念他们也力荐你出山。”

周恩来:“小平同志,主要是主席点你的将。”

毛泽东:“这话也没错。不过,对于你重新出山,中央并不是全都举手的。”

周恩来:“为了减少小平同志你出山的阻力,主席还要亲自主持召开政治局会议,给你创造这样一个亮相的机会。”

毛泽东:“这只是党内的。名角亮相,是很讲出场风的。恩来,你要为小平同志出山设计好出场风啊!”

周恩来:“请主席放心,四月份,我将在人民大会堂举行盛大宴会,欢迎视察柬埔寨解放区回到北京的西哈努克亲王,届时小平同志以国务院副总理的身份出席。”

吴秘书走进:“主席,与会的政治局委员到了!”

毛泽东:“好!咱们一块开会去。”

毛泽东的会议室　内　夜——

叶剑英、李先念、张春桥、江青、王洪文、姚文元等起身望着内室。

毛泽东缓步走出,示意大家落座。

周恩来、邓小平紧随毛泽东之后走进会议室。

毛泽东在主席的位子上坐下,然后指着身边的沙发:“小平同志,你就坐在这个位子上!”

邓小平落落大方，遵命落座。

毛泽东："今天政治局会议有两项内容：一是请邓小平同志和诸位政治局委员见面，由我代表中央向邓小平同志交待工作；再是讨论党的第十次全国代表大会的筹备工作。"

与会的政治局委员不同表情的特写。

毛泽东："我的左边是发动文化大革命的有功之臣，除江青以外，张春桥、王洪文、姚文元没有和小平同志共过事，今天就算是认识了，今后在工作中要相互支持。"

"一定按主席的指示办！"张春桥、王洪文、姚文元答说。

毛泽东："我是要看行动的！小平同志，剑英同志和先念同志是你的老相识了，就用不着我说些什么了。"

邓小平："我会协助他们完成中央交给的工作的。"

毛泽东："很好！从现在开始，小平同志正式参加国务院业务组工作，并以国务院副总理的身份参加对外活动；有关重要的政策问题，小平同志列席政治局会议参加讨论。下边的事情，由恩来同志主持。"

周恩来："关于小平同志以副总理的身份参加对外活动的决定，一是鉴于我的身体情况，再是小平同志有主持外交工作的经验。特别是在二十世纪五十年代和六十年代，与苏联多次谈判是受到主席的表扬的。"

毛泽东："当时外电就曾这样报道过：说邓小平这个小个子打败了赫鲁晓夫那个大个子嘛！"

周恩来："下边，开始研究筹备召开党的第十次代表大会的有关问题！"

四月十三日的《人民日报》推满屏幕：西哈努克亲王微笑着伸出双手，欲要拥抱邓小平的照片。

一组各界人士争看《人民日报》的特写。

毛泽东的书房　内　日——

毛泽东坐在沙发上，双手捧读四月十三日的《人民日报》。

吴秘书高兴地走进："主席，你交的任务我完成了！"

毛泽东："说说看，各界群众是欢迎的多，还是反对的多？"

吴秘书："没听说有反对的！今天一上班，各界群众都争着看《人民日报》。一句话，小平同志的复出，成了我国最大的新闻热点。"

毛泽东满意地笑了："恐怕在海外引起的轰动更大吧？"

吴秘书："是的！听电报大楼的同志说：今天，外国记者来电报大楼向世界各地发新闻的特别多。还听说，有一家外国的新闻单位称邓小平是'打不倒的小个子'！"

毛泽东："好一个打不倒的小个子。"

在深沉的男女画外音中叠印出相关的画面：

男声画外音："邓小平的复出成了海内外媒体炒作的'热点'，也给饱受文化大革命之苦的中国人民带来了希望。同时，邓小平也深深感到了自己重任在肩。作为政治家，他深谙任重而道远这句话的寓意，也清楚自己特殊的政治身份。因此，他在待人处事上有意采取低调，尽量避免一些不必要的麻烦。"

女声画外音："中国共产党第十次全国代表大会于一九七三年八月二十四日至二十八日在北京召开，邓小平当选为中央委员。同时，王洪文、张春桥、江青、姚文元再次进入了中央领导核心。但是邓小平——乃至全国人民都清楚毛泽东主席必将会委重任于他……"

游泳池　内　日——

耄耋之年的毛泽东好强地搏击池水，缓慢地仰泳。

吴秘书穿着泳装站在池边，关切地看着毛泽东游泳。

邓小平走到游泳池边："主席在游泳？"

吴秘书："对！主席，小平同志到了！"

毛泽东："好！我这就上来。"他很快游到池边。

吴秘书和邓小平帮着毛泽东爬上岸来。

毛泽东披上他那件破旧的浴衣，指着岸边两把椅子："小平同志，咱们坐下谈。"

毛泽东坐下，给邓小平递上一支香烟，风趣地："俗话说得好：烟酒不分家。你我一块抽！”

邓小平接过香烟，先给毛泽东点上，然后又点着自己的香烟，与毛泽东一道品着香烟的味道。

吴秘书送上两杯清茶，放在茶几上。

毛泽东：“他们转达你在政治局会议上的发言，我一时兴起，就想和你来个竟夜长谈。遗憾的是，你休息了！”

邓小平：“这是因为我是习惯白天工作的原因。”

毛泽东：“不！是因为我习惯夜间工作造成的。”毛泽东端起茶杯呷了一口香茗，“从目前的国际大势分析，你对战争与和平这个老话题是怎样看的？”

邓小平：“从目前国际形势看，要讲打仗，谁都没有准备好。特别是美、苏两个霸权大国也没有准备好。如果真的打起来，也没有什么可怕的。过去，我们跟着主席用小米加步枪打败了日本侵略者。今天，我们跟着主席就是还用小米加步枪也一定能够打赢！”

毛泽东笑了：“好！讲得好！你还有什么意见吗？”

邓小平：“全党、全军，还有全国人民，都要坚决贯彻、执行主席的‘团结起来，争取更大胜利’的指示！”

毛泽东：“可为什么老是安定团结不下来呢？”

邓小平：“原因是很多的。其中军队各支一派打内战也是一个重要原因。”

毛泽东：“对！群众组织的枪、炮，许多都是军队发的嘛！当然喽，各大军区司令员老是待在一个地方也不好。”

邓小平：“我赞成主席的意见。”

毛泽东：“你的意见呢？”

邓小平沉吟片刻，伸手拿起身旁的茶杯与毛泽东的茶杯对换了一下。

毛泽东笑了：“英雄所见略同。”他吸了一口烟，“不久前，剑英同志向我提出，请你管军队工作。”

邓小平：“我服从组织安排。”

毛泽东：“那就当秘书长吧！”

邓小平："我还是不要这个名义的好。"

毛泽东的书房　内　日——

毛泽东坐在桌前批阅一封群众来信。

吴秘书引周恩来、王洪文走进："主席，总理和洪文同志到了。"

毛泽东转过身来："都请坐吧！"

周恩来、王洪文相继落座。

毛泽东："日前，我分别和你们二位谈了对政治局会议的看法。今天，在谈正题之前，我还想再说几句。洪文同志，你提增补江青、姚文元为政治局常委的根据是什么呢？"

王洪文尴尬地："这……"

毛泽东："既然你讲不出道理来，我也明确表示：增补常委，不要！"

王洪文："是。"

毛泽东从桌上拿起刚刚批阅的信件："恩来，这是一封署名'一个普通的共产党员'的来信，批评江青民主作风差，把文艺强调得过分，不执行'双百方针'。我批了几句话，你们看后，交汪东兴办。"

周恩来接过信件，念道："印发政治局各同志。有些意见是好的，要容许批评。毛泽东。"转交给王洪文。

王洪文看罢一言不发。

毛泽东："好！进入正题：文化大革命已经八年了，换句话说，都打完了一个抗日战争，为什么还结束不了呢？……"

中南海的甬路　外　夜——

张春桥边走边问："洪文同志，你知道今晚政治局会议的内容吗？"

王洪文边走边说："主席说要议军。"

江青边走边有情绪地说："议军找军委嘛，要我和文元同志来做什么！"

姚文元边走边说："听听也没有害处嘛！"

毛泽东的书房　内　夜——

毛泽东坐在他那张沙发上，严肃地："我提醒在座的诸位：政治局要议政，军委要议军，不仅要议军，还要议政。"他吸了一口烟，"在一个长时期，军委不议军，政治局不议政，以后改了吧，你们不改，我就开会，到这里来，我毫无办法，我无非是开个政治局会，跟你们吹一吹，当面讲。”

在毛泽东的讲话中，摇出与会者周恩来、叶剑英、邓小平、李先念、王洪文、张春桥、江青、姚文元等不同的表情。

毛泽东：“今天政治局会议的核心内容是什么呢？是议军，是讨论全国各大军区司令互相对调。”他指着叶剑英，“你是赞成的，对吧？”

叶剑英：“对！”

毛泽东：“总理和洪文同志，你们也是赞成的。对吧？”

“对！”周恩来和王洪文答说。

毛泽东：“正式议军之前，我想指挥大家唱一首好久不唱的歌，那就是《三大纪律八项注意》。”

与会者听后愕然。

毛泽东放下手中的香烟站起来，伸出双手。

与会者相继站起。

毛泽东：“今天就唱第一段。”接着，毛泽东唱了一句“革命军人个个要牢记，”然后喊了一句：“预备——唱！”

与会者随着毛泽东双手的指挥，齐声唱起了《三大纪律八项注意》：

革命军人个个要牢记，
三大纪律八项注意，
第一一切行动听指挥，
步调一致才能得胜利！……

毛泽东：“都请坐吧！”他带头落座。

与会者带着不同的表情相继落座。

毛泽东：“虽说这首歌很久没有唱了，但从歌声听得出：大家还没有忘一切行动听指挥，步调一致才能得胜利。”他再次拿起香烟吸了一口，“一个人在一个地方搞久了，不行呢，搞久了会油了呢！你们大家同意吧？”

“同意！”

毛泽东指着邓小平:“现在,请了一个军师,叫邓小平。发个通知,当政治局委员、军委委员。政治局是管全部的,党政军民学,东西南北中,我想政治局添个秘书长吧,你不要这个名义,那就当参谋长吧。”

王洪文、张春桥、江青、姚文元等铁青着脸的特写。

周恩来、叶剑英、李先念等面带笑意的特写。

毛泽东巡视了一遍与会者的表情:“如果没有不同意见，以后开二中全会报告追认。有不同意见吗？”

“没有！”

毛泽东:“我们现在请了一个参谋长。他呢,有些人怕他,但他办事比较果断,他一生大概是三七开,你们的老上司,我请回来了,政治局请回来了,不是我一个人请回来的。对吧？”

“对！”

毛泽东指着邓小平:“你呢,人家有点儿怕你,我送你两句话:柔中有刚,绵里藏针,外面和气一点儿,内部是钢铁公司。过去的缺点,慢慢改一改吧！”

邓小平:“是！”

毛泽东:“大家都知道，不做工作就不会犯错误，一做工作总要犯错误,否则就要当老百姓。大家还有什么要说的吗？”

“没有了！”

毛泽东:“好！剑英同志,等你把八大军区司令员请进京后,我们再在这里开一次会！”

毛泽东住地的大门外　夜——

一辆接着一辆轿车驶来,戛然停在外面,相继走下许世友、李德生、陈士榘等与会的将军。他们习惯地整理一下军容风纪,迈着军人的步子走进屋去。

毛泽东的书房　内　夜——

毛泽东身着军装,十分威严地坐在他那张沙发上。

毛泽东的左边坐着身着军装、年近九十的朱德,右边坐着身着军装的邓小平。

周恩来与着军装的叶剑英、李先念、王洪文、张春桥等政治局委员以及各提前赶到的大军区司令员坐在其他沙发上。

陈士榘走进书房，大步走到毛泽东的面前，行军礼："报告主席！陈士榘前来报到！"

毛泽东站起身来，握住陈士榘的手："身体怎么样？"

陈士榘："托主席的福，身体还好！"

毛泽东："从井冈山下来的不多了！当年，你在淮海战役中出足了风头啊！"

陈士榘再次行军礼："谢主席！"转身落座。

李德生走到毛泽东面前，行军礼："报告主席，北京军区司令员李德生前来报到！"

毛泽东握住李德生的手，风趣地说："你们李家出了个李铁梅，你就是陪绑的。我送你一句大实话，李德生活到九十九，上帝请你喝烧酒。"

与会的领导和将军都忍俊不禁地笑了起来。

李德生借机行军礼，转身落座。

许世友迈着军人的步伐，有节奏地走到毛泽东面前行军礼："报告主席！你的老战士许世友前来领受新的战斗任务！"

毛泽东："好，好！还像是当年的样子。我要你读《红楼梦》，你读了吗？"

许世友："读了！"

毛泽东："读了几遍？"

许世友："一遍。"

毛泽东："一遍不够，至少要读三遍。你知道历史上有一个叫周勃的战将吧？"

许世友："知道！你多次讲过，周勃无文，是跟着汉刘邦打天下的一员战将。刘邦死后，他的老婆吕后谋权篡位，周勃怒而兴兵，成了安刘灭吕的一代忠臣良将。"

毛泽东："好！我要你学周勃。"

许世友："请主席放心，谁再学林彪谋反，加害主席，我就和他势不两立，学着周勃的样子杀他个片甲不存！"他说罢行军礼，转身坐到沙发上。

毛泽东坐下，指着朱德："今天，我请来了总司令，帮着我压阵。文化大革命中有人说他是黑司令，不对，他是我们的红司令！几十年来，朱毛是不分家的。"

朱德："一分家就打败仗！"

毛泽东："就是嘛，他是朱，我是毛，我是他身上的一根毛嘛。"

与会者听后笑了。

毛泽东："今天，我要多讲几句！我看贺龙同志是搞错了，我要负责呢！"

周恩来："主要是林彪陷害的！"

毛泽东："要翻案！不然少了贺龙不好呢。"他转身指着邓小平，"小平对我讲，当年在上海的时候，对罗瑞卿搞突然袭击，他不满意。我赞成他。这件事也是听了林彪的话，错整了罗瑞卿。一句话，凡是受林彪迫害的都要翻案！"

邓小平："主席还郑重地对我说，军队被林彪破坏得十分严重，要整顿军队，任重而道远！"

毛泽东："整顿军队的任务就交给你了！下边，先请王洪文同志宣读到会的八大军区司令员名单！"

王洪文站起，拿着一纸命令，胆怯地："许世友！……"

许世友傲岸不逊地看着天花板，故做没有听见状。

王洪文再次念道："许世友！……"

许世友依然故我，一动不动。

周恩来急忙救驾："洪文同志，由我来宣读吧！"遂从王洪文的手中接过命令，"许世友！"

许世友肃然起身，立正，行军礼："到！"

周恩来："请坐下！下边，我宣读名单的时候不必起立，只要答声到就行了！"接着，他双手捧着花名册很有威严地念道，"许世友！李德生！陈锡联！杨得志！曾思玉！丁盛！韩先楚！皮定钧！"

随着周恩来点名的顺序，八位将军相继肃然起立，行军礼答到。

周恩来："报告主席，点名完毕，请主席宣读八大军区司令员对调的命令！”

毛泽东应声站起。

所在与会人员肃然起立。

毛泽东双手捧着中央军委命令：“下边，我代表中共中央军事委员会，宣布八大军区司令员进行对调的命令！”

中南海　毛泽东的书房　内　夜——

毛泽东坐在桌前，有些吃力地批示。

吴秘书走进：“主席，外交部又打来电话，询问我国政府派团参加第六次联大特别会议报告的情况。”

毛泽东从桌上拿起刚刚批示的一份文件：“我圈阅了！这是我国加入联合国后首次召开的联大特别会议，当然要参加，关键是要选准带队的团长。”

吴秘书：“这也是他们外交部决定不了的。”

毛泽东：“他们的意见呢？”

吴秘书：“就常理而言，代表团的团长自应是总理，可总理连续动了两次大的手术，难以成行。”

毛泽东笑了：“时下还不到蜀中无大将、廖化做先锋的地步，起码外交部长乔老爷的心中是有数的。”

吴秘书：“谁？”

毛泽东：“邓小平。”

吴秘书：“那主席大笔一挥不就解决了吗？”

毛泽东：“那怎么行呢！告诉乔老爷，在起草报告的时候写上团长是邓小平。”

吴秘书：“行！”转身欲走。

毛泽东：“回来！告诉乔老爷，不要说是我的意思，交由政治局讨论决定。”

政治局会议室　内　夜——

周恩来：“关于外交部由邓小平担任出席联大特别会议代表团团长的报告讨论多次了，终未达成一致。我作为总理作了‘同意’的批示，并送主席和在京的政治局委员传阅。对此，江青同志表示反对，要求外交部撤回报告。大家有什么意见？请继续发言。”

在周恩来的讲话中摇出邓小平、叶剑英、李先念、王洪文、张春桥、江青、姚文元等与会者不同的表情。

叶剑英：“我也再次重申自己的看法，一、小平同志在文化大革命前，曾多次率中国党政代表团与苏联等国家谈判，具有外交斗争的经验；二、这是一次重要的国际会议，应该由小平同志这样分量的政治家当团长。”

江青：“难道中央就没有比小平同志分量更重的人选了吗？一、小平同志刚刚提名为政治局委员，还不是常委；二、他在文化大革命中被打倒多年，突然代表中国在国际舞台上亮相，一定会给敌人以攻击我们的靶子！”

邓小平若无其事地抽着烟。

李先念：“按照江青同志的逻辑，小平同志也不应出任副总理职务，他只要参加军队整顿和国务院业务组的活动，就会授敌人以柄。”

周恩来：“春桥同志的意见呢？”

张春桥：“我还是要投反对票！理由嘛，国务院业务组向中央写来报告，强调去年生产任务没有完成。时下，总理重病在身，唯有靠小平同志在新的一年里完成主席的重托。因此，我不赞成小平同志分身出国。”

姚文元：“我同意春桥同志的意见，一身不可二兼，一心不可二用。国内的工作实在是太忙了，还是留在国内为好。”

邓小平继续不理睬地抽着烟。

叶剑英：“请问，在你们心目中最合适的团长人选是谁呢？有谁比小平同志担当团长更合适呢？”

王洪文：“我没有明确的人选，也没有说小平同志不合适当代表团团长。我只是说，国际上帝修反等反革命势力无时无刻不在想破坏我们，小平同志的安全没有保障。”

叶剑英：“请问：谁当团长安全有保障呢？”

与会者沉默不语。

周恩来：“看来，今天的会议还是很难达成一致的意见。现在，我传达主席的意见！”

与会者愕然。

周恩来："主席托身边的工作人员转告我，邓小平出席联大，是我的意见，如果政治局同志都不同意，那就算了。"

王洪文、张春桥、江青、姚文元震愕不语。

邓小平若有所思，微微地点了点头。

周恩来："我当即表态，完全同意毛主席的意见。现在，请与会的政治局委员表明自己的态度。"

"同意主席的意见！"叶剑英、李先念答说。

"我也同意主席的意见！"王洪文、张春桥、姚文元答说。

周恩来："江青同志，你的意见呢？"

江青："我保留自己的意见！"

邓小平点燃一支香烟，深深地吸了一口，用心地品尝。

毛泽东的书房　内　夜——

毛泽东坐在沙发上，轻轻地和乐击拍，听京剧《将相和》有关的唱段。

周恩来走进："主席正在欣赏完璧归赵的蔺相如啊！"

毛泽东："不！我正在思索当今的蔺相如——邓小平出席联大特别会议的事。"

周恩来："请主席放心，政治局通过了你的提议。"

毛泽东："还有一个江青反对嘛！"他从茶几上拿起一封信，"我给江青写了一封信，由你向政治局传达。"

周恩来接过信，小声念："江青，邓小平同志出国是我的意见，你不要反对为好。小心谨慎，不要反对我的提议。毛泽东　三月二十七日。"周恩来收好信，"主席，有不同意见，也不要为此伤身。"

毛泽东："人老了，性格也会变得十分脆弱。我经常讲要安定团结，要稳定，可是他们就是要乱，似乎只有天下大乱他们才高兴。每每遇到这种情况，我就会生气。"

周恩来："我写的关于老干部继续挨整的报告看了吧？"

毛泽东："看了！我并不知道有那么多老同志受罪嘛！我的目的是想烧一烧官僚主义，但不要烧煳了。"

周恩来："看起来有一个全国性的落实干部政策的问题。"

毛泽东："这个问题还是由你去落实吧！对于出席联大特别会议，小平这个团长有什么想法吗？"

周恩来："小平同志说，要有一篇像样的发言稿。"

毛泽东："和我想到一块去了！让他召集乔冠华等秀才开会研究，写成之后，要送我看。"

邓小平办公室　内　夜——

邓小平坐在沙发上，双手捧读一份文稿。

乔冠华抽着烟，在室内缓缓地踱着步子。

邓小平看罢文稿弃在茶几上，点燃一支香烟抽了起来。

乔冠华看着邓小平沉默不语的表情，小声地："行不行？你这位即将走马上任的团长大人说话啊？"

邓小平："乔老爷，你急什么！"

乔冠华："还不急啊！离出国没有几天了，这篇关于阐发主席三个世界理论的发言稿还要送审呢！"

邓小平："那也用不着急！总的看来，可以了，但全篇结束的时候还差点儿什么！"

乔冠华："到底还差点儿什么呢？"

卓琳引身着军装的李秘书走进："先停一停，老爷子，你看谁到了？"

邓小平头也不抬，继续思索着。

李秘书："老首长！我这个老警卫又来报到了。"

邓小平皱着眉头："欢迎，欢迎！你先住下来，然后就准备跟着我去美国。"

李秘书："什么？去美国！"

邓小平下意识地挥了挥手："对！去吧。"遂又陷入凝思。

卓琳给李秘书使了个眼色，先后退出。

乔冠华微微地摇了摇头："真是小曲好唱口难开啊！"

邓小平突然抬起头："好！有了。"

乔冠华一怔："有什么了？"

邓小平："有了结束的段落了！我说，你用笔记。"

乔冠华取出一支派克笔："开始吧！"

邓小平深沉而有节奏地口述，"中国现在不称霸，将来也不做超级大国……"

毛泽东的书房　内　夜——

毛泽东捧读文稿："如果中国有朝一日，变了颜色，变成一个超级大国，也在世界上称王称霸，到处欺负人家，侵略人家，那么，世界人民就应当给中国戴上一顶社会帝国主义的帽子，就应当揭露它，反对它，并同中国人民一道，打倒它。"他把文稿往桌上一掷，兴奋地："这篇发言稿写得好，这段结尾写得尤其好！"

乔冠华："报告主席，您常说，写文章要讲龙头豹尾猪肚子的，这豹尾是小平同志口述，我笔录的。"

毛泽东："我就知道，这种具有惊世骇俗、振聋发聩的文章一定是出于政治家之口，秀才们的笔下是写不出来的！"

邓小平："主席过誉了！"

周恩来："不！主席实事求是。"

毛泽东："小平，你这个团长知道乔冠华有什么喜事吗？"

邓小平："乔老爷才和章含之结婚。"

毛泽东："你和恩来都是知道的，章含之是我的英文老师，她的父亲章士钊先生又是我的老乡长。我看就让才上轿的乔老爷带上新娘子去联合国度蜜月。"他说罢深深地吸了一口烟，说道："可惜啊，我这个学生没有外汇，不能给章含之和乔冠华送份贺礼。小平同志，你这个团长能多批给他们一点儿出国费用吗？"

周恩来："不行！小平同志这个当团长的也只有三十五美金的出国费。"

毛泽东无奈地："那乔冠华岂不就更少了吗？"

乔冠华："主席，您这份心是多少美金也换不来的！"

邓小平："主席还有什么指示吗？"

毛泽东："有！这是你邓小平从国内走向国际的开始，记住，既要有中华民族扬眉吐气的伟大气概，又要做到谦虚谨慎，善于向人家学习。”

定格叠印字幕：

第二集终

第三集

在深沉的画外音中叠印出相应的历史资料画面：

“一九七四年四月六日，邓小平率中国代表团一行离开北京，赴纽约参加联大特别会议。四月十日，邓小平代表中国政府在联合国大厦的大会场中发表了精彩的演说，全面地阐述了毛主席关于‘三个世界’的理论和中国的对外政策。其中，特别是毛泽东的‘三个世界’的理论和中国永不称霸的承诺，赢得了第三世界国家的热烈欢迎。外电评论说：这个站在联合国讲台上的小个子的中国人，不仅代表着新中国的形象，还是周恩来总理的一个‘最理想的代理人’。……”

纽约　邓小平的下榻处走廊　内　晨——

邓小平平静地抽着烟，在走廊上漫步。

李秘书大步走来：“首长！该用早餐了。”

邓小平：“知道了！”

李秘书越过邓小平，沿着走廊大步走去。

邓小平：“李秘书！干什么去？”

李秘书：“请乔外长起床。”

邓小平：“不急！乔老爷来纽约还有一个特别的任务，让他们多睡一会儿。”

李秘书茫然地：“什么特别任务？我怎么不知道？”

邓小平：“是主席批准的，你怎么会知道。”

李秘书：“首长，能告诉我吗？”

邓小平：“能！工作之余，让乔老爷和章含之度蜜月。”

李秘书笑了：“主席说得清楚，度蜜月是在工作之余。早餐之后，还要赶到华尔道夫大饭店会见基辛格博士呢！”

邓小平摆了摆手，大步走到廊道尽头的客房前，用力敲了两下门：“乔老爷！该起床了！”

室内传出乔冠华的答话声："真抱歉！让我睡过去了。"

邓小平自语地："主席可没批准让你睡过去啊！"

纽约华尔道夫大饭店会客室　内　日——

邓小平站在会客室中，等待着基辛格博士的到来。

乔冠华站在一边："团长同志，今天就由我给你当翻译吧！"

邓小平："可以，就是不准误事。"

乔冠华笑了："放心！"

基辛格大步走进，俯首紧紧握住邓小平的手，用英语幽默地对乔冠华说："邓的个子矮，像我这样高的人和他一握手，就等于先向他施鞠躬礼。"

乔冠华听后捧腹大笑，忘记了翻译。

邓小平用中文严肃地："乔老爷，他讲了些什么？"

乔冠华用中文说道："他说和你一握手，就等于向你施鞠躬礼。"

邓小平严肃地："告诉他，我和他一握手，感到很亲切，一点儿也没有高山仰止的感觉。"

基辛格听了乔冠华的翻译后说道："很好！我真诚地欢迎你来美国访问。"

邓小平："好！坐下谈吧。"

接着，邓小平、基辛格、乔冠华分主、宾落座。

邓小平："基辛格博士，你是揭开中美关系史最重要一页的功臣，中、美两国人民都会记住你的。"

基辛格："要说功臣，毛泽东，周恩来，叶剑英，还有这位乔外长，都是功臣。那时，你还没有出山，《中美上海公报》就是我和乔外长的杰作。"

乔冠华："准确地说，还有你的老板尼克松总统，以及我们的毛主席和周总理。没有他们拿大主意，你我再有天才，也完不成《中美上海公报》。"

基辛格大笑："乔外长说得对，我们不应贪天之功！"他转而对邓小平说道，"我通过你的讲演，才真正地明白了中国外交的实质，那就是团结世界上的一切穷国，反对像我们美国这样的富国。"

邓小平："你说得不全面！只要你们美国不欺负穷国，世界上一切被压迫的民族就不会反对你们。"

基辛格："小平阁下，你是如何看待美国的呢？"

邓小平："美国是一个伟大的国家，美国人民是伟大的人民，有很多先进的东西值得我们学习。就说我这次出席联大特别会议吧，还有一项内容，就是向美国人民学习。可惜的是，我的行程就要结束了。"

基辛格："再来嘛！就是我不在华府供职了，我也愿意陪着你到美国各地看一看。"

邓小平："谢谢！"

纽约曼哈顿大街　外　日——

一辆挂有中国国旗的黑色轿车飞驶在大街上。

化入轿车内：邓小平和乔冠华坐在后排座位上边观察车外繁华的市容边议论。

乔冠华："我每次来美国都会发出这样的自问，美国的历史还不到二百年，它为什么会这样发达呢？"

邓小平："你的结论呢？"

乔冠华："国家安定，重视科学技术。"

邓小平："还应加上一条，掠夺像中国这样已经落后的文明古国，奴役像非洲、拉丁美洲等国家的人民。"

乔冠华："有道理。"

邓小平："乔老爷，国家给你的外汇用完了吗？"

乔冠华："听含之说，她喜欢吃美国的提子，天天买一点儿，已经所剩无几了。你的呢？"

邓小平："分文未花，全都存在李秘书那里了！"

乔冠华："好哇，过境法国的时候，我和含之共你的产！"

邓小平笑了笑："做梦去吧！"

飞机中　内　日——

一架法航的飞机穿云破雾，飞行在湛蓝的长空。

化入机舱：邓小平和乔冠华隔桌喝着咖啡随意交谈。

乔冠华："法国巴黎就要到了，你这位曾在法国勤工俭学的革命家有何感想？"

邓小平："半个多世纪了，我很想看看巴黎的变化。"

乔冠华："你对巴黎印象最深的是什么呢？"

邓小平呷了一口咖啡："巴黎街头小咖啡馆里的咖啡。"

乔冠华随手端起咖啡杯呷了一口："和这飞机上供应的咖啡相比呢？"

邓小平："到达巴黎以后，每天吃早餐的时候，我免费请你喝，结论嘛，由你自己下。"

中国驻法国大使馆餐厅　内　晨——

邓小平坐在一张中式餐桌前，无声地吸着烟。

有顷，大使馆的小孙提着两个中式暖瓶，李秘书捧着一个食品盒乐呵呵地走进。

邓小平笑着问："小孙，暖瓶里装的都是咖啡吗？"

小孙："对！小咖啡馆的老板听说我要买两大暖瓶咖啡，他高兴地问我，你们是来了一个营的人，还是一个团的人？"他说罢打开暖瓶塞，向咖啡杯里倒热气腾腾的咖啡。

邓小平深深地吸了一口咖啡的香气："好香啊！李秘书，牛角面包和奶酪买来了吗？"

李秘书："买来了！"他打开食品盒，"都说法国大餐世界有名，没想到老首长请我吃这一块美金买六个的牛角面包。"

邓小平看着食品盒中的牛角面包和奶酪，说了一句"久违了！"伸手拿起一个面包咬了一口。

小孙："首长，等等乔外长吧？"

邓小平边吃边说："不等！"

乔冠华边说："我来也！"边拿起一个牛角面包咬了一口。

李秘书拿起牛角面包咬了一口，接着又喝了一口咖啡，苦得皱起眉头。

乔冠华："李秘书，味道怎么样？"

李秘书："不怎么样！且不说这牛角面包没法和俺们老家的馒头比，就说这巴黎小咖啡馆的咖啡吧，和北京人爱喝的茉莉花茶比也一个在天上，一个在地下！"

邓小平和小孙、乔冠华相继发出了惬意的笑声。

李秘书不服气地："笑什么？说句老实话，我真弄不明白，老首长为什么喜欢吃这又酸又硬的奶酪，还点名要喝这又苦又涩的小咖啡馆的咖啡。"

邓小平："你哪里知道，五十多年前，我和总理、富春、蔡畅大姐等人在这里勤工俭学，这牛角面包和小咖啡馆的咖啡就是我们最好的早点了！"

李秘书似有所悟地点了点头。

邓小平："等一会儿，我们去当年在法国闹革命的意大利广场参观的时候，我带着你们去广场对面的小咖啡馆，那里的咖啡才正宗呢！"

巴黎街头　外　日——

一辆挂有中国国旗的黑色轿车行驶在繁华的巴黎街头。

化入轿车内：邓小平和乔冠华若有所思地望着车窗外的楼房和闹市。

坐在前排的小孙回过头来："首长，有何感触啊？"

邓小平："变了，变得我都认不出来了。"

乔冠华："说不定啊，你答应请我们在意大利广场对面的小咖啡馆里喝咖啡的钱也省了。"

邓小平："绝不会的，我说话可是算数的哟！"

巴黎意大利广场　外　日——

广场中央穿行着各种肤色、不同着装的游人，令人眼花缭乱，真是好一个花花世界。

一辆黑色轿车戛然停在广场的旁边。

小孙从前门跳出，十分麻利地打开后门。

邓小平步出车门，举目环视，微微地摇了摇头："小孙，这就是意大利广场？"

小孙："没错！我几乎每个月都要来一两次。"

邓小平："变了，全都变了！"

乔冠华："变是正常的，不变倒是不正常的。我所关心的是，只要你当年和总理、聂帅，还有富春和蔡畅大姐他们喝咖啡的那个小咖啡馆还在就行。"

邓小平环视一周，再次感叹地摇了摇头。

乔冠华："从邓团长的表情可知，邓团长请我们到广场对面的小咖啡馆里喝咖啡的钱省下了。"

邓小平指着广场对面："那座大楼，原来就是我们经常喝咖啡的小咖啡馆。"

乔冠华："怎么样？这小小的咖啡馆都变成了大楼，自然这咖啡就没的喝了！"

小孙："你和总理他们闹革命的地方呢？"

邓小平指着一幢新建的公寓："半个世纪前，那个地方是一幢不起眼的旅馆。在一个极为简陋的小房间里，以总理为首的一批年轻的中国共产党人从事革命活动。没想到……"

乔冠华："以总理为首的这批中国共产党人成了新中国的缔造者。而这幢不起眼的小旅馆却完成了历史使命。"

小孙："当年，你们在法国一边勤工俭学一边闹革命，给你留下最深的印象是什么呢？"

邓小平："是那种不为名、不为利的革命精神。那时，赵世炎同志是我们的第一任领导，继之是总理，而陈延年和陈乔年兄弟是一般的党员。但是回国之后，大家的职务有所变换，依然合作得很好，没有一个闹名誉讲地位的。"

乔冠华感慨地："这才是真正的共产党人啊！"

邓小平："小孙，我交给你的任务完成了吗？"

小孙："完成了！一共买了二百个牛角面包和各式各样的奶酪，刚好花了三十五美元。可我怎么也想不通，你为什么把全部外汇都买成牛角面包和奶酪呢？"

乔冠华："分给代表团中像我这样花完外汇的成员。"

邓小平："又在做梦！"

飞机中　内——

一架包机穿云破雾飞行在湛蓝的长空。

邓小平、乔冠华相对而坐，边品咖啡边交谈。

乔冠华乐观地："老将出马，一个顶俩，你代表中国，在世界外交舞台上打了一个漂亮的大胜仗！"

邓小平："我可没有你这么高兴！"

乔冠华："为什么？"

邓小平："你参观美国、法国的时候有什么感想？"

乔冠华神秘地："是说老实话吗？"

邓小平："当然！"

乔冠华："我们落后了！"

邓小平："应该说是大大的落后了！"

乔冠华："我们该怎么办呢？"

邓小平："迎头赶上！"

乔冠华为难地摇了摇头。

邓小平生气地："没出息，摇什么头啊！"

乔冠华复又叹了口气。

北京　邓小平的会客室　内　日——

茶几上摆着从法国带回来的包装二百个牛角面包的纸盒。

邓小平、卓琳、李秘书忙着分装牛角面包和奶酪。

卓琳看着分成十份的牛角面包和奶酪，高兴地自语："总理一份，朱老总一份，聂帅一份，富春同志和蔡畅大姐两份，剩下的留给全家吃。"

邓小平："不行！总理重病在身，两份；朱老总德高望重，两份；聂帅……"

李秘书："甭说了！两份。首长，你呢？"

邓小平："你算算看，刚好也是两份。"他转身看着重新摆放牛角面包和奶酪的卓琳，吩咐道，"除了总理的这两份外，你都要代表我送去。"

西花厅大院中　外　日——

邓颖超无比惆怅地看着无处不是春色的庭院，对它们似有说不尽的千言万语。

邓小平提着装有牛角面包和奶酪的纸盒走进院中，笑着说："大姐，我从法国给总理带来了他最爱吃的东西。"

邓颖超："是什么东西啊？"

邓小平："牛角面包和奶酪，是地道的法国货。"

邓颖超："谢谢你！可是他……"

邓小平："总理怎么了？"

邓颖超："他每天大量尿血，还坚持工作。"

邓小平惊得一怔，遂又低沉地自语："我真的没想到总理病成这个样子，他还亲自去飞机场迎送我们……"

周恩来已经走出屋门，站在那座平台上，乐观地："这是应该的嘛！更何况你是代我去完成这项重要的使命呢。"

邓小平分外激动地："总理，我们每一个共产党人，都应向你学习这种鞠躬尽瘁，死而后已的革命精神！"

邓颖超关心地："虽说春天了，可院落中还是有点儿凉，你们进屋去谈吧！"

周恩来："没有关系！"他指着那棵海棠树，"我曾和小超说过，等今年秋天海棠熟了的时候，我亲自摘它一小筐，送给你和卓琳同志，让你们老两口哄着孙子和孙女吃。现在看来，我可能不行了，只有让小超代我给你们去送海棠了。"

邓小平："不！你一定行的，一定行的……"

叶剑英住处的大院　外　日——

叶剑英和邓小平、李先念边散步边交谈。

李先念沉重地："全国的生产形势很不乐观！铁路运输处于半停顿状态，钢铁生产指标大幅度下滑，农业减产，边远地区的农民没有饭吃。一句话，他们天天高喊批林批孔，把人心搞散了，把国家搞垮了！"

邓小平："还是那句老话，尽人事而听天命。"

叶剑英："我以为当务之急，还是研究总理的病情和治疗。"

邓小平："总理医疗组已经作出最后的决定——并报经总理认可，六月一日进住三〇五医院，当天就动手术。"

李先念："我真担心总理的身体扛不过去啊！……"

叶剑英："我也是啊！可是，我更担心那几个人借总理动手术大做文章啊！”

邓小平愤然地望着远方。

西花厅　内　日——

周恩来指着桌上的文件：“小超，这是我刚刚批过的文件，请小李分送有关的同志。”

邓颖超怆然地：“放心吧，我会办的。”

周恩来：“你每天来医院，都要把报来的文件带给我。”

邓颖超：“是！”

周恩来：“如果有急需解决的大事，你就转告小平同志或剑英同志。”

邓颖超：“我会的。”

周恩来：“如果主席临时召集会议，一定要通报我。”

邓颖超：“我记下了。”

周恩来巡视房间的一件件东西，故意做出平静的样子：“小超，我们是哪一年搬进西花厅的？”

邓颖超：“一九四九年的七月吧。”

周恩来：“时间过得多快啊，一住就是二十六个年头，我真有点儿舍不得离开。”

邓颖超：“放心，你会回来的。”她说罢转过身去。

周恩来：“说句迷信话吧，托小超的福。我走了！”他说罢大步走出西花厅办公室。

邓颖超快步追出西花厅。

小李急忙打开轿车的后车门，伸出右手扶住车门的上方。

周恩来伏身走进汽车。

小李随手关死后车门，又麻利地钻进前车门。

轿车发动了，缓缓向前驶去。

后车门的玻璃窗摇下，周恩来探出头看着送行的邓颖超。

邓颖超微微摆着右手，泪水渐渐地溢出眼眶。

江青的办公室　内　夜——

江青得意地：“洪文同志，总理开刀后的情况怎样啊？”

王洪文："他很快就醒过来了！主刀的大夫和护理人员说，总理的毅力是超人的。"

张春桥："很好嘛！叫我看啊，我们还可以从思想上给他再动一次大手术。我们不仅要批孔老二顶礼膜拜的周公，还要批当代的周公！"

姚文元："好一个批当代的周公！"

张春桥："这次行动除写批判文章以外，最好江青同志以主席夫人的特殊身份，亲自到工农兵中去宣讲。"

江青："好！说干就干，我立即让人安排。洪文同志，还有什么新的点子吗？"

王洪文："有！"他打开皮包，取出几份材料，"早在六四年，周恩来就曾作出造船和买船的决定。七〇年他再次强调，国内造船一时满足不了需要的时候，要向国外买船。对此，我作了批示：这完全是崇洋媚外，洋奴哲学在作祟！"

姚文元："从曾国藩、李鸿章、袁世凯、蒋介石到刘少奇、林彪奉行的都是造船不如买船、买船不如租船的洋奴哲学。"

江青："这是典型的卖国主义路线！"

张春桥："一个批当代最大的儒，一个批卖国主义路线，结果嘛，我们就等着看在病床上的周恩来的好戏吧！"

三〇五医院病房　内　夜——

周恩来躺在病床上，神情严肃地捧读《人民日报》。

邓颖超无声地在摆放几篮鲜花，最后将一盆马蹄莲摆放在靠近周恩来病床的小柜上。

邓小平和李先念走进。

周恩来把报纸放在床头柜上，热情地："小超，快代我请他们二位坐下。"

邓小平边说"不要这样客气！"边关切地："感觉怎样？"

周恩来欠起上身，伸出右手："来！我和先念同志掰腕子，你当裁判，就知道我恢复得怎么样了。"

李先念用力握了握周恩来的手："不用掰了，从握手的力度看，你还得带着我们这些老共产党继续受窝囊气！”

周恩来叹了口气：“我们这些老共产党员，虽然回首往事，还未到孔明写《出师表》时那种临表涕零、不知所云的地步，但看看现实，再瞻念一下未来，总应该明白这样一个道理，在社会主义前进的大道上也是荆棘遍地啊！”

邓小平：“就这个意义上讲，作为一名党的领导者，仅仅做到鞠躬尽瘁、死而后已还不行！”

李先念取出一沓报纸，气愤地：“你看看这几天的报纸，他们连篇累牍地抛出所谓批林批孔的重型炮弹！同时，江青还亲自出马，跑到天津的一些工厂、农村和部队，继续煽动要揪现代最大的儒，批党内大儒……”

邓小平取出几份材料：“你看吧！这是王洪文同志在几封来信上的批示，称从外国买船是迷信资产阶级的‘假洋鬼子’，是‘修正主义路线’，他明目张胆地把矛头指向总理。”

周恩来接过文件看罢，动怒地：“这不是在批我周恩来，是在公开批主席嘛……”他因激动大咳不止。

邓颖超急忙走到病床边，轻轻为周恩来捶背。

三〇五医院门前　日——

一辆黑色的军车飞驰而来，戛然停在门前。

警卫人员急忙打开轿车后门，把手伸在车门的上方。

叶剑英步出轿车，异常严肃地走进医院大门。

三〇五医院病室　内　日——

周恩来吃力地讲道：“七〇年，西方国家出现经济萧条期，他们的远洋运输受到很大的影响。一条新船降到不足实价的三分之一。为了发展我们的远洋运输，我向主席作了报告。主席玩笑地说：买！我们对资本主义国家也来个趁火打劫。”

李先念：“可是现在，主席又是怎么看这件事的呢？”

叶剑英一步走进：“非常生气！”

周恩来：“你也消消火气！你见到主席了？”

叶剑英：“是我气不过，找主席评理去了！”

周恩来："主席听了你的意见之后，又是怎么说的呢？"

叶剑英："他要亲自出面召开政治局会议！"

毛泽东的书房　内　夜——

毛泽东坐在他那张沙发上，一言不发地吸着烟。

毛泽东的左边坐着王洪文、张春桥、姚文元。他们有些心虚地看着毛泽东吸烟。

毛泽东的右边坐着邓小平、叶剑英、李先念等人，他们若无其事地吸烟或品茶。

有顷，日渐清癯的周恩来昂首走进书房。

邓小平："主席，总理带病参加会来了。"

毛泽东边说"恩来！"边吃力地站起。

周恩来快走几步，紧紧握住毛泽东的手："主席，快坐下。"

毛泽东："不！"他边打量周恩来边说，"我让白内障搞得看不清了，可我今天一定要好好地看看你，你病成这个样子了？为什么还要带病参加这个会呢？"

周恩来："聆听主席的指示，为主席分忧。"

毛泽东："你是知道的，我的忧谁也分不了！再说，我的双眼几乎成了瞎子，连我唯一的人生乐趣看书都剥夺了啊！"

周恩来："请主席坐下，该开会了！"

毛泽东坐下，拍了拍身边的那张沙发："恩来，你就坐在这里吧！"

周恩来坐下："下边开会，请主席讲话。"

毛泽东："我哪有什么话好讲！眼睛看不见了，等于大千世界的事都不知道了。我听了剑英和身边的人讲了一些事，认为有必要讲一讲。江青到了吗？"

这时，江青正好大摇大摆地走进："报告主席，我到了！"她说罢坐在张春桥旁边的那张沙发上。

毛泽东："江青同志，你要注意呢，别人对你有意见，又不好当面对你讲，你也不知道。"

江青："有意见就讲嘛，我也没堵谁的嘴！"

毛泽东生气地：“你呀，就是不懂出高价钱去买批评的啊！你不要设两个工厂，一个叫钢铁工厂，一个叫帽子工厂，动不动就给人家扣帽子，不好呢，你的那个工厂不要了吧？”

江青：“好！那就把钢铁工厂送给小平同志。”

毛泽东：“这是政治局会议！”他指着王洪文、张春桥、姚文元，“你们要注意呢，不要搞四人小宗派呢！”

“是！”王洪文和姚文元应声答说。

张春桥沉默不语。

江青昂首看着天花板，做出不屑一顾的姿态。

毛泽东生气地：“我在政治局会议上重申，江青并不代表我，她代表她自己，总而言之，她代表她自己。近期，我将到南方养病，中央的工作要做个安排。我走后，中央的日常工作由洪文同志负责，遇有大事要和恩来商量。”

王洪文：“是！”

毛泽东：“如碰上解决不了的难题，一定要向我报告。”

王洪文：“是！”

毛泽东：“恩来病了，国务院的日常工作由小平同志负责，先念同志协助，要经常请示恩来同志。”

“是！”邓小平和李先念答说。

毛泽东：“军委的工作，剑英同志要抓起来，小平同志要从旁协助，遇到难题，也要请示总理。”

“是！”叶剑英、邓小平答说。

毛泽东：“八一节就要到了，要把跟着我们打天下的老同志全都请出来，一定要造成一个安定团结的大好局面！”

在深沉的画外音中叠印出相应的画面：

“就是在这间书房里，毛泽东严厉批评了江青，从这以后的一段时间里，江青等人攻击周恩来和叶剑英、邓小平的活动不得不在表面上有所收敛。邓小平抓住时机，协助周恩来继续落实干部政策工作。七月下旬，毛泽东在武汉提出，杨成武、余立金、王尚荣和吕正操等人应该出席'八一'建军节招待会，第二天见报。在周恩来的统一领导下，邓小平协助叶剑英把'八一'建军节开成了一个我军团结如一人的大会。九月份，前往武汉陪同毛泽东会见外宾的邓小平回到北京，在周恩来、邓小平、叶剑英的努力下，中共中央正式发出《关于为贺龙同志恢复名誉的通知》。"

武汉　毛泽东的下榻处　外　夜——

吴秘书搀扶着年迈多病的毛泽东徜徉在东湖岸边。

吴秘书指着一张长条木椅："主席，坐下休息一会儿吧？"

毛泽东："好吧！"在吴秘书的帮助下坐在长条木椅上，"总理的病情怎么样了？"

吴秘书："总理开刀之后，又发现癌细胞转移。"

毛泽东沉吟许久："吴秘书，今夜就给王洪文打电话，我建议由邓小平出任第一副总理，全面接手总理的日常工作。"

吴秘书："是！"

毛泽东："同时，建议中央尽快召开四届人大，把国务院的领导班子定下来。"

吴秘书："是！"

毛泽东："告诉王洪文，办这样大的事情，他没有经验，必须到医院请教总理。"

吴秘书："是！"

毛泽东："我还有一个意见，无产阶级文化大革命，已经八年，现在，以安定团结为好。全党全军要团结。"

江青会客室　内　夜——

江青蹙眉凝视窗外的夜空，近似自语地："主席安排邓小平出任第一副总理的用意是清楚的，那就是周恩来一旦呜呼哀哉，就由邓小平接班。"

张春桥："如果再联系主席要求尽快召开四届人大来看，未来的国务院，就有可能会变成邓小平的王国！"

江青："由此看来，当前这场斗争的核心是由谁来'组阁'。换句话说，我们必须力争'组阁'的权力！"

三〇五医院病室　内　日——

周恩来深沉地:“小平同志，我听了主席的指示，打内心来说是高兴的,因为压在我身上的担子放下了一大半。”

邓小平:“我可以尽量帮着总理挑担子,可是有些担子你还得挑,我是无论如何帮不上的。”

周恩来:“我清楚!那些人决不甘心让你接任我的总理职务;他们还会利用召开四届人大的机会大做文章的。”

邓小平:“但我相信主席是不会支持他们的。”

周恩来:“可他们的心里还有一本账，主席是要保护文化大革命成果的,而他们又自认为是发动文化大革命的功臣。这就是他们敢于一次又一次公开对抗主席指示的原因所在。”

邓颖超从内室走出:“恩来,江青打来电话,说今天晚上来看你。”

邓小平:“她呀,准是来搞火力侦察的。”

三〇五医院会客室　内　夜——

江青:“总理听了主席关于召开四届人大的指示以后，有什么想法吗？”

周恩来:“尽快落实主席的指示,把四届人大开成一个安定、团结的大会。”

江青:“你是我们前三届的总理,在‘组阁’方面——尤其是在人事安排方面一定是胸有成竹了吧？”

周恩来摇摇头:“我还没想这件事情。”

江青:“为什么？”

周恩来:“因为这是党中央和主席想的事情。”

江青:“我倒有个建议,在新的一届政府中,要多安排一些在文化大革命中成长起来的革命小将。”

周恩来:“你可以把这个想法提交中央讨论,也可以向主席报告。”

江青:“另外,军委三总部的班子尚未配齐嘛！自黄永胜垮台之后,总参谋长的职务就一直空缺着呢！”

周恩来生气地:“你是应该知道的,这是中央军委的事,只有军委主席才有权建议总参谋长的人选。"说罢大咳不止。

江青的会客室　内　夜——

江青："我好说歹说他都不表态，你们说怎么办吧？"

张春桥："还是按照主席说的办，欲要夺取政权，必先制造舆论。"他拿出当天的《人民日报》，"今天，北京各家报纸都在头条刊登了我国自己设计、自己制造的'风庆轮'远洋归来的消息，用文元同志的话说：这是苍天赐给的大好机会！"

江青："说说看！"

张春桥："我收到了一份材料，控告交通部决定从国外购进一批货船。对此，交通战线上的造反派群起声讨，说交通部是卖国部，并明确指出交通部背后有中央的人支持！"

姚文元："我们可以借批判交通部崇洋媚外，把斗争的矛头指向他们的后台老板！这就是苍天赐的'风庆轮'事件！"

江青："我们一定要把这篇文章做好，做大！"

张春桥得意地："洪文同志那里还有一篇大文章呢！"

王洪文："七机部造反派的负责人舒龙山对我说，为支持革命派在四届人大召开期间夺权，他们决定在十一月五号发射返回式遥感卫星。"

三〇五医院会客室　内　日——

周恩来感慨地："不久前，我见到一份美国的材料，他们说中国的核实验自一九七一年就没有了活动。就这个意义上讲，我真心祝福这次返回式遥感卫星发射成功。"

叶剑英："我何尝不是呢！万一失败了呢？"

周恩来："为确保我国核计划的实施，一定要整顿科技队伍！张爱萍同志不是已经回到北京了吗？"

叶剑英："我已经见到他了！"

周恩来："他被造反派打伤的腿好了吗？"

叶剑英："拄着手杖已经可以走路了。但是，他明确表态，在这样乱哄哄的情况下，他不愿意回国防科委工作。"

邓小平、李先念满面怒色地走进。

周恩来："看样子，你们二位一定是和那几个人生气了！"

李先念愤慨地："岂止是生气哟！"他取出一份文件，"这是王洪文唆使他们在交通部的造反派写的一份材料，把交通部打成是买办资产阶级思想专政的部！"

周恩来接过材料审阅。

邓小平严肃地："更为严重的是，他们还把持不同意见的'风庆轮'政委等同志名曰扣押，实际上是私设公堂进行批判，还把这不同意见定性为反动的政治事件。"

叶剑英震怒地："这是明目张胆地对革命同志施行资产阶级专政！"

邓小平："更为严重的，他们是醉翁之意不在酒。"

周恩来看罢材料笑了笑："想打倒我周某人就对准我嘛，何必拿群众出气！他们下一步想怎么办呢？"

李先念："要求召开政治局会议，讨论并处理这所谓的'风庆轮'事件！"

中南海　政治局会议室　内　日——

江青故做愤怒状："同志们！'风庆轮'事件的实质是什么呢？是崇洋媚外，是卖国！而我们有些同志——尤其是在中央负有重要责任的领导同志，却视而不见，充耳不闻；更为严重的是，他们不为中国自己制造的'风庆轮'鼓掌，却为外国造的轮船叫好，这难道还不是货真价实的卖国主义路线嘛！"

在江青的讲话中摇出与会的王洪文、张春桥、姚文元、叶剑英、邓小平、李先念等不同的表情。

张春桥："江青同志一语中的，她击中了'风庆轮'事件的要害。面对着是爱国还是卖国这样的大是大非问题，我们中央政治局必须要有明确的态度。"

叶剑英、李先念怒色满面，愤而不语。

王洪文："换句话说，今天出席政治局会议的每一位同志，都要旗帜鲜明地表明自己所持的立场。谁先说？"

邓小平十分平静地吸着烟。

江青："小平同志，你对这个问题是什么态度呢？"

邓小平从容不迫地："会议开始我就讲过了，交通部报中央的材料我已经圈阅过了。"

张春桥："圈阅仅仅表示你已经看过了，并不说明你对'风庆轮'事件的态度。"

邓小平猝然严肃起来："你应该懂得，圈阅还表示我对这一材料尚需调查一下。"

姚文元："也就是说：你对'风庆轮'事件还存疑，对吧？"

邓小平忍住满腔的怒火："这是你的理解。另外，主席多次讲过，共产党人对任何事情都要问一个为什么？退一万步讲，就算我存疑还不允许吗？"

江青咄咄逼人地："你这是什么态度？我也严正声明，'风庆轮'事件是党内两条路线斗争的反映，你必须亮明你在批判'洋奴哲学'这一重大问题上的态度！"

邓小平愤而起身，异常严厉地："江青同志，我必须提醒你，这是政治局会议，不是批判会。政治局开会讨论问题，要平等嘛，不能用这样的态度对人呀！这样政治局还能合作吗？强加于人，一定要写出赞成你的意见吗？"

江青愕然片时，遂又大声撒野："你可以写出不赞成我的意见嘛，这也恰好说明你不变的立场！"

邓小平极其严肃地："中国有句老话：有理不在声高。问题还没有了解清楚，就戴了这么大的帽子，这会怎么开！"他说罢离席，大步走出会场。

叶剑英、李先念等相继离席，步出会场。

张春桥恶狠狠地："邓小平又跳出来了！"

定格叠印字幕：

第三集终

第四集

钓鱼台十七号楼　内　夜——

江青:“邓小平为什么敢于公开跳出来呢?一是他认为主席支持他;再是他错误地估计了形势,借机发泄对文化大革命的不满。一句话,他反对文化大革命。”

张春桥:“可能事情比我们想象的要复杂,他之所以跳出来,一定是和四届人大人事安排有关。”

王洪文:“我看还有一个原因,那就是他错误地认为主席落实干部政策,是重新启用他们这些还在走的走资派!”

姚文元:“他还有周恩来、叶剑英、李先念等人的支持。我的整体感觉是:已有庐山会议的气息了!”

江青:“春桥同志,你说我们该怎么办吧?”

张春桥:“我们必须抓住这一事件不放!有必要请洪文同志南下,向已经到达长沙的主席告状。”

长沙　毛泽东的下榻处　内　夜——

毛泽东:“洪文同志,你这次来长沙是中央的意见吗?”

王洪文:“不是!我这次来湖南没有告诉政治局其他人,也没有告诉总理。”

毛泽东:“为什么呢?”

王洪文:“方才,我向您报告了政治局会议的情况,认为北京现在大有庐山会议的味道。”

毛泽东:“不要危言耸听嘛!”

王洪文:“是真的!我们四个人开了一夜会,商定派我来汇报。趁着周总理休息的时候就走,我是冒着危险来的。”

毛泽东:“言过其实了!”

王洪文:“不是的!在政治局会议上,为了‘风庆轮’这件事,江青同志同邓小平发生了争吵，吵得很厉害，最后，小平同志竟然拂袖离去。”

毛泽东：“像是小平同志干的。总理的态度呢？”

王洪文：“他不表态。我们认为不表态就是反对。”

毛泽东：“先不要给总理扣帽子嘛！”

王洪文：“不是扣帽子！现在，总理虽然有病，住在医院，但是活动频繁，昼夜忙着找人谈话。”

毛泽东：“你们常去看望生病的总理吗？”

王洪文：“他不会欢迎我们去看他的！经常去医院看望他的有邓小平、叶剑英和李先念。我们认为，他们如此频繁地来往，一定是同四届人大的人事安排有关。”

毛泽东：“你们也有不少想法吧？”

王洪文：“想法是有的，但要听主席的。”

毛泽东：“那就先谈谈你个人的想法吧！”

王洪文：“我认为，春桥同志政治上强，工作有能力；文元同志爱读书，理论上有一套。说到江青同志嘛……”

毛泽东不悦地：“她就不要说了！”

王洪文：“是！”

毛泽东：“我全都明白了！我的意见，有意见当面谈，这么搞不好怎么行呢？要和邓小平同志搞好团结。我说过多次了，小平同志政治上强，会打仗，你怎么就是听不进去呢？”

王洪文：“是！”

毛泽东：“你要知道自己的身份！回去以后，要多找总理和剑英同志谈，不要和江青搞在一起，你要注意她！”

三〇五医院会客室　内　日——

周恩来：“王海容和唐闻生向我报告说，江青一天两次把她们找去谈‘风庆轮’事件，让她们在陪同外宾见主席的时候给她当‘传声筒’。”

邓小平：“我看是代她在主席面前告总理和我的状。”

周恩来：“一点也不错！江青说我不是在养病，天天和你、剑英、先念在一起，骂我是你们的总后台。张春桥说，国家财政收支和外贸出现逆差，是国务院领导‘崇洋媚外’的结果;还骂你大闹政治局,是新的‘二月逆流’。”

邓小平:“他们到底想怎么办吧?”

周恩来:“请王、唐二位将这些情况报告给主席。”

长沙　毛泽东下榻处的庭院　外　日——

吴秘书坐在凳子上,一边小声哼唱《北京的金山上》一边洗衣服。

突然室内传出毛泽东十分生气的话声:“‘风庆轮’的问题本来是一件小事,而且先念等同志已经在解决,但是江青还这么闹。这不是有意在搞小题大做是什么?!”

吴秘书下意识地站起,想进屋劝毛泽东不要生气。

室内又传出毛泽东的话声:“你们回到北京以后,要转告洪文同志和总理:不要再争了,总理还是总理,四届人大的筹备工作和人事安排要总理和洪文一起管。”

吴秘书笑了,有些得意地点了点头。

室内再次传出毛泽东的话声:“小平同志干得好!我建议邓小平任第一副总理、军委副主席兼总参谋长。”

吴秘书激动得几乎要鼓掌高呼,遂又做了个鬼脸。

室内又传出毛泽东生气的话声:“你们回去以后,一定要转告王洪文、张春桥、姚文元,叫他们不要跟在江青的后面批东西!”

吴秘书信口唱起“北京的金山上光芒照四方,毛主席就是那金色的太阳……”遂坐在凳子上又洗起了衣服。

三〇五医院会客室　内　日——

周恩来坐在桌前兴奋地挥笔疾书。画外音:

“……请主席放心,代表名单、宪法草案和……政府工作报告均可在十一月搞出……我积极支持主席提议的小平为第一副总理,还兼总参谋长。”

周恩来放下笔,又细心地审看一遍,将信纸装入印有国务院的信封中。

邓颖超端着一杯牛奶走进:“恩来,快趁热把这杯热牛奶喝下去。”

周恩来高兴地:“不急!你把这封信立即交给汪东兴同志,请他速转主席。”

邓颖超接过信，有些担心地：“主席他……”

周恩来：“放心！主席虽然年迈多病，但他洞若观火，十分坚决地阻止了王洪文、张春桥、江青、姚文元借召开四届人大夺权的阴谋。同时，他又把军权交给了邓小平同志。”

邓颖超激动地：“好！我这就去办。”她走出病房。

钓鱼台十七号楼 内 夜——

王洪文：“原本想通过返回式遥感卫星的发射成功，大长一下我们的志气。没有想到，升空仅仅二十秒就坠毁了！”

张春桥：“这负责发射的队伍中，一定有阶级敌人在捣乱！要告诉舒龙山，要一查到底！”

江青：“不要忘了，目前‘组阁’仍然是主要矛盾。虽说他们占了些上风，但我认为仍有极大的活动空间。”

张春桥：“这恐怕只有江青同志再次出马了……”

西山林中 外 日——

叶剑英边走边说：“返回式遥感卫星发射失败了，他们不去从工作上找原因，反而要在这些科学家中抓阶级敌人，搞得本来就很不安定的科技队伍就更涣散了。”

邓小平：“要以军委下达命令，绝不允许任何人借故再整这些国宝。要想卫星上天，关键是领导班子。而领导班子的核心又是第一把手。”

叶剑英：“最合适的第一把手是张爱萍同志，可是他不愿意去国防科委工作。”

邓小平：“告诉他这是中央军委的决定，出任国防科委主任，同时恢复他的副总参谋长的职务。一句话，要他有职有权。你先和他打招呼，他同意了我再和他谈。”

叶剑英：“行！你明天就要南下长沙，陪着也门民主共和国总统会见主席，有什么想法吗？”

邓小平：“总理说，关于四届人大——尤其是有关人事安排的事情，可以推说不知；万一主席问到我和江青吵架的事情，我一定要讲个清楚。”

长沙　毛泽东下榻处的花园　外　日——

邓小平："我与江青同志的争论，并不是什么大不了的问题，关键是她凌驾政治局之上，破坏了党内的民主。"

毛泽东："她这是强加于人嘛，我也是不高兴的！"

邓小平："主席是了解我的，只要我认为是错误的，或者是不正派的，我是一定要反对的！"

毛泽东："你开了一个钢铁公司，好！"

邓小平："我实在是忍不住了，不止一次了！"

毛泽东："我赞成你！"

邓小平："主席可能不知道，她在政治局就搞了七八次了！"

毛泽东："我听说一点。总之，强加于人，我是不高兴的。就说向我反映情况的人吧，他们也是不高兴的。"

邓小平："我主要是感觉政治局的生活不正常。最后我到她那里去讲了一下，钢铁公司对钢铁公司。"

毛泽东笑了，赞赏地竖起大拇指："这个好！"

邓小平："关于我的工作的决定，主席已经讲了，不应再提什么意见了，说句老实话，责任是太重了一点儿！"

毛泽东："你看看我这个样子，再想想恩来病的样子，没有办法呢，你只好担起来！"

北京钓鱼台十七号楼　内　夜——

江青在室内生气地踱着步子，拿着家具出气。

张春桥悄然走进，忍不住地笑出声来。

江青转身一看，没有好气地："你笑什么？"

张春桥："我笑你和自己过不去！"

江青："时下的我也只有和自己过不去了！"她从桌上拿起两封信，"这是我写给主席的第一封信，内容你是知道的，提名迟群当教育部长，毛远新等列席政治局会议，作为接班人来培养。没想到，他在我的信上竟然写了这样几句话！"

张春桥接过信，小声念道："江青，不要多露面；不要批文件；不要由你组阁(当后台老板)。你积怨甚多,要团结多数,至嘱。”

江青:“他真是越老越糊涂了!”她指着第二封信,“我根据你们的意见,给他写了一封检讨信,说自己没有什么工作,只是个闲人。你猜他又说了些什么?”

张春桥接过信念道:“江青,你的职务就是研究国内外动态,这已经是大任务了。此事我对你说了多次,不要说没有工作。此嘱。”他抖了抖手中的信,“夫妻就是不一样嘛……”

江青:“快别说这酸溜溜的话啦!说吧,为了在四届人大上多争几个位置,我还能做些什么?”

张春桥笑了,笑得是那样的阴险。

长沙　毛泽东下榻处的庭院中　外　傍晚——

毛泽东坐在一棵伞状雪松下的竹椅上,他望着西天就要落山的夕阳,下意识地抽着烟。

吴秘书看着沉默不语的毛泽东:“主席,你还在生气啊?”

毛泽东:“我怎能不生气?她三番五次地让人向我传话,不是告总理的状,就是骂小平同志,要么她就干涉政局。四届人大就要召开了,她又异想天开,由她组阁。”

吴秘书:“有那么严重吗?她不就是向主席建议王洪文副主席当人大副委员长,排在朱老总和董老之后吗?我想了许久,怎么也和主席说的这句话对不上号,‘江青有野心,她是想叫王洪文做委员长,她自己做党的主席’。”

毛泽东:“你呀,怎么就是成熟不起来呢?我问你,朱老总和董老有多大了?”

吴秘书想了想:“他们二人都是一八八六年生人,都满八十八岁了!”

毛泽东:“俗话说得好,人过六十,是一年一年地活;人过七十,是一个月一个月地活;人过八十,是一天一天地活。老总和董老都是放下八十向九十走的老人了,万一有个三长两短,这委员长不就是他王洪文的了嘛!”

吴秘书微微地点了点头:“有道理。”

毛泽东:“所以,我向中央建议,在朱老总和董老的后边要加上我们的国母宋庆龄先生。”

吴秘书:“我投一票!”

毛泽东:“好!有进步。”他想了想:“你再给总理和王洪文打个电话,就说是我的意见:总理还是我们的总理。邓小平、张春桥、李先念等任副总理,其他人事由恩来安排。”

吴秘书:“是!”

毛泽东沉吟片时:“我建议《政府工作报告》由小平同志组织人写。告诉他,写长了,总理吃不消,写三千字就行了!”

北京　三〇五医院会议室　内　夜——

周恩来:“方才,我向诸位传达了主席有关四届人大的指示。我提议并报请主席批准,由小平同志主持起草《政府工作报告》,由我和洪文同志商定人大常委会、国务院各部委的组成名单,然后报主席批准。对此,同志们有什么意见吗?”

在周恩来的讲话声中摇出邓小平、叶剑英、李先念、王洪文、张春桥、姚文元等。

张春桥:“《政府工作报告》是四届人大的灵魂,它既要总结自三届人大十多年以来——尤其是文化大革命八年以来的工作,还要阐发四届人大之后继续革命的宏伟理想。我想听听小平同志有关的设想。”

邓小平:“我没有个人的设想,只想按照主席‘实事求是’的教导主持起草四届人大的《政府工作报告》。”

张春桥:“很好,很好!”

邓小平:“我想说明的是,四届人大的《政府工作报告》不得超过五千字。”

姚文元冷笑:“五千字?有那么多的工作和问题要讲,怎么能容得下?”

张春桥:“我敢断言,用五千字来写《政府工作报告》,是天方夜谭!”

邓小平:“我也可以坦言,五千字,不但要写好,而且也一定能够写好!”

王洪文:“请问,你为什么一定要用五千字写《政府工作报告》呢?这是不是先验论呢?”

叶剑英火了:“不对!这是唯物论。你们看看我们总理的身体?写多了他能念得下来吗？”

周恩来：“主席指示：《政府工作报告》写三千字就行了！”

王洪文、张春桥、姚文元听后愕然。

钓鱼台十七号楼　内　夜——

江青阴阳怪气地：“我的十八般武艺全都用完了，除去挨了主席几次批评，其他收效甚微。”

张春桥：“我看是收效甚大！不然的话，我这个第二副总理，洪文同志的第三副委员长也捞不上。”

姚文元：“我赞成春桥同志的意见！当务之急，就是要充分利用洪文同志有参与组阁的条件，多争几个有实权的部长！”

江青：“洪文同志，你的意见呢？”

王洪文：“我尽力而为！”

张春桥：“第一步，在和周恩来商谈名单的时候，你要为我们力争；第二步，利用周恩来病重无法南下的有利时机，在向主席汇报组阁名单的时候要当面争。”

三〇五医院病室　内　日——

周恩来躺在病床上边接受理疗边说：“小平同志，你看了第三个方案有什么意见？”

邓小平：“我完全赞成增加陈云同志和韦国清同志出任副委员长。关于文化部和体委的人选是否再考虑一下？”

周恩来：“我和先念同志交换过意见，那几个人想把教育、文化、体育三个部委都拿过去。权衡结果，教育部由周荣鑫同志出任部长，文、体这两个部门交给他们吧。”

叶剑英走进：“总理，你真的要南下长沙？”

周恩来：“对！”

叶剑英：“不行啊！大夫说，你的大便中又发现了潜血，需要立即做检查。再说，你的身体实在是太虚弱了……”

周恩来：“你们是知道的，这次南下长沙事关重大，比我的身体要重要得多！”

邓小平沉痛地："从理智上说，我是赞成你南下的；可从感情上讲，我是无论如何也不同意你南下啊！"

周恩来："既然把我推上历史舞台，我就得完成啊！"他无限苍凉地叹了口气，"主席的身体也十分不好，我想和他长谈一次，说不定这就是我们二人……"

叶剑英："不要再说下去了！十二月二十六日就要到了，你就在长沙代我和小平同志给主席过个生日吧？"

周恩来摇了摇头："可主席是不赞成过生日的啊！"

长沙　毛泽东下榻处的会客室　内　日——

毛泽东："我听了你们搞的第三个方案，就这样定吧！恩来，洪文，你们还有什么意见吗？"

"没有！"周恩来、王洪文答说。

毛泽东："洪文同志，我对江青，还有对你们几个人的批评，知道了吧？"

王洪文紧张地："知道了！"

毛泽东："知道了就好！你们四个人不要搞四人帮，在我们党内不要搞宗派，搞宗派是要摔跤的。"

王洪文："是！"

毛泽东："江青有野心，你们看有没有？我看是有。"

王洪文不知该如何回答。

毛泽东："最近，我向江青提出三个不要，一不要批东西，二不要出风头，三不要参加组织政府。你们既然知道自己是错了，就要做自我批评，首先是江青要做。"

王洪文："是！"

毛泽东："洪文同志，你是党的副主席，更要带头做自我批评。怎么样？在长沙就写出书面检查。"

王洪文："我一定在长沙写出深刻的书面检查！"

毛泽东："我再讲一次：邓小平政治思想强，人才难得。"他指着王洪文，"比你强啊！"

王洪文："是！"

毛泽东："小平要担任第一副总理、军委副主席兼总参谋长三个职务。你们留在这里谈谈，告诉小平在京主持工作。洪文同志，四人帮不要搞了，中央就这么多人，要团结。"

王洪文："是！"

周恩来："中央决定，在召开四届人大之前要开十届二中全会，我建议补选小平同志为常委或中央副主席。"

毛泽东："邓小平为中共中央副主席，政治局常委。"

毛泽东下榻处的庭院　外　夜——

阴霾的夜空飘着雪花，随着夜风起舞。

毛泽东在吴秘书的搀扶下，和小李挽着的周恩来缓缓地漫步在风雪中。

毛泽东："今天对我来说是个特别的日子。你我在风雪中漫步，使我回想起当年我们手挽手翻越夹金雪山的情景。"

周恩来："那时的主席面对茫茫雪山，却吟出了千古绝唱，更喜岷山千里雪，三军过后尽开颜！"

毛泽东："仅仅过了四十年，我就再也没有吟唱雄关漫道真如铁，而今迈步从头越的勇气了！一句话，老了，就希望安定团结。"他驻足被雪花铺盖的椅子前，"恩来，你的身体太虚弱了，我们是在这里谈，还是回屋里谈呢？"

周恩来："我们就坐在有雪的椅子上谈。"

毛泽东："为什么呢？"

周恩来："一、今天是主席的生日，有意义；二、这很可能是我和主席最后的一次私下交谈了！"

毛泽东："不！……你的身体不好，四届人大之后，你就和我一样安心养病，国务院的工作让小平同志去顶嘛！"

周恩来："但我心里实在是不安啊！"

毛泽东："要安，一定要安。不久前，我对越南朋友说，我年迈多病，总理重病在身，董老的身体也不行了，我们党内就剩下小平同志一个壮丁了！"

周恩来："是啊！我们就只能抓小平同志这样一个壮丁了。"

毛泽东："当务之急，仍然是我和你谈的反修、防修，学习理论问题。因为我们党内真正懂马克思主义的不多哟！"

服务员走到近前："主席，总理为你安排的生日宴会准备好了，请入席吧！"

餐厅　内　夜——

圆桌上摆着生日蛋糕，上边插了点燃的红色小蜡烛；

毛泽东、周恩来、吴秘书、小李坐在桌前，他们面前摆着一碗长寿面。

周恩来："我知道主席是最反对过生日的。但是行前剑英同志和小平同志，一定让我代表他们给主席过个生日。我看，吹蜡烛的任务就交给吴秘书和小李吧！"

吴秘书和小李起身吹灭生日蛋糕上的蜡烛。

周恩来："主席，就让我们一块唱《祝你生日快乐》吧！"

毛泽东有些激动地："我这一生不记得有过生日快乐！"

周恩来带头唱起了《祝你生日快乐》。

吴秘书、小李跟着唱起了《祝你生日快乐》。

毛泽东也下意识地唱起了《祝你生日快乐》。

接着，十多个男女服务员唱着《祝你生日快乐》走到毛泽东、周恩来的身后。

毛泽东热泪盈眶；

周恩来热泪盈眶；

毛泽东和周恩来相继老泪纵横……

在深沉的画外音中叠印出相应的历史资料画面：

男声画外音："一九七五年一月八日至十日，中共十届二中全会在此召开。会议讨论了四届人大的各项准备工作以及人事安排，追补邓小平为中央政治局委员，并选举邓小平为中共中央副主席、中央政治局常委。一九七五年一月十三日，第四届全国人民代表大会第一次会议正式召开。在毛泽东的支持下，以周恩来、邓小平为首的正义力量挫败了'四人帮'夺权的阴谋。任命周恩来为国务院总理，邓小平等十二人为国务院副总理，绝大多数部委掌控在无产阶级革命家的手里。”

女声画外音：“周恩来抱病代表国务院作《政府工作报告》。该报告重申了三届人大提出的‘两步设想’，即‘第一步，用十五年时间，即在一九八〇年以前，建成一个独立的比较完整的工业体系和国民经济体系；第二步，在本世纪内，全面实现农业、工业、国防和科学技术的现代化，使我国国民经济走在世界的前列。从此，四个现代化的口号再次吹响，成为中华民族为之奋斗的伟大目标！时下的邓小平任中共中央副主席、中央政治局常委、国务院第一副总理、中央军委副主席兼总参谋长，真可谓是集党政军要职于一身。他抱定重整山河的决心，中国改革开放的第一阶段——全面整顿从此启程远航！……”

人大会堂西大厅　内　日——

周恩来十分虚弱地说：“今天，由我主持召开国务院各部委负责人会议。主要是宣布国务院十二位副总理的分工。第一副总理邓小平主管外事，在我治疗期间，代我主持会议和呈批主要文件；其他副总理都有明确的分工，就不讲了。”

在周恩来的讲话声中摇出与会者：邓小平、李先念、张春桥、王震、余秋里、谷牧以及国防部长叶剑英、外交部长乔冠华、铁道部长万里、教育部长周荣鑫等。

周恩来：“今天是开始，恐怕我也只能够完成这个开始的任务。将来这样的会，就请小平同志主持了！”他大咳不止。

叶剑英：“同志们！我提议就让我们的总理休息吧。再过三天——也就是二月四日，总理又要动大手术了！”

周恩来：“同志们！我得了癌症，为党、为人民工作的时间不长了，但我在可能的情况下还要和大家一起奋斗，实现我们的宏伟目标！”他再次大咳不止。

“总理，不要再讲了！”与会者纷纷请求。

周恩来：“好！下边请小平同志讲话。”

邓小平起身，十分庄重地说道：“同志们！我们如何才能实现四个现代化的宏伟目标呢？最最重要的一条，就是向我们的总理学习只要一息尚存，仍要奋斗的革命精神！”

与会者情不自禁地鼓掌。

三〇五医院病房　内　日——

周恩来躺在病床上，嘴上罩着吸氧的仪器。

邓颖超心情沉重地守护在一边。

邓小平走进病房：“总理，我来看你了！”

周恩来取下吸氧气的仪器：“小超，快请小平同志坐下。”

邓小平：“总理，你要保重身体啊！”他取出一份文件，“这是计委搞的《一九七五年国民经济计划主要指标》，要求工农业总产值比去年预计增长百分之十一左右。”

周恩来：“困难将是很大的！由于那几个人的捣乱，去年国民经济计划没有完成，其中交通运输、钢和原煤产量大幅下降，国家出现严重的财政赤字！”

邓小平：“另外，他们还在底下继续搞小动作。”

周恩来拿过一张《人民日报》，“姚文元假借主席学习理论的指示，抛出了一篇《论林彪反党集团的社会基础》的重头文章，举起了批判所谓经验主义的大旗。”

邓小平：“恐怕主要是针对我的！”他沉吟片时，“不久前，江青把政治局委员骂了个遍，还请人向主席报告。”

周恩来：“主席是怎么看的？”

邓小平：“主席听后十分生气！再次指出，她看得起的人没有几个，只有一个，她自己，我也不在她眼里。将来她会跟所有的人闹翻。现在人家也是敷衍她。我死了以后，她会闹事。”

周恩来微微地点了点头：“有了主席这几句话，春节过后，你就可以放手干了！”

北京街巷　外　日——

古老的京城响着喜庆的辞旧迎新的鞭炮声。

北京宽街　邓小平的新家院中　外　日——

邓小平高高举着长长的一挂鞭，听着噼噼啪啪的响声，真是从来没有的高兴。

李秘书拿着二踢脚，蹲在一边凑热闹地放着。

卓琳双手捂着耳朵，看着这喜庆的一幕。

老罗提着一竹篮橘子，陶大姐拿着一只板鸭走进，看着邓小平一家高兴的样子，禁不住笑了。

邓小平手中的那挂鞭炮放完了，他把竹竿一扔，看见喜笑颜开的老罗和陶大姐，大声地："卓琳！你看是谁到了？"

卓琳激动地："啊！是老罗和陶大姐。是什么风把你们给吹来了？"

老罗："是革命的东风！"

陶大姐："对！我和老罗唱着东风吹，战鼓擂，现在世界上谁怕谁？不是人民怕美帝，而是美帝怕人民，坐上火车就来北京了！"

邓小平和卓琳、李秘书等听后捧腹大笑。

邓小平："好！进屋去，咱们一块过春节。"

邓小平的会客室　内　日——

老罗双手举着那一小篮橘子："全厂的工人说，老邓爱吃橘子，就给他带一篮我们江西的南丰贡橘去吧！"

邓小平玩笑地："用你们工人同志们的话说：这不是普通的一篮橘子，是全厂工人同志们的心啊！"

会客室中响起一阵欢快的笑声。

老罗的表情蓦地沉下来："老邓啊，这南丰蜜橘你再不吃啊，可就真的吃不上了！"

邓小平："为什么？"

老罗："文化大革命的旗手江青说：宁要社会主义的草，不要资本主义的苗。结果，那些造反派非说这南丰蜜橘是为皇帝服务的，就强行把橘树给砍了！"

邓小平生气地："愚昧，胡闹！李秘书，立即给江西革委会打电话，不准再砍一棵橘子树！"

李秘书："是！"走进内室。

陶大姐："这是我亲手做的板鸭，尝一尝，看喜欢不？"

卓琳接过板鸭："我一定喜欢！"随手放在茶几上，"厂里的工人都好吧？"

陶大姐："好！大家看到老邓当了那么多的官，就推举我和老罗进京拜个早年，没想到从腊月二十三过小年上火车，到今天才来到北京！"

邓小平一怔："从南昌到北京怎么会走这么长的时间呢？"

陶大姐："造反派掌权打派仗，光在徐州就停了三天三夜，差点儿没把我和老罗冻死、饿死在火车上！"

邓小平："真是无法无天！"

老罗："还有更无法无天的呢！国家给江西调拨了一些过春节的年货，他们借口造反有理，截住货车，把十几车皮年货都分给他们一派的人！"

邓小平气得在室内踱步不止。

陶大姐："老邓，你都当上中央的副主席了，还不整一整他们啊？"

邓小平："整！一定要整。"

邓小平办公室　内　日——

邓小平愤慨地说："铁路问题太严重，不抓不行了！因为铁路的问题，全国有很多家庭不能过年！接下来，一九七五年国民经济也会因为铁路的问题完不成！王震同志，你是分管交通的副总理，由你主持开会！"

王震："我和谷牧同志、余秋里同志认真分析了全国生产的形势，一致认为影响全局最突出的薄弱环节是铁路。为此，请来铁道部长万里同志，请他先介绍所存在的问题。"

万里："时下铁路运输存在四大问题，一、生产下降。就说到今年头两个月仍未见好转，一月份有十五个铁路局没有完成生产任务；二、堵塞严重，京广、津浦、陇海、浙赣四大干线不通畅，大部分客货列车不能正点行驶。"

邓小平："堵塞最严重的是哪些地方呢？"

万里："两条线路，陇海线和浙赣线；四个点，徐州、南京、南昌向塘、太原。其中最严重的是徐州。"

谷牧："徐州是津浦、陇海两条铁路干线的交汇点，由于武斗严重，处于半瘫痪状态，直接影响到华东乃至于全国铁路干线的不通。”

万里：“三、有章不循，纪律松弛，事故惊人；四、刑事犯罪特别严重！仅去年全国铁路发生各类刑事案件多达近一万九千起。无票乘车、扒车、打架、哄抢等层出不穷。”

余秋里：“由于铁路不畅，大庆、克拉玛依等油田被迫停产；山西、黑龙江等省的存煤运不出，造成煤堆自燃；由于缺煤，华东被迫减少发电量高达三分之一。结果，与之有关的所有工业产品都不得不停产或减产。”

邓小平：“由于铁路运输存在的严重问题，势必影响到一九七五年国民经济指标的落实。因此，我们全面整顿就从铁路抓起。万里同志，你是铁道部长，要尽快搞出一个解决铁路问题的文件。”

万里：“行！方才我和三位副总理商量，计划在三月份召开以解决铁路问题为重点的全国工业书记会议。”

邓小平：“太晚了！一定要在二月二十五号前召开。”

钓鱼台十七号楼　内　夜——

张春桥：“最近，主席号召全党学习无产阶级专政的理论，并要我和文元同志写文章。我一直在想，主席为什么在今天提出学习理论呢？我们又能借此做哪些文章呢？”

姚文元：“从党的历史看，当年在延安，主席领导了轰轰烈烈的学习运动；建国以后，主席又在庐山会议期间要求学习理论，并提出主要危险是经验主义。”

江青：“当年在延安也反经验主义。过来人都清楚，教条派的代表是王明，而经验派的领袖指的就是周恩来。”

张春桥：“如此说来，这次学习理论就是为了反经验主义！”

姚文元：“而经验主义的代表人物依然是周恩来！”

江青：“还有邓小平！”她说罢笑了笑，“主席点了春桥和文元的将了，下边的文章就靠你们二位来做了！”

张春桥：“不！江青同志还是这次反经验主义的旗手。”

北京西山　外　日——

一场大雪过后，西山变成了银装素裹的大千世界。

叶剑英、邓小平一边踏雪西山的小道中，一边进行交谈。

叶剑英："那天夜里，我站在这西山之巅，任凭风雪吹打，我放声背诵着主席的千古绝唱，'北国风光，千里冰封，万里雪飘……'真是无限滋味在心头啊！"

邓小平："是啊！历史竟然是这样的巧合，四十年前的今天，黄土高原下了一场大雪，主席吟咏了这首《沁园春·雪》，带领我们东渡黄河，开创了在发展中求巩固的新阶段。"

叶剑英："四十年后的今天，古都北京又下了一场大雪，我们的小平同志却抱定决心，开创以整顿求发展的新局面！"

邓小平："难啊！那时党内虽然有分歧，但在对敌、抗战等问题上还是一致的；如今不仅是问题成山，更重要的是他们那几个人把党的凝聚力搞涣散了！"

叶剑英："更为严重的是，他们利用手中的权力，继续涣散党心、民心和军心。昨天，张春桥在全军各大单位政治部主任座谈会上公然讲，现在主要的危险是经验主义。"

邓小平："无独有偶，姚文元在《红旗》杂志上也发表了批判经验主义的文章。"

李秘书快步走来："首长！张爱萍同志打来电话，说来西山看您，问首长什么时候有时间？"

邓小平："知道了！"他转而问叶剑英，"他同意出任国防科委主任了？"

叶剑英："我和他谈了话，他没有拒绝，也没有答应。"

邓小平："李秘书，告诉张爱萍同志，过两天再见他。"

宽街　邓小平的会客室　内　日——

邓小平："老罗同志，我考虑到厂里的工人住得分散，有的家离厂又很远，常年顶风冒雨上下班，很是不方便。批给你们厂一部大客车当班车吧！"

老罗："那我就代表全厂的工人谢谢老邓——不！谢谢邓副主席了！"

邓小平笑了："老罗，还是叫我老邓吧！你叫着顺口，我听着也顺耳。"

老罗："只要你高兴，我就到死都叫你老邓。"

邓小平："考虑到拖拉机修配厂的发展，再批给你们厂一台解放牌大卡车。"

老罗笑开了花："真是满载而归了！"

陶大姐提着一个行李袋边说边与卓琳从内室走出："老罗，你看看我提着的行李袋，这才叫满载而归呢！"

邓小平："告诉厂里的工人，我真诚地欢迎他们来北京看看，我没有时间陪你们，就叫卓琳带着你们逛北京！"

京西宾馆会议室　内　日——

在热烈的掌声中摇出：

大会横幅：全国工业书记会议。

与会的二十九个省、市、自治区的工业书记热烈鼓掌。

谷牧捧着中央文件大声念道："全国铁路必须由铁道部统一管理，铁路运输必须由铁道部集中指挥，铁路职工必须由铁道部统一调配，铁路的政治工作和运输工作必须统一起来！"

全场再次爆发出热烈的掌声。

谷牧继续捧读中央文件："对于少数资产阶级派性严重、经过批评和教育仍不改正的领导干部和头头，应该及时调离，不宜拖延不决，妨害大局。对于严重违法乱纪的要给予处分！"

全场又响起长时间的掌声。

谷牧摆了摆手，遂落座。

王震大声地："方才，谷牧副总理代表党中央、国务院宣读了《中共中央关于加强铁路工作的决定》，可以简称为中央九号文件。听掌声可知，大家是拥护中央这一决定的。接下来是分组讨论。三月五日，邓小平副总理代表党中央、国务院接见与会的代表，并发表重要的讲话！"

与会者热烈鼓掌。

定格叠印字幕：

第四集终

第五集

西山会议室　内　日——

邓小平坐在桌前批阅有关的文件。

李秘书引拄着手杖的张爱萍走进："张爱萍同志到了！"

邓小平放下手中的笔，转身一看：

张爱萍左手用手杖拄着地板，右手行军礼："报告邓副主席，老兵张爱萍前来报到！"

邓小平紧紧握住张爱萍的右手："这些年来，你受苦了！"

张爱萍："彼此彼此，都在不言中啊！"

邓小平："好！过去的事就不说了。"他指着沙发，"我们坐着谈现在的事。"

邓小平和张爱萍分主宾落座。

邓小平："我请叶帅出面，找了你两次，都不给个明确的答复，是不是也要叶帅来个三顾茅庐啊？"

张爱萍："我哪敢在叶帅面前摆这样的架子！"

邓小平："那又是为什么呢？"

张爱萍："第一次，宋时轮希望我去军科院，加之我有畏难情绪，没有给叶帅一个肯定的答复；第二次，我决心去国防科委了，但不晓得那些所谓的'冤家'好不好合作？所以我又没给叶帅一个明确的答复。"

邓小平："你可真够意思哇！人家让你工作就工作嘛，工作总比不工作好！这些天，调查研究有个结果了吧？"

张爱萍："有了！但我还有一个要求……"

邓小平："说！"

张爱萍："中央必须解放——而且还要重用在运动中反对过我的战友。"

邓小平："可以！"

张爱萍取出一个红色的笔记本："这些天来，我邀请核物理学家、航天专家等到我的住处进行长谈，我摸准了情况，商量了办法，还私下组织了班子……我都记在这小本子上了。"

邓小平拿起刚刚批阅过的文件："你这个小本本我不要，但是你必须收下这份《发展我国卫星通信的报告》。上面明确规定：卫星通信工程由国防科委抓总，运载火箭、通信卫星由七机部负责研制，地面测控系统由四机部和七机部负责研制。总之，统由你领导。"

张爱萍接过文件用心翻阅。

邓小平："回去再看吧！我现在正全力抓铁路的整顿，希望你很快跟上来。主席说得好，没有你们搞的这些东西，中国人的脊梁骨就硬不起来！"

京西宾馆大厅　内　日——

与会的代表站在照相的架子上望着正门鼓掌。

邓小平在王震、谷牧、万里的陪同下走进大厅。

与会的前排代表伸出手，希望能和邓小平握手。

邓小平摆了摆右手，大声说道："同志们！今天就不拉手了！现在工业情况还不好，等你们回去以后，把全国的工业搞上去了，我们再拉手好不好？"

"好！"与会者齐声答说。

邓小平："王震同志和谷牧同志向你们传达了中央九号文件，这就是全国整顿铁路——乃至于整顿全国工业的纲领。下边，我就全党讲大局，抓住整顿铁路的关键——反对资产阶级派性两件大事讲一讲！"

中南海岸边　外　傍晚——

邓小平边走边说："现在派性已经严重地妨害了我们的大局。他们打了几年派仗打昏了头，马克思主义不见了，毛泽东思想不见了，共产党也不见了……"

万里："更有甚者，把老婆打不见了，把家庭也打散了！"

邓小平："还有一种是少数坏人，他们利用派性浑水摸鱼，破坏社会主义秩序，达到升官发财的目的。"

万里："徐州铁路局闹事的头头就是这种人，他的本事可大了，实际上是他在那个地方搞资产阶级专政。”

邓小平:“要想解决徐州铁路局的问题,对这种人就要及时处理。告诉他,中央只等他一个月,到三月底再不转变,他的性质就发生了变化。”

万里:“我手里有了中央九号文件和你的指示,等于有了两把尚方宝剑。请你放心,我一定不辜负中央的重托!”

邓小平紧紧握住万里的手:“铁路是国家的大动脉,只有大动脉畅通无阻,国家才会有生机。”

万里:“我一定当好恢复国家生机的先行官!”转身走去。

李秘书大步走来,十分沉重地说:“首长!刚刚接到电话通知:董老去世了!”

邓小平一怔,下意识地:“什么?”

李秘书:“董必武同志去世了!”

邓小平渐渐闭上双眼,缓缓地把头垂在了胸前。

三〇五医院会客室　内　日——

周恩来坐在沙发上,无力地:“董老,是我党发起人之一,为中国革命贡献了一生。我的身体实在是不允许了,你要代表党中央、国务院、人大常委会隆重追悼董老。”

邓小平:“我一定办好董老的追悼会,让我们的党,还有我们的人民永远学习董老的革命精神。”

周恩来:“由于主席十分尊重董老,他听了董老去世的消息以后,一定是很难过的。”

杭州　毛泽东的下榻处　外　日——

毛泽东微倒在竹制躺椅上,无限伤情地倾听宋代大词人张元干的《贺新郎·送胡邦衡待制赴新州》:

梦绕神州路
怅秋风,
连营画角,
故宫离黍。

底事昆仑倾砥柱，
九地黄流乱注。
聚万落千村狐兔。
天意从来高难问，
况人情老易悲难诉。
更南浦，
送君去。……

毛泽东倾听特写：他忽而躺着听，忽而随着词律的节奏用手击拍，忽而神情严肃悲痛……

毛泽东终于微微地欠起上身，随着唱片轻声地吟咏："天意从来高难问，况人情老易悲难诉。更南浦，送君去……"

吴秘书："主席，你为什么老听这首《贺新郎·送胡邦衡谪新州》啊？"

毛泽东："你不懂，我是在思念先我而去的董老啊！"

吴秘书："胡邦衡是个什么人物啊？"

毛泽东："是宋朝的一个爱国忠臣，因为反对秦桧卖国，被昏庸的皇帝贬到新州去了。"

吴秘书："我懂了，主席是借张元干送胡邦衡这首《贺新郎》，歌颂董老忠诚于党、忠诚于革命的高贵品质啊！"

毛泽东又进入这首词的境界，自语地："更南浦，送君去。太伤感了！应改成'君且去，休回顾'就好了。"

吴秘书："主席，不听了吧？你已经整整一天一夜没有睡觉，也没有吃东西了！"

毛泽东："我睡不着，也吃不下。北京有高兴的消息吗？"

吴秘书："有啊！邓副主席为落实把国民经济搞上去的指示，大力整顿国家的大动脉铁路！"

毛泽东："他点了谁的将？"

吴秘书："万里！"

毛泽东："万里，万里，一天一万里，他行！"

邓小平办公室　内　日——

邓小平坐在沙发上抽着烟，认真地听王震汇报。

王震："铁道部长万里一行到达徐州之后，连日召开万人动员大会、誓师大会和群众座谈会，亲自宣讲中央九号文件，努力贯彻你提出的整顿铁路的讲话精神，把中央的决心变成徐州地区干部群众的信心。"

邓小平："效果怎么样？"

王震："很好！广大的党员干部、铁路职工很快掌握了中央的精神，成为整顿徐州铁路问题的中坚力量。"

邓小平："告诉万里同志，一定要旗帜鲜明地反对资产阶级派性。对少数带头闹派性的头头坚决执行'一批二撤三调离'的政策。对于不服从调动者，停发工资；对于顽固不化、触犯法律的要绳之以法。"

王震："是！据万里同志报告，他还把煽动派性、大搞打砸抢的造反派坏头头逮捕法办，真是大快人心啊！"

邓小平："还要告诉万里同志，这次整顿的核心是各级领导班子，整顿的重点是徐州地区'软、懒、散'问题，限十天之内取得整顿徐州铁路局的初战胜利。"

王震："是！另外，张爱萍同志临危受命，把整顿的重点选在了'老大难'单位七机部。"

邓小平："很好！电告万里同志，在徐州初战告捷之后，我要亲自听他的汇报。"

北京　中南海　外　日——

万里坚定地："徐州铁路整顿一共用了十二天，就出现了翻天覆地的变化！举例说，整顿前通过列车队数是三十八对，如今则是七十二对；机车出车台数由七十上下增到九十台以上；徐州站办理车数，由三千八百辆增加到七千七百辆……"

邓小平兴奋地："好了，你就把这些数字留在铁道部的历史上吧！万里同志，我们要保持清醒的头脑，徐州初战告捷仅仅是开始，不能满足于现状，要一鼓作气，乘胜前进。"

万里："是！"

邓小平："我给你们铁道部提个口号：三月份小上，四月份大上，不仅要从根本上解决铁路问题，而且还要在全国整顿中起到先行官的作用。"

万里："行！"

邓小平："另外，我还有个建议，为了推动各行各业进行整顿，你要尽快把徐州地区整顿的经验写出来，当做典型，到国务院全体会议上讲一讲。"

邓小平办公室　内　夜——

邓小平坐在桌前打电话："邓大姐吗？我是小平，请讲。"

电话中传出邓颖超的话声："医疗小组的意见，恩来必须于近期做手术。为此，他决定亲自给主席写信，说明他的病情。"

邓小平："我赞成！等开过国务院全体会议之后，我一定去医院看望总理。"他缓缓地挂上了电话。

李秘书引张爱萍走进："张主任到了！"

邓小平："请坐！你走马上任之后，摸到了一些情况吧？"

张爱萍："摸到了！简单地说，我去南苑七机部第一研究院私访了两天，秩序混乱，一片破败不堪的景象。最令我伤心的是，许多人在公开吃'社会主义'，更有甚者，把搞导弹的钢材拿回家去，靠倒卖这些拿黄金换来的特型钢材发了财。"

邓小平："这是绝对不能容许的！他们还上班吗？"

张爱萍："说到上班，则更是笑话，他们自称是八九二三部队或八二〇〇部队。"

邓小平："什么意思？"

张爱萍："八九二三部队，是指上午八点上班，九点下班；下午二点上班，三点下班。"

邓小平："八二〇〇部队又是指什么呢？"

张爱萍："是指上午八点和下午两点来点个卯就走，故称八二〇〇部队。"

邓小平："像这样的队伍怎么能搞卫星、搞导弹呢！"

张爱萍："七机部最严重的单位是二三〇厂，他们不仅有靠派性起家的坏头头舒龙山，而且中央还有支持他的人。”

邓小平：“我清楚！舒龙山靠造反起家，与王洪文关系非同一般，他就是靠着这层关系夺了七机部的大权。还自称是老虎的屁股——摸不得！”

张爱萍：“我偏要摸！”

邓小平：“等你听了万里同志的经验再摸也不迟。”

钓鱼台十七号楼　内　夜——

江青阴阳怪气地：“春桥同志，听说邓小平就要召开徐州大捷总结会了，你作为国务院的副总理有何感想？”

张春桥：“事情刚刚开始，谈感想是否早了些？”

江青：“洪文同志，你身为中央副主席，就这样看着你当年的难兄难弟被万里他们给抓起来吗？”

王洪文：“抓人容易放人难，到时你再看他们是如何放人的好戏吧！”

江青：“听说邓小平又把张爱萍捧上了国防科委主任的宝座。他要是把你的另一个难兄难弟舒龙山再抓起来呢？”

王洪文：“我正想看这出好戏呢！”

江青：“文元同志，你在大反经验主义这场战斗中，又想出了什么好的点子吗？”

姚文元指着张春桥：“他正在做一篇大文章，题目就叫《论对资产阶级的全面专政》。”

江青：“好！他们打他们的整顿仗，我们做我们的批判经验主义的文章，看是物质战胜精神，还是精神战胜物质！”

国务院会议室　内　日——

万里：“方才，我讲了整顿徐州铁路局的经过。我的体会是一、要广泛深入贯彻中央九号文件，放手发动群众，联系各个单位的实际解决问题；二、必须旗帜鲜明地反对派性，坚决同派性进行斗争；三、整顿好领导班子，认真落实党的政策；四、必须加强组织纪律性，建立健全的规章制度。谢谢！”

在万里的讲话中摇出邓小平、张春桥、王震、谷牧、余秋里以及其他国务院的领导同志。

邓小平:“王震同志,你听后有何感想啊?“

王震:“非常兴奋!我认为除去万里同志总结的四条经验外,还应加一条,以万里为首的铁道部领导小组是硬班子,没有这一条,其他成绩都谈不上!”

谷牧:“还应再强调一下,整顿班子要雷厉风行!要像小平同志说的那样,坚持闹派性的要坚决调开,破坏生产的坏人要坚决惩办,唯有如此,我们才能完成各条战线的整顿。”

余秋里:“我们还应强调指出,对这些闹派性、搞破坏的头头,不管他背后有多大的后台,我们都不要怕,该绳之以法的就坚决逮捕、法办。”

邓小平:“春桥同志,你的意见呢?”

张春桥:“我个人认为,在整顿过程中要紧紧抓住学习无产阶级专政下的理论这个纲,唯有如此,才能纲举目张,不使我们国务院的工作迷失方向。”

邓小平:“我个人认为,无产阶级专政下的理论内涵是丰富多彩的,只能是干中学,而不是学懂了再去干。就这个意义上讲,主席批准的中央九号文件就是我们整顿的纲。”

张春桥做出不屑一顾的样子。

邓小平:“万里同志,你们打算如何扩大战果呢?”

万里:“三月份解决徐州问题;四月份解决两条主要干线和四个大站的问题;第二季度末要做到畅通无阻,四通八达,安全正点,把今年的欠债还清,当好先行官!”

邓小平:“有气魄!我建议国务院要开个会,各省的省委书记也要来,题目就是,铁路上来了,你们怎么办?”

三〇五医院　内　夜——

周恩来十分痛苦地伏案书写,画外音:

“……这一大肠内的肿瘤位置,正好就是四十年前我在沙窝会议后得的肝脓疡病在那里穿肠成便治好的,也正是主席领导我们通过草地北上而活到现在的。由于病有内因,一说即明。好了的疮疤,现在生出了肿瘤,不管它良性或者恶性,除了开刀取出外,别无其他治疗办法……”

周恩来的额头上已经渗出豆粒大的汗珠。

邓颖超站在一边，拿着一块湿毛巾，帮着周恩来轻轻地擦拭额头上的汗水。

周恩来拿起写好的信纸叠好，装入信封中："小超，交给汪东兴，让他转主席。"

邓颖超接过信："是！"转身走了出去。

有顷，邓小平走进："总理！"

周恩来："请坐吧！今天请你来，主要是为了把压在我肩上的担子全部卸下来，交给你来挑。"

邓小平："不！不……"

周恩来："我的历史使命就要结束了，你不仅要把这副担子接过去，而且还要比我挑得更好。"

邓小平激动地："总理！……"

周恩来："什么都不要说了！党需要你来挑这副担子，我们的国家和人民更需要你来挑这副担子，就说主席吧，自从他获悉我得了癌症之后，就准备让你来接着挑这副担子。"

邓小平："这……我都清楚。但是，全面整顿刚刚开始，没有你的支持，我会遇到很大的困难的。"

周恩来："这我比你更清楚，只要我一息尚存，我就会尽最后的力气支持你的。"

杭州　毛泽东下榻处的庭院　外　日——

院落掩映在茂林修竹之中，盛开的花朵，招引来成万对的蝴蝶穿飞在百花丛中。

毛泽东微微倒在竹制躺椅上，痴然地看着这满园的春色，似有无限往事涌上心头。有顷，又传来周恩来的画外音：

"我因主席对我病状关怀备至，今又突然以新的病变报告主席，心实不安，故将病情经过及历史造因说清楚，务请主席放心。……"

毛泽东似不忍再想，他紧锁眉宇，又微微地合上了双眼。

吴秘书手持一信走到近前："主席，总理怕你担心，给我们也写来了一封信。”

毛泽东睁开眼睛:“那就摘其要者念给我听。”

吴秘书拆信捧读:“……我现在又以突然的病变报告主席,心实不安。但政治局常委四同志必将医疗组的报告送请主席批准。在主席正在有病待治的时候,我又以开刀治病干扰,你可以想到我这时的心情……”

毛泽东的双眼湿润了,他摆了摆手:“不念了!”

吴秘书:“主席,你同意总理开刀吗?”

毛泽东沉吟良久:“同意。”

邓小平办公室　内　日——

邓小平坐在桌前打电话:“邓大姐,总理在实施第三次大手术以后,病情如何啊?”

远方叠印出邓颖超接电话的画面:“他以超乎常人的毅力战胜了病魔,又开始问你和其他老同志们的情况。”

邓小平:“告诉总理,我把整顿的重点从铁路转向国防战线,决心在较短的时间内拿出令敌人害怕的武器!”

邓颖超:“他听了一定会高兴的。”

邓小平:“还有令他更高兴的事呢!在主席和他的关心下,长期遭到监禁的彭真、安子文、杨尚昆、黄克诚等老同志陆续获得了解放。”

邓颖超:“好哇!我希望你天天都有这样的喜讯告诉他!”

邓小平:“我尽力而为之!”啪的一声挂上电话。

远方邓颖超打电话的画面渐渐消失。

李秘书走进:“报告!你请的客人郁教授和牟记者到了。”

邓小平:“很好!我要在院子中和他们交谈。”

邓小平家的庭院　外　日——

邓小平坐在藤椅上,边吸烟边说:“郁教授是我们党内知名的教育家,牟记者也是党培养的大记者,虽说有八九年不见了,可我们还应像过去那样,开门见山。好不好?”

“好!”郁教授、牟记者答说。

邓小平:“今天请你们二位来,就一个题目,我很想听听你们对教育战线的意见。”

郁教授愕然地：“您问的这个题目太大了？”

牟记者：“再说得具体一些，时下还不到解决教育的时候！”

邓小平笑了：“看来，你们二位也有三分怕意啊！”他吸了一口烟，“我们还是按照主席说的那句老话办事：言者无罪，闻者足戒。说吧，出了问题我负责。”

郁教授沉吟良顷：“你对考试交白卷的张铁生这样的典型是怎么看的？”

邓小平：“有意思，我们的教育家倒考起我来了。”

牟记者：“因为这是目前教育战线上争论的焦点啊！”

郁教授：“也是我遭到他们围攻、批判的重点事件。”

邓小平：“我虽然不赞成封建社会的科举取士，可我更反对提倡考试交白卷。”

牟记者：“那他们就会反驳你：毛主席没有念大学，却成了大哲学家、大艺术家，中国人民伟大的领袖；可是那些像郁教授这样的饱学之士呢，很多却站在了革命的对立面。”

邓小平：“荒唐！他们何以解释马克思和列宁呢！”他凝思片刻，“你们对推荐上大学有何看法？”

郁教授：“反对！说得严重点，单纯靠推荐上大学，不仅会把社会搞坏，而且还会把有真才实学的知识青年拒之于大学门外！”

牟记者：“像郁教授在内蒙古大草原上放羊的女儿，还有我在北大荒种地的儿子，由于出身不是‘红五类’，就很难有被推荐上大学的机会。”

邓小平叹了口气：“你们说该怎么办呢？”

郁教授：“时下，恢复高考是没有可能性的，可否采取推荐和考试相结合的办法呢？”

邓小平：“可以！推荐主要是看表现，考试就是看成绩，如果他们不推荐你们的儿女就找我。”

郁教授：“那我就代表一代知识青年说声谢谢了！”

邓小平：“牟记者，请你协助张爱萍同志，帮我了解一下国防科委的情况，可以吗？”

牟记者：“可以！”

二三〇厂大门口　外　晨——

二三〇厂的大门洞开，传达室附近站着戴红袖章的所谓纠察队，大路两边站满了看热闹的工人群众。

张爱萍带着保卫人员以及牟记者昂首阔步地向大门走来。

一个戴着红袖章的头头站在大门中央：“站住！你们是干什么的？”

张爱萍：“你先不要问我们是干什么的！告诉我，你叫什么名字？”

“单虎海！”

张爱萍自语地：“有意思，单虎海。用你们的话说，你一定是舒龙山的小兄弟了？”

单虎海：“你怎么知道的？”

张爱萍：“我还能猜出：你原来的名字不叫单虎海，因为要对你们的派头头舒龙山表忠心，才改名叫单虎海的！”

单虎海尴尬地：“这……你管不着！这里是国家核心机密单位，再不通名报姓，我就让纠察队把你们给拘捕了！”

张爱萍：“还有脸向我耻谈国家核心机密单位！告诉你，我就是中央军委新任命的国防科委主任张爱萍！”

围观的工人群众闻之愕然，窃窃私语。

单虎海猝然大笑，然后指着通向厂内的大道：“请张主任看看地上的标语吧！”

张爱萍：“牟记者！”

牟记者：“我在！”

张爱萍：“代我看看刷在地上的大标语，再用照相机把它拍下来！”

牟记者取出照相机，沿着大道观看。

刷在地上的大标语特写：“张爱萍，我们这里关你什么事？你从哪里来还滚回哪里去！”

牟记者按动快门，把刷在地上的大标语拍摄下来。

张爱萍：“牟记者！大声念给我听。”

牟记者："张爱萍，我们这里关你什么事？你从哪里来还滚回哪里去！"

张爱萍："我正式宣布，从今天起，我就在二三〇厂安营扎寨了！单虎海，通知全厂的工人、干部开大会，我要传达党中央、毛主席的重要指示！"

二三〇厂饭厅　内　日——

张爱萍、牟记者等坐在用两张餐桌拼成的所谓主席台前。

饭厅中分散的餐桌前坐着稀稀拉拉听会的群众。

单虎海用笔写了一张字条，通过参加会的群众传到主席台，交到张爱萍的手里。

张爱萍看罢这张字条冷漠地笑了笑："现在，我宣布开会！在我讲话前，先请牟记者给大家念一张条子。"

牟记者接过条子大声念道："国防科委直接抓二三〇厂，对吗？有什么问题应由七机部、一院、二三〇厂自己来抓，来解决嘛！七机部是国务院的一个部，你业务上可以管一管，政治上你管不着！"

张爱萍气得举起手杖砸了两下地，大声地："我告诉写条子的人，我不仅要管，而且还要一管到底！再者，请你们再告诉没有来参加会的舒龙山，什么你管得着，我管不着？不按党性、不按国家和人民的利益做事，什么人我都要管！如果说你是玉皇大帝，我也要请孙悟空把你搬下来。我就不怕牛鬼蛇神、跳梁小丑什么的。这些东西啊，说一句老话，何足道哉！"

听会的群众被震慑住了，他们屏气听讲。

单虎海站起身来，把头一昂，大步走出了会场。

钓鱼台十七号楼　内　夜——

舒龙山："王副主席，敬爱的江青同志，今天上午，二三〇厂的革命群众给张爱萍来了个下马威。"

江青："舒龙山同志，你出面了吗？"

舒龙山："没有！"

王洪文："听龙山说：一个小小的单虎海出面挡驾，就搞得张爱萍下不了台了。"

江青："我看你还是要亲自出马为好，目的不是要你和张爱萍对垒，而是从旁观察他的一言一行。我清楚，文化大革命以前，张爱萍紧跟周恩来、聂荣臻，是一个只知拉车、不知看路的唯生产力论的执行者。”

张春桥：“可以肯定，他这次出任国防科委主任，还是穿老鞋走老路，跟着邓小平大搞唯生产力论！”

姚文元：“只要他抛出唯生产力论，你就发动群众给以迎头痛击。”

舒龙山：“是！”

江青：“龙山啊，用我们老家山东的一句话说：你可是蝎子的尾巴——毒(独)一份了！四个首长一起接见你，帮着你出主意。”

舒龙山站起身来，感激涕零地：“我一定铭记首长对我的爱护和栽培，决不辜负首长对我的信任！”

江青：“还是那句老话，忠不忠，看行动。去吧！”

舒龙山：“是！”转身大步走出屋去。

江青：“好了！我们还是研究大事吧。春桥同志，你那发重型炮弹何时出膛啊？”

姚文元：“四月一日，准时在《人民日报》上刊出。春桥同志的这篇文章，是向经验主义发起全面进击的檄文。”

张春桥：“继我这篇《论对资产阶级的全面专政》之后，上海的《文汇报》、《解放日报》等报刊杂志，也将在四月份陆续抛出一批有分量的文章。”

江青：“很好！我将通过迟群等人把批判经验主义深入到工厂、学校。估计在四月中旬将推向高潮。”

王洪文：“到那时，我再提议召开政治局会议，讨论批判经验主义问题。”

邓小平办公室　内　日——

邓小平在打电话：“你是张爱萍同志吗？我听说他们对你施加了很大的压力，要把你轰走。”

远方出现张爱萍打电话的画面：“是的！我当时就对他们说：你们的压力就能压住我吗？见他妈的鬼！是我自己跑来的，我要怕压早就退避三舍了！”

邓小平：“我听说，从英国留学回来的原火箭金属材料所所长姚桐斌被坏人打死了。”

张爱平：“是的！这些法西斯太可恨了，姚桐斌同志的死，对我们发展火箭事业造成了无法弥补的损失。”

邓小萍：“你要注意安全，外出时多带几个警卫人员。”

张爱萍：“放心吧！我对他们说了：我张爱萍到你们二三〇厂来蹲点，不是为了长命百岁！要是捅了一个洞，就进医院；捅死了，就埋在八宝山。为了中华人民共和国、中华民族，还有我们的党，流点血是值得的，是光荣的！”

邓小平：“好！记住，要尽快恢复秩序，等你们拿出计划来，我们再见！”啪的一声，挂上了电话。

邓小平转身一看：

卓琳领着一位身穿破军装的中年男子站在门口：“你看，谁到了？”

邓小平一怔：“你……不是老尤的儿子尤才吗？”

尤才低沉地：“是！”

邓小平：“你不在大西北搞卫星和导弹，跑到北京来干什么呢？”

尤才：“告状！”

邓小平：“告谁的状？”

尤才：“告七机部舒龙山在基地的爪牙们的状。”

邓小平：“我明白了！怕死吗？”

尤才：“来北京的时候，有点怕；方才，听了你和张爱萍主任的电话，我就不怕了！”

邓小平：“那你就立即回西北基地去！”

卓琳：“不行！尤才的肋骨被他们打断了，需要住院治疗。”

邓小平：“不说了！你暂时住在我这里治病，同时还要给我当个联络员，主要联络国防科委的工作。”

李秘书走进：“叶帅打来电话，和你商量整顿军队的问题。”

中南海　外　日——

邓小平：“我早就讲过，我们这个军队有好传统。从井冈山起，毛泽东同志就为我军建立了非常好的制度，树立了非常好的作风。”

叶剑英："可是自从林彪主管军队以后，好多优良传统丢掉了，海陆空三军都搞得臃肿不堪，把很多钱都花在吃饭穿衣上去了！"

邓小平："因此，恢复传统是军队整顿的重点。另外，为了提高我军的战斗力，第一抓压缩定额问题，第二抓装备问题，第三抓作战问题。"

叶剑英："我赞成三军定额一定要减，节约下来的钱用在装备上。"

邓小平："说到编制，要给总参下死命令：从一九七五年算起，一九七七年必须完成。说到军队的装备，必须跟上时代的发展，一定要有我们的'杀手锏'！"

二三〇厂会议室　内　外——

张爱萍看着手里的材料："方才，我向诸位宣读了二三〇厂存在的贪污盗窃、挪公肥私、破坏生产的事实。你们这些当领导的，还有当了大官的舒龙山同志，你们为什么能容忍这样的事在二三〇厂存在呢？"

与会的十几个人无精打采地围坐在一张长条会议桌前。

尤才穿着新军装，坐在张爱萍的旁边做记录。

牟记者坐在后排，拿着一个小本本快速地写着。

舒龙山："我应当作检查，虽说我已经调到部里工作，可二三〇厂出了这样多的问题，我是难辞其咎的。"

张爱萍："你舒龙山能表这样一个态，我表示欢迎。但是，我要告诉你们，等待是有时间限制的，不干你就给我走！"

单虎海挑衅地："听张主任的话音，我们七机部、还有我们的二三〇厂，大有今不如昔的意思啊？"

张爱萍："过去七机部是这个样子吗？如果是这个样子，卫星、导弹能上天吗？叫我说啊，两相比较，有天壤之别，就是今不如昔嘛！从今天起，你舒龙山必须带头消除派性，把心用到生产能打到敌人心脏的武器上来！"

舒龙山有意答说："我听中央的！"

张爱萍取出一份中央文件摇了摇："中共中央批准下发了关于发展我国卫星通信问题的报告。这是不是中央的决定？"

"是！"

张爱萍："你舒龙山，还有那个单虎海，你们听不听？"

"听！"舒龙山和单虎海答说。

张爱萍："从现在开始，我们一块学习中央的精神。"

邓小平的院中　外　夜——

邓小平坐在院中的躺椅上，凭借头顶上的灯光，用心地翻阅茶几上的报纸。特写：

《人民日报》　领导干部都要带头学好

《人民日报》　论对资产阶级的全面专政　张春桥

《解放日报》　历史的经验值得注意

李秘书走进："万里同志打来电话，他近日去山西，整顿太原铁路局存在的严重问题。行前问首长有什么指示吗？"

邓小平："告诉万里同志，有什么问题就解决什么问题，一定要敢字当头，打掉一切资产阶级的派性，确保铁路畅通无阻。一句话，中央会给他做主的！"

李秘书："是！"转身走进屋去。

有顷，尤才高兴地走进："报告！"

邓小平："尤才回来了！说说看，国防科委的工作开展得怎么样？"

尤才："很好！张主任有魄力，把他们全都给震住了。"

邓小平："不见得吧！我就听说有贴张爱萍大字报的，点名批判他是今不如昔、唯生产力论的代表。"

尤才："还有人说他是老的经验主义者在七机部的代言人呢！叫我说啊，这是阴沟里流出来的一股黑水，它是挡不住整顿的时代大潮的！"他取出一份材料，"这是张主任写给你的报告，他说今年一定要卫星上天！"

邓小平接过材料："去吧！希望你继续当好联络员，多带给我这样的好消息！"

尤才："是！"转身高兴地走去。

邓小平站起身来，在院中踽踽踱步、凝思。

叶剑英、李先念结伴走进院中。

邓小平一怔："是哪股风把你们二位吹来的？"

叶剑英："恰恰相反，我和先念同志是为了阻止阴风，来和你商量办法的。”

邓小平指着屋门：“那就进屋去谈吧！”

邓小平会客室　内　夜——

叶剑英拿出一张《人民日报》，愤慨地说：“这是三月二十一日的社论，《领导干部要带头学好》一文中公开写道，‘十多年来的事实证明，经验主义是修正主义的助手。犯有经验主义的人……很容易跟着修正主义路线走。’”

邓小平从茶几上拿起一张《解放日报》：“四月七日《解放日报》发表的《历史的经验值得注意》更加露骨地说，‘恰恰是这些同志，自觉地成了王明教条主义的合作者。’这就明白无误地把矛头指向了总理！”

李先念：“江青给迟群的电话指示说，‘党现在最大的危险不是教条主义而是经验主义。’又说，‘经验主义是修正主义的帮凶，是当前的大敌。’看！他们已经磨刀霍霍了。”

叶剑英：“更为严重的是，江青、王洪文找一些政治局委员谈话，要求把思想统一到‘经验主义是当前的大敌’上来。”

邓小平：“这是在政治局一个一个动员反总理！”

李秘书走进：“王洪文副主席办公室打来电话，说江青同志请求召开政治局会议，批判经验主义，并要求交锋。”

邓小平：“代我回电话，等有了结论之后，我再答复江青同志。”

定格叠印字幕：

第五集终

第六集

三〇五医院会客室　内　夜——

周恩来已经相当虚弱了，他坐在沙发上严肃地说："我早就注意到他们批判经验主义这件事了！为此，我找了王海容和唐闻生了解情况，比我们估计的还要严重。"

邓小平沉重地点了点头："他们这次批判经验主义，是打着主席提倡学习无产阶级专政理论的旗帜。"

周恩来："如果主席像过去那样能自己看报，我想他早就发现并制止了；可是，主席现在是重病在身，白内障越来越严重，他早已不能读书看报了！"

邓小平："是啊！如果给主席读报的秘书们政治嗅觉迟钝，主席就难以知道这场批判经验主义的实情了。"

周恩来沉思片时，问道："你的意见呢？"

邓小平："我已经接到中办通知，主席近期回京会见到访的金日成同志。我想利用陪同会见的机会，向主席如实反映他们批判经验主义的实质。"

中南海　毛泽东的书房　内　日——

毛泽东："小平同志，我们再谈谈家里的事吧！"

邓小平："自从主席把这副担子压给我以后，我就按照主席的指示，努力抓安定团结，尽快地把国民经济搞上去。"

毛泽东："听说你抓铁路整顿，很有起色嘛！"

邓小平："主要是万里同志在一线抓。"

毛泽东："不要轻视决策的作用！当年，我在延安运筹战争的全局，你们在前线指挥打仗。一般说来，决策对了，只要选人用将不出问题，是一定能打胜仗的。"

邓小平："就在铁路整顿的前后，我又抓了军队的整顿和国防科委的整顿。”

毛泽东：“军队是要下大力气整顿，国防科委就更要下大力气整顿。我们有四年没有进行核武器实验，卫星也没有上天了。可是美国和苏联呢？他们明里暗里都在想搞核垄断。”他举起攥成拳头的右手，“人家的核武器有这么大，”然后松开拳头，伸出一个小手指头，“我们的核武器恐怕连这么大都没有吧？”

邓小平：“是这样的！”

毛泽东：“这怎么行呢！中国人要想不受帝国主义的欺辱，我们就要有自己的卫星和导弹。”

邓小平：“还得要有使敌人不敢轻易冒险的核武器！”

毛泽东：“完全正确！他们是如何抓防修、反修，学习无产阶级专政理论的呢？”

邓小平：“他们不抓读马列的书，不抓读主席的书，调动一切舆论批判经验主义！”

毛泽东自语地：“调动一切舆论批判经验主义？……”他转而又问，“小平同志，你是如何看待他们批判经验主义的？”

邓小平：“我坚决反对！”

邓小平办公室　内　日——

邓小平兴奋地在打电话：“总理，我向主席做了全面的汇报，他支持我的意见，反对批判经验主义……”他边打电话边看见叶剑英、李先念走进，他伸手示意落座，“好！叶帅和先念到了，我一定把你的意见转告给他们。”他挂上了电话。

叶剑英迫不及待地：“小平同志，总理听后有什么意见？”

邓小平：“总理说，我抢先一步向主席做了报告，我们等于取得了最大的主动权。由于我将陪同金日成同志南下考察，他们一定会利用这个空当做文章。”

叶剑英沉吟片时：“主席让你向政治局传达他对批判经验主义的指示了吗？”

邓小平：“没有，只是让我向总理通报一下。”

叶剑英："好！我的意见，我们要守口如瓶，千万不要让他们知道了主席的指示。"

李先念："继续让他们去做夺权的美梦！万里同志又从太原转战到南京，据说他遇到了一些难题，需要中央出面解决。"

邓小平："两天后我陪金日成同志到南京参观访问，到时可直接向我汇报。另外，国务院应当下大气力，把钢铁、石油、化工等行业的整顿抓紧、抓出成效！"

李先念："几个分管的副总理都在抓。"

邓小平："张爱萍同志没有遇到过不去的难关吧？"

叶剑英："没有！他向我报告了一件事，上海的马天水要求利用二十基地发射他们制造的卫星。"

邓小平："从简报上看，他们已经连续发射两颗卫星都失败了，怎么还要发射？"

叶剑英："他们扬言是为了给批判经验主义壮威！并且说他们一共准备了四颗卫星。"

邓小平："张爱萍的意见呢？"

叶剑英："他在电话中大声说道，你这不是混蛋吗？按照你这个打法，不要说中国打不起，就是美国苏联也打不起！我绝不批准你利用二十基地再发射一颗卫星！"

邓小平："回答得好！"

钓鱼台池边　外　傍晚——

江青戴着一顶草帽，面前架着鱼竿，逆光坐在池边，似有些得意地垂钓。

王洪文神情沮丧地走来："江青同志，你们江氏家门曾经出过一个直钩钓鱼的圣人，是吧？"

江青不无蔑视地："一、我姓李，不姓江，到了延安才改李姓为江的；二、我这个江，是长江的江；你说的那个圣人姓姜，叫姜太公。他坐钓渭河，不是为了钓鱼……"

王洪文："难道是在钓人？"

江青："对！就是为了钓当时有名的周文王。"

张春桥边说边走到身边："目的嘛，请他当宰相。之后，他帮着周武王打败了商纣王，建立了统一的周王朝。"

江青："有学问的人到了！"他指着身旁那几个马扎，"都请坐吧！"

王洪文不无尴尬地："江青同志，你今天钓什么呢？"

江青："先钓一篇文章作钓饵，然后再用这钓饵去钓当今的周文王。"

姚文元拿着一沓文稿大步走来。

张春桥笑着说："看！江青同志钓的文章送来了。"

姚文元："江青同志，新华社整理的《关于报道学习无产阶级专政理论问题的请示报告》送来了，我做了一些修改。"

江青接过文稿看了看，得意地："最后这一段写得最好：要宣传各级干部通过学习，认识和批判经验主义的危害，自觉地克服经验主义。春桥同志，你看过了吧？"

张春桥："岂止是看过了，你念的这一段，就是我加上的。"

王洪文接过文稿看了看："我看就不必报请政治局传阅了，由文元同志直送主席吧！"

江青有意地："我们的洪文同志在政治上是成熟的，等邓小平从南方回到北京，主席就作了重要批示了！"

张春桥有意地："江青同志，这鱼还钓吗？"

江青抓起鱼竿："我本来就不是钓鱼的嘛，回房间看美国电影去！"

南京　宾馆庭院　外　日——

邓小平、万里坐在莲花摇曳的荷塘岸边，望着水中游来游去的鱼儿进行交谈。

万里："随着铁路整顿的进展，越来越体会到必须坚决地围剿派性，把搞派性的坏头头当做过街的老鼠打，搞得他们臭烘烘的，没有市场。"

邓小平："不然就没有人民说话的地方，讲理的权利。"

万里："另外，必须整顿派性严重和'软、懒、散'的领导班子，各铁路局才能形成指挥核心，逐步实现安定团结的局面。否则，一个实际问题也解决不了！"

邓小平微微地点了点头。

万里:“这些年来,我们党的威信受到了极大的损失!”

邓小平:“所以我一直在想,最后整顿的重点是整党。万里同志,你还听到一些风言风语吧?”

万里:“这年月,是谣言横行、小道消息遍地的时代,你就是把耳朵塞上棉花,也会听到一些的。”

邓小平风趣地:“说两条看看,有没有参考价值?”

万里:“我从徐州赶到太原,又从太原来到南京,到处都在盛传两条谣言,一是说你在工业会议上的讲话,是资产阶级复辟的总纲领;再是说批判经验主义,是为了从理论上把周总理批倒批臭。”

邓小平:“你可要坚决顶住这股妖风邪气!”

北京中南海　毛泽东的书房　内　夜——

毛泽东微倒在沙发上,陷入痴然凝思的状态中。

吴秘书拿着一份文件,望着毛泽东旁若无人的样子,大声说:“主席,姚文元同志写给你的材料读完了。”

毛泽东生气地:“喊什么!我早就知道了,把材料给我。”

吴秘书茫然地把材料交到毛泽东的手里。

毛泽东几乎是把材料贴在自己的脸上,十分吃力地看着。

吴秘书心疼地:“主席,我再给您读一遍,好吗?”

毛泽东:“不好!”他看完了材料,感叹地:“听和看就是不一样啊!要不是小平同志提前给我打了招呼,听你一念,我就在这份材料上画个圈,很可能就天下大乱了!”

吴秘书:“有这么严重吗?”

毛泽东:“你啊,就是政治嗅觉不灵!拿笔来。”

吴秘书拿来笔,小心地交到毛泽东的手里。

毛泽东十分吃力地写着,画外音:

“提法似应提反对修正主义,包括反对经验主义和教条主义,二者都是修正马列主义的,不要只提一项,放过另一项。各地情况不同,都是由于马列水平不高而来的……”

钓鱼台十七号楼　内　夜——

姚文元捧读毛泽东的批示："我党懂马列的不多，有些人自以为懂了，其实不大懂，自以为是，动不动就训人，这也是不懂马列的一种表现。此问题请提政治局一议。为盼。"

江青歇斯底里地大叫："他一定是真的老糊涂了！"

张春桥："江青同志，要冷静！"

江青："我能冷静嘛！他这一百多个字的批示，就把我们的计划全都打乱了！"

张春桥："一旦传出去，我们的日子就难过了！"

江青："决不准向下传达！"

张春桥："江青同志，这纸里是包不住火的，更何况主席最后明确写道，这问题请提政治局一议。关键他还写了两个字，为盼。请问我们四人谁有胆量扣压主席的这一批示？"

王洪文、江青、姚文元蓦地哑然失态，不知所措。

张春桥："更为严重的是，周恩来知道主席这一批示后会有何感想？邓小平知道主席这一批示后会采取什么行动？"

王洪文、江青、姚文元急得坐立不安。

三〇五医院会客室　内　日——

周恩来拿着毛泽东的批件，有些激动地："我早就说过，主席就是主席！在我和主席长达近半个世纪的共事中，他从来是坚持原则的，在重大政治问题上更是不让半步的。"

邓小平："对此，我是十分欣赏的！既然主席指示提请政治局一议，我看就要把他们这次批判经验主义的实质议透。"

叶剑英："我同意！他们生成的这个脓包，早就应该把它挤破了！"

李先念："准确地说，他们这个脓包是主席带头挤的，我们只不过再帮一下手罢了。"

周恩来："我自应主持这次政治局会议，可是我的身体实在支撑不了。"

叶剑英："那就由小平同志主持吧！"

周恩来："不行！中央有明确分工，王洪文同志负责主持中央日常工作。"

李先念："可他这次是要在政治局会议上做检查的啊！"

邓小平："这有什么关系呢，就由王洪文同志主持！"

政治局会议室　内　日——

王洪文故做沉重状："同志们！今天政治局会议就一项内容，议主席关于学习无产阶级专政理论的批示。"

在王洪文的讲话中摇出张春桥、江青、姚文元、邓小平、叶剑英、李先念等政治局委员。

王洪文："首先，我先表个态，由于我的马列水平不高，片面地强调了反对经验主义，忘记了反对修正主义。因此，我不仅没有看到批判经验主义的片面性，反而支持在全国范围内开展批判经验主义的运动。对此，我要负主要责任。"

叶剑英严肃地看着王洪文，认真地听其发言。

姚文元："不！我要负主要责任。原因嘛，是主席请我和春桥同志写学习无产阶级专政理论的文章，反经验主义是我打的第一炮；主席批示的报告是我亲自送的，继续扩大批判经验主义的思想是属于我的。因此，我在承担责任的同时表个态，努力学习，提高自已的马列主义水平。"

李先念双目紧紧盯着姚文元。

江青："由于我的马列主义水平不高，听说主席让文元同志写文章，我就紧跟其后，到处去讲批判经验主义。对此，我应吸取教训，跟着主席把文化大革命进行到底！"

邓小平只是低着头抽烟。

张春桥："既然主席批评马列主义水平不高，我就沉下心来，认真地攻读马列的书和主席的书。等马列水平有所提高之后，我将向主席、向政治局作出深刻的检查。"

王洪文巡视叶剑英、李先念、邓小平不同的表情。

李先念："我讲几句，批判经验主义已经搞了快两个月了，真的像你们四人说的那样无辜吗？不要忘了，就在前几天，江青同志还要政治局召开会议批判经验主义，声称经验主义是当前的大敌，还要政治局委员交锋嘛！”

江青听后欲辩无辞，只有生气而已。

叶剑英：“我听了你们四个人的发言，连为什么要发起这场批判经验主义都没讲，说得过去吗？你们口口声声讲紧跟主席闹革命，主席批评你们了——应当说是多次批评你们四个人了，为什么要采取这样的态度对待主席的批评呢？”

邓小平继续低头抽烟。

王洪文与张春桥交换了个眼色，客气地：“小平同志，该你发言了！”

邓小平把烟放到烟灰缸上，漠然地：“洪文同志，你叫我讲什么呢？”

王洪文尴尬地：“这……谈对主席批示的体会啊！”

邓小平：“我听了你们四个人的发言，感到很失望！我个人认为，你们必须如实地谈出批判经验主义的目的，你们强调经验主义是当前的大敌，请问这个大敌指谁？江青同志要在政治局内交锋，请问要和在座的哪些人交锋？而交锋的目的又是什么？另外，我认为主席的批示不仅有明确的针对性，还有连续性。因此，你们四个人做检查，必须和一九七三年十二月政治局会议上提出的‘第十一次路线’相联系，也必须和批林批孔相结合。否则，政治局是无法给主席一个满意的交待的！”

王洪文、江青、张春桥、姚文元敢怒不敢言的特写。

钓鱼台十七号楼　内　夜——

王洪文、江青、张春桥、姚文元一筹莫展，情态各异。

江青：“难道我们就这样等着任其宰割吗？不！我们必须主动出击。”

张春桥：“对！我们已经被他们逼到了背水一战的绝境，只有破釜沉舟，才能置之死地而后生。”

江青：“你说怎么办吧？”

张春桥：“向主席告状！”

姚文元一怔：“又要给主席写信？”

张春桥恶狠狠地“哼”了一声。

毛泽东的书房　内　夜——

吴秘书捧读来信："……这场争论，实际上是总理想说而不好说的话，由叶邓说出来，目的是翻前年十二月会议的案。"他读罢看了看沉思不语的毛泽东，"主席，王洪文副主席告总理、小平同志和叶帅的信念完了！"

毛泽东："这哪是告恩来、小平、叶帅他们，这分明是对着我的嘛！"

吴秘书："主席，他们胆子再大，也不敢对着您哪！"

这时，桌上的电话铃响了。

吴秘书拿起电话："喂！你是哪一位？……是江青同志啊，有什么事情吗……好，我这就向主席报告。"他拿着电话转过身来："主席，江青同志要求见您？"

毛泽东："有什么事吗？"

吴秘书："他说要告总理、小平同志和叶帅的状。"

毛泽东断然地："不见！要见请大家一起来。"

中南海　毛泽东的书房　内　夜——

毛泽东在吴秘书的帮扶下站在沙发前，与前来参加会议的政治局委员握手、寒暄。

周恩来病体孱弱，依然衣冠楚楚，走到毛泽东面前："主席，我是恩来，你的身体好些吗？"

毛泽东紧紧握住周恩来的手，吃力地看着周恩来，有些怆然地："恩来！还好吧？"

周恩来："开了三刀，马克思还是不收我。我的消化系统还可以，前天向主席报告了。"

毛泽东："你受大罪了！"他指了指身旁的沙发，"还是坐在我的身边吧！"

周恩来转身走到沙发前，不失体态地坐下。

邓小平走到毛泽东跟前："主席！"

毛泽东笑了："你是小平呀，我们常见面，坐下吧！"

邓小平走到沙发前落座。

叶剑英走到毛泽东面前："主席！"

毛泽东："你是叶帅呀！我记得你小我四岁，也到了廉颇老矣的年龄，要多多保重啊！”

叶帅：“您更要多多保重啊！”转身落座。

李先念走到毛泽东面前：“主席，我想提个建议。”

毛泽东笑了：“会议还没有开始，你就想提建议啊？好！发扬民主，你就说吧！”

李先念：“主席已经八十二岁了！你这样站着接见我们，内心不安啊！”他转过身来，望着列队等候接见的政治局委员，“同志们！从我开始，就让主席坐下好不好？”

“好！”

毛泽东：“先念总是在关键的时候关心我。记得吧？我和恩来带领中央红军翻过夹金雪山，搞得要吃没吃，要穿没穿，就在这时候先念奉向前等同志的命令，给我们送来了衣服和粮食，那才是雪中送炭呢！”

李先念：“红军是一家人嘛！”他亲自扶着毛泽东坐下。

王洪文、张春桥、姚文元等不悦地相继落座。

游泳池旁边　外　夜——

一辆轿车戛然停在门前。

司机十分麻利地步出前车门，迅速打开后车门，把手放在车门的上方。

江青步出车门，整理一下上衣，提着一个入时的手提包走进门去。

毛泽东的书房　内　夜——

与会的政治局委员正襟危坐，等待着毛泽东讲话。

毛泽东：“恩来，该到的都到了吧？”

周恩来巡视一遍：“就差江青同志了！”

江青一步走进，有情绪地说：“我到了！”

毛泽东不悦地：“你怎么又搞特殊？让这么多的政治局委员等你一人？”

江青：“我被主席发配到钓鱼台，离中南海远啊！”

周恩来：“江青同志，请坐下吧！”

江青很有情绪地坐在了沙发上。

周恩来:“主席,开会吧!”

毛泽东:“多久不见了,有一个问题,我与你们商量,一些人思想不一致,个别的人。我自己也犯了错误,春桥那篇文章,只听了一遍,我是没有看,也不能看,讲了经验主义的问题我放过了。新华社的文章,还有上海机床厂的十条经验,都说了经验主义,一点马克思主义都没有,也没有说教条主义。”

与会者听讲的不同表情。

毛泽东:“我讲过多次了,要安定,要团结。无论什么问题,无论经验主义也好,教条主义也好,都是修正马列主义,都要用教育的方法。现在要安定团结,你们同意吧?”

“同意!”

毛泽东:“口说同意是没有用的,要看行动,这是实践论的观点。吴秘书,给我再点一支烟。”

毛泽东接过吴秘书点着的烟,深深地吸了一口,十分严肃地:“我们的一部分同志犯了错误,要批评。三箭齐发,批林,批孔,批走后门……走后门这样的人有成百万,包括你们在内,我也是一个,我就送了几个到北大上学嘛!”

江青、王洪文等听讲的特写。

毛泽东:“你们只恨经验主义,不恨教条主义。恩来、小平是知道的,二十八个半在我们党内统治了四年之久,打着共产国际的旗帜,吓唬中国党,凡不赞成的就打。”

邓小平:“为此,主席是受了教条主义很大的打击的。”

毛泽东:“你也是一个嘛!邓、毛、谢、古四大毛派头子的邓,就是你嘛。”

邓小平:“一直到遵义会议前夕,主席有了发言权,我才又被重新任命为中央秘书长。”

毛泽东又吸了一口烟:“这一次还是三条,要马列不要修正,要团结不要分裂,要光明正大,不要搞阴谋诡计,就是不要搞宗派主义。有的同志就是不信这三条,也不听我的,这三条都忘记了。我建议,这三条请大家再议一下。”

张春桥、姚文元等听讲的特写。

毛泽东讲完习惯地看了看与会者，摇了摇头：“看不清诸位的庐山真面目了！”他随手拿起茶杯呷了一口茶水。

三〇五医院病室　内　日——

一张空无病人的病床，洁白的被子叠得整整齐齐。

邓颖超坐在病床边，无声地在收拾有关的东西。

一位女护士走进：“首长，总理呢？他该吃药、输液了。”

邓颖超：“对不起，他参加会议去了！”

女护士：“这怎么行呢！他的身体……”

邓颖超：“不要说了，我全都知道。”

毛泽东的书房　内　日——

周恩来坐在毛泽东的身边，用心地记录着。

毛泽东：“我再说一遍：你们不要搞四人帮，你们不要搞了，为什么照样搞呀？为什么不和二百多个中央委员搞团结，搞少数人不好，历来不好。”

邓小平、叶剑英、李先念等注视着王洪文、张春桥、江青、姚文元那不自然的表情。

毛泽东：“怎么办呢？我看问题不大，不要小题大做，但有问题要讲明白，上半年解决不了，下半年解决；今年解决不了，明年解决；明年解决不了，后年解决。”

王洪文、张春桥、姚文元十分惶然听讲的特写。

毛泽东：“江青同志党的一大半历史没有参加，所以也难怪。我看江青就是一个小小的经验主义者，教条主义谈不上。我再讲一遍，你不要随便，要有纪律，要谨慎，不要个人自作主张，要跟政治局讨论，印成文件发下去，要以中央的名义，不要用个人的名义，更不要以我的名义。”

江青低声地：“是！”

毛泽东：“我再提醒你们，不要搞什么帮！恩来是知道的，在大革命时期，中国的帮会多如牛毛！”

周恩来：“但是，历史证明了一点，拉帮结伙的失败了，我们共产党人历尽艰险，跟着主席取得了最后的胜利。”

毛泽东：“那时，恩来受党的委派，在黄埔办军校。我在长沙搞工人运动。最有意思的是，有一个水口山锡矿，名曰锡矿，其实没有锡。当时有一首很有意思的民谣，我背给大家听。”他说罢吟道：“无锡锡山山无锡，平湖湖水水平湖，常德德山山有德，长沙沙水水无沙。”

与会的周恩来带头鼓掌。

邓小平、叶剑英、李先念等禁不住鼓掌。

王洪文、张春桥、姚文元、江青心不在焉地鼓掌。

毛泽东：“我说才饮长沙水。就是白沙井的水。武昌鱼不是今天的武昌，是古代的武昌，在现在武昌到大冶之间，出鳊鱼。孙权要搬家，老百姓说，宁饮扬州水，不食武昌鱼。所以我说，才饮长沙水，又食武昌鱼。”

多数与会者听后瞠目结舌。

毛泽东：“说到孙权，他是个能干的人。天下英雄谁敌手，曹刘，当今惜无孙仲谋。叶帅，你就把辛弃疾的名词《南乡子·何处望神州》背给大家听听。”

叶剑英遵命起身，朗朗吟诵：“何处望神州？满眼风光北固楼。千古兴亡多少事，悠悠。不尽长江滚滚流。年少万兜鍪，坐断东南战未休。天下英雄谁敌手，曹刘。生子当如孙仲谋。”

毛泽东带头鼓掌。

接着周恩来、邓小平等与会者鼓掌。

王洪文、张春桥、江青、姚文元很不情愿地鼓掌。

毛泽东：“叶帅爱诗词，尤善工七律，在我们这代人中算是佼佼者。我需要向诸位说明的是，当年叶帅看不起黄吴李邱，他就背这首南乡子，说曹刘的刘是刘震，曹是曹里怀，就是吴法宪不行。诸位还有事要议吗？”

“没有了！”

毛泽东：“散会！”

人大会堂会议室　内　夜——

周恩来：“方才，诸位常委同志核对了昨天主席讲话的内容，弄清了当时没有听清的问题。下边，我宣布学习、贯彻主席四月二十三日对新华社报告的批示，以及主席五月三日讲话精神的常委会，现在开始！”

缓缓摇出王洪文、邓小平、叶剑英、张春桥等。

王洪文：“关于主席四月二十三日对新华社报告的批示，有的同志力主以中共中央的名义发一个文件。我请示了主席，由于《红旗》第五期发表了专门文章，主席同意可不下达。”

张春桥取出一份《红旗》：“第五期上刊登了署名田春的文章《精通的目的全在于应用》。文中已经讲了主席批示的精神，再发一个专门文件似多余。”

周恩来：“我不赞成春桥同志的意见！署名田春的文章仅在《红旗》上发表是不够的，很有必要由中央发一个文件，从正面阐述主席的无产阶级专政理论。”

叶剑英：“我赞成！在过去的一个多月中，许多报刊杂志都在大批特批经验主义，单有田春一篇文章行吗？”

邓小平：“我的意见是，由总理代表常委起草一份《关于学习毛泽东理论问题指示和中央政治局工作等问题的意见稿》。然后再传阅提意见，最后报主席批准、下发。”

周恩来：“洪文同志和春桥同志有不同意见吗？”

“没有！”王洪文、张春桥被迫答说。

周恩来：“关于主席对江青等同志的批评，政治局应该做出决定。大家有什么不同看法吗？”

王洪文、张春桥沉默不语。

叶剑英：“我再重申一次：主席对江青等同志的批评不是一次，而是多次。因此，不仅对此应做出相应的决定，而且江青同志与有关的同志要做出深刻的检查。”

邓小平：“我的意见，政治局的决定要做，但检查可视情而定。愿自我批评的就说，说多少都可以，不说也可以，不要强人所难。”

周恩来：“我赞成把小平同志的这一意见写入文中。有反对的意见吗？”

“没有！”

三〇五医院会客室　内　夜——

邓小平拿着一张文稿："总理，由你起草《关于学习毛泽东理论问题指示和中央政治局工作等问题的意见稿》，我心里很不安，真是难为你了！"

周恩来："你是知道的，我来日不多了，说不定这是我协助主席做的最后一件大事。但是，我有种预感，他们还会对未来我起草的这个意见稿做文章。"

邓小平："那就让他们做好了！就其规律而言，他们是绝不会退出历史舞台的。"

周恩来："你有此准备就好。"

邓小平："全国钢铁工业座谈会开过之后，我就要代表你出访法国了，行前想听听你的意见。"

周恩来："就世界大势而言，美苏两个超级大国想主宰世界。为打破这一战略格局，主席决计恢复中美关系和中日关系，继之又提出三个世界的理论，这就使得我国成了国际战略大格局中一支不可忽视的力量。"

邓小平："我在联大特别会议上阐述三个世界的理论时，就完全感到了这一点。"

周恩来："另外，在美苏争霸世界的大格局中，欧洲是一个极其特殊的地带。其中，法国又是欧洲这个特殊地带中最有个性的国家。"

邓小平："从历史上看，法国是一个伟大的国家，无论在何时，它都高昂民族自立的精神。"

周恩来："这就是主席特别重视中法关系的所在。同时，你还要理解主席的用心，由你代表我正式出访法国，就是把你从国内推上世界国际大舞台。"

京西宾馆会议室　内　日——

在热烈的掌声中缓缓摇出：

红布白字的横幅：全国钢铁工业座谈会。

与会的数十名代表热烈鼓掌。

在主席台就坐的有：邓小平、叶剑英、李先念、谷牧等。

李先念："方才，万里同志介绍了铁路整顿的经验，对我们钢铁工业的整顿会有极大的促进。下边，请邓小平同志代表党中央、代表国务院发表讲话！”

与会者长时间热烈鼓掌。

邓小平站起身来，挥动双手请大家停止鼓掌。

邓小平严肃地：“首先，我要给你们如此热烈的鼓掌泼点冷水！同志们，我看了你们写给中央的报告，我心里十分痛心！钢铁生产存在如此严重的问题，如果再继续下去就是破坏，就是对人民犯罪。一句话，现在到了非下决心解决钢铁生产问题的时候了！”

会场猝然变得死一样的寂静。

邓小平：“当前，钢铁工业重点要解决四个问题。第一，必须建立一个坚强的领导班子。钢铁生产搞不好，关键是领导班子软、散、懒，冶金部领导班子就是软的！第二，必须坚决同派性作斗争。对此，领导班子要敢字当头。对坚持搞派性的人，该调的就调，该批的就批，该斗的就斗！”

与会代表鼓掌。

邓小平：“你们这次掌声告诉了我：一、同意中央关于反对派性的意见；二、你们开始有了与派性作斗争的决心。同志们！领导班子就是作战指挥部。搞生产也好，搞科研也好，反对派性也好，都是作战。指挥部不强，作战就没有力量！”

叶剑英：“你们赞成小平同志的看法吗？”

“赞成！”

邓小平：“同志们！中国有这么多人口，不把国民经济搞上去怎么行？最近，毛主席有三条重要指示，一条是关于理论问题的重要指示，要反修防修，再一条是安定团结的指示，还有一条把国民经济搞上去。这就是我们今后一个时期各项工作的纲！”

叶剑英、李先念、谷牧等带头鼓掌。

与会者再次爆发出长时间的掌声。

邓小平：“我要提醒大家，毛主席的这三条重要指示，是互相联系的，不能分割的，一条都不能忘记。这是因为这三条重要指示，是我们这一时期工作的纲！”

与会者爆发出了经久不息的掌声。

宽街　邓小平的办公室　内　夜——

卓琳帮着邓小平收拾出访法国的生活用品。

李秘书站在书桌前，收拾出访法国的有关文件。

尤才快步走进："卓琳阿姨！首长呢？"

卓琳："他正在屋里休息呢！"

邓小平边说边从内室走出："准确地说，我是边休息边等尤才。"他指着沙发，"坐下，有好消息吗？"

尤才："有！不久以前，张主任和大科学家钱学森等主持召开了空气轴承论证会。"

卓琳："什么叫空气轴承啊？"

尤才："空气轴承是导弹里的一个重要部件，是二三〇厂负责设计的。原来采用'大锥式'结构，但加工、装配困难，合格率低。现在，他们又设计出'三段式'和'小锥式'两种结构方案，由于他们分属两派，互不承认。"

邓小平："岂有此理！连科学发明都打上了派性的烙印。"

尤才："最后，张主任果断决策，'三段式'和'小锥式'两种设计在没有经过论证试验之前，不用。"

邓小平："我们不是准备近期发射东风五号 01 批和东风四号第 1、第 2 发吗？决定使用哪一种空气轴承呢？"

尤才："为了确保东风五号 01 批和东风四号第 1、第 2 发试射成功，张主任博采钱学森等科学家的意见，决定仍然采用原来的'大锥式'结构方案。"

邓小平："很好！"

尤才："张主任正在召开洲际导弹'东风五号'、'东风四号'两个方案的论证会。他请我转告首长，等你出访法国回来以后，就向你汇报。"

邓小平："告诉张爱萍，我十八号回国，十九号就接见参加论证会的全体同志和著名的科学家。"

定格叠印字幕：

第六集终

第七集

在深沉的画外音中,叠出有关的画面和历史资料:

男声画外音:“一九七五年五月十二日清晨,邓小平乘专机离开北京,飞抵法国巴黎。五十年前,他曾在这片国土上勤工俭学;五十年后,他又作为法国政府的贵宾受到了隆重的欢迎。他在五天的访问中,与法国总统德斯坦和总理希拉克进行了会谈,就重大国际问题和发展两国关系等问题交换了意见,取得了完全的成功。”

女声画外音:“就在邓小平出访法国期间,中国各条战线都展开了全面整顿。其中,张爱萍带领科学家经过反复论证,终于搞出了我国研发洲际导弹的计划……”

三座门　中央军委接待室　内　日——

几十名男女科学家站在沙发前鼓掌欢迎。

张爱萍引邓小平、叶剑英、聂荣臻等走进会议室。

邓小平走到钱学森的面前,紧紧握住钱学森的手:“钱学森同志,你是我们中国人的骄傲,你是中国科学家的骄傲,中国共产党也因为你的加入而深感骄傲!”

聂荣臻走到邓稼先面前,二人紧紧地拥抱了,聂荣臻激动地说:“小平同志,他就是我常和你说的邓稼先同志!那时,组织上找他谈话,要他隐名埋姓,西出阳关,为中国人民搞出能挺直腰板的火箭和导弹。他说行!回到家以后,和妻子到天安门前合了一张影就出发了,一去就是十多年啊!”

邓小平紧紧握住邓稼先的手:“你的岳父泰山许德珩同志是五四运动的大将,是中国共产党的好朋友。自从你从北京消失之后,他老人家——还有你的妻子非常想念你,可从来没有向主席、向总理问过你去什么地方了!”

邓稼先平淡地:“不要再说了!我们在座的每一位科学家都和我一样,把自己的一切献给了科学,献给了祖国,献给了人民!”

邓小平激动地："我代表党中央，代表国务院，向你们这些无私奉献的科学家们说一句，谢谢了！"

与会的科学家激动不已地鼓起了掌。

邓小平："我只要活一天，就要为你们这些把一切都献给祖国、献给人民的科学家服好务！"

与会的科学家再次鼓掌。

张爱萍："下边，请中央领导和同志们入座，汇报座谈会正式开始！"

邓小平、叶剑英、聂荣臻等中央领导落座。

与会的领导和科学家相继落座。

张爱萍："下边，请钱学森同志发言。"

钱学森："给中央领导同志汇报科学——尤其是像卫星、导弹、火箭这样的尖端科学，我真不知道该怎么说。"

邓小平："简单地说，你不要谈如何制造卫星、导弹和火箭，你就告诉我们什么时候完成什么，需要我们帮什么忙。"

叶剑英："说句老实话，领导嘛，只管结果，至于过程，那是你们的事。"

聂荣臻："在研发过程中遇到了困难，那还是领导的事。"

邓小平："这样一说，责任明确了，学森同志，你就讲吧！"

钱学森："通过这次论证会，国防科委基本上确定了三步走的规划，第一步，一九七七年前拿出洲际导弹'东 5'，同时还要搞出另一种型号的洲际导弹'东 4'；第二步，一九七八年拿出潜地导弹；一九八〇年，拿出通信卫星。"

邓小平："我们要搞的'杀手锏'是属于哪一步的规划？"

钱学森："第一步规划。"

张爱萍："一九七七年拿出的洲际导弹射程为八千公里，可以打到世界任何地方的导弹。"

邓小平："很好！需要我们帮什么忙吗？"

钱学森："要想确保三步走的规划如期实现，必须把七机部建成像文化大革命以前的样子。"

邓小平："可以！张爱萍同志，草拟一个关于解决七机部问题的报告，交由中央批准。”

一位年长的科学家:“为了尽快发展我国的导弹事业，我建议成立一个专门指挥导弹生产的机构。”

邓小平:“聂帅,我们就成立一个导弹工业生产总局,可以吧？”

聂荣臻:“我举双手同意。”

邓稼先:“我有两个为难的问题,不知当说不当说？”

邓小平:“说！”

邓稼先:“还有一批科学家没有解放,据我所知,他们都是放弃了国外优越的科研条件,回来报效祖国的！”

叶剑英气愤地:“你们要查一查,是谁下令审查这批科学家的!要知道美国的原子弹是德国人造出来的。”

邓小平:“张爱萍同志,你要下一道死命令,立即解放所有被审查的科学家！”

邓稼先:“由于我们的技术落后，要生产出令敌人不敢欺侮我们的核武器,就需要更多的经费。我不知道国家能拿出多少钱来搞科研。”

邓小平:“现在国家是困难一些,但是再困难也比三年困难时期好哇!那时,聂帅把搞原子弹的经费报到我这里,我这个总书记一看真是吓了一跳啊！我和总理一块去找主席,问怎么办？主席当即拍板,从国库中提黄金。再不行,我毛泽东带头减薪。”

聂荣臻感动地:“这就是我们最可宝贵的精神啊！”

叶剑英:“张爱萍同志，你们国防科委要把聂帅讲的这最可宝贵的精神发扬光大啊！”

张爱萍:“请首长们放心,只要我张爱萍还有一口气,我就会用这种精神研发我们的卫星、导弹和火箭！”

三座门　中央军委小礼堂　内　日——

在热烈的掌声中化出:

不算大的小礼堂坐满了听报告的科学家。

邓小平示意大家安静,他吸了一口烟,继续说道:“你们要勇敢地干工作,不要怕说错话。说错话,有错误,这不要紧。错了就改嘛！只要你们大胆工作，错了我和叶帅负责！说到大字报，一万张都不要怕！你张爱萍要硬着头皮在七机部待下去，不要怕抓小辫子。我这个人就像维吾尔族的姑娘，就是辫子多！”

小礼堂中迸发出一片笑声。

邓小平：“过去，我们对铁道部说，只等一个月。结果很快就扭转过来。现在，我们对七机部也提出只等一个月，到六月三十日为止。从七月一日起，要搞成一个‘七一’派，毛主席派，党性派！”

与会者热烈鼓掌。

邓小平：“我要正告一些人，过了七一以后，那就不客气了，对什么人也不等，管你是老虎屁股，还是狮子屁股，都要摸，都要斗，坚决地斗！”

小礼堂中爆发出雷鸣般的掌声。

三〇五医院会客室　内　夜——

周恩来拿着一份文稿：“你出访法国之后，由王洪文召集政治局会议，通知讨论贯彻主席五月三日的讲话精神。我认为弄清楚事实经过，是开好这次政治局会议的前提，为此，我写了这封信。”

邓小平从周恩来手中接过信稿，认真阅读。

周恩来：“有什么意见，就写在信纸上面。”

邓小平很快看完信件，说道：“总理的信写得是好的，我只是认为还不够全。那天，我还向主席谈了江青的问题。”

周恩来：“那你就在这段话旁边加个批注吧！”

邓小平取出笔，在信纸上批注特写：“当时还提到江青同志在政治局会议正式提出了反经验主义问题。”

周恩来：“很好！这就佐证了江青也是一个大反经验主义的积极分子。”

邓小平把信交给周恩来：“总理写的这封信，以无可辩驳的事实说出了事情的原委，我看他们还有什么话好说！”

周恩来微微地摇了摇头。

钓鱼台十号楼　内　夜——

王洪文倒在沙发上打电话：“喂！你是哪一位？……请放心，这件事就包在我的身上也。”他挂上电话，转身一看：

张春桥、江青已经站在客厅中，每人手中都拿着一份文稿。

王洪文急忙起身：“不知二位大驾光临，快请坐。”

江青坐在沙发上，不悦地：“都当了党的副主席了，上海小开的德性还去不了！”

张春桥：“方才，你又给哪个哥们儿弟兄大包大揽呢？”

王洪文：“舒龙山。这次张爱萍改组七机部的班子，他有可能被排除在部领导之外。”

江青：“这是在我预料中的事！”她说罢晃了晃手中的文稿，“副主席同志，周恩来的信我看过了，批了几句话。”

王洪文：“念吧！”

江青：“许多情况不了解，同意报主席。常委会讨论的情况我也不了解。如还讨论了别的问题，建议也说明一下。”

张春桥：“我也批了一段话：总理的信，有些话不确切，但我同意报主席。”

三〇五医院病房　内　日——

周恩来身着病号衣，伏在桌子上吃力地捧读一封信件。

画外音：“……我这段回忆的文字，不知是否较为确切。如果仍不确切，请你以同志的坦率勾掉重改或者批回重写，我决不会介意，因为我们是遵守主席实事求是和‘三要三不要’的教导的。周恩来　一九七五年五月二十七日五点半。”

周恩来看罢装入信封，放在桌子上。

邓小平走进：“总理，你为什么这样早叫我来？一定有重要的事情相告吧？”

周恩来打开抽屉，取出一封信：“你看吧，这是王洪文退回的我的报告，张春桥和江青都做了批注。”

邓小平接过信件拆阅，生气地：“岂有此理！哪些话不准确？要写明嘛！”

周恩来：“我看他们没有写明的勇气，只是在玩一种孩子都能识破的政治游戏。”

邓小平:“他们的目的是什么呢?”

周恩来:“王洪文是我医疗小组的负责人,他们一定知道我的病情又在加重。玩此游戏,一是有意给我气生,再是拖延对他们的批评。”

邓小平:“这是永远也办不到的。”他关切地问,“总理,你还能主持召开这次政治局会议吗?”

周恩来:“这就是我请你来的真正原因啊!……”

钓鱼台十号楼　内　夜——

王洪文打电话:“喂!春桥同志,张爱萍就要到了,再过一个小时我一定赶到江青同志的十七号楼。”他挂上了电话。

有顷,张爱萍走进,不卑不亢地:“洪文同志,你找我有什么大事吗?”

王洪文客气地:“先请坐,然后再谈公事。”

张爱萍落座,默然不语。

王洪文:“爱萍同志,你是老国防科委了,一定知道上海也有几个国防科技机构吧?”

张爱萍:“知道!”

王洪文:“这几年以来,他们的工作很不得力,我想今后由你统一领导吧!”

张爱萍迟疑不决。

王洪文:“我几经权衡利弊,还是由你统一领导为好。我给你写个条子,你派人去上海接收好了。”

张爱萍:“那我就谢谢组织的信任了!”

王洪文:“你知道七机部的舒龙山吧?”

张爱萍:“当然知道,是出了名的造反派。”

王洪文:“他是我的朋友,希望你团结他一道工作。”

张爱萍:“我是想团结他一道工作啊,关键是他只认他那一派的哥们儿。结果,重组七机部领导班子的时候,他因多数群众反对,出局了!”

王洪文愕然地看着张爱萍。

钓鱼台十七号楼　内　夜——

江青、张春桥、姚文元三个人如丧考妣，坐立不安。

王洪文大步走进，一看愕然，问道：“你们这是怎么了？”

江青耍泼地：“还是问问你自己吧！”

王洪文：“出什么事了？”

姚文元：“出大事了！周恩来病情加重，不能主持即将召开的政治局会议。你知道由谁来主持吗？”

王洪文：“就常理而言，理应由我主持。”

江青：“又在做梦！”

王洪文一怔：“谁？”

张春桥：“主席接受周恩来的建议，由邓小平主持！”

人大会堂会议室　内　日——

邓小平：“我受党中央、毛主席的委托，于五月二十七日主持了第一次中央政治局会议。有的同志对前几次政治局会议颇多微词，认为讲过了头，甚至说是‘突然袭击’、‘搞围攻’等等。我个人认为，连百分之四十也没讲到！有没有百分之二十也很难说！谈不上‘讲过了头’，更谈不上‘突然袭击’！我个人的意见，话要讲清楚，不讲明白，没有好处。谁先讲？”

在邓小平的讲话中摇出叶剑英、李先念、王洪文、江青、张春桥、姚文元等不同的表情。

李先念：“说到前几次政治局会议，尤其是五月二十七日的会议，我认为没有过分，没有越轨。如果再联系过去随便地点名，大闹政治局会议等，真的连百分之二十都没说。再者，主席为什么三番五次地批评‘四人帮’？主席又为什么说‘我叫他们不要搞，他们还要搞’呢？我看是需要讲清楚的！”

江青：“我们四个人——尤其是我有错误，但绝不是主席讲的‘四人帮’！”

一位与会者有气地：“难道是主席讲错了吗？没有！”

“对！没有。”其他与会者讲道。

邓小平伸手示意安静：“我提醒同志们，这是党的政治局会议，不是群众辩论会，更不是批斗会。”

会场沉寂无声。

叶剑英:“主席再三讲:要团结,不要分裂。团结的手法,一手是批评,一手是团结。过去一个时期不正常。如果保持下去,就有害团结。党的领导机关,一定要严守纪律,坚持请示报告制度。你们提出第十一次路线斗争,事前未请示;你们点名批评走后门,也是未事先请示;这次批经验主义,又是主席亲自出面纠正。这到底是为什么呢?”

王洪文、江青、张春桥、姚文元的特写。

王洪文:“我承认在这些问题上有错误!在抓大事、学习理论方面有偏听一方意见的倾向,对不起主席对我的培养。”

叶剑英:“我们都是党的核心领导成员,也都知道主席的身体不好。你们几个人不是常说嘛,不要干扰主席。我认为你们这样做,就是对主席最大的干扰!”

王洪文被迫承认:“是!”

张春桥依然昂首不语。

邓小平:“我接着叶帅的话题再讲几句,这次,主席要我们政治局讨论三要三不要。我个人认为,主席这三条,是对我党历史经验的高度概括。搞小圈子,历来不好。这方面要讲安定、团结,要搞马列主义,不搞修正主义。搞团结,首先是政治局要注意团结。我多次讲过,学理论,安定团结,把国民经济搞上去,这三项指示很重要,是指导我们工作的纲。主席说的‘四人帮’,值得我们警惕!”

毛泽东的书房　内　夜——

毛泽东微倒在沙发上,轻声吟诵:“……顾庭槐而叹曰:此树婆娑,生意尽矣!至如白鹿贞松,青年文梓,根柢盘魄,山崖表里。桂何事而销亡?桐何为而半死?……”

游泳池大门外　外　夜——

吴秘书驻足门前,看着驶来的一辆轿车。

轿车戛然停在门前。

吴秘书走上前去,打开轿车的后车门,伸手车门上方。

邓小平步出轿车:“吴秘书,主席在做什么?”

吴秘书："读庾信的《枯树赋》。"

这时，室内传出毛泽东的咏诗声："昔年种柳，依依江南；今看摇落，凄怆江潭；树犹如此，人何以堪……"

邓小平听着毛泽东那凄怆的咏诗声，几乎落下泪来。

毛泽东的书房　内　夜——

毛泽东依然微倒在沙发上，还在品味《枯树赋》的意境。

吴秘书引邓小平走进："主席，小平同志到了！"

毛泽东："好！请坐吧，我们开始谈公事。"

邓小平落座："主席，不久前召开的两次政治局会议的情况，你都知道了吧？"

毛泽东点了点头："知道了！我看有成绩，把问题摆开了。他们过去有功劳，现在就不行了，反总理，反你，反叶帅，反一切不跟着他们走的人，这怎么行呢？他们不明白，在政治局，风向快要转了。"

邓小平："对于他们四个人的表现和态度，政治局的同志气很大。我说不要把话说完，按照主席说的一看、二帮、三等待办。会就结束了。"

毛泽东："这个办法好，留有余地嘛，只要大家清楚就行了。我准备找王洪文谈，叫他找你，听你的话。他的威望也不高嘛！"

邓小平："说到洪文同志，他最后的发言，政治局许多同志都感到不真实。"

毛泽东："还有一点，你和政治局的同志并不知道，江青也不喜欢王洪文，专门在我这里告他的状。一句话，他不要跟在他们屁股后边乱跑，要好好工作。另外，你前一段工作没有大问题，要把工作干起来。"

邓小平："这方面我还是有决心就是了。说到我的工作，主席是知道的，我是个粗线条的人，不像总理那样事无巨细，容易得罪一些人。再者，反对我的人也总会有。"

毛泽东笑了："这就叫木秀于林，风必摧之！"

邓小平："叫我看啊，这是主席把我放在了刀尖上。"

毛泽东大笑："好一个放在刀尖上！……"

钓鱼台十七号楼　内　夜——

江青急得在室内快速踱着步子。

张春桥站在窗前，望着窗外长夜大口地吸着烟。

姚文元坐立不安，不置可否。

有顷，王洪文犹如丧家之犬，垂头丧气地走进。

江青、张春桥、姚文元震惊地看着王洪文。

王洪文往沙发上一倒，近似啜泣地："完了！全都完了……"

江青："你这是怎么了？像是死了亲爹亲娘似的？"

王洪文低泣地："像是死了亲爹亲娘就好了……"

姚文元："洪文同志，冷静些，主席说了些什么？"

王洪文："主席让我听邓小平的……"

江青："什么？让你听邓小平的……"

王洪文："对！同时，主席还让我离开北京，和纪登奎去江浙一带解决派性问题。"

江青："这分明是让你交出党权嘛！"

姚文元："这样一来，问题就严重了！"

张春桥继续沉默不语，大口地吸烟。

江青走到窗前，一把夺过张春桥手中的烟："别抽了！你说怎么办吧？"

姚文元："春桥同志，你一定有了柳暗花明又一村的谋略了吧？"

张春桥："我们并没有到山穷水尽疑无路的境地，又何谈柳暗花明又一村呢？"

王洪文腾地一下站起，厉声质问："春桥同志，请问我们到什么境地才叫山穷水尽呢？"

江青阴阳怪气地："是啊！只有我们四个人到了被当做'四人帮'批斗的时候，那才叫疑无路，是吧？"

姚文元："都不要用这样的口气讲话，先请春桥同志谈谈他的看法嘛！"

江青、王洪文无声地看着张春桥。

张春桥："首先，让我背三条主席的最高指示。"

江青忍不住地："打铁也不看看火色，都到什么时候了，还要背主席的三条最高指示！”

张春桥不理睬地：“第一条，在一定的条件下，坏事可以转化为好事；第二条，越是在最困难的时候，我们更要看到光明；第三条，胜利往往存在于再坚持一下之中。”

姚文元边蹙眉凝思边自语：“有道理！有道理……”

张春桥：“主席让洪文同志听邓小平的，是坏事；但是，主席并没有从洪文手中拿走党权交给邓小平，而且由谁代替洪文同志主持中央的日常工作也没有说。”

江青：“这又说明了什么呢？”

张春桥：“总理的癌症转移了，还能活过半年吗？主席年迈体衰，已经多次报危，一旦驾鹤西去……”

江青：“根据历来的惯例，只有按排名顺序，由洪文同志做党的主席。”

张春桥：“这就是我们最大的光明！为此，我们要以退为进，不授政敌们以柄，相反要等待，要引导邓小平这些老保守派犯错误。这就叫韬光养晦。”

姚文元：“我们如何等待、引导邓小平犯错误呢？”

张春桥：“从邓小平高喊整顿看，他实质上就是整顿文化大革命。其结果是一定要走到和主席相对立的地步。”

江青：“完全正确！坏事是一定能转化为好事的。”

张春桥阴险地笑了笑：“一定要记住主席说的第三条，胜利往往存在于再坚持一下之中！”

宽街　邓小平庭院　外　晨——

邓小平像个军事指挥员，一边绕着不大的庭院快步走着，一边在思索着什么。

有顷，尤才带着年过半百的郁教授走进。尤才高兴地说道：“邓伯伯，您让我请的郁教授到了！”

邓小平驻足原地：“欢迎，欢迎啊！”他指着雪松下的藤椅，“请坐下谈！尤才，给老师倒水！”

郁教授有些拘束地坐在藤椅上。

尤才分别给邓小平、郁教授倒上一杯茶水。

邓小平坐在他那张藤椅上边点烟边说："听尤才说，自从上次见面之后，你不仅对目前的教育状况很不满意，而且还敢当众仗义执言。"

郁教授："准确地说，不是我不满意，而是绝大多数的教师不满意。"

邓小平："说说看！"

郁教授："教育是立国之本，也是育人成才的必经之路。如果我们的国家再继续提倡读书无用，考试交白卷，具有五千年文明的中华民族从此就会愚昧、落后，将无以立足于世界民族之林！"

邓小平："你对建国后十七年的教育做何估计？"

郁教授："有缺点，甚至是错误，但大方向是正确的。为此，我被学校工宣队、军宣队的领导不仅扣上保皇派的大帽子，而且还多次当做资产阶级教育路线的代表进行批判。"

邓小平："这都是沾了我的光！"他吸了一口烟，"自文化大革命以来，教育是重灾区，已经贻误了一代人的青春，必须整顿！"

郁教授："你说出了我们的心声！"

邓小平："中央已经做出决定：由教育部长周荣鑫同志挂帅，坚决整顿大中小学的教育。听尤才说，你是敢开顶风船的教育家。怎么样，协助教育部长周荣鑫同志整顿教育吧！"

郁教授："我能做些什么呢？"

邓小平："你先给我和周荣鑫同志当联络员。"

郁教授："我努力当好这个联络员！"

邓小平："尤才，国防科委的整顿有起色吧？"

尤才兴奋地："有！张主任登台一呼，整个国防战线都在争做'七一派'，不做两面派。舒龙山那帮人被搞得臭烘烘的。"

邓小平："不要忘了这些人犹如百足之虫，死而不僵！"

卓琳从内室走出，有些惶然地："江青打来电话，说奉主席的指示，要来拜访你。"

邓小平沉吟片时，冷然一笑："欢迎！"

邓小平会客室　内　日——

邓小平坐在桌前有条不紊地处理文件。

卓琳有些紧张地："她就要来了，你可真坐得住阵！"

邓小平："怕什么？难道她比蒋介石的百万大军还厉害？"

卓琳："不是一码子事嘛！我已经吩咐孩子们，各自待在自己的屋里，谁也不准出来！"

邓小平："她要是借口看孩子们呢？"

卓琳："我也做了安排，谁也不准乱说一句话！"

室外传来轿车刹车的声音。

邓小平："她到了，出于礼节，你也应见她一面吧？"

卓琳："不！不……"她边说边走进内室。

邓小平庭院　外　日——

警卫人员、办事人员等躲在各自屋中，透过玻璃窗好奇地看着院中。

有顷，李秘书推开大门走进，沿着甬路向正屋走去。

江青头戴一顶欧式帽子，身穿一件就要拖地的外套，与李秘书保持一定距离，骄首昂视，趾高气扬地向正屋走去。

透过玻璃窗可见一双双既惊惧又好奇的目光。

透过玻璃窗可见卓琳那既鄙夷又有余悸的目光。

邓小平会客室　内　日——

邓小平站在客室中央，注视着客室大门。

李秘书大步走进："首长！江青同志到了。"

江青一步跨进客室，主动地伸出右手，过分热情地："小平同志，你好啊！"

邓小平迎上去，礼貌地握了握江青的手："还好，请坐吧！"

江青应声落座。

李秘书分别给邓小平、江青献上一杯茶水，转身退下。

江青："政治局开过会不久，主席给我打电话说：你要亲自登门拜访小平同志，一定要搞好团结。就这样，我就亲自登门向你学习来了。"

邓小平："你客气了！只要我们真正按照主席说的'三要三不要'的原则办事，我们就会团结，政治局也会团结，全国上下也会消除派性，实现真正意义上的大联合。”

江青:“我今天就是为此而来的!下面,我先谈谈对‘三要三不要’的理解……”

邓小平内室　日——

卓琳有些焦急地倾听,可什么也听不见。

邓小平的庭院　日——

空荡荡的院落,没有一点儿声音。

透过玻璃窗,依然可见一对对窥视的眼睛。

有顷,可见邓小平在客室门口握住江青的手,说道:“不送了,请走好!”

江青:“谢谢!”转身大步走出客室,傲慢地穿过庭院,步出大门。

卓琳从客室走出:“谈得怎么样?”

邓小平:“不怎么样!毛主席叫她来,她不敢不来,谈得不好,她吹她那一套,水平不高。”

李秘书走出:“首长,胡乔木同志打来电话,问首长何时约他谈话?”

邓小平:“明天上午!”

中南海岸边　外　日——

邓小平边踽踽踱步边说:“自从上次我们谈话之后,我就成立国务院政治研究室致信中央,先由你胡乔木、吴冷西、胡绳、熊复、于光远、李鑫等组成。以后嘛,再吸收一些人,特别是年轻一点的,培养做理论工作。”

胡乔木:“我们这些人,从延安起就跟着主席,屈指算来,三十多年了!如果再不抓紧培养年轻人,马克思主义的理论阵地就有可能从我们的手中丧失。”

邓小平:“我们必须有自己的理论队伍!为此,你所领导的这个政治研究室,要把中国科学院哲学社会科学学部管起来。”

胡乔木:“进驻学部的军宣队和工宣队怎么办?”

邓小平沉吟片时:“先请组织部提出学部的负责人人选,然后再视情撤出军宣队和工宣队。”他吸了一口烟,“总而言之一句话,你是我们党内有名的一支笔,先把打散的队伍组织起来,然后再写出有分量的理论文章来！”

胡乔木：“我考虑再三，国务院政策研究室应当把邓力群同志吸收进来。我看调查文艺现状的工作，就交给他和于光远同志负责。”

邓小平：“可以！”

李秘书大步走来：“首长，邓大姐自医院打来电话，请你去一下！”

三〇五医院病房　内　夜——

周恩来穿着病号服坐在沙发上，有些激动地：“党的生日就要到了！虽说我已经收到马克思的请柬了，”他指着茶几上的文件，“可我也收到了令我高兴的三份厚礼！”

在周恩来的讲话声中摇出邓小平、叶剑英。

邓小平：“总理，是什么样的三份厚礼？”

周恩来拿起第一份文件：“这是你领导的国务院对前半年工作的总结。当我看到全国的工业、农业呈现出欣欣向荣的大好局面，我真是高兴啊！”

邓小平：“这与总理带病指导是分不开的。”

叶剑英：“是啊！我们所取得的每一分成绩，都与总理付出的心血有关啊！”

周恩来：“不！主要是小平同志坚决执行主席指示的结果。”他放下第一份材料，又顺手拿起第二份材料，“江青给主席写了一份检查，主席圈阅后送给了我。我阅后批了一句话，表示欢迎这一检讨，送请在京的政治局委员传阅。你们二位先看看她这份检讨。”

邓小平接过江青的检讨看了一遍，在周恩来的批示后边写道：“同意总理的建议。”顺手转给叶剑英。

叶剑英看罢在邓小平批示后边也写下“同意总理的建议”。他深沉地说道：“主席用心良苦啊！”放在茶几上。

周恩来：“可他们这些人未必领主席的情！”他又拿起第三份材料，“剑英同志，你自己念吧！”

叶剑英接过材料一看，笑了：“事情是这样的，王洪文离京南下前，谁来主持中央日常的工作呢？我给主席写了这封信，力主由小平同志主持。

没想到主席这样快批了。”

邓小平感慨地：“他们那几个人天天喊着夺权，可我们的剑英同志却主动地让权！我看这是剑英同志在七一就要到来的前夕，送给党的最好的礼物！”

周恩来：“我看这是主席送给党的最好的礼物！”

叶剑英：“是啊！小平同志是国务院第一副总理，是中央军委副主席兼参谋长，现在又取代王洪文主持党的日常工作。三权集于一身，下半年就可以大刀阔斧地全面整顿了！”

周恩来不无担心地：“随着我国经济全面整顿的铺开，势必要触及上层建筑——尤其是要进入自文化大革命以来就被‘四人帮’控制的文艺领地。对此，我是十分担心的。”

邓小平沉吟片时：“但我相信，主席会亲自把整顿之风吹进文艺领地的。”

毛泽东书房　内　夜——

毛泽东双手捧着一封来信，吃力地审视着。

吴秘书：“主席，由我给您念吧！”

毛泽东：“不行！这是一封很重要的来信。”

吴秘书：“有什么重要的？不就是林默涵写给主席的一封感谢信嘛！”

毛泽东：“你不懂！他是周扬一案的重要成员，正确解决他的问题，会有助于解决文艺界尚待解决的问题。”

毛泽东边说边把信纸放在茶几上，拿起笔批示的特写：

“周扬一案，似可从宽处理，分配工作，有病的养起来并治病。久关不是办法。请讨论酌处。”

邓小平走进，静静地看着毛泽东吃力地写着。

毛泽东把笔一放：“是小平同志到了吧？”

邓小平：“对！主席，你的白内障必须动手术了。”

毛泽东：“先不谈我治白内障的事。自今年春季以来，涉及周扬一案的有多少人解放了？还关着多少人？”

邓小平：“据我所知，除去周扬、夏衍、阳翰笙三人以外，全都解放了。”

毛泽东:“如果我的老乡——大戏剧家田汉不死,他也一定不能解放,对吧?”

邓小平:“对!因为他们四个人被鲁迅先生骂做四条汉子,没人敢解放他们。”

毛泽东:“这不是岂有此理嘛!照此逻辑推论下去,被恩格斯骂过的杜林就永无翻身之日了!”

邓小平有意沉默不语。

毛泽东:“党的文艺政策是到了非调整不可的地步了!今天请你来,就是和你谈这件事。”

邓小平:“主席的意见呢?”

毛泽东:“样板戏太少,而且稍稍有点差错就挨批,这怎么行呢!百花齐放都没有了,别人不能提意见,不好!”

邓小平:“其他文学艺术也很不尽如人意!”

毛泽东:“对!时下的文人都怕写文章,怕写戏。没有小说,没有诗歌。这怎么行呢?在这方面,总理有发言权,因为他在文艺界的朋友最多。你们商议一下,好吧?”

定格叠印字幕:

第七集终

第八集

三〇五医院病房　内　日——

周恩来愤慨地："自文化大革命以来，文艺就变成他们攻击同志、向党伸手的武器。就说这两年吧，他们批晋剧《三上桃峰》，批湘剧《园丁之歌》，批所谓黑画展，等等，搞得文艺界一派肃杀之气，哪里还有一点党的文艺政策！"

邓小平："这完全是文化专制主义！"

周恩来激动地："是的！一夜之间，党多年培养的文艺队伍被他们赶进了牛棚，成了所谓黑线人物，一关就是七八年啊！像田汉、舒绣文等同志，都惨死在他们的手里！"

邓小平："根据主席对林默涵同志的批示精神，一是立即释放周扬、夏衍、阳翰笙三同志；再是分配工作；三是有病的养起来并治病。"

周恩来："我赞成！要发展社会主义文艺，还得靠这些党一手培养的老文艺工作者。"

邓小平："同时，还必须严肃处理那些靠批判别人出名，靠踩着别人肩膀上台的所谓革命派！"

周恩来："我们必须有充分的思想准备，整顿文艺，一定会遇到他们最顽强的抵抗。为此，你要对目前文艺的现状做些调查研究。"

邓小平："我已经请乔木同志去做这件事了！"

周恩来："很好！"他沉吟有顷，轻轻地叹了口气，"还有一项很重要的工作，看来只有留给你们去做了。"

邓小平沉重地："你就说吧！"

周恩来："像田汉、蔡楚生、邵荃麟、焦菊隐，还有舒绣文、孙维世等艺术家，既是我个人的朋友，也是党的宝贵财富，一定要为他们平反、昭雪。"

邓小平："我相信党会做好这项工作的。"

周恩来："科技界也是重灾区，要下大气力进行整顿。"

邓小平:“我已经派胡耀邦同志带队进驻科学院了!”

周恩来:“一定要他搞出一个党管科学的条文来。”

邓小平:“他会去做的。另外,主席的白内障必须做切除手术了!”

周恩来沉重地点了点头。

中南海　一座幽静的庭院　外　日——

邓小平缓缓踱着步子,严肃地说:“耀邦同志,中央派你和李昌等同志去中科院有三项任务,一是了解情况,向国务院汇报;二是搞一个科学院发展规划;三是向中央提出科学院党的核心小组名单。”

胡耀邦:“我一定尽快完成中央交给我的三项任务。”

邓小平:“你要有充分的思想准备,总理说,科技界也是重灾区啊!”

胡耀邦:“我知道,不然还要我们这些共产党人干什么?”

邓小平:“另外,我听说中科院有一大批中外知名的科学家学非所用,甚至是住在斗室中搞科研,这怎么行呢!”

胡耀邦:“学非所用的问题好办,采取组织手段就可以解决。可在斗室中搞科研的问题……”

邓小平:“你手中一没有住房,二没有钱,对吧?”

胡耀邦:“对!”

邓小平:“请你告诉科学家,我邓小平自愿当科技界的后勤部长!”

胡耀邦笑了:“有你当后勤部长,我说话的口气就粗了!”

李秘书引胡乔木走进:“首长,乔木同志到了!”

胡耀邦:“前亲让后戚,我走了!”转身与胡乔木握了握手,快步走去。

邓小平:“你是文人,又喜欢安静,咱们进屋谈。”

邓小平办公室　内　日——

胡乔木双手呈上一份材料:“这是王子野等同志整理的《关于报刊中宣传‘双百’方针情况的材料》。从一九六九年十一月到一九七五年六月,仅在《红旗》、《人民日报》、《文汇报》发表的有关评论样板戏的十八篇文章中,他们砍掉‘百花齐放’的就有十九处之多。”

邓小平接过材料认真地看了看:“党的文艺方针是‘古为今用,洋为中用’,‘百花齐放,推陈出新’,他们拿掉‘百花齐放’,也就剩下样板戏一花独秀了！”

胡乔木双手又呈上一份材料：“这也是王子野等同志整理的《关于报刊上宣传‘三突出’创作原则情况的材料》。他们把‘三突出’原则，说成是无产阶级文艺创作的基本规律，有的还吹成是普遍规律。”

邓小平接过材料翻了翻：“那主席《在延安文艺座谈会上的讲话》所讲的创作原则哪里去了？”

胡乔木：“全被他们的‘三突出’取代了！更为严重的是，谁要质疑‘三突出’就被说成是文艺黑线复辟，甚至打成现行反革命。”

邓小平沉吟片时：“这两份材料很能说明一些问题！”

毛泽东的书房　内　夜——

毛泽东倒在沙发上蹙眉凝思，似很不高兴的样子。

有顷，吴秘书引江青走进：“主席，江青同志到了！”

毛泽东淡然地：“请坐吧！”

江青一边落座一边发感慨地说：“真不容易啊！我又回到主席的身旁了！”

毛泽东：“我看没有公事，你还是少回来的好，免得你又到处吹我见到主席了，我代表主席来看望同志们。”

江青：“那今天主席召见我……”

毛泽东：“是和你谈公事的！”

江青：“那我就只有聆听的份了？”

毛泽东：“当然也可以辩论！”他从茶几上拿起一份材料，“我对林默涵同志来信的批示知道了吧？”

江青：“知道了！”

毛泽东：“那好，我就和你谈谈调整党的文艺政策的事情。一年、两年、三年，逐步逐步繁荣创作，扩大文艺节目。”

吴秘书用心地作记录。

江青拿出钢笔和日记本作记录。

毛泽东顺手又从茶几上拿起一份材料：“这份材料足以说明，党的百花齐放为什么都没有了！我们是有八亿多人的大国，总不能像老百姓说的那样，八亿人民八个戏吧！这些年来，我们缺少诗歌，缺少小说，缺少散文，缺少文艺评论。这到底是为什么呢？”

江青：“愿听主席的批评。”

毛泽东：“你真是说得比唱得还好听啊！请问，你们为什么还要把周扬同志久关不放呢？”

江青：“因为他是文艺黑线的代表，三十年代还反对鲁迅先生，是出了名的四条汉子。”

毛泽东生气地：“按照你的逻辑，当年反对过我的人都该逮捕法办了啊！我相信，鲁迅先生在的话，不会赞成把周扬这些人关起来。脱离群众！”

江青：“听说周扬、夏衍、阳翰笙都放了！”

毛泽东：“放了就算完了？我和你们说过多次了，处分人要注意，动不动就要撤职，动不动就关起来，这决不是强大的表现。相反，这是神经衰弱症！”他吸了口烟，“你想想看，当年我们在延安是怎样对待作家的？”

江青：“主席和他们交朋友，还请到家里来。”

毛泽东：“我以为你全忘了呢！对于作家，一定要采取惩前毖后、治病救人的政策，如果不是暗藏的有严重反革命行为的反革命分子，我们就要帮助。”

江青：“是！”

毛泽东：“林彪不跑，我们也不会杀他，当然，批还是要批的。”毛泽东又吸了一口烟，“一句话，文艺问题是思想问题，不能急。人民不看到材料，就无法评论。我们现在已经有了《红楼梦》、《水浒》，发行了。不能急，一二年之内逐步活跃起来，三年、四年、五年也好嘛！”

邓小平办公室　内　日——

邓小平：“主席和江青的谈话十分重要！应该说是主席帮着我们吹响了整顿文艺的号角。用过去打仗的话说，我们要取得整顿文艺的胜利，必须选准突破口。”

胡乔木：“真巧！我收到了一份揭发江青他们扼杀电影《创业》的材料，我看是可以当做整顿文艺的突破口的。”

邓小平：“讲讲看！”

胡乔木:“电影《创业》是反映大庆石油工人艰难创业的故事片。今年春节前后,内部试映了这部片子,在群众中引起极大的轰动。”

邓小平:“我也听孩子们说过。”

胡乔木:“但是,江青同志却下令禁演,说《创业》在政治上、艺术上都有严重错误,还指示有关单位作出深刻检查,要顺藤摸瓜,查一查所谓背景。”

邓小平:“岂有此理!”

胡乔木:“贺龙同志的长女贺捷生获悉主席的批示之后,约了有关人士写了一份长达三万字的揭发材料。我看后提了意见,他们修改后我又看了一遍,认为材料充实,很有代表性。但从效果出发,不适于转呈主席。”

邓小平:“那怎么办呢?”

胡乔木:“我对贺捷生说,最好由《创业》的编剧张天民同志自己上书。”

邓小平:“我赞成!”他沉吟片时,“主席近期做白内障切除手术,要快!”

邓小平的庭院　外　日——

邓小平在严肃地审阅一份报告。

室内传出卓琳的话声:“尤才,听聂帅说,卫星发射地就像古诗写的那样,大漠孤烟直,长河落日圆。可艰苦了!你要多带两个军用水壶装水。”

尤才:“用不着!我是从那里出来的,等于是回娘家。”他边说边走出正屋,行军礼,“报告!尤才重返战场,请邓伯伯指示。”

邓小平:“告诉同志们,就说毛主席最想打破的是美苏核垄断,最担心的是北极熊,因为他们的导弹发射架对着的是我们中国!”

尤才:“请转告毛主席,我们这次卫星发射一定成功!”他说罢大步走去。

邓小平再次审阅自己手中的材料。

有顷,胡乔木走进,将一封信呈上:“小平同志,这是张天民同志写给你的信。”

邓小平接过信一边看一边问:“给主席的信呢?”

胡乔木:“请王海容转交了!”

邓小平看罢书信:“这封信十分重要，我也把写给我的这封信转给主席。”

胡乔木:“主席何时动手术?”

邓小平:“政治局决定在明天,也就是七月二十三日。”

毛泽东的书房　内　夜——

毛泽东坐在沙发上,风趣地:“请问大夫尊姓大名啊?”

大夫紧张地:“唐由之。”

毛泽东自语地:“唐由之……岂有豪情似旧时,花开花落两由之,何期更洒江南雨,又为斯民哭健儿。”

唐由之:“真抱歉,我不知道自己的名字和这首诗有关系。”

毛泽东:“这是鲁迅先生悼好友杨杏佛烈士的诗，我以为大名唐由之是从花开花落两由之来的呢?我就要动手术了,你有什么要求吗?”

唐由之:“我希望主席的眼睛复明之后，能亲笔把鲁迅先生的诗写给我。”

毛泽东笑了:“可以,可以!”

唐由之:“手术前,主席有什么要求吗?”

毛泽东:“一、不要紧张,因为我也是吃五谷杂粮长大的;二、在我动手术的时候,我要听岳飞的《满江红》。”

唐由之一怔:“听《满江红》?……”

毛泽东:“对!苏联亡我之心不死,明白了吧?”

唐由之:“明白了。可由谁来吟诵呢?”

吴秘书:“放心,我已经在手术室准备好了,是上海昆曲剧院岳美缇唱的《满江红》。”

手术室　内　夜——

雄浑悲壮的《满江红》轰然而起:

怒发冲冠,凭栏处,
潇潇雨歇。

抬望眼,仰天长啸,
壮怀激烈。
三十功名尘与土,
八千里路云和月。
莫等闲,白了少年头,
空悲切!……

在《满江红》的歌声中叠化:

毛泽东躺在手术台上,坦然地接受手术治疗;

唐由之持手术刀,十分熟练地操作;

在毛泽东接受手术治疗的远方出现导弹发射的画面;

手术室门口站着邓小平、叶剑英,他们有些焦虑地看着毛泽东做手术;

周恩来在小李的搀扶下走到门口,看着毛泽东做手术;

《满江红》的歌声飘然逝去;

唐由之放下手术刀,为毛泽东的左眼蒙上白白的纱布。

毛泽东迫不及待地问:"唐大夫,手术成功吗?"

唐由之:"非常成功!"

毛泽东:"我何时能去掉纱布,重见光明?"

唐由之:"三天!不过每天都要换药。"

邓小平走过来,紧紧握住毛泽东的手说道:"祝贺主席手术成功!"

毛泽东:"谢谢!"

叶剑英走过来,紧紧握住毛泽东的手说道:"祝贺主席手术成功!"

毛泽东:"谢谢!"

周恩来在小李的搀扶下走过来,用力握了握毛泽东的手:"主席,我真诚地祝福你。"

毛泽东听后一怔:"恩来,你怎么来了?"

周恩来:"我在病房中躺不住啊!"

毛泽东伸出双手,紧紧地握住了周恩来的手……

手术室　内　日——

吴秘书搀扶着毛泽东走进光线很好的手术室。

毛泽东坐在沙发椅上。

唐由之大夫为毛泽东解开蒙住眼睛的纱布,遂又小心地上眼药。

毛泽东放眼看去,惊奇地:“我看清楚了!”

唐由之:“主席,还得蒙上纱布。”

毛泽东固执地:“不!我要回书房看文件。”

唐由之:“主席,这是不行的啊!”

毛泽东:“行!吴秘书,扶着我回书房。”

吴秘书:“主席,要听唐大夫的。”

毛泽东生气地:“你不扶,我自己回去!”他说罢踉踉跄跄地向前走去。

吴秘书快走两步,扶着毛泽东向前走去。

唐由之无可奈何地摇了摇头。

毛泽东的书房　内　日——

毛泽东走到桌前,问道:“吴秘书,有新送来的文件吗?”

吴秘书把同样大小的两封信呈上:“有电影《创业》编剧张天民写给主席的信。”

毛泽东拆阅来信。画外音:

“《创业》上映后,广大石油工人和其他战线上的工农兵观众,反应强烈,感到受到鼓舞。但在同时,也受到了领导上的严肃批评……”

毛泽东感到眼睛不舒服,揉了两下继续看信,画外音:

“我和文艺界不少同志对十条意见有不同看法,但谁也不公开讲。……考虑再三,我觉得这不仅是一部影片的问题,而是关系到今后创作怎样搞的问题……”

毛泽东的眼睛淌出了泪水,他只好合上双眼。

唐由之恳切地:“主席,把眼睛再蒙上吧!不然手术就白做了。”

吴秘书也苦苦劝说:“主席,听唐大夫的话吧,我帮你读这封信嘛!”

毛泽东无可奈何地叹了口气。

毛泽东的书房　内　日——

吴秘书搀着用纱布蒙着左眼的毛泽东在室内缓缓踱步。

毛泽东蹙着眉头，似在思索什么事情。他突然命令地："把我扶到书桌前边。"

吴秘书遵命把毛泽东扶到书桌前。

毛泽东有些吃力地坐在桌前："拿笔来！"

吴秘书一怔："做什么？"

毛泽东："我要对《创业》做出批示。"

吴秘书："再过两天，主席眼睛好了再批还不行吗？"

毛泽东："不行！一分钟也不能等。"

吴秘书摇了摇头，把笔递到毛泽东的手里。

毛泽东几乎是闭着眼睛，在一沓白纸上批示。

吴秘书随时将写满的白纸拿走，前后一共六张。

毛泽东拿着笔："吴秘书，给我念一遍！"

吴秘书念道："此片无大错，建议通过发行。不要求全责备。而且罪名有十条之多，太过分了，不利于调整党的文艺政策。此信增发文化部及来信人所在单位。"

毛泽东把笔往桌上一掷："好！"

在深沉的画外音中，叠印出相应的画面。

男声画外音："毛泽东对电影《创业》的批示，冲破了'四人帮'所盘踞的文艺领地，很快飞向黄河上下，大江南北！全国的文艺工作者无不为之欢呼雀跃。诗人也竞相呐喊，'啊！冰雪就要融化了，春天还远吗？'……"

女声画外音："被压抑的火山爆发了！革命的文艺工作者拿起手中的笔，奋力揭发、批判'四人帮'及其在文化部的亲信。与此同时，正当全国人民争看电影《创业》，向大庆工人的创业精神学习，掀起新的整顿新高潮的时候，'四人帮'又积极地策划于密室，寻求新的反扑时机……"

钓鱼台十七号楼　内　夜——

江青用力地摇着手中的文件，撒泼地："你们看，张天民告了老娘的刁状，我不怕！"

姚文元焦急地："江青同志，我们光不怕还不行，恐怕还得问个为什么？”

江青：“有什么可问的？张天民这个年轻人给主席写信，后面总有坏人支持，可能有坏人！”

张春桥：“一般的坏人能送到主席的手里吗？”

江青：“我所说的坏人是指他们的黑后台！叫我看啊，他这个黑后台是借着主席要调整文艺政策的机会，逼着主席做这个批示的！”

这时，走进一个女秘书：“报告首长！于会咏他们打来电话，据可靠的情报，他们又在利用电影《海霞》作文章！”

江青听后火冒三丈：“作吧，作吧！我看你们能把老娘怎么样了！”

姚文元：“我要提醒江青同志，电影《海霞》的背景比《创业》要复杂得多。”

张春桥：“不要忘了，周恩来在春节期间分三次看完了《海霞》，给予肯定，还建议用它招待国际友人。”

江青平静下来：“照你们这样说，利用《海霞》作文章的不是邓某人，而是周恩来？……”

三〇五医院病室　内　日——

周恩来拿着一份文件说道：“有了主席对《创业》的批示，我看电影《海霞》就可以通过放映了！”

邓颖超：“事情没有这样简单！他们是获悉你——还有朱老总、叶帅看过之后才下令查封的。”

邓小平一步走进病房：“大不了，我再给谢铁骊他们当一次通信员！”

周恩来：“你也知道《海霞》的事了？”

邓小平：“知道了！是邓力群同志给剧组出的主意，要他们给主席写封信，只要主席批下来，日子就好过了。”

邓颖超：“他们写了吗？”

邓小平：“听乔木说，写了。但他们写的信不够策略，点了江青、张春桥的名。”

周恩来：“不行！一定要在信中强调主席的‘双百方针’和‘六条标准’。”

邓小平："我也是这个意见。据乔木说，明天——也就是二十六日，他们把改好的信送来，我立即转给主席。"

周恩来："主席手术后的情绪好吗？"

邓小平："不好！听说他经常和身边的工作人员讲美苏核垄断，还讲林彪叛逃的事情。"

周恩来："我十分理解主席的这种心情！自从林彪叛逃以后，他就担心出卖国贼，把一个好端端的新中国给葬送了！"

邓小平："这也就是主席希望打破美苏核垄断，早一天有自己导弹的所在啊！"

毛泽东书房　内　日——

吴秘书双手捧着一张《人民日报》念道："邓小平在会见外宾时说：我们讲和平是让别人不要侵略、奴役、剥削我们，不要把战争强加给我们，让我们能够安安静静地发展自己的国家。"

毛泽东躺在沙发上边听边议论："而超级大国讲和平恰恰是为了侵略、奴役、剥削第三世界的国家。"

吴秘书："小平同志也是这样讲的。"

毛泽东："挑着重要的念！"

吴秘书："行！苏联搞欧安会最积极，目的是分化欧洲。苏联加紧搞'亚洲安全体系'有两个用意，一是同美国在太平洋争夺霸权，一是分化亚洲国家，以达到逐步控制的目的。"

毛泽东："这是最危险的啊！……"他沉默片时，近似自语地说，"我们必须有自己的导弹，有自己的卫星……"

中南海甬路　外　傍晚——

邓小平与叶剑英边走边交谈。

叶剑英："张爱萍同志从发射现场打来电话，报告今天卫星发射一定能够成功！"

邓小平："这是主席所最希望的了！"

叶剑英看了看手表："走！陪着主席收听卫星发射去。"

游泳池旁边　外　初夜——

毛泽东依然用纱布蒙着眼睛，在吴秘书的搀扶下沿着游泳池边散步。

毛泽东若有所思地轻声吟诗："危楼还望，叹此意。今古几人曾会？鬼设神施，浑认作、天限南疆北界。一水横陈，连冈三面，做出争雄势。六朝何事，只成门户私计？……"

吴秘书从吟诗的声调中感到不对头，遂抬头仰望：

毛泽东两眼饱含即将涌出的泪水。

吴秘书难以理解地摇了摇头。

毛泽东继续悲怆而吟："因笑王谢诸人，登高怀远，也学英雄涕。凭却长江，管不到，河洛腥膻无际。正好长驱，不须反顾，寻取中流誓。小儿破贼，势成宁问疆场！"他读着读着，竟然老泪纵横，难以自持。

吴秘书吓得不知所措："主席，您这是怎么了？"

毛泽东继续抽泣不止。

叶剑英走到跟前："主席，我从你吟咏陈亮的《念奴娇·登多景楼》感悟到，你是担心北极熊入侵九州大地啊！"

毛泽东："知我者，叶帅也！"

邓小平："请放心，我和叶帅还带来了根治主席这块心病的良药。"

毛泽东："是什么良药？"

叶剑英："再过半个小时，我们的卫星就要升天了！"

毛泽东惊喜地："真的？"

邓小平："进屋收听收音机就知道了！"

毛泽东书房　内　夜——

一架落地收音机摆在地上。

毛泽东用纱布蒙着眼，坐在沙发上，焦急地问："快发射了吧？"

叶剑英看了看手表："不急！马上就发指令了。"

这时，收音机中传出指令："十、九、八、七、六、五、四、三、二、一，点火！"

随着一声巨响，又传来人们惊喜的欢呼声。

毛泽东："上天了吗？"

邓小平："上天了！"

毛泽东兴奋地:“好啊！我们的卫星又上天了。我要送给张爱萍四个字,吉星高照！”

邓小平:“我一定向张爱萍同志转告！”

毛泽东:“你们二位是军委副主席，一定代表我向全体科技人员发电祝贺！”

叶剑英:“放心,贺电已经准备好了！”

毛泽东:“小平同志,文艺界的情况怎么样？”

邓小平:“自从传达了主席对《创业》的批示以后,文艺界立即活跃起来。”

毛泽东:“这就好！”

邓小平取出一封信:“我这里还有一封关于电影《海霞》遭查封的信,请主席审阅。”

毛泽东接过信:“我看后就批！”

三〇五医院病房　内　夜——

周恩来:“小平同志,你打算如何落实主席的批示呢？”

邓小平:“明天——也就是三十日晚上，我请先念等在京的政治局委员看《海霞》,然后讨论,报告主席。”

周恩来:“很好！你要专门请江青出席,免得她又作文章。”

邓小平:“我已通知中办了！”

周恩来:“要请《海霞》剧组的谢铁骊和钱江出席。其中,钱江是革命烈士钱壮飞的公子,他受了很多委屈。”

邓小平:“好！我请中办通知文化部去落实。”

周恩来:“我认为主席两次批示的核心,是调整文艺政策,靠于会咏这些人是不行的。”

邓小平:“我同意总理的意见！就在我向国务院政策研究室宣读主席对《创业》的批示时,我就明确地指出,文化部处理问题太粗暴,连《创业》这样好的电影也不许放映,还有什么百花齐放？”

周恩来:“一针见血！”

邓小平:“我还告诉他们,在我们社会主义社会里,还需要讽刺文学。

人民代表大会每次都有侯宝林当代表，而且主席每次开会都要问一问有没有侯宝林。”

周恩来慨叹地：“也只有你敢这样讲啊！”

邓小平：“大不了再被他们打倒嘛！你还有什么意见？”

周恩来：“要借主席批示的东风，解禁一批电影、戏剧和小说。另外，今年是红军长征胜利五十周年纪念日，可否借纪念活动重排《长征组歌》？”

邓小平：“可以！总政话剧团正在复排话剧《万水千山》，我准备亲自抓一下。”

周恩来：“很好！预祝电影《海霞》取得成功。”

钓鱼台十七号楼放映间　内　夜——

不大的银幕上放映《杜鹃山》，女主人公柯湘正在独自吟唱：“家住安源萍水头，三代挖煤难糊口……”

江青独自一人坐在沙发上欣赏。

那位女秘书小心地为江青倒水。

突然，电话铃声响个不停。

江青震怒地：“把电话给我挂了！”

女秘书：“是！”她走到电话机旁，拿起听筒：“喂！首长正在审看样板戏《杜鹃山》，过一会儿再打来！”

听筒中传出话声：“我是于会咏，告诉首长，我有重要的事情向她汇报。”

女秘书：“首长，是于会咏部长打来的电话，您……”

江青：“我接！”她站起身来，命令地：“关机！”

瞬间，银幕上的画面消失了，电灯又照亮了放映间。

江青接过电话：“喂！谁去看《海霞》了？”

于会咏：“政治局去了八名委员，谢铁骊和钱江也去了。”

江青：“情况怎样？”

于会咏：“在看的时候，谢铁骊在邓副总理和李先念副总理之间边看边谈，我们没有说话的机会。看完以后，政治局开会讨论，我就走了！”

江青用力挂上电话：“骑驴看唱本——咱们走着瞧！”

钓鱼台沿海甬路　外　夜——

甬路两边垂柳依依，路灯光线柔和，水中的蛙声鸣唱不息。

张春桥与江青缓缓地踱步，小声地交谈着。

张春桥："水涨自有水落时，这就是老百姓说的'十年河东，十年河西'的道理。现在，形势已经朝着不利于我们的态势发展，那我们也就只好静观待变了！"

江青："难道我们就只能被动地静观吗？"

张春桥："当然不是！我们还要主动地作些文章，促使他们朝着不利于己、而有利于我们的方向发展。"

江青："说来容易啊！"

张春桥："做起来也不难！我已经和文元同志谈过了，让他在我们控制的《人民日报》、《光明日报》、《文汇报》上发表一组刺激他们的文章，引导他们犯错误。"

江青："还有呢？"

张春桥："邓某人已经开始整顿上层建筑了，他不仅打着调整文艺政策的旗号，让十七年文艺黑线统治下产生的作品出笼，而且还要在国防、工业、科技、教育等战线搞立法式的条文，其结果嘛……"

江青："必然是全面翻文化大革命的案！"

张春桥阴险地一笑："这就是我们要等的时机。"

三座门会议室　内　日——

张爱萍以及国防工业重点企业的代表站着鼓掌。其中尤才、牟记者也在其中。

邓小平、叶剑英等军委首长一边鼓掌一边走进会议室。

邓小平紧紧握住张爱萍的手："国防科委的整顿初见成效，主席看了你们把自己的卫星送上天空，十分高兴！"

叶剑英："主席还送了你们四个字，吉星高照！"

张爱萍行军礼："请转告主席，我们今年一定要三星高照！"

邓小平："真的？"

张爱萍："我敢向党中央、毛主席立军令状，今年下半年，我们一定要把去年发射失败的返回式遥感卫星，还有另外一颗卫星送上天！”

叶剑英大声地：“让我们给张爱萍同志鼓掌！”

与会的代表热烈鼓掌。

张爱萍面向与会代表行军礼。

邓小平握住尤才的手：“你这次回娘家有何感想啊？”

尤才：“邓伯伯，你听真话吗？”

邓小平：“当然是听真话。小鬼！”

尤才：“广大的科技工作者，依然戴着‘臭老九’的帽子在搞科研。一句话，大家都想离开大西北。”

邓小平望着与会的代表，大声地：“请你们向战斗在国防战线上的科学家转告，毛主席说，老九不能走！”

与会者热烈鼓掌。

张爱萍大声地：“同志们！大家坐好，请邓副主席给大家做指示！”

与会的代表热烈鼓掌。

邓小平、叶剑英等在掌声中落座。

与会代表相继落座。

邓小平点燃一支烟，深深地吸了一口：“同志们！我今天讲的都是一些老话。第一，一定要建立敢字当头的领导班子，那些怕字当头，不干工作，小病大养，无病呻吟的领导干部，索性请他好好休息，不然占着茅坑不拉屎怎么行呢?!”

与会者情不自禁地鼓掌。

邓小平：“第二，一定要坚持质量第一。这个问题很重要，特别是军工产品。你们是知道的，现在的军工产品都是现代化的武器，科技的含量是很高的。因此，要发挥科技人员的积极性，绝不允许把科技人员搞得灰溜溜的。我再说一遍，毛主席说，老九不能走！”

与会代表再次热烈鼓掌。

定格叠印字幕：

第八集终

第九集

邓小平办公室　内　日——

邓小平坐在桌前打电话:“你是耀邦同志吗？我看了你们的调研情况以后,认为你们必须尽快搞出一个章程来……好!我们专门谈一次。”他挂上电话。

胡乔木等同志走进办公室。

邓小平:“请坐！先由乔木同志汇报。”

胡乔木:“自六月开始，国务院就召开了计划务虚会议。大家一致认为,经济工作的主要问题是乱和散,必须狠抓整顿,强调集中。必须搞一个工业整顿的文件。”

邓小平拿着一个小本边听边记:“搞了没有？”

胡乔木:“由计委起草了一个文件,《关于加快工业发展的若干问题》。与此同时,国务院政策研究室也对有关问题进行了调查研究。”

邓小平:“问题的症结是什么呢？”

胡乔木:“从计委的一些同志反映,现在很多企业里,实际上实行的是党委书记一长制。”

邓小平:“这怎么行呢！看起来,必须先解决企业的体制问题。恐怕还是实行党委领导下的厂长负责制。另外，你们要参加这个工业条例的修改,改好后报主席批准。”

胡乔木:“我们一定按小平同志的指示去办。”

邓小平:“科学家张文裕同志有个谈话很好，他说科研工作赶不上生产发展的需要。我已经送给主席了。”他吸了一口烟,感慨地:“现在有许多专门人才,都面临着后继无人啊！”

胡乔木:“主要是教育问题！”

邓小平:“对!我听说北大有个半导体专家叫黄昆,现在学校让他改行了,很可惜。”

胡乔木:“我请周荣鑫同志过问一下。”接着,他取出几张报纸:“这是他们发表在《文汇报》上的三篇文章,他们借古喻今,影射总理,还有你等老一辈无产阶级革命家。”

邓小平:“这些文章我知道了,由他们去骂嘛!”

毛泽东书房　内　日——

吴秘书在书房中归整有些散乱的线装书。

客厅中传来毛泽东和芦荻谈话的声音,吴秘书驻足倾听。

毛泽东:“《三国演义》开宗明义讲天下大势,分久必合,合久必分;而那首几度夕阳红的结束词,却道出了很多人生的哲理。”

芦荻:“主席,我能问一个关于您评《水浒》的事吗?”

毛泽东:“当然可以!”

芦荻:“我听过一则小道消息,传闻您说《水浒》只反贪官,不反皇帝,有这事吗?”

毛泽东:“有!这两句话是我在七三年一次政治局会议上讲的。大意是:《水浒》不反皇帝,专门反对贪官,后来接受了招安。”

芦荻:“请问《水浒》这部书的好处在哪里?今天的读者应当怎样解读它呢?”

毛泽东:“《水浒》这部书,好就好在投降。做反面教材,使人民都知道投降派。”

芦荻:“我们北大中文系正在修改小说史稿，可否把您的观点吸收进来?”

毛泽东:“鲁迅先生评小说评得好,要好好学习鲁迅先生的思想观点。你一定读过鲁迅先生的《流氓的变迁》吧?”

芦荻:“读过。”

毛泽东:“他说,一部《水浒》,说得很分明,因为不反对天子,所以大军一到,便受招安,替国家打别的强盗——不‘替天行道’的强盗去了,终于是奴才。”

吴秘书微微地摇了摇头,遂又忙着归整线装书。

邓小平办公大院　外　日——

胡耀邦边走边说:“我们三人进驻科学院以后，认真地做了二十天的调查研究,参考六一年制定的《关于自然科学研究机构当前工作的十四条意见》，我们起草了《关于科技工作的几个问题》。现在正广泛地征求意见。”

邓小平边走边说:“修改过后报给国务院,我看后再谈。必要的时候，请乔木同志帮你们修改。”

胡耀邦:“我们一定尽快改出。”

邓小平:“你们必须快点给一些著名科学家落实政策,比如黄昆、汪德昭、吴仲华、谈镐行、杨乐、唐孝成、陈景润等等,让他们不仅学有所用,而且还要安居乐业！”

胡耀邦:“请放心,我一定尽快落实！”

毛泽东书房　内　日——

毛泽东吃力地审阅一页文稿。

芦荻的画外音:“……金圣叹把《水浒》砍掉了二十多回。砍掉了,不真实。鲁迅非常不满意金圣叹,专写了一篇评论金圣叹的文章《谈金圣叹》。《水浒》百回本,百二十回本和七十一回本,三种都要出。把鲁迅的那段评语印在前面。”

毛泽东抬起头,满意地:“整理得好,我通过了！”

吴秘书接过这页文稿:“主席,您对《水浒》的这篇讲话,可以转送宣传口了吧？”

毛泽东:“送吧！”

钓鱼台十七号楼　内　夜——

宽绰的会客大厅回响着小提琴独奏曲《流浪者之歌》。

江青就像是热锅上的蚂蚁坐立不安。

张春桥、姚文元喜笑颜开地快步走进。

江青:“夜猫子进宅——无事不来。说吧,又有什么批示？”

姚文元取出一页文稿:“猜对了,是主席的批示。不过嘛,这次可不是对着我们的。”

江青夺过姚文元手中的文稿,饥不择食地读着。有顷,她读完自语:

“主席为什么突然对《水浒》作这样长的批示呢？”

张春桥狡黠地一笑：“现在又轮到我们河东该涨水了！”

江青自语地：“现在又轮到我们河东该涨水了？……”

张春桥蓦地严肃起来：“对！我们要借主席评《水浒》这股强劲的东风，把它搞成一场有声有色的政治运动。”

姚文元：“借主席说‘《水浒》这部书，好就好在投降，做反面教材，使人民都知道投降派’。我们要告诉时下受压的革命派要联系实际，批现代投降派。”

江青似有所悟，自语地：“好，好！”

张春桥：“我们还要明确地指出：评《水浒》的要害是架空晁盖。同时，还要点明，现代宋江的要害，也是为了架空人民的晁盖。”

江青猝然间又冷静下来：“主席是这个意思吗？他如果不同意，我们岂不弄巧成拙了吗？”

张春桥：“我们也向邓某人学了点见识，借主席的话做自己的文章。文元，把你写给主席的信给江青同志看看。”

姚文元取出一信：“请看！”

江青看罢信件，虔诚地自语：“主席啊，你就写‘同意’两个字就行了！”

毛泽东书房　内　夜——

吴秘书捧读姚文元的来信：“……从发展马克思主义文艺评论的需要看，开展对《水浒》的讨论和评论，批判《水浒》研究中的阶级斗争调和论的观点，也是很需要的，对于反修防修，是有积极意义的。”

毛泽东示意暂停，微微地点了点头。

吴秘书：“姚文元同志认为，宋江排斥晁盖是为了投降的需要。”

毛泽东：“一家之言。”

吴秘书：“他还特别说明，希望把主席的批示和他给主席的信‘印发政治局在京的同志，增发出版局、《人民日报》、《红旗》、《光明日报》，以及北京大批判组和上海市委写作组。”

毛泽东：“吴秘书，拿笔来！……”

钓鱼台十七号楼　内　夜——

江青十分得意地哼着《杜鹃山》柯湘的唱段："乱云飞，松涛吼，群山奔踊……"

张春桥和姚文元再次喜气洋洋地走进客厅。

江青停止小声哼唱，兴奋地："又有什么好消息了？"

姚文元："我以个人的名义给主席送上《人民日报》、《光明日报》讨论情况及初步规划各一份，主席阅后批示，'拟同意他们这样办'。"

江青激动地："也就是说主席同意我们反攻的计划了？"

张春桥："准确地说，我们已经办完了'合法手续'，就等着发起全面的反攻了！"

江青恶狠狠地："邓小平啊邓小平，我看你和周恩来这些人如何招架？……"

邓小平办公室　内　日——

胡乔木："方才，同志们对计委修改的《关于加快工业发展的若干问题》发表了很好的意见。下边，请邓副总理作指示！"

在胡乔木的讲话声中摇出十多个不同身份的与会者。

邓小平："我看了计委报送的这个文件初稿，提出了相当多的问题，证明是需要搞这样一个文件的。毛主席历来主张什么事情都要有一个章程，这个文件就是工业问题的章程。"他说罢吸了口烟，"过去的《工业十七条》，基本上是好的。这次文件修改后，可以先拿出来讨论。总的精神是加快速度，要搞长远计划，出大政策。乔木同志，你们政研室要派人参加修改。"

胡乔木："我们政研室已经做出决定，由我主持，于光远和邓力群同志参加。"

邓小平："同时，你还要亲自协助耀邦同志他们把《科学院汇报提纲》尽快改出来！"

胡乔木："我已经和耀邦同志约好，共同商定修改方案，由我执笔修订。"

邓小平："很好！下边，关于发展工业问题，我准备讲七点意见……"

钓鱼台花园　外　夜——

银色的灯光和皎洁的月光同时洒在草坪上。

江青、张春桥、姚文元坐在洋伞下的白色桌旁，听着百转低回的乐曲，十分得意地交谈着。

姚文元拿着几张报纸介绍："《光明日报》发表了《〈水浒〉是一部宣扬投降主义的反面教材》，《红旗》刊出短评《重视对〈水浒〉的评论》，梁效、竺方明等都写出了有分量的文章，将陆续在两报一刊上发出。"

张春桥："上海在洪文同志的领导下也不甘示弱，《文汇报》公开评点，'宋江这样做……是想以此排斥晁盖，架空晁盖窃取实权……今天的修正主义者也是这样做的。'"

江青："真是十年河东、十年河西啊！一个月前，张天民告了老娘的刁状，搞得我们只有招架之功，没有还手之力；一个月后呢，我们可以堂而皇之地坐在这里清点战果了！"

张春桥："我看还是不要过分乐观了！"

邓小平家的庭院　内　日——

两棵似龙的雪松迎风摇曳，像是两把巨大的伞罩盖住了阳光，向庭院洒下了如筛过的亮点。

邓小平、胡乔木相对坐在雪松下的藤椅上，一个人手里拿着一份文件，认真地交谈着。

胡乔木："我接手主持修改《汇报提纲》后，先约耀邦等同志商谈修改方案，后与政研室的有关同志一块讨论，最后由我执笔完成第四稿，改为《科学院工作汇报提纲》。"

邓小平："名字改得好。这个文件很重要，不单管科学，而且还可以适用于文化教育各部门。为此，请耀邦同志将《科学院工作汇报提纲》印发有关同志征求意见。"

胡乔木："是！我已经把计委起草的《关于加快工业发展的若干问题》改为《工业二十条》。"

邓小平："先请在北京出席企业座谈会的各地负责人征求意见，然后再提请国务院讨论。"

胡乔木取出几张报纸："最近，那几家报纸连篇累牍、上纲上线，大有把评论《水浒》引向一场政治运动的倾向。”

邓小平：“我看就是文艺评论，没有什么意思！”

这时，李秘书手持一份文件走进，双手呈交邓小平。

邓小平阅后说道：“请通知先念同志来国务院办公室，商谈有关农业问题。”

邓小平办公室　内　日——

邓小平拿着那份文件说：“先念同志，主席批转了陈永贵同志关于农村工作的几点意见。主席要我‘考虑一下，此件是否可以印发政治局同志，并在政治局讨论一次’。我想先听听你的意见。”

李先念：“我完全同意主席的批示精神，中央应于近期召开一次农业问题的座谈会。实质上是对全国农业问题进行一次调查研究，为整顿农业打下基础。”

邓小平：“这次农业问题座谈会理应在北京召开。但有的同志借口农业学大寨，建议会议分两段开，前期在大寨，后期在北京。你的意见呢？”

李先念沉吟片时：“为了堵住某些人的嘴，我同意分两段召开。为壮声势，可请有关政治局的同志出席。”

邓小平：“我同意！”

李先念：“像江青这些不管农业的政治局委员，需要参加这次座谈会吗？”

邓小平沉吟有顷：“让中办发通知，来不来由她！”

钓鱼台湖边　外　日——

江青得意地：“最近，我召集文化部的骨干成员开了一次会，向他们打了招呼，主席对《水浒》的批示有很强的现实意义，要害是宋江架空晁盖，政治局里有些人要架空主席。看吧，整个舆论界会哗然倒戈的！”

张春桥：“洪文同志在上海干得不错，他认为一旦矛盾激化，或者总理、主席发生不测情况，一定会兵戎相见。为此，他不顾酷暑炎热，亲自训练民兵。”

姚文元：“革命嘛，就要靠枪杆子和笔杆子。为了发挥笔杆子的作用，我是否就不去大寨出席农业座谈会了？”

江青："一定要去！而且我还要提前去大寨。"

姚文元一怔："这是为什么呢？"

江青："要把方兴未艾的批《水浒》运动带到大寨去！"

张春桥淡然一笑："用山东老家的话说，搅局！"

江青："我就是要搅农业座谈会的局，看邓小平他怎么办！"她说罢露出阴冷的笑颜。

大寨街头　外　日——

成百上千的群众挤满了大街小巷，虎头山上空回响着"向文化大革命的旗手——我们敬爱的江青同志学习"的口号声。

江青在一些臂戴袖章的年轻人的簇拥下走上一个讲台。

江青挥动双手，示意群众安静。

江青声嘶力竭地："革命的同志们！我代表毛主席来看望你们大家了！"

虎头山的上空再次响起"向文化大革命的旗手——我们敬爱的江青同志学习"的口号声。

江青："革命的同志们！你们知道我们伟大的领袖毛主席对《水浒》做出重要的批示吗？"

"知道！"

江青："你们千万不要以为评《水浒》是文艺评论的事，和自己无关。不！是一件对当前有着很重要意义的大事。宋江上了梁山，架空了晁盖，篡夺了领导权。我们现在有没有人想当宋江，架空毛主席啊？我看是有的！你们都要擦亮革命的双眼，要盯着那些想架空主席的投降派——"

牟记者站在人群的后边飞快地记录着。

大寨会议室　内　日——

江青故做和善的样子："你们都是来自全国的知名记者，一定要紧扣时代的脉搏，把评《水浒》的现实意义告诉给全国人民。下边，我愿意接受你们的采访，谁提问？"

一位身穿军衣却没有帽徽、领章的男记者站起身来："江青同志，如何才能正确理解评《水浒》的现实意义呢？"

江青："从两方面去理解，一、我们党内曾发生过十次路线斗争，今后还会有的。敌人会改头换面藏在我们党内；二、说到宋江架空晁盖，篡夺梁山的领导权，他首先要建立自己的队伍。我们不仅承认阶级斗争不是熄灭了，而且还要看到我们党内有激烈的阶级斗争！"

牟记者："请问：我们党内还有派吗？你是如何理解不久前主席对《创业》的批示的？"

江青怒火猝起："我可以直言相告，我们党内有温和派，有左派，而左派领袖就是鄙人！最近，有那么一些人，把毛主席批评我的一封信——江某人向政治局传达的——政治局没有讨论，给传出去了！这就是主席对《创业》的批示。我这个人天天挨骂，修正主义骂我，共产党员还怕骂吗？我可以告诉你们，在北京我跟他们斗了半年多了！"

北京　邓小平办公室　内　日——

邓小平看罢材料："是谁把江青的这些讲话送到北京的？"

胡乔木："是新华社的记者送回北京的。穆青同志收到后，立即向吴冷西同志做了报告。吴冷西同志看后感到问题严重，和我商量后，送给你阅处。"

邓小平深沉地点了点头。

胡乔木取出几份剪报："你看吧！《人民日报》、《文汇报》登的宋江架空晁盖的文章，和江青在大寨的讲话如出一辙，完全是影射你架空毛主席。"

邓小平接过剪报看罢："真的是指我，那要把江青的讲话材料送主席看。不过不能由我送，要通过别的途径。"

胡乔木："可以通过唐闻生她们送给主席！"

邓小平点了点头："现在叫喊反复辟的人，自己就是搞复辟的！乔木同志，《思想战线》筹备得怎么样了？"

胡乔木："快要出刊了！"

邓小平："别人写文章，你们也可以写，但不要影射，要讲道理。凡发在《思想战线》上的重要文章，要交政研室审定，有些文章还要送中央和国务院审查。"

胡乔木："是！你去大寨的日程呢？"

邓小平:“不变!我于九月十四日乘火车离开北京赴大寨。”

昔阳大礼堂　内　日——

台下:数以千计的各界代表起立,起劲地鼓掌。

台上:邓小平频频向与会代表挥手示意安静下来。

台下:各界代表依然鼓掌不息。

台上:江青、姚文元漠然不理的表情。

台下:掌声渐渐平息了,代表们相继落座。

邓小平:“二十五年来,在农业方面,我们由过去旧中国的半饥饿状态做到了粮食刚够吃,这件事不可小视,这是一个伟大的成绩!”

与会者热烈鼓掌。

江青、姚文元相互私语。

邓小平:“周总理在四届人大讲了毛主席提出的发展国民经济的任务,就是到本世纪末,全面实现农业、工业、国防和科学技术的现代化,使我国国民经济走在世界的前列!”

与会者再次热烈鼓掌。

江青、姚文元会意地点了点头。

邓小平:“同志们!这次农业工作座谈会很重要,可以说是一九六二年七千人大会以后各级领导干部来得最多的一次重要会议。”

江青在一旁插话:“内容不一样嘛!”

邓小平:“重要性一样,仅次于七千人大会。”

江青:“我看嘛,相当于。”

台下一片哗然。

邓小平忍了忍,接着讲道:“我们不能吹牛,类似大寨型的县、社、队,各地都有,但是很不平衡,全国还有部分县、地区,粮食产量还不如解放初期。”

江青插话:“不能那么说,那只是个别的!”

邓小平提高嗓音:“个别的也是不得了的事啊!据二十三个省、市、自治区统计,人民公社基本核算单位农业产值按人口计算平均一百二十四元。最低的贵州,倒数第一,只有六十几块,社员有的还倒欠债!”

江青抢着说:“有些债要取消了!”

邓小平:“那是政策问题,中央要另行研究。我的家乡四川省,倒数第二,九十几块,这行吗?”

江青:“不要忘了,你们四川有八千万人口!”

邓小平:“不对,有九千多万了!同志们,类似四川一百元左右的还有好几个省。这是讲产值,还不等于社员收入。社员收入有的更少,这种情况,我们能满意吗?”

江青、姚文元无言以答。

会场的气氛就像是凝固了,静得十分怕人。

邓小平大声地:“现在,全国存在各方面要整顿的问题。毛主席讲过,军队要整顿,地方要整顿。地方整顿又有好多方面,工业要整顿,农业要整顿,商业也要整顿,文化教育也要整顿,科学技术队伍也要整顿。文艺,毛主席叫调整,实际上调整也就是整顿!”

全场爆发出热烈的掌声。

江青、姚文元生气地看着天花板。

邓小平站起身来,向与会代表拱抱双手致谢。

江青突然站起身来,大声地:“同志们!我想就农业学大寨问题讲几句。”

大会主持人为难地:“江青同志,今天上午的会……”

江青:“我知道没有安排我讲话!难道没有安排就不可以讲了吗?”

大会主持人:“邓副总理,您看……”

邓小平镇定地:“请江青同志讲!”

江青大声质问:“农业学大寨是毛主席提出的!各省、市、自治区的主要负责人参加不参加今天的会,是对毛主席的态度问题!我认真地查看了一下名单,发现有的省、市、自治区的第一把手没有到会,请问这是什么问题?!”

台下与会者惊得愕然不知所措。

邓小平严肃地:“江青同志,各省、市、自治区是按中央通知办事的,主管农业的书记来了就行!”

江青："好，好！责任在中央。各位代表！毛主席为什么要我们评《水浒》呢？因为现在中央有人学着宋江架空晁盖的样子，架空我们的毛主席！"

台下与会者大惊失色。

邓小平紧蹙眉宇，加快了吸烟的节奏。

江青："九月十二日，我在大寨发表了评《水浒》的重要讲话。下边，请各位代表听我的讲话录音！"

邓小平霍然站起："江青同志，放不放你的录音，由中央讨论决定！"他离开座席大步走去。

江青愤恨地看着邓小平离去的背影。

台下与会者瞠目结舌。

会议室　内　夜——

邓小平坐在沙发上无声地吸着烟。

李秘书："江青同志依然要求大会放她的录音！"

邓小平："由主管农业的副总理华国锋同志去处理。"

李秘书："江青同志还要求大会秘书组印发她的讲话稿。"

邓小平："华国锋同志是怎么答复她的呢？"

李秘书："不同意！他准备向党中央毛主席报告。"

邓小平："我赞成！你准备一下，明天回北京。"

北京　三〇五医院病室　内　日——

周恩来躺在病床上，生气地："江青同志做得也太过分了！没有向主席报告吗？"

邓小平："由于那几个人明目张胆地说我是当代的宋江，想架空主席，乔木他们请唐闻生向主席报告。"

周恩来："主席有态度了吗？"

邓小平："没有！"

周恩来凝思有顷："现在是关键时刻，我们都不要有私字，你还是利用陪同主席接见外宾的机会，当面向主席报告。"

邓小平："可以！"

周恩来从病床旁边拿起一沓报纸，"你看吧！这是他们发表在《人民日报》、《光明日报》、《文汇报》上评《水浒》的文章，连给我看病的大夫和护士都看出来了，他们骂的所谓投降派是指我周恩来，还有你邓小平。”

邓小平：“还是那句老话，没做亏心事，不怕鬼叫门！”

周恩来无比沉重地：“马克思给我的时间没有几天了，我真想再见一次主席，当面向他说，我周恩来一生于党、于国、于人民问心无愧，更不是什么投降派！……”

邓颖超含着泪：“小平同志，恩来该休息了！你跟着我到外面来一下。”

邓小平沉重地点了点头，转身走出病室。

三〇五医院会客室　内　日——

邓颖超凄然地：“恩来的癌细胞迅速向全身扩散，免疫功能也急转直下，大夫说再不动手术……”她说不下去了。

邓小平劝慰地：“大姐，坚强些。我们立即对总理实施手术治疗。”

邓颖超：“可他却说，自己是到了无药可治的地步了，就不要白白浪费国家的药品了。”

邓小平：“不！你要劝告总理，只要有一线希望，我们也要努力。”

邓颖超：“是！”

邓小平：“你还可以直言相告，我们的党，我们的国家，我们的人民，还有我邓小平，是不能没有总理的啊！……”

邓颖超：“我懂……”

邓小平：“实施手术前，总理还有什么要求吗？”

邓颖超：“有！他直接负责的一些机密大事——尤其是有关国民党、台湾方面的事情，他要做些交待。”

邓小平：“可以向罗长青等有关的同志当面交待。”

三〇五医院病室　内　日——

病重的周恩来躺在病床上。

有顷，一名大夫和推着手术车的两位护士走进。

周恩来真诚地：“大夫，我再重申一遍，我的病，在医院待下去已没有多少意义了，可否搬回家去住，这里还有好多病人，你们应去照护他们。”

大夫几乎是抽泣着：“总理，请相信我们会尽全力的！”

周恩来:“那好吧！请帮我一下。”

大夫和两位护士小心地把周恩来从病床上移到手术车上。

周恩来:“谢谢你们,请推着我进手术室吧！”

两位护士缓缓地推着手术车走出病室。

大夫搀着邓颖超跟着手术车沉重地走出病室。

手术室门口　外　日——

邓小平、张春桥、李先念等焦急地等候在手术室门外的两边廊道上。

两位护士推着手术车缓缓走来。

邓小平不忍再看躺在手术车上的周恩来,他侧过头去。

躺在手术车上的周恩来看见李先念:“先念同志,谢谢你来看我！”

李先念:“不要说谢,全国人民都希望总理康复。”

周恩来躺在手术车上转身一看:

张春桥向着周恩来点了点头。

周恩来轻轻地说道:“请停一下。”

两位护士应声停下手术车。

周恩来问道:“小平同志来了没有？”

邓小平急忙赶到手术车旁边:“总理,我在这儿。”

周恩来伸出手,握住邓小平的手,用力说道:“你这一年干得很好,比我强得多！”

邓小平:“不!我做的任何一项整顿工作,都凝聚着总理你的心血啊!”

周恩来放开邓小平的手,示意进手术室。

两位护士推着手术车,缓缓地朝着手术室大门走去。

邓小平、邓颖超、张春桥、李先念等目送手术车进入手术室的大门。

手术室　内　日——

周恩来已经被抬到手术台上,他平静地对待。

大夫和护士在进行手术前的各项准备工作。

一位护士给周恩来注射了一针,他渐渐地合上了双眼,失去了知觉。

手术室门外　日——

邓小平不停地抽着烟,在廊道上踱步。

李先念陪着邓颖超似在说着宽慰的话语。

张春桥坐在凳子上，似在想些什么。

手术室　内　日——

大夫、护士在紧张地为周恩来做手术。

手术室门外　日——

邓小平、邓颖超、李先念、张春桥等在焦急地等待着。

手术室的大门打开了，大夫出现在门口。

“总理的手术成功吗？”所有等待的人不约而同地问道。

大夫难过地摇了摇头：“手术是成功的，但发现癌细胞已经扩散到了全身，已经无法医治了！”

所有等候在手术室门外的人顿时不知所措，廊道中就像是死了一样的寂静。

邓小平低沉地：“你们要尽一切努力，减少总理的痛苦，延长总理的生命。”

大夫：“是！”

邓颖超忍不住地啜泣了。

邓小平走到近前挽着邓颖超的臂膀：“大姐，一定要坚强，我陪着你去休息一会儿！”

邓小平挽着邓颖超沿着长长的廊道走去。

国务院会议室　内　日——

邓小平：“乔木同志，我去大寨前曾要你们政研室写文章，进行得怎么样了？”

胡乔木：“我想了很久，认为应当写一篇全面宣传主席的三项指示的文章。这样，从理论上对你提出的全面整顿也是一个支持。”

邓小平：“由谁执笔？”

胡乔木：“我交给了邓力群同志。同时，我还向他讲了文章的题旨和布局，要求从理论与实际结合上讲清每项指示的意义，以及三项指示之间的相互关系，最后要落实到全面贯彻三项指示，力促全面整顿、安定团结，把国民经济搞上去。”

邓小平:“这篇文章很重要,要抓紧写出来。如果写得好,我可以约几个副总理研究一下,再送主席审阅。主席同意了,就可以作为《人民日报》社论发表。”

胡乔木:“我记下了!我还有一件事向你汇报。冼星海的夫人钱韵玲同志自杭州来京出差,与京城的朋友谈起冼星海同志的往事,感慨颇多。大家鼓动她给主席上书,要求公开纪念冼星海逝世三十周年。”

邓小平:“我看可以嘛!不久以前,我看到一个内部材料:报道日本在聂耳逝世四十周年的日子——七月十七日召开了纪念活动,而我们呢,却没有一点儿反应。”

胡乔木:“十月三十日,是冼星海逝世三十周年纪念日。苏联是一定要开会纪念,并唱《黄河大合唱》的,如果我们没有活动,会授给苏修攻击我们的把柄。”

邓小平:“时间不多了,请他们尽快把信写好,由我转给主席阅批。”

毛泽东书房　内　夜——

邓小平沉重地:“总理全身都是癌细胞了,手术和药物已经不起作用了。”

毛泽东怅然地:“汪东兴转告我了!我和恩来相识整整半个世纪了;就从遵义会议算起,我们二人相知也恰好是四十年了。请代我转告邓大姐,我和恩来是同志,是战友,都为这个新中国殚精竭虑,贡献了一生。”

邓小平:“我一定转告!”他沉吟片时,又严肃地问:“关于江青同志在大寨的讲话,主席知道了吧?“

毛泽东生气地:“我早就知道了!她的讲话是放屁,文不对题。那是农业学大寨,她搞评《水浒》。”

邓小平:“自林彪上台以来,把学习马列主义、毛泽东思想庸俗化了,很有必要重提你在延安倡导的学风!”

毛泽东:“那你就在农业学大寨的座谈会上讲一讲嘛!”

农业学大寨座谈会会议室　内　日——

邓小平:“这半年来,我讲了多次话,中心是讲敢字当头。有个‘老大难’单位,过去就是老虎的屁股摸不得。后来下了决心,管你是谁,六十岁的老虎屁股也好，四十岁的老虎屁股也好，二三十岁的老虎屁股也好，都得摸。一摸就见效了！”

几十名与会的代表听后禁不住笑出声来。

邓小平：“我总觉得现在有一个很大的问题，就是怎样宣传毛泽东思想。林彪把毛泽东思想庸俗化的那套做法，罗荣桓同志首先表示不同意，说学习毛泽东思想要学精神实质。毛泽东思想有丰富的内容，是完整的一套，怎么能够只把‘老三篇’、‘老五篇’叫做毛泽东思想，而把毛泽东同志的其他著作都抛开呢？毛泽东思想紧密联系着各个领域的实践，紧密联系着各个方面的工作方针、政策和方法，我们一定要全面地学习、宣传和实行！”

与会者热烈鼓掌。

定格叠印字幕：

第九集终

第十集

国务院会议室　内　日——

邓小平："方才，耀邦等同志汇报了中国科学院的工作，讨论了《科学院工作汇报提纲》。你们认为有哪些主要问题在阻碍着我国科学的发展？"

在邓小平的讲话中摇出胡耀邦、胡乔木、周荣鑫等。

胡耀邦："对科研队伍的评估。有的说今不如昔；有的说十七年是黑线专政。这些年来，除了少数靠造反起家又想当官的科研人员外，绝大多数科学家都认为今不如昔。"

邓小平："是啊！现在科研队伍大大削弱了，接不上了。一些科研人员打派仗，不务正业，或少务正业，少数人秘密搞，像犯罪一样。陈景润就是秘密搞的。像这样一些世界公认有水平的人，中国有一千个就了不得！"

周荣鑫："说到陈景润，我们还必须明确什么叫'红'，什么叫'专'，什么叫'又红又专'。"

邓小平："还有一个叫'白专'，而陈景润就被打成'白专道路'的代表。叫我说，只要对中华人民共和国有好处，比闹派性、拉后腿的人好得多。"

周荣鑫赞同地点了点头。

邓小平："周荣鑫同志，你是教育部长，我们后继无人的危机，可能就发生在教育部门，把整个现代化水平拖住了。我们必须清醒地认识，提高自动化水平，减少体力劳动，世界上发达国家不管是什么制度都是走这个道路。"

周荣鑫："我正在组织人员，在整顿教育的过程中，向党中央、国务院写一篇《教育工作汇报提纲》。"

邓小平："一定要抓住教育的要害，狠批教育无用论。现在社会上流传着这样一个顺口溜：'学不学都上学，会不会都插队，行不行都回城，干不干都吃饭。'你听说过吗？"

周荣鑫："我听得更多！关键的问题，要在全民族树立懂科学光荣，当科盲可耻的社会风气。”

邓小平:“我赞成!耀邦同志,科技人员是不是劳动者?”

胡耀邦嗫嚅地:“我……真的没想过。”

邓小平:“我个人认为,既然科学技术是生产力,科技人员就是劳动者!”

胡乔木:“这样一来,几十万科技大军就可以摘掉资产阶级知识分子‘臭老九’的帽子。”

邓小平:“应该摘,必须摘!”

胡乔木:“小平同志,钱韵玲写给主席的信你收到了吗?”

邓小平:“我已经转给主席了!”

毛泽东书房　内　夜——

吴秘书双手捧着一封信,大声地:“三十多年前在延安,主席对星海和我们全家的亲切关怀铭记心中。那时……”

毛泽东微倒在沙发上,大声地:“再大声点儿!”

吴秘书提高嗓门:“那时候您曾多次同星海谈话,给了他深刻的教育。记得一九三九年五月十一日,庆祝鲁艺成立一周年的晚会上,您亲自去听星海指挥演唱《黄河大合唱》,演出完了,您站起来连声说‘好!’星海在当晚的日记里记下了这件事,并写道:‘我永远不忘记今天晚上的情形。’星海是在党的培养下成长的。星海同志逝世后,您亲自题词‘为人民音乐家冼星海志哀!’……”

毛泽东微闭的双眼渐渐地潮湿了:“不要再念了!”

吴秘书愕然地:“主席,你这是怎么了?”

毛泽东:“我想起了冼星海,我想起了冼星海的《黄河大合唱》,我想起了延安……”最后,他独怆然而涕下了。

吴秘书宽慰地:“那已经是过去的事了,您何必为此动真情、伤身体呢!”

毛泽东:“你不懂!冼星海走了,还有《黄河大合唱》;可我呢……眼睛看不清了,耳朵越来越重听了,就说嘴巴吧,说话也不利索了……”

吴秘书:“毛远新从新疆祭扫父亲灵墓回到了北京,有的同志希望把毛远新留在北京，当主席和政治局之间的联络员。"

毛泽东无奈地："咳！也只好如此了。"

吴秘书："钱韵玲同志写给主席的信呢？"

毛泽东："我批！一定要纪念星海同志逝世三十周年。"

吴秘书："邓副总理办公室打来电话，询问主席对《科学院工作汇报提纲》的意见？"

毛泽东："不很满意！其中，他们在《汇报提纲》中引用'科学技术是生产力'一句，我不记得我说过。"

钓鱼台草坪　外　傍晚——

江青和张春桥、姚文元坐在藤椅上，低声地交谈着。

江青："我完全是根据他批准的评《水浒》的提纲办事的，结果，他却说我在大寨的讲话是放屁！"

姚文元："我认为主席说的所谓'放屁'，是指文不对题，没有说批《水浒》是错的。"

张春桥："完全正确！"

江青："你的意思……"

张春桥："要继续把评《水浒》的文章做大、做好！"他沉吟有顷，"江青同志，你和毛远新同志的关系如何？"

江青笑了："很好！他的父亲毛泽民牺牲以后，他的母亲改嫁了，我和主席就把他当成亲生儿子来养；他在文化大革命中紧跟中央文革闹革命，一直和我们是一条心的！"

张春桥："很好！我告诉你们一个好消息，听说主席同意毛远新当他和政治局间的联络员了！"

江青大喜过望，下意识地站起来，在胸前画了个十字："上帝啊！主席的身边终于有我们的人了。"

张春桥："我还有一个好消息，主席对邓某人搞的《科学院工作汇报提纲》不满意，否认说过'科学技术是生产力'这句话。"

邓小平办公室　内　日——

胡乔木："关于'科学技术是生产力'，原出于一九六三年主席听聂荣臻同志汇报十年规划时讲的。当时在场的同志均有笔记，经查核，唯‘科学技术是生产力’这句话失记。”

邓小平：“他们记下了主席的哪些话？”

胡乔木：“他们记下了主席说的‘科学技术这一仗一定要打，而且必须打好。不搞科学技术，生产力无法提高’。”

邓小平：“这还不等于在说科学技术是生产力嘛！”

胡乔木取出一本小册子：“我还请学部编了一本《马、恩、列论科学技术是生产力》的小册子，以佐证‘科学技术是生产力’的论断是正确的。”

邓小平：“请立即报主席，以便让主席审定。”

胡乔木：“是！”

邓小平：“邓力群那篇文章写出来了吗？”

胡乔木：“写出来了，文章的名字叫‘论全党全国各项工作的总纲’。”

邓小平：“让他们尽快改定！另外，关于纪念冼星海、聂耳的音乐会筹备得怎么样了？”

胡乔木：“我已经和李德伦、李焕之等音乐家商定，十月二十五日举行。”

邓小平：“没有遇到麻烦吧？”

胡乔木：“遇到了！于会咏他们打着江青的旗号，坚决反对在人民大会堂举行。”

邓小平沉思片刻：“那就改在民族文化宫礼堂举行。”

胡乔木：“他们还是打着江青的旗号，要求改词。”

邓小平：“不行！要尊重历史，一句歌词也不准改。”

胡乔木：“是！”他取出一信，“这是刘冰同志写给主席的信，是揭发迟群他们攻击中央领导同志，搞非法组织活动的情况。此信是由教育部副部长李琦同志转给我的。”

邓小平：“等我看后再转主席。”

毛泽东书房　内　夜——

毛泽东在一封信上吃力地批示，命令地：“给我念一遍！”

吴秘书接过信纸念道：“刘冰等人来信……动机不纯……我在北京，

信为什么还要经小平转。小平偏袒刘冰。清华所涉及的问题不是孤立的，是当前两条路线斗争的反映。”

毛泽东沉重地：“解铃还需系铃人，退小平处理。”

钓鱼台餐厅　内　夜——

华灯初上，三只高脚酒杯相碰，随着“干杯”的话声，红色酒浆溢了出来。

江青、张春桥、姚文元三人几乎同时一饮而尽。

江青放下酒杯：“我们终于等来这一天了！看他邓某人还如何再整顿下去。”

姚文元：“自从邓某人二次出山以后，主席是百依百顺，今天嘛，主席终于看清了邓某人整顿的目的，那就是从根本上翻文化大革命的案。”

张春桥：“从某种意义上说，主席的批示，等于宣布邓某人全面整顿计划的破产！”

江青：“迟群打来电话，说邓小平召集他和李先念、汪东兴、吴德等人参加的会议，传达了毛主席的批示，并就落实主席批示提出的具体方案，一、于近期召开清华大学党委扩大会议，传达毛主席的批示，但不含对邓小平批评的内容；二、在清华大学自上而下逐级展开辩论，澄清和解决存在的问题。”

张春桥：“还有其他的内容吗？”

江青：“有！会议建议向中央政治局原原本本地传达毛主席的批示。”

张春桥：“好！我看邓某人如何打这场防御战。”

姚文元：“昨天我见到了于会咏，他让我代他请示江青同志，对纪念聂耳、冼星海音乐会有何指示？”

江青沉吟片时：“请他立即来钓鱼台！”

邓小平家的庭院　外　夜——

邓小平缓缓地踱步凝思，他无声地吸着烟。

有顷，胡乔木走进：“小平同志！”

邓小平：“有什么重要的事报告吗？”

胡乔木：“他们把印有主席‘向人民音乐家冼星海志哀’的节目单报废

了！”

邓小平："只要不影响纪念音乐会的召开，可以让步。"

胡乔木："他们明令指示，不准请中央领导同志和星海的生前友好出席！"

邓小平："这就太过分了！告诉王震同志，请他多约几个不怕他们的老同志出席。"

胡乔木："是！他们把票控制得非常严，钱韵玲同志只发给一张票；《黄河大合唱》的词作者光未然同志，到现在还没有拿到入场券！"

邓小平："这就更说不过去了！……"

李秘书快步走到跟前："首长，邓大姐打来电话，说总理进食十分困难，明天必须再动手术。"

邓小平："请通知先念、春桥等同志，明天务必赶到医院！"

三〇五医院手术室门外　日——

邓小平、张春桥、李先念等以不同的心情在等待着。

有顷，两位护士缓缓地推着手术车走来。

邓颖超紧随手术车之后走来。

两位护士把手术车推到近前，周恩来拼力抬起头寻找着。

邓小平坚强地走到手术车旁边："总理，我在这儿！"

周恩来："纪念聂耳、冼星海的音乐会准备好了吗？"

邓小平："准备好了，二十五日——也就是明天晚上在民族文化宫礼堂演出。"

周恩来："请转告李德伦同志，感谢他们邀请小超去看演出，可惜我有病，她去不了。"

邓小平："我一定转达！"

周恩来："告诉他们，大夫说了，我这次是小手术，不影响我通过电视看他们的演出。"

邓小平感动地："总理，你想得太周到了！"

两位护士缓缓地推着手术车走进门去。

邓小平紧紧地抓住邓颖超的手。

三〇五医院病室　内　夜——

随着《黄河大合唱》的音乐响起，叠印：

一架彩色电视机映出庞大的交响乐队，一百多位男女歌唱家在演出《黄河大合唱》；

周恩来躺在床上，有些兴奋地看着电视。有时，他还随着合唱哼《黄河大合唱》的旋律；

邓颖超坐在病床的旁边，她忽而看看周恩来，忽而又瞧一眼电视。当她听到周恩来哼唱《黄河大合唱》的时候，她禁不住地背过身去擦拭泪水。

周恩来："小超，聂耳、冼星海的音乐又把我带回到那个火热的年代，使我想起革命是何等的不易啊！"

邓颖超："是啊！像这样的音乐很久没有听到了。"

周恩来："转告小平同志，我建议让聂耳、冼星海的音乐作品多同人民群众见面，多为人民群众演出。"

邓小平的庭院　外　夜——

室内传出《黄河大合唱》的音乐。

邓小平独自一人在院中踱步，大口地吸着烟。

卓琳从内室走出，轻轻地走到邓小平身旁，关切地："进屋去听《黄河大合唱》吧？"

邓小平："我在院子里也听得到。"

卓琳："你又在想那些事吧？"

邓小平："不！我在想，能陪着总理听听《黄河大合唱》，该有多好啊！我还想问总理：'黄河还需要怒吼多少次！'"

东交民巷新家的走廊　外　夜——

深秋之夜吹着萧瑟秋风，就更增加了几分寒意。

邓小平独自一人坐在走廊的椅子上，任凭秋夜风寒，大口地吸着烟，进入深沉的凝思中。

特写：茶几上的烟灰缸中堆满了烟蒂。

卓琳拿着一件军大衣走到跟前，心疼地披在邓小平的身上："想也无益，我看你就直接去找主席，把事情说个明白。"

邓小平："说得明白吗？"

卓琳："我看可以说明白。"

邓小平站起身来："回办公室，给主席写信。"

毛泽东书房　内　夜——

毛泽东躺在沙发上，手里拿着一封信陷入沉思。

邓小平的画外音："我有事需要向主席当面谈谈并取得主席的指示和教诲。明（十一月一日）下午或晚上都可以。如蒙许可，请随时通知。"

吴秘书拿着一份文件走到跟前，大声地："主席，你要的材料拿来了！"

毛泽东："是中央转发的国务院《关于今年上半年工业生产情况的报告》吗？"

吴秘书："对！"

毛泽东："挑着主要的指标念一念！"

吴秘书："是！"他打开文件念道，"三月以来，工业生产和交通运输一个月比一个月好，原油、原煤、发电量、化肥、水泥、内燃机、纸及纸板、铁路货运等等，五六月份创造了历史上月产的最高水平，军工生产也比较好……全国工业总产值，上半年完成全年计划的百分之四十三，收支平衡，略有结余……工业生产呈现出一派大好形势。"

毛泽东："八、九、十三个月呢？"

吴秘书："我再给您去找计委的月度生产报告。"

毛泽东："不用了！我记得都超过了百分之十五吧？"

吴秘书："有的部门还要高呢！"

这时，邓小平走进书房。

吴秘书："主席！小平同志到了。"

毛泽东客气地："小平啊，请坐吧！"

邓小平："谢主席！"选在离毛泽东最近的一个沙发上坐下。

吴秘书给邓小平献上一杯茶水，转身退下。

毛泽东："你不仅仅是为刘冰的信而来吧？"

邓小平："我主要是想听听主席的批评意见。"

毛泽东："刘冰和迟群他们有矛盾，可以采取惩前毖后、治病救人的办法解决嘛！为什么要采取这样极端的办法，把他们轰出清华大学呢？他明知迟群他们是我派到清华去的，给我写信为什么还要通过你转呢？”

邓小平：“他怕你收不到。”

毛泽东：“我看不是吧！……”

吴秘书办公室　内　夜——

吴秘书打电话：“喂！我就是吴秘书……噢，你是远新同志啊，请讲！……请放心，我一定转告主席，明天安排你向主席汇报。”他放下电话，蹙着眉宇摇了摇头，自语地：“又去钓鱼台十七号楼了……”

毛泽东书房　内　夜——

邓小平：“方才，我较为全面地向主席汇报了这半年来整顿的情况，从中央工作的方针，到一些具体的政策，是对，是错，请主席指示。”

毛泽东：“对！你搞的整顿是有成绩的，应当肯定。”

邓小平：“我下边的工作呢？”

毛泽东：“发扬成绩，克服错误，把工作做得更好。”

钓鱼台十七号楼　内　夜——

江青身着晚礼服，站在客室中央，非常得意地哼唱着样板戏《红灯记》李铁梅的唱段：“我家的表叔数不清，没有大事不登门……”

张春桥、姚文元满面堆笑地走进。

江青：“喜鹊喳喳叫，家家把喜报！快请坐。”

张春桥边落座边说：“有什么大喜的事啊？我和文元一定洗耳恭听。”

江青从茶几上拿起一页文稿，在面前晃了晃：“这是主席听取远新同志汇报的记录稿。”

张春桥一怔：“你怎么得到的？”

江青：“是远新亲自派人给我送来的。”

姚文元：“是主席批准的吗？”

江青：“不！听远新说，主席特别叮嘱他，不要来钓鱼台，更不要把讲话的内容告诉我。”

张春桥点了点头：“看来是娘比爹亲啊！快念吧。”

江青双手捧着文稿念道：“今年以来，在省里工作，感觉到一股风，主要是对‘文化大革命’……一是对‘文化大革命’怎么看，是看主流，还是看支流，在评价上是三分不足七分成绩，还是七分错误三分成绩，是肯定，还是否定……现在，只在口头上说两句成绩，但阴暗面却讲了一大堆……担心中央，怕出反复。……”

张春桥边听边仰视天花板的特写。

姚文元闭着眼睛认真听的特写。

邓小平新家的庭院　外　夜——

邓小平坐在那张椅子上，认真审阅一篇文稿。

画外音：“我很注意小平同志的讲话，我感到一个问题，他很少讲文化大革命的成绩……阶级斗争现在不大提了，一讲就是‘三项指示为纲’。我不同意，阶级斗争、路线斗争是纲。‘三项指示为纲’，其实只剩下一项指示，即生产上去了……”

邓小平沉吟片时，将手中的文稿放在茶几上。接着，他又点燃一支烟，默默地抽了起来。

卓琳沉重地走到邓小平身边：“又发生什么事了？”

邓小平：“毛远新这小子在主席面前告了我一状！”

卓琳：“主席的意见呢？”

邓小平拿起那份文稿：“你看看最后主席讲的就清楚了！”

卓琳接过文稿，小声念道：“……有两种态度，一是对‘文化大革命’不满意。二是要算账，算‘文化大革命’的账。我提议召开小范围的会议，当面向邓小平本人谈出以上意见。”她放下文稿：“你打算怎么办呢？”

邓小平：“坚持真理，修正错误。”

卓琳：“看样子，他们会给你这样的机会吗？”

邓小平：“大不了再被他们打倒一次！”他看着卓琳那复杂的表情，“唯一对不起的，就是你和孩子们又跟着我受罪了！”

卓琳：“不要管我们，你就按照你认为是对的路走下去！”

邓小平激情地叫了一声：“卓琳！”紧紧地拥抱着患难与共的战友卓琳。

三〇五医院病室　内　夜——

周恩来躺在病床上，双手捧读一份文稿。他看罢沉重地问：“有谁出席了会议？”

邓小平：“是主席指定的陈锡联、汪东兴、毛远新三人，再加上我这个被告，共四人。”

周恩来：“会议开得怎样？”

邓小平：“毛远新对我主持国务院和党中央工作以来的形势进行攻击，全面否定经过初步整顿而取得的成绩。”

周恩来：“你一定给予回击了吧？”

邓小平：“对！我说按照你的描述，中央整个是执行了修正主义路线，而且是在所有领域都没执行主席的路线，说毛主席为首的中央搞了个修正主义路线，这个话不好说。”

周恩来：“你一定把毛远新气坏了吧？”

邓小平：“那是他的事！我申辩说，我是从今年三月下发九号文件开始抓工作，主持中央工作是七月。因此，上我的账要从九号文件算起。从九号文件以后全国的形势是好一点，还是坏一点，这可以想想嘛。昨天晚上我问了主席，这一段工作的方针政策是怎样？主席说对。”

周恩来：“好！有理有节。”他说罢怅然地叹了口气：“我病成这个样子，帮不了你的忙了。”

邓小平：“没关系，天塌下来，由我一个人顶着。”

钓鱼台十七号楼　内　夜——

江青：“远新给我打来了电话，主席听了四人会议情况的汇报后说，对文化大革命，总的看法，基本正确，有所不足，现在要研究的是在有所不足方面，三七开，七分成绩，三分错误，看法不见得一致。文化大革命犯了两个错误，一、打倒一切，二、全面内战……”

姚文元：“主席是在想统一对文化大革命的认识。”

江青：“主席建议继续开会，范围扩大至八人。据说有春桥你参加。你说我们该怎么办呢？”

张春桥：“一、我要利用邓某人的性格，在八人帮促会上刺激他；二、通知在上海的王洪文回北京，一旦主席要解除邓某人主持中央工作的权力，不要党权旁落他人之手。”

邓小平庭院走廊　外　日——

邓小平依然坐在走廊的椅子上抽烟、沉思。

卓琳走到跟前:“进屋吧,快吃午饭了!”

邓小平:“让我再好好地想一想。”

卓琳:“昨天晚上八人帮促会有结果吗?”

邓小平微微地摇了摇头:“主席的用意是希望我能赞成他对文化大革命的看法,可我呢,生性就做不来违拗良心的事情。”

卓琳:“这点,我比任何人都清楚。你想过没有?主席为什么一而再地要开这种帮促会议呢?”

邓小平:“主席不想打倒我。”

李秘书走到近前:“首长,毛远新打来电话,他奉主席的指示,下午来看你。”

邓小平感叹地:“咳!主席对我用心良苦啊……”

卓琳:“我和孩子们呢?”

邓小平:“还像上次江青来访的时候办。”

卓琳的房间　内　日——

卓琳紧紧地贴在窗子跟前,不安地听着客厅中的对话:

邓小平:“远新同志,请直言吧!”

毛远新:“我向主席转达了八人会议的情况,尤其是讲了张春桥认为你代刘冰转信,是由于你与写信人刘冰彼此立场、感情有某些一致的地方后,主席说:我批评某人不是打倒,而是改正错误,团结起来,搞好工作。”

邓小平:“这是主席倡导的一贯作风。”

毛远新:“主席再三强调,参加会的所有同志要互相帮助,搞好团结,搞好工作。”

邓小平:“请代我转告主席,我一定按照他指示的‘互相帮助,搞好团结,搞好工作’去办。”

卓琳轻轻地叹了口气,遂在屋中缓缓地踱步。

有顷,卓琳再次走到窗前倾听:

毛远新:“我向主席报告,有人提出‘帮邓会’由你主持不合适的时候,主席说:没有什么不合适的,就是由小平同志主持。”

邓小平:“我听主席的。”

毛远新:“我告辞了!”

邓小平:“不送!”

客厅中传来远去的脚步声。

卓琳快步走出屋去,只见:

邓小平一个人站在门口,望着阴霾的长空出神。

卓琳走到邓小平身边:“你又在想什么?”

邓小平:“我想主席对我邓小平真可谓是仁至义尽了!”

卓琳:“你打算怎么办呢?”

邓小平:“还是那句常跟你说的话,我敬重主席,我更敬重真理!”

邓小平办公室　内　日——

邓小平:“乔木同志,中央讲了,三项指示为纲这个提法不对,只有阶级斗争才是纲。”

胡乔木:“看来《工业二十条》、《科学院工作汇报提纲》、《论全党全国各项工作的总纲》都可以停止修改了!”

邓小平:“也只能如此了!”

胡乔木:“你还能见到主席吗?”

邓小平:“再过两天,我将陪着主席会见缅甸的吴奈温总统。”

毛泽东书房　内　日——

吴秘书帮着毛泽东脱下会见外宾的中山装,换上那件已经很旧的睡衣,遂又小心地帮着毛泽东躺在沙发上。

恰在这时,邓小平、张春桥已经走进书房。

毛泽东:“随便坐吧!外国客人走了,咱们该谈谈自己家里的事了。”

邓小平和张春桥相继落座。

毛泽东:“我想再和你们讲一讲阶级斗争问题。有些人对社会主义社会中矛盾问题看不清楚,受着小生产的影响,贪污腐化、投机倒把不是到处都有吗?林彪反党集团不是令人惊心动魄吗?问题是自己属于小资产阶级,却说阶级矛盾看不清楚了!我再次给你们提个醒。”

张春桥："感谢主席的提醒！"

毛泽东："小平同志，我的意见会议还是要继续开下去。我想了想，建议胡耀邦、胡乔木、周荣鑫等同志列席中央政治局会议，我看他们列席会议也是一种帮助。"

邓小平："我一定照主席说的办。"

张春桥："主席，王洪文同志回到北京了！"

毛泽东清醒地："那就通知他参加会议吧。"

邓小平办公室　内　夜——

邓小平坐在桌前，有些沉重地给毛泽东写信。

画外音："洪文同志已经回到北京。七月份洪文同志到外地时，经主席批准，由我暂时代替主持中央日常工作。现洪文同志已回，按例，从即日起，中央日常工作仍请洪文同志主持。近日召开的十七人会议，亦应由洪文同志主持。请主席批示。邓小平　十一月十五日。"

毛泽东书房　内　夜——

毛泽东拿着毛笔在邓小平的信上吃力地批示。

吴秘书在一旁观看。

毛泽东写完批示："吴秘书，念一遍，看有没有漏掉字？"

吴秘书接过信念道："暂时仍由小平同志主持，过一会再说。毛泽东十一月十五日晚二十三时。"

毛泽东："好！交汪东兴去办。"

钓鱼台十七号楼　内　夜——

客厅正中央摆着一张四方的牌桌。

江青、张春桥、姚文元、王洪文依次围坐在牌桌前，一边打麻将一边交谈。

江青："文元，我是最爱打牌的，每打必赢。今天你我打败春桥和洪文是胜券在握。"

姚文元："我是小秃子跟着月亮走——沾光！"

张春桥、王洪文、江青十分得意地大笑起来。

姚文元："邓某人已经写了辞呈，可主席为什么不让洪文同志重新主持中央日常工作呢？”

张春桥：“你的意见呢？”

姚文元：“主席对邓某人不满意了，可对我们四人也不放心，他说再等一会的含意有三，一是对邓某人仍寄予希望；二是继续观察我们四人的言行；三是正在物色新的接班人。”

江青：“言之有理！”

王洪文：“我们该怎么办呢？”

张春桥：“兵分两路，洪文唱黑脸，扮成忧国忧民的当代包公；我们三人唱白脸，一定要把邓某人拉下马。”

邓小平家庭院的走廊上　外　日——

邓小平披着军大衣还是坐在那张藤椅上，任凭初冬的寒风吹打，下意识地抽着烟。

卓琳走到近前：“尤才这孩子打来电话，说要见你。”

邓小平：“有什么非见不可的事吗？”

卓琳：“他说就要陪着张爱萍去西北发射基地，指挥返回式遥感卫星的发射。行前，他有话要对你讲。”

邓小平：“那好吧！”

卓琳：“昨天晚上的会开得好吗？”

邓小平：“谈不上好与不好。我这个会议召集人也就是两句话，现在宣布开会，现在宣布休会。”

卓琳：“你听了他们的发言可别生气啊！”

邓小平：“就我个人的功过是非而论，借用一句古语说，叫大辩非辩也！用老百姓的话说，叫死猪不怕开水烫。可是对胡耀邦、胡乔木、周荣鑫等同志而言，我更多的是不安，因为他们可能为我再遭受一次批判！”

一阵寒风猝起，吹得树叶就像是天女散花，纷纷扬扬地飘洒在地上，也落在了邓小平的身上。

尤才披着一件破旧的皮大衣走进，悲愤地叫道：“邓伯伯！阿姨！……”

卓琳：“尤才到了，你们二人进屋谈吧？”

邓小平：“不！我就在这儿为尤才壮行。”

卓琳："好！我为尤才壮行烧菜去。"转身离去。

邓小平："尤才，把心里话都倒出来吧！"

尤才气愤地："邓伯伯，你知道吗？国防科委系统的造反派，尤其是七机部的舒龙山这些坏头头，他们正在搜集、整理打倒伯伯的黑材料。"

邓小平："这是他们的事，不去谈它！"

尤才震愕地："那……我给你谈什么呢？"

邓小平："谈这次发射返回式遥感卫星有多大把握！"

尤才："张主任让我转告您，百分之百的成功。"

邓小平："他还有信心实现三星高照吗？"

尤才："张主任说，只要年底他不被打倒，那就用三星高照为你全面整顿画个最大的句号。"

邓小平："这才是真正的共产党人！"

尤才："行前张主任对我说，你看你邓伯伯，他一面听任那些人批判，一面又要有条不紊地处理国家大事。这是什么精神？这就是一个真正共产党人的革命精神！"

邓小平："这也就是张爱萍同志——还有那些为祖国而献身的科技工作者所信奉的精神！只要有了这种精神，不管天塌地陷，我们的卫星能上天，我们的洲际导弹能打到敌人的心脏处，我们亲爱的祖国就有希望！……"他说着说着竟然哽咽了。

尤才听着听着也哭出声来。

邓小平把头一昂："尤才，等你再回到北京，有可能见不到你这个邓伯伯了！但你只要具备了真正共产党人的这种革命精神，无论是西出阳关，还是浪迹天涯，你都会做出对得起祖国母亲的伟业来！"

尤才霍然起身，行了个军礼："邓伯伯，我懂了，再见！"他大步走去。

邓小平和卓琳默默地看着尤才走出自己的家门。

李秘书快步走到跟前："首长，邓大姐打来电话，总理病情恶化，很是危险了！"

邓小平："我立即赶到医院，组织抢救。"

三〇五医院病室　内　夜——

周恩来躺在病床上，完全处于休克状态。邓颖超坐在病床旁边，望着休克的周恩来暗暗地淌着泪水，不时用手绢擦拭一下。

邓小平倚在沙发上，似乎是睡着了。有顷，周恩来的病体活动了一下，小声地叫着："小平同志，小平同志……"

邓小平本能地醒了，从沙发上站起，快步走到病床旁边："总理，我在这儿。"

周恩来缓缓地睁开了眼，看见邓颖超淌着悲喜交集的泪水，安慰地："小超，我这不是又被马克思送回来了吗？"

邓颖超："是，是！小平同志一直守在这儿，有什么话，你就和他说吧？"

周恩来："我听他们说，主席让你主持政治局会议，对文化大革命做结论，是这样的吧？"

邓小平微微地点了点头："是！"

周恩来："你应该明白主席的良苦用心吧？"

邓小平："我明白！或许是大浪淘沙的缘故，文化大革命已经九年多了，他看清了'四人帮'，把权交给他们不放心；可我又使主席很失望，不赞成他搞的文化大革命……"

周恩来怆然地叹了口气。

邓小平："对主席而言，文化大革命一直是他的一块心病，不容许任何人说个不字。由我出面，按照他的精神做出一个七分成绩、三分错误的历史结论来，一可对今人和后人有个交待，二对我也可网开一面。换句话说，我也可遇难成祥了！"

周恩来："你的态度会不会变？"

邓小平："永远不会！"

周恩来："那我就放心了。可惜啊，我的来日已经屈指可数了。你打算怎么办呢？"

邓小平："我嘛，只能听天由命了！"

周恩来："不行，不行啊！……"

定格叠印字幕：

第十集终

第十一集

邓小平庭院　外　日——

萧瑟秋风阵阵袭来，片片落叶洒满大地。

邓小平缓缓地踱步院中，边大口地吸烟边蹙眉凝思。

卓琳站在门前怅然地望着邓小平不置可否。

邓小平停下脚步，肃穆地眺望远天，落叶打在他的身上。

远方出现毛泽东重病躺在床上讲话的幻影。

毛泽东："……开会讨论'文化大革命'的评价问题。由邓小平主持，中央作出一个肯定'文化大革命'的决议，总的评价是'七分成绩，三分错误。'……"

远方毛泽东重病躺在床上讲话的幻影渐渐隐去。

邓小平表情凝重地摇了摇头，遂又吸了一大口烟，遂又沿着长廊缓缓地踱步。

远方出现毛泽东指挥政治局委员合唱《三大纪律八项注意》的画面。

毛泽东指着邓小平："现在，请了一个军师，叫邓小平。发个通知，当政治局委员、军委委员。政治局是管全部的，党政军民学，东西南北中，我想政治局添个秘书长吧，你不要这个头衔，那就当参谋长吧。"

王洪文、张春桥、江青、姚文元等铁青着脸的特写。

周恩来、叶剑英、李先念等面带笑意的特写。

毛泽东巡视了一遍与会者的表情："如果没有不同意见，以后开二中全会报告追认。有不同意见吗？"

"没有！"

毛泽东："我们现在请了一个参谋长。他呢，有些人怕他，但他办事比较果断，他一生大概是三七开，你们的老上司，我请回来了，政治局请回来了，不是我一个人请回来的。对吧？"

"对！"

毛泽东指着邓小平："你呢，人家有点怕你，我送你两句话，柔中有刚，绵里藏针，外面和气一点，内部是钢铁公司。过去的缺点，慢慢改一改吧！"

邓小平："是！"

远方毛泽东讲话的画面渐渐隐去。

邓小平驻足良久，深深地吸了一口气，遂又吐向空中，慢慢地散去。

李秘书从内室走出："首长！您该主持政治局会议去了。"

邓小平把手中的烟蒂掷于地上，用脚踩了一下，转过身来说道："走！"

卓琳焦急地："等一等！"她快步走到跟前，"你可否再想一想呢？"

邓小平："不！"他说罢大步走去。

李秘书紧随其后快步走去。

卓琳望着邓小平的背影，怆然地摇了摇头。

中南海怀仁堂　内　日——

邓小平神态严肃地巡视了一遍与会者，正气凛然地说道："我感谢主席对我如此的信任！但是，我必须实事求是地讲，由我主持写这个决议不适宜。我是桃花源中人，不知有汉，何论魏晋。众所周知，九年文化大革命，我被打倒了六年，对于文化大革命既没有参与也'不了解'，因此，不适宜由我来主持写这样一个决议。对此，我不仅希望与会的同志能体谅我的难处，也希望毛远新同志能如实地向主席转达我的本意。"

在邓小平的讲话中缓缓摇出叶剑英、李先念、王震、余秋里、胡耀邦、江青、张春桥、王洪文、姚文元以及不曾出镜的与会者的不同表情。

毛泽东书房　内　日——

毛泽东躺在他那张大床上，自言自语地："不知有汉，何论魏晋……不知有汉，何论魏晋……"

吴秘书："主席，不要老想这件事了。"

毛泽东："你不懂，我不能不想啊！昨天，小平报来的关于《打招呼讲话要点》的附信还在吗？"

吴秘书："送中办了！不过，主席的批示还有。"

毛泽东："给我念念。"

吴秘书取来批件念道："……不仅是老同志，要有中年、青年各一人同听同议。如同此次十七人会议那样。即也要对青年人打招呼。否则青年人也会犯错误。请政治局再议一次,或者分两次开,或者先分后合。”

毛泽东:“不妥,拿笔来,我要给小平同志写信。”

邓小平办公室　内　日——

邓小平坐在桌前捧读毛泽东的信。

毛泽东的画外音:“还是你们议的好,先给老同志打招呼。青年问题暂缓。因有的还未结合,有的在打派仗(如七机部),有的貌合神离(如清华),召集不起来。”

邓小平看罢随手将信装入皮包中。接着,他披上大衣走出办公室,独自在走廊缓缓踱步,他一边吸烟一边沉思。

卓琳悄然走到邓小平的身边,不无担心地问:“主席这样做的目的是什么呢?”

邓小平:“希望我能改变立场。”

卓琳:“你和主席当面谈谈不行吗?”

邓小平微微地摇了摇头:“很难了!”

卓琳:“为什么?”

邓小平:“我了解主席,在他认为我没有放弃对文化大革命的看法前,他是不会找我谈的。”

卓琳:“那就给主席写信嘛!”

邓小平赞同地点了点头。

毛泽东的书房　内　夜——

毛泽东躺在那张大床上,蹙着眉头,陷入凝思。他突然喊道:“吴秘书!把邓小平写给我的信拿来。”

吴秘书:“我不是给您念过了吗?”

毛泽东:“我还想听一遍。”

吴秘书取来邓小平的来信,大声读道:“主席,在今(二十日)晚的会议上,我对自己的错误作了一个检讨性的发言,现将这个发言呈主席审阅……我希望能够取得主席的当面教诲,当然应在主席认为必要的时候。”他读罢侧首看了看毛泽东。

毛泽东再次陷入凝思。

吴秘书:“主席,什么时候约邓副总理谈话啊？”

毛泽东怅然地叹了口气:“看来,我们二人已经没有什么好谈的了!总理的病情如何？”

吴秘书:“大夫说,只能延缓总理的生命了。”

毛泽东怆然地:“董老走了,总理也要走了,就剩下我和朱老总了……”

三〇五医院病室　内　日——

周恩来躺在病床上,痛苦地:“一切都没有挽回的余地了!我真的合不上这双眼啊!”

邓颖超:“不要去想这些事了!”

周恩来平静了一下情绪:“小超,你还记得我们二人二十年前商定的事吗？”

邓颖超:“记得!我们二人相互保证,死后将两人的骨灰全部撒掉,不作任何保留。”

周恩来:“你可一定要遵守过去的约定啊!我死后不要保留骨灰,要将骨灰全部撒到祖国的江河里和土地上。”

邓颖超抽泣着:“是!”

周恩来:“我的丧事要从简,规格不要超过中央任何人,一定不要特殊化。”

邓颖超哭了:“是!”

周恩来伸出颤抖的手:“来!我们再握一次手吧。”

邓颖超用力地握住周恩来的手,无声地淌着泪水。

周恩来:“小超,我心里还有很多话没有说出来啊!”

邓颖超抽咽着:“我也是啊!”

周恩来:“不要难过了,趁着我还有点力气,一块再唱一次《国际歌》吧!”

邓颖超:“还是像过去那样,你起头,我跟着你唱。”

周恩来小声地唱道:“起来,饥寒交迫的奴隶……”

邓颖超随声附和地唱:“起来,全世界受苦的人……”

随着这《国际歌》的歌声，医院的大夫、护士相继走进病房，含着热泪加入到合唱中。

当大家唱罢“团结起来，到明天，英特纳雄耐尔，就一定要实现”时，病房中就只有不同的啜泣声了。

周恩来：“都坚强起来！你们有谁知道，英特纳雄耐尔是什么意思？”

一个老大夫说：“是共产主义的意思！”

周恩来：“对！团结起来，到明天，共产主义就一定要实现。你们一定要牢记啊！”

“是！”

周恩来：“同志们，现在对癌症的治疗还没有办法，我一旦死去，你们要彻底解剖检查一下，好好研究研究，能为国家的医学发展做出一点贡献，我是很高兴的。”

“总理！”所有的大夫、护士都失声哭了。

不知何时，叶剑英走进来，他激动地说：“同志们！一定要记住总理的话，团结起来，到明天，共产主义就一定要实现！”

“叶帅，我们记下了！”大夫和护士相继退出病房。

周恩来吃力地拍了拍病床：“来！坐在这里。”

叶剑英坐在病床前的椅子上，用力握住周恩来的手：“你比我还小一岁啊，都是让他们给气的！总理，你有什么心里话，就说吧！”

周恩来：“你是被主席赞誉为‘诸葛一生惟谨慎，吕端大事不糊涂’的老帅，党的命运、国家的前途都系于你一身了！”

叶剑英：“你过誉了！但我会尽力的。”

周恩来：“一、要保护好小平同志；二、要注意斗争策略；三、政权、一定……不要、落在‘四人帮’的、手、里……”

叶剑英：“总理，你就放心吧！”

大夫悲痛地走进：“叶帅，让总理休息一会儿再谈吧！”

叶剑英站起身来：“是！”

周恩来：“谢谢大夫！我这里……没有什么事了，你们还是去照顾……别的、生病的、同志，那里……更需要、你们……”

大夫近似抽泣地："总理！……"

叶剑英两眼淌出英雄的泪水。

邓小平家的走廊上　外　晨——

邓小平独自一人坐在那张藤椅上蹙着眉头，微闭着双眼，下意识地抽着烟。

远方渐渐现出病危的周恩来与邓小平谈话的画面：

周恩来："我听他们说，主席让你主持政治局会议，对文化大革命做结论，是这样的吧？"

邓小平微微地点了点头："是！"

周恩来："你应该明白主席的良苦用心吧？"

邓小平："我明白！或许是大浪淘沙的缘故，文化大革命已经九年多了，他看清了'四人帮'，把权交给他们不放心；可我又使主席很失望，不赞成他搞的文化大革命……"

周恩来怆然地叹了口气。

邓小平："对主席而言，文化大革命一直是他的一块心病，不容许任何人说个不字。由我出面，按照他的精神做出一个七分成绩，三分错误的历史结论来，一可对今人和后人有个交待，二对我也可网开一面。换句话说，我也可遇难成祥了！"

周恩来："你的态度会不会变？"

邓小平："永远不会！"

周恩来："那我就放心了……"

远方的画面慢慢消失。

邓小平缓缓地站起身来，眺望远天。

画外音："总理！我们多灾多难的国家和人民，还有我邓小平，是何等地需要你啊！……"

特写：邓小平两眼溢满了悲壮的泪水。

卓琳慌慌张张地走到近前："不好了，总理真的不行了！"

邓小平大惊失色，腾地一下站起来，同时又"啊"了一声。

在悲痛的画外音中叠印出相应的历史资料：

男声画外音："人民的好总理周恩来同志于一九七六年一月八日上午九时五十七分病逝，终年七十八岁。中共中央、全国人大常委会、国务院发出讣告，沉痛宣告中共中央副主席、国务院总理、全国政协主席周恩来在北京病逝。同时，宣布成立以毛泽东、王洪文、叶剑英、邓小平、朱德等一百零七人组成的周恩来同志治丧委员会。"

女声画外音："十一日下午，周恩来的遗体由王洪文、汪东兴、邓颖超以及治丧委员会工作人员、周恩来生前友好等护送到八宝山革命公墓火化。从北京医院至八宝山的东西数十里长街上，首都百万群众自发地聚集在街道两侧，在严寒中肃立志哀，送别他们敬重的总理周恩来。灵车所到之处，哭声四起、连绵不绝，悲痛的气氛达到了顶点！"

男声画外音："古今中外的历史，都在向人们揭示，一切帝王和政客在追悼前贤或超度亡灵的时候，他们都是为了填补权力的真空。'四人帮'为阻止邓小平致悼词，由张春桥提出叶剑英同志。叶剑英同志据理而争，一句'小平同志致悼词名正言顺！'获得政治局绝大多数同志的认同。十五日下午，邓小平站在人民大会堂追悼大会的前面，代表中国共产党、代表全国各族人民向敬爱的周恩来总理致悼词。"

女声画外音："周恩来总理的追悼会一俟结束，'四人帮'一伙就赤膊上阵，为争夺周恩来遗留下的权力向邓小平发动了更加猛烈的攻击……"

钓鱼台娱乐厅台球室　外　日——

外面隐隐传来《大海航行靠舵手》的歌声。

江青、王洪文、张春桥、姚文元一面打台球，一面无所顾忌地交谈着。

张春桥："江青同志，远新那边有什么消息吗？"

江青："远新说，邓某人在总理逝世前夕，又给主席写了一封信，还是恳请见主席一面。"

王洪文："他呀，是想借主席之口，达到恋栈不去的目的。"

姚文元："我看他这是白日做梦！"

张春桥："主席批了吗？"

江青："远新说批了。"

张春桥有些紧张地:“具体内容是什么?”

江青:“邓小平第二次检讨印发政治局讨论。”

张春桥:“很好!我们就从这里开刀。”

邓小平家的客室　内　日——

胡乔木:“我和国务院政研室的同志商量以后，给你和其他四位副总理写了一封信,请求国务院解除我们代管学部业务的责任,并建议暂缓出版《思想战线》。”

邓小平:“就我个人而言,同意。告诉同志们,对政研室的问题,要听从党中央的处理。”

胡乔木:“是!”

邓小平:“还要代我转告同志们,去年的问题,责任在我。”

胡乔木:“那他们也不会放过我们这些秀才。对此,同志们都有思想准备。”

邓小平:“总理走了,主席会很快填补这一权力真空的。”

胡乔木:“这正是全党、全国人民最担心的啊!”

邓小平无限怆然地叹了口气。

中央办公厅会议室　内　夜——

邓小平:“现在宣布开会!根据主席对我第二次信的批示,请政治局讨论。”

镜头缓缓摇出叶剑英、李先念、王洪文、张春桥、江青、姚文元以及多名不熟悉的与会者。

江青:“我提议,请邓小平自己念一遍给主席的第二封信!”

叶剑英抖了抖手中的文稿:“用不着嘛,我们每人手中都有一份。”

张春桥看了看叶剑英:“好吧!请问小平同志,你为什么三番两次地提出想见主席?其政治目的是什么?”

邓小平:“我没有春桥同志指的政治目的。我的意思是,想当面听取主席的批评和指示,我还想当面提出自己的工作问题。我觉得这种要求是正常的,我仍然抱有这样的希望。”

江青:“你这是在狡辩!请问你犯错误的思想根源是什么?应该老实向

政治局交心。”

邓小平：“我的态度是老实的！因为我多次讲道，建国后这些年不讲阶级斗争是我的旧毛病。”

姚文元：“这叫检查吗？不！是在公开地宣扬不要阶级斗争这个纲，继续搞你的唯生产力论，把生产搞上去！”

张春桥：“叫我看啊，你这次想见主席，就是想重新掌权，把中国引向修正主义！”

邓小平：“我可以坦诚地向政治局表示，我不仅不想重新掌权，而且认定我是一个不适于担任主要负责工作的人！”

江青：“这完全是你有意施放的政治烟幕弹！”

王洪文：“中央是不会再上你一次当的！”

邓小平站起身来：“对不起，我要去厕所！”

张春桥霍然起身：“同志们！他这是在逃避对他的批判。”

叶剑英也站起身来，严肃地：“我提醒诸位，这是政治局会议，不是群众组织召开的批判会。我们更不能剥夺一位党的副主席上厕所的权利！”

与会者愕然。

邓小平沉稳地走出会场。

邓小平家的客厅　内　夜——

卓琳十分不安地在客厅中走来踱去。

有顷，室外传来汽车刹车声。

卓琳急忙拿起暖瓶沏茶。

卓琳双手捧起茶杯转身一看：

邓小平十分疲惫地走进客厅。

卓琳迎上去，放下手中的茶杯：“先喝杯热茶，暖暖身子。”

邓小平微微地摇了摇头。

卓琳：“我给你拿安眠药片去，吃了，就休息。”

邓小平：“不急！”

卓琳一怔：“夜都这样深了，你……还想做什么呢？”

邓小平：“给主席写信，请辞本兼各职。”

钓鱼台十七号楼　内　晨——

江青十分得意地站在门口，笑迎王洪文、张春桥、姚文元走进客厅来。她异常激动地："远新刚刚打来电话，他收到邓小平转来的请辞本兼各职的信了。"

王洪文高兴地："真是喜从天降啊！"

张春桥："先别高兴！请问主席批示了吗？"

江青："远新说，主席还在睡觉，没有交给他。"

张春桥："很好！对我们而言，邓小平辞职，就意味着他交出主持中央日常工作的党权，由谁接任呢？"

江青："当然是洪文同志。"

张春桥："我等都不必讳言，主席身体越来越差，一旦他老人家驾鹤西去……"

江青："这党的主席就是洪文同志的了！"

姚文元："邓小平辞职还意味着他交出国务院的大权，由谁继任呢？"

王洪文："当然是春桥同志！因为他是国务院第二副总理。时下，总理空缺……"

江青："要不了几天，这总理一职非春桥同志莫属！"

王洪文激动地："江青同志，拿酒来！"

张春桥："慢！"

江青、王洪文、姚文元愕然地望着张春桥。

张春桥："古语说得好，预则立，不预则废。我一直在想，主席为什么不让洪文同志回位呢？又为什么不见江青同志呢？又为什么一而再、再而三地挽留邓某人呢？只有一个结论，主席对邓小平不满意，对我们四人不放心，他很可能是在物色新的接班人！"

王洪文、江青完全失掉了方才的热情。

张春桥："关键时刻，什么偶然的事情都会发生。为了避免辛亥革命武昌起义成功之后，从床底下拉出一个黎元洪当都督的事发生，我们必须做两件事情！"

江青："讲吧！"

张春桥:“请姚文元同志调动一切舆论手段,加大批邓、反击右倾翻案风的力度。让主席知道,只有我们才是真正维护文化大革命的!”

姚文元:“是!”

张春桥:“江青同志,立即给远新同志打电话,让他在主席面前为我们美言。”

江青:“好!我这就打电话去。”

毛泽东书房　内　夜——

毛泽东躺在那张大床上,陷入痛苦的沉思中。

吴秘书端着一杯白开水:“主席,该吃药了!”

毛泽东生气地:“不吃!”

吴秘书:“主席,您可不能再讳疾忌医了!”

毛泽东:“少废话!把小平写给我的信拿来。”

吴秘书取来邓小平的信,“主席,这次就让我给你念吧?”

毛泽东:“我自己看!”他接过信吃力地读。同时,传出邓小平的画外音:

“我两次要求面见主席,除了讲自己错误和面聆主席的教导外,确实想谈谈我的工作问题……提,怕觉得我受不得批评。不提,也有什么恋栈之嫌。再三考虑,还是想当主席面谈这个问题为好。……现在,已过去两个多月,批判还将继续下去,再不提出会妨碍中央的工作,增加自己的过失。因此,我首先向主席提出:解除我担负的主持中央日常工作的责任,恳请予以批准……至于我自己,一切听从主席和中央的决定。……”

毛泽东拿着信沉思片刻,问道:“对小平同志的处理,我对远新说过吧?”

吴秘书:“说过!你说邓副总理还是人民内部矛盾,工作问题以后再议。先减少工作,但不脱离工作,让他管外事,不要一棍子打死。”

毛泽东:“好!你要叮嘱远新,不要让江青他们插手。”

吴秘书:“是!”

毛泽东:“把就要颁发的中央一号文件再给我念念。”

吴秘书取来中央一号文件文本,大声念道:“经毛主席提议,中央政治局一致通过，由华国锋任国务院代总理；经毛主席提议，中央政治局一致通过，在叶剑英生病期间，由陈锡联负责主持中央军委的工作。……”

夜空中传来远近不同的鞭炮声。

毛泽东：“停！外边是在放鞭炮吧？”

吴秘书：“对！明天就是阴历大年三十了。”

北京街头巷尾　外　晨——

北京到处都响着过春节的鞭炮声。

孩子们穿着新衣，戴着新帽，提着各种灯笼在戏耍。

大街小巷很少见到成年人，没有过春节的气氛。

毛泽东书房大门　外　晨——

北京的晨空响着稀疏的鞭炮声。

吴秘书站在书房大门外边，顺着大路望去。

一辆黑色的红旗轿车驶来，戛然停在门前。

吴秘书快步走来，十分麻利地打开红旗轿车后门。

身着军装的华国锋步出车门，整理了一下军容风纪，有点儿紧张地迟疑不定。

吴秘书指着大门：“华代总理，请！”

华国锋憨厚地：“好，好！”转身走进书房大门。

吴秘书微微地摇了摇头，遂跟着走进书房大门。

黑色红旗轿车驶离书房门前。

毛泽东书房　内　晨——

毛泽东身着睡衣，躺在那张大床上，他似在倾听室外传来的鞭炮声，又似心不在焉地翻阅一本线装书。

华国锋大步走进，分外紧张地立正站好，右手有些僵硬地行军礼：“报告！华国锋前来向主席拜年。”

毛泽东微微欠起上身，拍了拍床边：“这个年，没有什么好拜的！坐下，先坐下。”

华国锋：“不！我就站在这里聆听您的教导。”

毛泽东：“我哪有什么教导啊！我老了，眼不明，耳不聪，离我近一点儿,我可以看得清楚些,也听得明白一些。"

华国锋:"是!"他很不自然地坐在毛泽东的床头前。

毛泽东:"你对出任这个代总理有何感想啊?"

华国锋下意识地站起来:"主席!我已经通过远新同志向您报告,我水平低,干不了……"

毛泽东:"远新向你转达了我的意见了吗?"

华国锋:"转达了!他说,您就是要我这个水平低干不了的当。可我实在是挑不起这么重的担子啊!"

毛泽东:"你应该明白,这叫临危受命。"

华国锋:"可我……"

毛泽东:"行!"他又拍了拍床头,"你现在是代总理,就是硬着头皮,也要总理一切。"

华国锋:"是!"依然是不自然地坐下。

毛泽东:"中央一号文件下达之后,有什么反映啊?"

华国锋:"全体政治局委员坚决拥护主席英明的决定。"

毛泽东:"不一定吧?"

华国锋愕然一怔:"这……"

毛泽东:"这就更要加强警惕性!他们又说些什么?"

华国锋又是一怔:"他们……"

毛泽东:"就是指江青他们四个人。"

华国锋:"他们嘛,一致要求中央作出决定,在全国掀起一场批邓反击右倾翻案风的群众运动。"

毛泽东沉思顷许:"你要多根弦,紧防有人借着批邓反击右倾翻案风,达到贩卖他们私货的目的。"

华国锋愣了片时,蓦地站起:"请主席放心!我决不会让挂羊头卖狗肉的人达到他们的目的。"

张春桥的办公室　内　晨——

张春桥坐在写字台前,听着室外传来的鞭炮声,十分得意地写下:"二月三日有感"六个大字。接着,他龙飞凤舞般地写起来,并传出画外音:

“又是一个一号文件。去年发了一个一号文件。真是得志更猖狂……来得快，来得凶，垮得也快……他们总是过高地估计自己的力量……”

张春桥沉吟片时，再次挥笔疾书，并传出画外音：

“爆竹声中一岁除，东风送暖入屠苏；千门万户曈曈日，总把新桃换旧符。”

一个中年男秘书走进：“报告！江青首长来拜年了。”

张春桥蓦地站起身来，拱抱双手，笑着说：“用咱们山东老家拜年的话说，恭喜发财！”

江青：“今年春节，既无喜可恭，更无财可发。”她一边说一边走到写字台前看了看：“我们何谈总把新桃换旧符呢？”

张春桥笑了：“华国锋算不算新桃？”

江青：“算！可和我们有什么关系呢？”

张春桥：“当然有关系！邓小平和叶剑英算不算旧符？”

江青：“算！由于我们不是今年春节的新桃，所以也无从说起换邓小平、叶剑英这些旧符了。”

张春桥：“差矣！”

江青：“为什么？”

张春桥：“政治是什么？是治理国家的谋略，换曰手段。华国锋有吗？”

江青：“他缺的正是这种谋略和手段。”

张春桥：“玩政治的人，必须有强大的政治集团做后盾。除了主席一句话，‘请华国锋带着头’外，他还有什么？”

江青：“一贫如洗！”

张春桥：“请问，华国锋这个政治上的叫花子靠什么领导全党批邓，反击右倾翻案风？”

江青：“他必须靠我们！”

张春桥：“着哇！不要几天，他就成了我们手中的玩偶。说句不吉利的话，一旦主席……”

江青恍然大悟：“我们再给他来个新桃换旧符！”

邓小平家的客室　内　日——

室外传来稀疏的噼噼啪啪的爆竹声。

邓小平坐在沙发上抽着烟，陷入更加深沉的凝思。

卓琳站在毛泽东画像前，虔诚地自语："主席啊主席，感谢您没把大权交给他们……"

邓小平："我早就说过，主席就是主席！"

毛泽东的书房　内　晨——

毛泽东穿着他那件睡衣躺在双人沙发上，听着北京上空传来的鞭炮声。

吴秘书高兴地走进："主席，过年的饺子包好了，是三鲜的，您可要多吃几个啊！"

毛泽东强作笑颜："我一定多吃！"

吴秘书："主席，您怎么不高兴啊？"

毛泽东："其他的同志都回家过团圆年了，你们为了我，守在这里，我心里不安啊！"

吴秘书："那主席就不了解我们了，谁能陪着主席过年，那是他一生的造化！"

毛泽东："言过其实了！你知道我们中国人为什么按虚岁算年龄吗？"

吴秘书："不知道！"

毛泽东："我们来到人世间之前，还有母亲怀胎十个月的经历。就这个意义上讲，我今年不是八十三，而是八十四了！"

吴秘书："主席今年就是八十三！说八十四不吉利。"

毛泽东："不对！你们家乡是不是也说七十三，八十四，阎王不叫自己去啊！"

吴秘书："对。"

毛泽东："其实啊，七十三，是指孔老夫子活了七十三虚岁；八十四，是指孟夫子活了八十四虚岁。我……"

吴秘书："不准说出口！"

毛泽东："你这个共产党人怎么也这样迷信呢？"

吴秘书："我真的希望主席万寿无疆！"

毛泽东："这是不可能的！你知道过春节为什么家家户户都要放鞭炮吗？"

吴秘书："老辈的人说，崩一崩晦气！换句话说，希望通过放鞭炮，把去年一切不顺利的事情都崩走，更不要带到新的一年来。"

毛泽东："有道理！按阴历算，去年董老走了，康生走了，总理也走了。我也迷信一次，你和同志们放挂鞭，把去年的晦气都崩没了！"

吴秘书："好了！"他转身快步跑出去。

有顷，书房外传来噼啪作响的鞭炮声。

毛泽东听着鞭炮声，苍凉地自语："七十三，八十四……"

邓小平家的客厅　内　夜——

邓小平独自一人坐在沙发上，听着北京夜空传来的稀疏的鞭炮声，不停地抽着烟。

特写：茶几上摆放着的两个烟灰缸已经堆满了烟蒂。

李秘书轻步走进客厅，心疼地："首长，该休息了！"

邓小平微微地摇了摇头。

李秘书："方才，聂帅的女儿聂力同志给毛毛打来电话，转来他们全家对你们全家的春节祝福，希望你保重身体。"

邓小平："谢谢！"

李秘书："另外，叶帅的秘书给我打来电话，请您要'风物长宜放眼量'！"

邓小平："谢谢！"

李秘书："还有一些首长的秘书在电话中告诉我，迟群那些人在江青、张春桥的指使下，编辑出版了《邓小平言论与马列毛主席教导对照》、《邓小平言论与孔孟之道对照》……"

邓小平生气地："不要再讲了！"

李秘书吓得不知所以。

恰好卓琳从内室走出，震愕地："你这是怎么了？"

邓小平："讲这些东西有什么意义？"

卓琳："起码让你知道一些外面的情况嘛！"

邓小平:“对我而言,与其知道这些无聊的事情,还不如沉下来想想未来中国该怎么办!”

卓琳、李秘书信服地点了点头。

邓小平:“从今以后,你们所有的人——包括家里的孩子和李秘书,都不准与外面的任何人联系。否则,他们会搞出许多无中生有的事来!”

在深沉的画外音中,叠化出有关画面与相关的历史资料:

男声画外音:“从此,一场轰轰烈烈的‘批邓、反击右倾翻案风’的运动在全国展开了!霎时之间,全国上下被搞得妖风四起,黑云压城,几乎看不见了光明!同时,一些坚决执行以邓小平为首的中央进行全面整顿的革命群众、领导干部重新受到批判,有的甚至被关进监狱中。其中万里、胡耀邦、胡乔木、张爱萍等等先后遭到罢官和批判。教育部长周荣鑫因遭受残酷的批判致死,真是‘出师未捷身先死,常使英雄泪满襟’!”

女声画外音:“总理的去世,点燃了全国人民满腔的怒火;‘四人帮’的倒行逆施,把人民心中的怒火燃遍神州大地!从福州到武汉,从贵州到西安,从广州到北京……相继激起了反对‘四人帮’的滚滚浪涛。北京,自三月十九日开始,各界群众自发地涌向天安门广场,汇集到人民英雄纪念碑周围。等到四月四日清明节那天,宏大的天安门广场变成了白色的花圈、白色的花篮、白色的纸花的海洋。由此,上演了一幕声势浩大且永驻史册的天安门事件!”

人民大会堂　内　日——

江青、王洪文、张春桥、姚文元坐立不安,忽而站在窗前听听群众在天安门广场愤怒的喊声,忽而歇斯底里地叫喊。

江青:“这一切的一切,都是邓小平在幕后操纵的!”

姚文元:“这是毋庸置疑的!现在可以定性了,邓小平就是中国当今的纳吉!”

王洪文:“那我们该怎么办呢?”

张春桥:“第一,由洪文同志亲自指挥,调用二百辆卡车,把广场上的全部花圈搬走。”

姚文元:“如果群众不让搬呢?”

张春桥:“你真是一介书生!”

江青:“交洪文同志全权处理!”

王洪文:“这是我起家的本事,绝无问题!”

张春桥:“第二,既然邓小平是总后台,为防事件因他而扩大,我提议立即把他抓起来进行审查。”

江青:“我同意!”

“我也同意!”王洪文、姚文元说道。

张春桥看着一言不发的汪东兴,阴阳怪气地问道:“汪东兴同志,你的意见呢?”

汪东兴:“我以为应按主席说的办,邓小平的矛盾性质在没有改变之前,只应按人民内部矛盾处理。”

张春桥:“如果革命的群众冲进邓小平的住宅,自发地把邓小平抓走怎么办?”

汪东兴愕然不语。

江青:“汪东兴同志,你是八三四一部队的政委,一旦邓小平让革命的群众抓走了,你可是要负责任的啊!”

汪东兴大惊。

“你说话啊?”江青等四人大声质问。

汪东兴沉默不语。

长安街　外　日——

一辆红旗轿车飞驰在长安街上。化入轿车内:

汪东兴坐在轿车后排座位上蹙眉凝思。

突然,汪东兴命令地:“司机同志,回中南海!”

司机一怔:“首长,不是去小平同志的家宽街吗?”

汪东兴不悦地:“改去毛主席的住处。”

司机:“好嘞!”他一踩油门,红旗轿车向前飞去。

毛泽东的书房　内　日——

毛泽东身着睡衣坐在床上,有些不安地说:“东兴同志,传达我的指示：对邓小平不能再冲击，不能抓走，当年抓‘彭、罗、陆、杨’的事不能重演！”

汪东兴站在床头，低沉地说道：“请主席放心，我会把这件事办好的。”

毛泽东：“告诉江青他们：不要和群众为敌，凡镇压学生运动的都没有好下场。”

汪东兴：“是！”转身走出毛泽东的书房。

邓小平宽街家的客厅　内　日——

邓小平十分平静地坐在沙发上，坦然地抽着烟。

卓琳坐立不安，心神不定地在客厅中走来走去。

李秘书从内室走出：“报告首长，汪东兴主任打来电话，他要找你谈话，车子已经停在门口。”

邓小平站起身来，淡然地说道：“好吧！我这就去。”他冲着卓琳深情地点了点头，转身走出客厅。

卓琳转眼看见茶几上放着一副扑克牌，伏身拿起，快步追出客厅，塞进邓小平的口袋里。

邓小平依然迈着军人步伐穿过庭院，走出大门，上了轿车。

司机踩上离合器，打着火，轿车缓缓启动了。

邓小平回首向自己的家门一看：

卓琳无限怆然地看着离去的轿车。

定格叠印字幕：

第十一集终

第十二集

毛泽东的书房　内　傍晚——

毛泽东还是坐在那张大床上，他双手捧着两份文稿，望着前方呆呆地出神。

吴秘书走进："报告！王洪文、张春桥轮番打电话来，问政治局决定永远开除邓小平党籍的决定您批了没有？"

毛泽东："还有别的事吧？"

吴秘书："他们还问毛远新，主席决定由谁出任接班人。"

毛泽东："这才是他们最关心的。"他用右手指着左手中的两份文稿，"拿去！今晚七点的新闻节目播出。"

东交民巷的房中　内　傍晚——

邓小平坐在沙发上，一边抽烟，一边在洗牌、玩扑克。突然，他感到院中传来脚步声，抬起头一看：

卓琳悲喜交集、踉踉跄跄地走了进来。

邓小平蓦地站起身来，叫了一声"卓琳！"快步迎上去，紧紧地拥抱了久经风雨考验的战友和伴侣卓琳。

卓琳老泪纵横、紧紧拥抱邓小平的特写。

邓小平终于松开了卓琳，帮着卓琳擦去满面的泪水，故作轻松地说："不要这样，我们不又在一起了吗？"

卓琳微微地点了点头："汪东兴给你说了些什么？"

邓小平扶着卓琳坐在沙发上："他说，'四人帮'一口咬定我是'天安门事件'的总后台，有人主张抓起我来，有人主张先向我'查问'。最后，就决定由汪东兴来查问我和'天安门事件'的关系。有意思的是，他担心江青他们鼓动不明真相的群众冲击我，出了人民大会堂就去向主席做了报告。主席明确表态，不准抓我，让他给我找个安全的地方先住下。"

卓琳感动地自语："主席啊……"

邓小平："我早就说过嘛，主席就是主席！"

这时，走进一个中年的军人："请打开收音机，七点有重要新闻播出。"

卓琳起身打开收音机。

邓小平、卓琳坐在沙发上用心听广播。

"《中共中央关于华国锋同志任中共中央第一副主席、国务院总理的决议》，根据伟大领袖毛主席的提议，中共中央政治局一致通过，华国锋同志任中国共产党中央委员会第一副主席、中华人民共和国国务院总理。一九七六年四月七日。"

邓小平微微地点了点头。接着，又用心听广播。

"《中共中央关于撤销邓小平党内外一切职务的决议》，中共中央政治局讨论了发生在天安门广场的反革命事件和邓小平最近的表现，认为邓小平问题的性质已经变为对抗性的矛盾。根据伟大领袖毛主席的提议，政治局一致通过，撤销邓小平党内外一切职务，保留党籍，以观后效。"

邓小平乐观地："可以了，你我就在这个地方住吧。"

卓琳茫然远望，仍似在想着什么。

邓小平轻轻地推了推卓琳："你这是怎么了？"

卓琳："主席为什么提议，华国锋同志任中国共产党中央委员会第一副主席呢？"

邓小平："你是不是觉得在党的历史上从来没有第一副主席啊？"

卓琳微微地点了点头："是！"

邓小平伸出四个手指头，笑着说："他们清楚！"

卓琳一怔："他们清楚？"

邓小平："对！"

卓琳茫然地："那我们现在做什么呢？"

邓小平："做晚饭。"

卓琳："以后呢？"

邓小平拿起扑克牌："有它呢！"

钓鱼台　江青住地会客室　内　夜——

江青蹙着眉头一边踱步一边自语："第一副主席，第一副主席……"

张春桥驻足窗前沉思不语。

姚文元用右手托着下巴，求教地："春桥同志，在党的历史上——尤其是在党的七大、八大上，主席虽然选定刘少奇当接班人，可也没有写上第一副主席啊？"

张春桥依然不语。

王洪文焦急地："春桥同志，这样一来，不就等于宣布取消我这个党的接班人了吗？"

江青："春桥同志，你讲话啊！"

张春桥转过身来，紧锁双眉，低沉地问道："江青同志，近来主席的健康情况如何？"

江青："据远新说，最近主席的身体每况愈下，时有休克状态出现。"

张春桥点了点头："我个人认为，因为主席知道自己来日不多，所以就在副主席的前边加上了'第一'两个字。这就等于告诉全党、全国人民，华国锋就是他钦定的合法接班人。他日，如果我们向华某人夺权，就被视为不合法。"

江青断然地："一厢情愿！"她冷笑片时，又说道："我相信，只要文元同志在，就能编出合法的理由！"

姚文元："绝无问题！想想当初，邓小平是那样的不可一世，不也被我们拉下马来了吗？更何况这个黎元洪式的第一副主席华国锋呢！"

"对！对……"江青和王洪文欣喜地说道。

张春桥："诸位，现在还不是谈这些的时候。"

"为什么？"

张春桥："当下的重点，是主席……"

毛泽东的书房　内　夜——

毛泽东无力地躺在床上，口齿不清地说："吴秘书，吴秘书……"

吴秘书边答说："在！"边走到毛泽东的床头，大声地："主席！你有什么事吗？"

毛泽东："你再把那几句话给我念一念。"

吴秘书："主席！我不是刚给您念过吗？"

毛泽东:“我还想听一遍。”

吴秘书不理解地摇了摇头,拿起一本线装书打开,大声念道:“……文王拘而演《周易》;仲尼厄而作《春秋》;屈原放逐,乃赋《离骚》;左丘失明,厥有《国语》;孙子膑脚,《兵法》修列;不韦迁蜀,世传《吕览》;韩非囚秦,《说难》、《孤愤》;《诗》三百篇,大抵圣贤发愤之所为作也。……”

毛泽东喃喃自语:“大抵圣贤发愤之所为作也……”

吴秘书:“主席!你最近为什么老是要听这段话呢?”

毛泽东:“你不懂。”

吴秘书:“谁懂啊?”

毛泽东沉吟片时,嗫嚅地:“小平,小平……”

吴秘书一怔:“小平……”

毛泽东:“对……”

吴秘书:“方才,汪主任打来电话,小平同志的夫人卓琳同志害了眼睛,要去三〇一医院看病。”

毛泽东无力地挥手:“去,去……”

临时住所的客厅　内　日——

邓小平帮着卓琳收拾住院的东西。

邓小平提起简单的行囊:“走!上汽车,去医院。”

卓琳忧心忡忡地:“我不想去了!”

邓小平:“为什么?”

卓琳:“就剩下你一个人了,我不放心。”

邓小平:“没关系,没有过不去的火焰山。”

卓琳:“我常想,要不你再试试看?”

邓小平:“做什么?”

卓琳:“向主席求救?”

邓小平:“让我想想。”他转身指着门口,“走吧!”

临时住地　内　夜——

邓小平坐在桌前给毛泽东写信,传出画外音:

“主席:我到这里住,两个月零几天了。前一个月卓琳和我在一块,我终日愧闷不已，近一月卓琳眼病严重，住了医院，我一个人过日子，这种情况不问可知了……”

毛泽东书房　内　夜——

吴秘书大声地念邓小平的来信：“……卓琳不是短期能出院的。她在医院终日住在一个小房间内，除医护人员外，不敢同任何人接触，也没有亲人去看她。这种情况如能改变，对医疗极有好处。所以，我们急切地提出同孩子们同住，或者首先允许他们来看望我们的要求。邓小平。”

毛泽东病重躺在床上，有些呆痴地听着。

吴秘书读完信看了看毛泽东：“主席，您听清楚了吗？”

毛泽东：“听、清了……小平他、安全吗？”

吴秘书：“非常安全！”

毛泽东：“告诉、汪东兴……同意小平来信的、请求，让小平、一家……团、聚……”把头一歪，出现休克。

吴秘书大声地：“主席！主席……”他急忙转过身大声喊道，“大夫！大夫……”

临时住所　内　日——

邓小平坐在沙发上，一个人在茶几上摆牌、开牌。

突然，室外传来汽车的刹车声。

邓小平下意识地站起身来，侧耳听了听：

传来卓琳的话声：“谢谢你们了！”

邓小平笑了，把手中的扑克牌往茶几上一掷，快步走出屋门。只见：

卓琳提着那个简单的行囊走来。

邓小平疾步向前，激动地：“卓琳！”一把夺过卓琳手中的行囊，“快进屋去！”

卓琳回身看了看：“不！把行李放在地上，我有重要的情况要在院子中告诉你。”

邓小平猝然变得严肃起来，他遵命放下了手中的行李。

卓琳神秘而又小声地说：“我听医院的人说：主席已经下了病危通知了。”

邓小平无比沉重地点了点头。

卓琳:“他们还告诉我,‘四人帮’加快了夺权的步伐。”

邓小平低沉地:“人民呢?”

卓琳:“人民像是一座就要喷发的火山。同时,也最担心你的安全。”

餐厅 内 夜——

卓琳心事很重地坐在餐桌旁边。

邓小平系着做饭的围裙,双手端着一碗热气腾腾的面放在餐桌上,乐观地:“用当年咱们太行山老区群众的话说,起身饺子,落身面。为欢迎你健康归来,请吃我亲手做的落身面。”

卓琳勉强笑了:“来!咱们一块吃。”

有顷,邓小平又端来一碗面,二人十分香甜地吃了起来。

那位警卫走进:“报告首长!奉上级指示:明天首长搬家。”

邓小平一怔:“搬到什么地方去?”

警卫:“上级通知说,请首长一家人回宽街那个家去住。”

邓小平端起面碗:“卓琳,来!今天先吃落身面,明天再吃温锅饭!”

毛泽东书房 内 夜——

毛泽东侧身躺在床上,十分吃力地握着一支铅笔,在一张白纸上写字。特写:

慢慢来,不要招(着)急;

照过去方针办;

你办事,我放心。

华国锋立正站在床前,恭敬地看着主席拼尽全力写字。

毛泽东指着床头的白纸,极其虚弱地:“你……收好,这是我、为你……做的、最、后、一件、事……”

华国锋双手捧起毛泽东写的字,无比激动地:“主席!你就放心吧……”泪水冲开闸门,滚滚而下,遂行军礼,转身大步走出书房。

有顷,吴秘书慌忙走进:“主席!朱老总他、他……”

毛泽东猝然一怔:“老总他、怎么了?”

吴秘书:“他不行了!”

毛泽东呆痴片时,无力自语:“朱毛、不分家,可老总他、也要走了……”双眼渐渐淌出泪水。

在深沉的画外音中叠印出相关的画面:

“就在邓小平一家重新搬回宽街的家不久,他的同乡老领导朱德委员长于一九七六年七月六日于北京逝世,享年九十岁。毛泽东病重卧床,无法为‘朱毛不分家’的老战友朱德送行;作为朱德元帅老部下的邓小平被排斥在所有治丧活动之外,他只有与卓琳仰望长空,为朱德委员长送行。是年七月二十八日凌晨,河北唐山发生强烈地震,死伤近三十万人。因北京有明显震感,邓小平一家搬进抗震棚中。从此,他和卓琳经常望着毛泽东的画像出神……”

临时医院　内　日——

弥留之际的毛泽东躺在病床上。

叶剑英、王洪文、张春桥、李先念、江青、姚文元等中央政治局委员列队站在病房门外,向毛泽东诀别。

叶剑英走到病床前,万分悲痛地:“主席!”

毛泽东微睁双目,非常吃力地活动了一下手臂。

叶剑英再也控制不住了,他泪如泉涌,竟然啜泣不止。最后,他再次叫了一声:“主席!”转身退出了病房。

叶剑英坐在长凳上,双手捧着头,痛不欲生。

叶剑英的画外音“主席,你放心地去吧!我永远践行您对我说过的话,‘诸葛一生惟谨慎,吕端大事不糊涂’!……”

一位护士走到叶剑英的跟前:“首长,主席招呼您呢!”

叶剑英站起身来,再次走到毛泽东的病床前:“主席,我回来了,有什么话,您就说吧!”

毛泽东再次睁开双眼,嘴唇微微翕动,想说什么,又说不出来。

叶剑英紧紧握住毛泽东的手:“主席!说吧,我一定按你说的去办。”

毛泽东似放心地合上了双眼。

叶剑英哭喊道："主席！……"

毛泽东静静地躺在床上的特写。

邓小平家的客厅　内　傍晚——

邓小平、卓琳站在毛泽东的遗像前，看着那熟悉的面容，忍不住地洒下了极其复杂的泪水。

卓琳泣诉着："主席，你走了，我们……"

邓小平："不要说了！我们一起向主席的遗像默哀。"他说罢缓缓地把头垂在了胸前。

卓琳缓缓地把头垂在了胸前。

哀乐起，随即化出毛泽东主持政治局会议的画面：

毛泽东："江青同志，你要注意呢，别人对你有意见，又不好当面对你讲，你也不知道。"

江青："有意见就讲嘛，我也没堵谁的嘴！"

毛泽东生气地："你呀，就是不懂出高价钱去买批评的啊！你不要设两个工厂，一个叫钢铁工厂，一个叫帽子工厂，动不动就给人家扣帽子，不好呢，你的那个工厂不要了吧？"

江青："好！那就把钢铁工厂送给小平同志。"

毛泽东："这是政治局会议！"他指着王洪文、张春桥、姚文元，"你们要注意呢，不要搞四人小宗派呢！"

画面渐渐隐去，室内回响着低沉的哀音。

邓小平、卓琳沉痛地注目毛泽东的遗像。

邓小平的画外音："全党、全军、全国人民和'四人帮'的斗争开始了……"

在低沉的哀乐声中送出深情的画外音，同时叠印出相应的画面或历史资料：

男声画外音："中国共产党中央委员会主席、中华人民共和国的主要缔造者和领导者毛泽东，于一九七六年九月九日零时十分驾鹤西去，永远地告别了他所热爱的人民、他所眷恋的热土，还有他倾毕生精力所为之奋斗的革命事业。”

女声画外音：“一代伟人毛泽东走了，全党和全国人民闻之震愕，第一个反应是：中国怎么办？第二个反应才是悲痛无限。就在全国人民掬泪送别自己领袖的时候，每个人的心里都暗自祈祷，毛主席啊毛主席，千万不要让‘四人帮’上台。同时，以华国锋、叶剑英、李先念等中央领导同志也加快了与‘四人帮’斗争的步伐……”

长安街 外 日——

一辆红旗轿车飞驰在长安街上。化入轿车内：

华国锋臂缠黑纱，胸戴白花，表情肃穆地坐在轿车后排座位上。有顷，他低沉地说道：“去西皇城根九号！”

司机：“您不是去北京医院检查身体吗？”

华国锋：“先去先念同志家！”

司机：“是！”一脚油门，轿车飞似地向前驰去。

李先念家的客厅 内 日——

客厅中央悬挂着毛泽东的遗像。

李先念身着中山装，臂缠黑纱，在客厅中踱步凝思。

秘书引华国锋走进：“首长！华总理到了。”

李先念愕然一怔，转身紧紧握住华国锋的手：“你不是在中南海值班吗？怎么突然到我这里来了？”

华国锋：“我是在值班，是借检查身体到你这里来的，只能坐几分钟。”

李先念：“情况怎么样？”

华国锋：“自从他们搬进中南海以来，政治局会议变成了他们发难的场所。同时，他们在紫光阁架了电话，和全国各省直接联系。我们同他们的斗争是不可避免的，现在到了解决的时候了！”

李先念凝思片时：“你下决心了？”

华国锋：“下了！”

李先念：“汪东兴同志呢？”

华国锋：“他找过我了，和我的态度一样，现在不能再等待了，问题是什么时候解决好，采取什么方式，请你考虑。”

李先念：“可以！”

华国锋：“如果你同意，请你代表我去见叶帅，征求他的意见，采取什么方式，什么时候解决他们。”

李先念：“我一定代表你去见叶帅，共商大计。”

华国锋：“一定要避开他们的耳目。”

李先念：“放心，对付他们我还是有办法的。”

华国锋：“好！我该走了。”

李先念用力握住华国锋的手：“你天天和他们打交道，一定要沉着、冷静。”

华国锋：“放心！”转身大步走去。

西山放鹤亭　外　日——

叶剑英扶栏远眺西山秋色，表情肃穆，陷入沉思。

鸟儿在树枝上自由地追逐、鸣唱。

叶剑英低声吟咏：“鹤飞去兮，西山之缺，高翔而下览兮，择所适……鹤归来兮，东山之阴，其下有人兮……”

秘书引李先念沿山路吃力地走近放鹤亭。

李先念有感而发，接着叶剑英吟咏：“归来归来兮，西山不可以久留。”

叶剑英转身一看，惊喜地说道：“哎呀，是哪股风把你吹来了啊？”

李先念：“我啊，是无事不登三宝殿哟！”

叶剑英：“你这次来，是公事奉命，还是老交情看望？”

李先念：“怎么说呢，老同志嘛，说奉命也行。”

叶剑英警惕地巡视了一下周围的情况：“随我进屋去谈。”他说罢沿山路走去。

李先念快走两步，搀着年近八旬的叶剑英走去。

叶剑英客厅　内　日——

李先念搀着叶剑英走进客厅，环视周围，笑着说：“还是叶帅心细，这个地方……”

叶剑英急忙伸出右手，示意禁声。

李先念愕然一怔，坐在一张双人沙发上。

叶剑英转身走到收音机前，俯身打开收音机，由于音量过大，客厅中回响不绝于耳。

叶剑英坐在李先念身边。

李先念大声地："你这里还不安全啊？"

叶剑英："很难说。"

李先念大声地："叶帅，我是奉华国锋同志之命来的！"

叶剑英耳背，大声地："他说什么？"

李先念："华国锋同志说，"他伸出四个手指头，"他们很注意我，我不能到叶帅那里，现在中南海有事，请你到叶帅那里去一次。"

叶剑英："你再讲大声一点儿，我听不清楚！"

李先念："是收音机太吵闹的，把它关了吧？"

叶剑英："不行！不行……"他站起身来一边踱步一边思索，走到写字台前，拿起一支铅笔和几张白纸，"来！我们用笔交谈。"他坐在沙发前，把铅笔递给李先念，"你先写！"

李先念伸出四个手指头在面前晃了晃，然后写道："和他们的这场斗争是不可避免的！"把铅笔交给叶剑英。

叶剑英挥笔写道："这是你死我活的斗争。"把铅笔交给李先念。

李先念写道："请你考虑时机和方法。"把铅笔交给叶剑英。

叶剑英："同意！"他沉思片时，写道："陈锡联？"

李先念接过铅笔写道："完全可靠，请放心。"

叶剑英微笑着点了点头，然后拿起写有字的白纸，擦着火柴，付之一炬。

李先念看着这燃烧的火焰欣慰地点了点头。

叶剑英走到李先念身旁，附耳说道："我们同他们的斗争是你死我活的斗争，只有你死，才有我活，没有调和的余地了，要彻底解决他们的问题，还要有周密的部署。"

李先念边听边赞同地点头。

叶剑英："告诉华国锋同志，陈云同志、聂帅、邓大姐、康大姐也是这样看的。”

李先念：“好！好……”他站起身来，大声地：“我的任务完成了，你还有什么话要我转告华国锋同志吗？”

叶剑英：“要他用好主席生前写给他的那三句话，尤其是‘照过去方针办’这句话。”

李先念：“对！照过去方针办，就是照主席说的，今年解决不了‘四人帮’就明年，明年解决不了‘四人帮’就后年。今年恰好是主席说的后年。”

叶剑英严肃地点了点头：“那我们就在今年解决！”

李先念：“我一定转告华国锋同志！”转身走去。

中南海江青住处　内　夜——

江青迫不及待地：“主席去世了！我们该怎么办吧？”

王洪文傲慢地：“按理说，我们应该立即下手，软禁叶剑英、邓小平等老家伙，逼迫华国锋拱手交出党政军大权。可是，我们手中没有枪杆子啊！”

姚文元：“更为严重的是，我们没有政变夺权的合法理由。”

江青焦急地：“可华国锋手中呢，却握有主席亲笔写的三条临终遗嘱。”

姚文元：“其中最重要的是第三条，你办事，我放心！”

“对！对……”江青、王洪文附和道。

站在窗前不语的张春桥突然转过身来，低沉地：“不对！”

江青、王洪文、姚文元愕然地看着张春桥。

张春桥：“最重要的是第二条，照过去方针办。”

“为什么？”

张春桥：“照过去方针办，就可以解释为照主席曾肯定过的方针办。结果，邓小平他们不仅可以翻整顿的案，而且还可以借口主席说过解决‘四人帮’的话，拿我们四人开刀！”

王洪文冷笑：“他邓小平没有这个能力！”

张春桥：“可叶剑英、李先念这帮老家伙有！”

王洪文大惊。

江青一时没有了主意:“军师,你说我们该怎么办呢?”

张春桥:“修改主席的遗嘱!”

王洪文:“行吗?”

江青:“行!”

姚文元:“查中外几千年历史,不断地重复这样一个规律,为了争夺皇位,各种手段无所不用其极!自然,也包括修改先帝的遗诏。”

江青:“对!我很早就听说过,雍正就是通过篡改康熙的遗书才当上皇帝的。”

王洪文:“好!春桥同志,你就说我们怎么修改主席的临终遗嘱吧!”

张春桥伸出三个手指头:“只需改三个字。”

“哪三个字?”王洪文、江青、姚文元问道。

张春桥:“照过去方针办,改成按既定方针办。”

江青:“好!按既定方针办,就是要按批邓反击右倾翻案风办,就是要把无产阶级文化大革命进行到底!结果嘛,邓小平就有好戏看了!”

王洪文:“可怎么让群众相信我们改的是真的呢?”

张春桥:“要先声夺人,由文元同志组织一篇社论,名字就叫按既定方针办。只要这篇社论在两报一刊上发表……”

江青拍着手,连声赞曰:“好!群众就会相信按既定方针办就是毛主席的遗嘱。”

张春桥:“为防万一,洪文同志还要以上海为中心搞我们的武装!”

邓小平庭院中的走廊　外　日——

秋风瑟瑟,偶尔吹落一片树叶,在空中徐徐飘落。

邓小平坐在椅子上,双手捧读一张《人民日报》。特写:

人民日报　九月十六日　社论　《按既定方针办》

邓小平缓缓地站起身来,把手中的《人民日报》丢在那张临时的茶几上,随手点燃一支香烟,边吸边沿着走廊踱步。

又一阵秋风吹来,把《人民日报》吹落在地上。

卓琳从正屋快步走出，把掉在地上的《人民日报》拾起来，双手展开一看，下意识地念道："按既定方针办……"

邓小平走到跟前，从卓琳的手中拿过《人民日报》，再次丢在那张茶几上，说道："不要去管它！"

卓琳担心地："可我，从这篇《按既定方针办》的社论中嗅出了一种味道啊！"

邓小平："不要去管它什么味道不味道的，回屋休息吧。"

卓琳犹豫片时："按既定方针办，真的是主席遗嘱吗？"

邓小平："不知道！"

卓琳："那你……"

邓小平："我只知道他们四个人是什么事都会干出来的。"

卓琳理解地点了点头："你打算怎么办呢？"

邓小平："听天由命。"

卓琳一怔："什么？听天由命……"

邓小平："对！不过，我说的这个天是群众，是党。用主席的话说，叫相信群众相信党。只要群众在，党在，我就是安全的。"

华国锋书房　内　夜——

华国锋坐在书桌前面，敬仰地望着毛泽东的遗像出神，似陷入严肃的凝思。

秘书引叶剑英走进，小声地："叶帅到了！"

华国锋没有反应，继续望着毛泽东的遗像出神。

叶剑英用手示意秘书退下，遂走到书桌前，幽默地："国锋同志，是在考虑如何落实主席的遗嘱吧？"

华国锋下意识地："是！是……"他急忙站起，客气地说道，"叶帅，请坐！"他轻轻地叹了口气，"他们越来越不像话了！不仅提出要江青做党的主席，而且还明目张胆地篡改主席的最高指示。"

叶剑英："这是因为他们清楚，虽然只改了三个字，天下就可以改变颜色。"

华国锋："你看了乔冠华同志在联大的发言稿了吗？"

叶剑英:“看了!他们依然在这篇发言稿中塞进了按既定方针办。按照他们的想法,只要乔冠华同志在联大讲了,就等于昭告天下,按既定方针办就是主席的遗嘱。”

华国锋:“你说该怎么办呢?”

叶剑英:“在政治局会议上戳穿他们的阴谋!”

华国锋:“好!”他从桌上拿起一封信,“这是毛远新写给我的信,征询他的去留问题。”

叶剑英:“先念同志的意见呢?”

华国锋:“他认为不应传阅,否则他们会借故闹事,在政治局会议上一说就行了!”

叶剑英微微地摇了摇头:“不见得!只要没有把他们抓起来,他们就会闹的!”

华国锋坚定地:“看来,是到时候了!”

李先念一步走近:“我们想到一块了,无论怎样先抓起来再说。一句话,早比晚好,愈早愈好。”

华国锋:“这就是我请你们二位来的目的!”他沉吟片时,“我考虑过了,在政治局开会投票解决‘四人帮’的问题,有把握,因为我们是多数。”

叶剑英:“但在中央委员会开会解决‘四人帮’的问题,情况复杂,可能节外生枝。”

李先念沉重地:“一定要吸取赫鲁晓夫篡夺领导权的教训,绝对不能开中央委员会。”

华国锋:“叶帅,你的意见呢?”

叶剑英:“以召开会议的形式,对‘四人帮’实行隔离审查,然后再召开政治局会议,向全会做报告。”

“好!”华国锋、李先念赞同地说。

叶剑英坐下:“关于时间问题,方才我去看了汪东兴同志,他和我都同意,在国庆节后十天左右动手。”

华国锋:“我也是这么想的!十月十日,恰好是主席逝世满一个月。叶帅,你和东兴同志谈得怎么样?”

叶剑英："请放心，我已经和东兴同志讲过，这是一着很险的险棋，又非走不可，必须果断，又要周密，要万无一失地办事。他表示，保证做到万无一失！"

华国锋："东兴同志还告诉我，他利用八三四一部队政委之便，在密切监视'四人帮'的阴谋活动。"

叶剑英："最重要的是，一定要确保小平同志的安全！"

中南海　江青住处客厅　内　夜——

江青驻足墙下，望着一幅北京地图出神。

王洪文、张春桥、姚文元快步走进室内。

江青指着北京地图有些茫然地问道："春桥，你的葫芦里到底装的是什么药啊？"

张春桥："请洪文同志对照这幅北京地图讲一下，你就明白了。"

王洪文指着北京地图，杀气腾腾地说："为了执行我们制订的'稳住上海，搞乱全国，乱中夺权'的十二字方针，我已经和北京某部坦克部队取得联系，在必要的时候从东南、西北方向开进北京，造成掎角夹攻之势……"

张春桥一挥右手："首先，把叶剑英、李先念这帮老家伙逮捕入狱；其次，拿邓小平开刀，逼迫华国锋交权！"

姚文元："接着，我们就可以通电全国，召开属于我们的'盛大节日'！"

江青拍着手："好！好……"她猝然变色，"我们其他的准备工作呢？"

张春桥取出一纸文稿："我草拟了一份政变提纲，提出了镇反、杀人的计划。你们先传阅一下！"

江青："不用传阅了，扼要地讲一讲就行了！"

张春桥："一句话，就是讲革命与专政。怎么革、怎么巩固政权的问题。用两个字来说，杀人！"

王洪文："好！"

姚文元："同时，我还拟定了一份《告全国人民书》，一旦得手、成功之后，立即向全国、全世界播发！"

江青："很好！春桥同志，上海方面的情况如何？"

张春桥："据马天水等同志的报告，他们在上海精选了十万民兵，每人发了四十发子弹。同时，还向有关的民兵组织下发三百门大炮和一千发子弹。一旦出现意外，他们就在我们党的发祥地——上海再发动武装起义！"

王洪文："我们动手的时间呢？"

江青："应当选在十月七、八、九三天。"

姚文元："为什么？"

张春桥："江青同志说，应当把我们的夺权胜利当做一份厚礼，公祭毛主席仙逝一个月！"

"好！"姚文元、王洪文说道。

江青："文元同志，为了回击他们对主席临终遗嘱的质疑，你组织他们写的文章完成了吗？"

姚文元取出一纸文稿，说道："完成了！名字叫'永远按毛主席的既定方针办'，署名梁效，计划发在十月四日的《光明日报》上。"

王洪文："火候怎样？"

姚文元："与春桥同志草拟的杀人提纲如出一辙！"

这时，秘书拿着一沓相片走进："首长！王副主席的标准相取来了。"

江青高兴地："好，好！都来看看，我们的洪文同志有没有当主席的福相。

"哈哈……"他们发出得意的笑声，并争相观看王洪文的标准相。

邓小平庭院中的走廊　外　日——

邓小平依然坐在走廊中的椅子上，双手捧读一份《光明日报》。特写：

光明日报　十月四日　署名　梁效　《永远按毛主席的既定方针办》

邓小平猝然站起身来，愤慨地把《光明日报》掷在茶几上，随即快速地在走廊上踱步。

画面渐渐现出毛泽东主持八大军区司令员对调的会议。

许世友迈着军人的步伐，有节奏地走到毛泽东面前行军礼："报告主席！你的老战士许世友前来领受新的战斗任务！"

毛泽东："好，好！还像是当年的样子。我要你读《红楼梦》，你读了吗？"

许世友:“读了!”

毛泽东:“读了几遍?”

许世友:“一遍!”

毛泽东:“一遍不够,至少要读三遍。你知道历史上有一个叫周勃的战将吧?”

许世友:“知道!你多次讲过,周勃无文,是跟着汉刘邦打天下的一员战将。刘邦死后,他的老婆吕后谋权篡位,周勃怒而兴兵,成了安刘灭吕的一代忠臣良将。”

毛泽东:“好!我要你学周勃。”

许世友:“请主席放心,谁再学林彪谋反,加害主席,我就和他势不两立,学着周勃的样子杀他个片甲不存!”

画面渐渐地隐去。

邓小平踱步的节奏缓了下来,似在思索什么。

卓琳拿着那份《光明日报》焦急地站在一边,不安地问道:“这篇梁效的文章通篇散发着杀人的味道,你说我们该怎么办呢……”

邓小平不语,继续在走廊中缓缓踱步。有顷,他走到走廊的尽头,转过身来。

卓琳拦住去路:“你怎么不说话啊?”

邓小平淡然一笑:“我不是早就说了吗?听天由命!”

卓琳生气地:“你呀!到了这个时候还能笑着说话。”

邓小平:“那我还哭着说啊!”他望着生气的卓琳,平静地说,“卓琳,你猜方才我在想什么?”

卓琳:“我哪里知道!”

邓小平:“我想到了主席生前要许世友做周勃的事。”

卓琳一怔,遂又说:“可他远在广州,能做当今的周勃吗?”

邓小平:“还有叶帅他们嘛!据我所知,主席也不止一次地和他说,要他当周勃。”

卓琳想了想,说道:“叶帅,行!”

邓小平:“好!这些天来,我经常想,我们这个党是靠枪杆子打出来的,我们绝大多数的同志是有坚定信仰的战友，林彪不行，他们一定也不行！”

卓琳微微地点了点头，随即用力把《光明日报》摔在了茶几上。

恰在这时，吹来一阵秋风，茶几上的《光明日报》掉在了走廊的地上。

中南海　华国锋书斋　内　夜——

华国锋拿着十月四日的《光明日报》严肃地说：“这篇《永远按毛主席的既定方针办》的文章，继续宣传伪造毛主席的临终遗嘱，影射攻击我是‘修正主义’头子，在全国制造反革命舆论，我认为是他们准备篡党夺权的最后行动信号！”

叶剑英：“我赞成国锋同志的意见！在这个时刻，如果不打破‘四人帮’篡党夺权的阴谋，我们这个党就很危险。”

李先念：“据那些造反派传说，在十月七、八、九三日将有‘特大喜讯’，这说明他们就要动手了！”

华国锋：“因此，我们必须改变原定十月十日的计划，提前行动。叶帅，你看是六日还是七日？”

叶剑英沉吟良久，断然地：“六号！”

李先念：“我同意！”

华国锋：“我也同意！关于采取的方式，还是我们原来商定的办法，以召开中央政治局常委会，讨论《毛泽东选集》五卷文稿的名义，通知张春桥、王洪文、姚文元开会，他们一到怀仁堂，就由我代表中共中央宣布对他们实行隔离审查。同时，对江青、毛远新宣布执行同样的措施。”

叶剑英：“很好！我建议由吴德同志指挥卫戍区部队对迟群这些小爬虫实行逮捕。”

“可以！”

叶剑英：“古语说得好，谋成于密，败于泄。我准备交待汪东兴同志，从执行特殊任务人员中挑选和组成精干的队伍，一定要绝对可靠。”

华国锋：“请叶帅告诉汪东兴，六号晚八时，由我和叶帅坐镇怀仁堂，由他执行逮捕、隔离‘四人帮’的任务！”

叶剑英：“可以！同时，我们还必须要严格地控制舆论，建议国锋同志命令耿飚同志带人进驻中央人民广播电台，执行特殊的任务。”

华国锋:“没问题！”

李先念:“我不是政治局常委,自然就不能参预这项重大的革命行动。你们看我还能做些什么呢？”

华国锋:“在家等我的电话,去玉泉山出席政治局会议！”

定格叠印字幕:

第十二集终

注:关于粉碎“四人帮”的情况,各有所说。我是根据叶剑英、华国锋、李先念、汪东兴等同志的回忆文字经过艺术加工写成的。

第十三集

中南海　外　傍晚——

中南海庭院十分森严、寂静。

执勤的哨兵岿然不动，显出那特有的威严。

中南海警卫部队院落　外　傍晚——

汪东兴严肃地："方才，我讲了这次特殊行动的重大意义，你们都明白了吗？"

"明白了！"十多个威武雄壮的男女军人站成一排，齐声答说。

汪东兴："党中央要求你们，在规定的时间、地点，坚决完成党中央交给你们抓捕'四人帮'的光荣任务！"

"保证完成任务！"

汪东兴："出发！"

十多个威武雄壮的军人分成两队，向着不同的方向走去。

汪东兴看了看手表，微微地点了点头。

怀仁堂正厅　内　初夜——

华国锋、叶剑英在太师椅上正襟危坐，二人气宇轩昂，指挥若定。

有顷，汪东兴从外面走进，行军礼："报告！执行任务的同志全部到位，请指示！"

华国锋："叶帅先讲！"

叶剑英严肃地问道："东兴同志，由谁负责指挥怀仁堂的任务？"

汪东兴："报告叶帅！由我全权负责。"

叶剑英："很好！江青那边呢？"

汪东兴："由一位办公厅的副主任负责。"

叶剑英："配有女兵吗？"

汪东兴："有！"

叶剑英："很好！下边，由国锋同志作指示。"

华国锋："东兴同志，还有什么困难吗？"

汪东兴："没有！"

华国锋看了看手表："这次特殊的政治局常委会就要开始了，一定要干净、利索地完成任务！"

汪东兴："是！"行军礼，然后大步走到屏风的后边，向怀仁堂东侧大门一看：

怀仁堂东侧门两边各站着两位身材高大的军人，机警地盯着门外的动静。

怀仁堂东侧门外　夜——

怀仁堂东侧门外空无一人，气氛肃穆，似在等待什么。

有顷，王洪文兴冲冲地大步走来。

待命已久的四个警卫战士突然冲出东侧门。

王洪文一看大惊，故作震惊地："我是来开会的，你们想干什么？"

四个警卫战士跃身王洪文身边。

王洪文施出全身的解数，拼命反抗。

四个警卫战士略施小技，将王洪文推倒在地，瞬间把他制服，像抓小鸡似地又把他从地上拽起。

汪东兴走到跟前："把他带进怀仁堂！"

王洪文看了一眼汪东兴，把头一昂，被警卫战士押进怀仁堂东侧门。

怀仁堂正厅　内　夜——

华国锋、叶剑英依然是在太师椅上正襟危坐。

汪东兴与四个警卫战士押着王洪文走到跟前。

华国锋表情肃穆地宣布："王洪文，你犯下了反党反社会主义的罪行！我代表党中央宣布，对你进行隔离审查！"

叶剑英："带下去！"

汪东兴："是！"他冲着四个警卫战士一挥右手。

四个警卫战士押着王洪文向屏风的后边走去。

王洪文不服气地自语："没想到有这样快！"遂无奈地摇了摇头，走进屏风的后面。

怀仁堂东侧门外　夜——

张春桥夹着皮包，摇头晃脑地向怀仁堂东侧门走来。

两个警卫战士从怀仁堂东侧门快步走出，朝张春桥逼来。

张春桥一惊："这是怎么回事？"

说时迟，那时快，两个警卫战士冲上前去，熟练地把张春桥双手拧到背后，说了声"走！"遂把时有反抗的张春桥架进怀仁堂东侧门。

怀仁堂正厅　内　夜——

华国锋、叶剑英还是在太师椅上正襟危坐。

汪东兴与两个警卫战士架着张春桥走到跟前。

华国锋表情肃穆地宣布："张春桥，你犯下了反党反社会主义的罪行！我代表党中央宣布，对你进行隔离审查！"

张春桥听后双腿打颤，全身筛糠，说不出一句话来。

叶剑英："带下去！"

汪东兴："是！"冲着两个警卫战士一挥右手。

两个警卫战士拖着抖成一团的张春桥走进屏风后面。

怀仁堂东侧门外　夜——

姚文元光着秃头，拿着《毛泽东选集》第五卷送审本，迈着四方步，向怀仁堂东侧门走来。

两个警卫战士从东侧门冲出。

姚文元高高举起《毛泽东选集》第五卷送审本大喊："我是来讨论《毛选》的，你们胆敢胡来……"

两个警卫战士不容分说，扭着姚文元走进怀仁堂东侧门。

怀仁堂正厅　内　夜——

华国锋、叶剑英照旧在太师椅上正襟危坐。

汪东兴与两个警卫战士拖着姚文元走到跟前。

华国锋表情肃穆地宣布："姚文元，你犯下了反党反社会主义的罪行！我代表党中央宣布，对你进行隔离审查！"

姚文元惊得"啊"了一声，遂瘫在了地上。

叶剑英："带下去！"

汪东兴:“是！”冲着两个警卫战士一挥右手。

两着警卫战士拖着魂不附体的姚文元走进屏风后面。

华国锋兴奋地站起来:“干得漂亮！”

叶剑英沉稳地:“东兴同志！江青那边动手了吗？”

汪东兴看了看手表:“就要动手了！”

江青的客厅　内　夜——

江青背剪着手,在室内边缓缓踱步边得意地哼唱:“乱云飞,松涛吼,群山奔涌……”

“咚”的一声,一位副主任率四名男女战士站在门前。

江青转身一看,严词质问:“你们这是干什么？”

两个女战士快步走到江青身边,一人抓住江青的一只手。

副主任严厉地宣布:“江青,你犯下了反党反社会主义的罪行!我受党中央的指派,对你采取隔离审查的措施！”

江青胆怯地:“我、我要去厕所……”

副主任指着一位女战士:“随她去厕所！”

一位女战士:“是！”遂押着江青走进厕所。

客厅中安静极了,大有窒息之感。

有顷,走进一位警卫战士:“报告！汪主任指示,要江青交出保险柜的钥匙。”

副主任:“知道了！”

这位警卫战士转身走出客厅大门。

恰在这时,江青从厕所走出,要泼地:“保险柜里装的是党的机密,我绝不把钥匙交给你们！”

副主任:“好！那我们搜。”

江青:“慢！”

副主任:“痛快些！”

江青迟疑片时,取出一串钥匙,装进一个大信封里,然后用糨糊封好,伸手拿起一支钢笔,在信封上写下:

华总理亲启。

两个女战士押着江青走出客厅。

副主任拿起客厅中的电话,大声说道:“汪主任!抓捕江青的工作胜利完成。”

怀仁堂正厅　内　夜——

华国锋、叶剑英一动不动地坐在太师椅上。

汪东兴从屏风后面走出:“报告!江青、毛远新已经送到隔离室审查。”

华国锋、叶剑英同时站起身来,十分激动地拥抱、握手。

汪东兴:“华总理,叶帅! 应该召开政治局会议了。”

华国锋:“好! 立即通知李先念同志,以及在京的所有政治局委员,马上赶到玉泉山,出席政治局会议! ”

汪东兴:“是! ”

玉泉山九号楼　内　夜——

华国锋挽着叶剑英笑容可掬地走进会场。

与会的政治局委员、候补委员十分惊诧地看着华国锋和叶剑英。

华国锋请叶剑英落座。

华国锋激动地:“同志们!今天晚上召开政治局会议的第一项内容,是向诸位通报,‘四人帮’被彻底地粉碎了! ”

与会者先是一怔,接着响起热烈的掌声。缓缓摇出:

华国锋憨厚地笑着鼓掌;

叶剑英坐着一边鼓掌一边露出了胜利的微笑;

李先念、汪东兴以及在京的十一位政治局委员、候补委员热烈鼓掌的特写。

华国锋示意大家安静,然后大声宣布:“下边,我们在商讨粉碎‘四人帮’后党和国家所面临的问题前,我有责任向政治局报告,我们的叶帅、先念同志,还有汪东兴同志,在粉碎‘四人帮’的过程中建立了重大的历史功勋! ”

与会者再次响起热烈的掌声。

华国锋:“下边,请叶帅讲话! ”他说罢带头热烈鼓掌。

与会者热烈鼓掌。

叶剑英:“同志们!我从你们的掌声中知道,你们是赞同隔离审查‘四人帮’的革命行动的!方才,华国锋同志讲了我们几个人在粉碎‘四人帮’过程中所起的作用,我要说句公道话,华国锋同志,在这场斗争中作出了重大的历史贡献!”

与会者热烈鼓掌。

叶剑英:“准确地说,政治局同‘四人帮’的斗争,思想是统一的,认识是一致的,决心是大家下的。”他稍歇片时,又大声说,“我提议,华国锋同志为中共中央主席、中央军委主席,有反对的意见吗?”

“没有!”

“通过!”

华国锋站起身来:“我提议,中共中央决定出版《毛泽东选集》第五卷,永远保存我们伟大的导师毛主席的遗体,并在天安门广场建立毛主席纪念堂!”

“同意!”全体与会者又禁不住长时间地鼓掌。

玉泉山顶　外　晨——

华国锋挽着叶剑英沿着山路走来,驻足山顶,眺望东方:

朝霞渐渐染红了东方,古老的京城显出勃勃生气。

华国锋感慨万千地:“天亮了,太阳就要出来了!”

叶剑英:“是啊,阳光即将洒满神州大地。”

华国锋:“叶帅,除了昨夜政治局决定的大事之外,你看我们还应做些什么呢?”

叶剑英沉吟良顷:“解决小平同志的问题。”

华国锋沉默不语。

叶剑英:“小平同志的问题,是党心所向,民心所向,与稳定政局密切相关的一桩大事,中央应当尽快解决为好。”

华国锋沉吟片时:“小平同志的问题,直接关系到主席,如操之过急,其效果会适得其反。”

叶剑英:“我不这样看。”

华国锋:“我个人的意见,等条件成熟了,党中央再召开专门会议,对小平同志的问题作出相应的决定。”

叶剑英:“何时向小平同志通报粉碎‘四人帮’的消息呢?”

华国锋:“等天下大定之后。”

叶剑英轻轻地叹了口气。

邓小平庭院　内　日——

邓小平有些沉重地在院中散步,似感到了什么?他抬起头望望晴空万里的蓝天,继而又侧着耳朵想听到什么。

李秘书有些好奇地:“首长,你这是怎么了?”

邓小平:“我在怀疑自己的耳朵出了毛病。”

李秘书一怔:“有什么异常感觉吗?”

邓小平:“往日散步,总是会听见外面高音喇叭打倒我的喊声;今天,北京的上空怎么这样安静呢!”

李秘书:“你的耳朵正常,北京上空就是没有什么声音。”

邓小平自语地:“为什么会突然没有声音了呢?”

卓琳从内室快步走出,不容分说,一把拉着邓小平,格外兴奋地:“走!跟我去厕所。”

邓小平:“有意思,我去厕所干什么?”

卓琳:“进了厕所再说!”

比较宽敞的卫生间　内　日——

浴盆的龙头放着水,发出哗哗作响的流水声。

邓小平第一个走进,放好马桶盖,一屁股坐在上面,有点迫不及待地问:“发生了什么事?”

卓琳神秘地:“‘四人帮’被抓起来了!”

邓小平一怔:“什么?”

卓琳:“‘四人帮’被抓起来了!”

邓小平:“真的?”

卓琳:“千真万确。”

邓小平:“你听谁说的?”

卓琳:“听毛毛的丈夫贺平说的。”

邓小平："他又听谁说的？"

卓琳："贺平听他父亲贺彪说的。"

邓小平微微地点了点头。

卓琳："今天一早，贺彪同志听一位在军队的老战友说的。他立即打电话叫回了贺平，让他来告诉我们。"

邓小平惊喜地："'四人帮'是怎样被抓起来的？"

卓琳："说了！六号晚七时，华国锋、叶剑英提前一个小时赶到怀仁堂，汪东兴已带着警卫人员在大厅守候。就要到八点了，王洪文第一个走进怀仁堂，一见情况有变，他就拼命反抗。没有一个回合，就被警卫战士推倒在地。"

邓小平："他只有一点武斗的本事，哪是我们警卫战士的对手。"

卓琳："你还听不听？"

邓小平："对不起，请讲！"

卓琳："接着，华国锋代表党中央宣布，王洪文你听着，你伙同江青、张春桥、姚文元等反党、反社会主义，犯下了不可饶恕的罪行！中央决定，对你实行隔离审查！"

邓小平："王洪文有什么表现吗？"

卓琳："听贺平说，王洪文不服气，嘟囔着说了一句话，'没想到有这样快！'"

邓小平："张春桥和姚文元呢？"

卓琳："华国锋代表党中央宣布张春桥的罪行后，他吓得双腿都颤抖起来；姚文元就更草鸡，当即就瘫在了地上，被警卫人员架走的。"

邓小平："江青呢？"

卓琳："她呀，还是那样无耻，听完宣布之后，竟然提出去厕所方便一下，赖了一刻钟，才被两名女警卫战士带走。"

邓小平长长地舒了一口气："真是应该感谢马克思、毛主席的在天之灵啊！"

邓小平的办公室　内　夜——

邓小平坐在桌前，十分激动地挥毫疾书。画外音：

“我坚决拥护党中央一举粉碎‘四人帮’的果断行动，拥护中共中央由华国锋同志担任党中央主席和军委主席的决定……最近这场反对野心家、阴谋家篡党夺权的斗争，是在伟大领袖毛主席逝世后这样一个关键时刻紧接着发生的，以华国锋同志为首的党中央，战胜了这批坏蛋，取得了伟大的胜利……我同全国人民一样，对这个伟大斗争的胜利，由衷地感到万分的喜悦……情不自禁地高呼万岁！万岁！万万岁！”

邓小平放下笔，把信装入一个大信封中。接着，他站起身来，大声地：“李秘书！”

李秘书应声走进：“首长！”

邓小平拿起刚刚写好的信：“请汪东兴同志转呈党中央和华国锋主席！”

中南海　华国锋办公室　内　日——

华国锋坐在书桌前用心地审阅一份材料。

秘书引李先念走进：“华主席，李副总理到了！”

华国锋站起，高兴地：“请坐，快请坐！”

李先念落座：“打搅你办公了吧？”

华国锋：“没有！”他拿起桌上的材料，“东兴同志转来了小平同志写给我和党中央的信，写得好，我看可以批转。”

李先念：“我赞成！”他取出一份材料，“我这里还有陈云同志和王震、姚依林同志经商议后写的一份材料，请你一阅。”

华国锋接过材料翻阅：“写得好！他认为政治局对‘四人帮’采取断然措施，处理稳妥，进展顺利，我认为很好。”

李先念：“他还建议要把反‘四人帮’的文件写好。着重说明为什么必须在十月六日采取行动。”

华国锋指着材料说道：“陈云同志已经指出，因为‘四人帮’中有一位是毛主席的夫人，着重说明为什么必须在毛主席逝世四个星期就采取措施。”

李先念：“所以，我再次向你建议，让陈云同志早日进政治局，参加中央领导。”

华国锋："可以考虑！"

李先念："另外，我还要再次向你建议，请小平同志早日出来工作，恢复一切职务。"

华国锋："叶帅也是这个意思，我看嘛，还是先向小平同志通报粉碎'四人帮'的情况。"

邓小平的庭院　外　日——

邓小平独自一人在院中积极地锻炼身体。

卓琳双手端着一盆洗好的衣服从内室走出，看着邓小平那种认真锻炼的样子笑了："锻炼身体是重要的，可不要忘了自己已经过了七十二大寿了！"

邓小平边锻炼边说："人活七十古来稀，八十老翁何所求？那是古代对一般人说的；不要忘了，姜太公年过七旬，才坐钓渭河，等来明君周文王的！"

李秘书快步走进庭院，指着业已走进大门口的叶剑英，高兴地喊道："首长，贵客到了！"

邓小平停止锻炼，侧目一看：

叶剑英激动地叫喊了一声："小平同志！"遂伸展双臂，大步走来。

邓小平惊喜地叫了一声："老兄！"伸展双臂迎过去。

邓小平和叶剑英紧紧拥抱在一起，久久不愿分开。

卓琳无比喜悦地："快请叶帅进屋坐吧！"

邓小平指着雪松下的两把藤椅："不！我要和叶帅坐在这里谈。"

叶剑英："我赞成！从今以后，我们再也不怕那些鼠窃狗盗之辈盯梢和安窃听器了！"

李秘书提着暖瓶走来，为邓小平、叶剑英沏茶。

叶剑英："你写给党中央、华主席的信收到了，我受中央的委托先来看看你。"

邓小平："我的问题呢？"

叶剑英："党中央还来不及议这个问题。不过，粉碎'四人帮'之后，我和先念、王震等同志在不同的场合，呼吁为你平反，要求你早日出来工作。

可中央有些领导同志呢,却要求把批邓和揭批‘四人帮’挂起钩来!”

邓小平:“这是风马牛不相及的两码子事嘛!”

叶剑英:“放心,等全国人民欢庆粉碎‘四人帮’过后,我会和先念等一些老同志力争的。”

邓小平感激地点了点头。

叶剑英:“你对中央有什么希望尽可提出来。”

邓小平:“请转告党中央,揭批‘四人帮’固然是必需的,但如何才能拨正中国革命的船头,向着正确的方向前进,这才是最最根本的啊!”

叶剑英沉重地点了点头:“等全国粉碎‘四人帮’的庆祝活动过后,我一定向党中央反映你的意见。”

唢呐吹奏的《大快人心事,粉碎“四人帮”》的乐曲红红火火,一浪高过一浪。同时叠印庆祝粉碎“四人帮”的宏大游行场面:从北京到上海;从广州到沈阳;从黄河之滨到长江两岸……各界群众喜悦的心沸腾了!(均采用历史资料)并送出男女声画外音:

男声画外音:“十月十六日,中共中央正式公开宣布粉碎‘四人帮’的消息!二十一日,首都一百五十万各界群众从家中走出,从机关走出,从兵营走出,从学校走出,从工厂走出,从郊区农村走出,汇集到天安门广场和长安街上,举行了声势浩大的游行示威。欢庆自己的最为盛大的节日——庆祝粉碎‘四人帮’!”

女声画外音:“中国人民不会忘记邓小平整顿的成绩,也不会忘记他与‘四人帮’斗争的魄力,把解决中国向何处去的希望寄托在了邓小平的身上!恰在这时,中央负责同志于十月二十六日说,凡是毛主席讲过的,点过头的,都不要批评。‘天安门事件’要避开不说;要集中批‘四人帮’,连带批邓!为此,全国人民再次自发地走上街头发表讲演,贴大字报,请求党中央让邓小平出来工作。”

男声画外音:“邓小平继续在家静观中国革命形势的发展,思索未来中国前进的方向。不幸的是,他因‘患前列腺炎,严重尿潴留’,于十二月九日住进三〇一医院进行治疗。住院期间,被接到玉泉山,听华国锋、叶剑英、李先念和汪东兴介绍粉碎‘四人帮’的经过……”

三〇一医院病室　内　日——

邓小平身着病号衣坐在桌前，拿着一副扑克玩开牌。

卓琳坐在一旁削苹果。

护士端着一个盛药的盘子走进：“首长，吃药了！”遂将盘中放有药片的小盒放在床头柜上。

邓小平放下扑克，说一声“谢谢！”刚一起身，疼痛难忍：“卓琳，快扶我上厕所！”

护士：“首长，我来！”她急忙扶着邓小平走进卫生间。

卓琳把削好的苹果切成薄薄的片，放在瓷盘中。

有顷，护士扶着邓小平从卫生间走出。

卓琳拿起放有药片的小盒：“吃药！”

邓小平接过药盒，将药倒入口中，又从卓琳的手中接过杯子，喝了两大口白开水，将药送下。

卓琳拿起一把不锈钢的叉子：“吃苹果！”

邓小平接过叉子边吃苹果边说：“没想到这病有这么痛！”

护士：“吴大夫说了，上边只要批准给你动手术，很快就会好的。”她说罢走出病房。

稍许，李秘书喜气洋洋地走进：“报告首长，我有三大喜讯向你报告！”

邓小平：“第一件！”

李秘书：“中共中央决定：恢复首长看中央文件的权利！”

邓小平：“算是一件喜讯！带来中央文件了吗？”

李秘书：“带来了！”他从包中取出一份中央文件，“这是中央最近下发的《王、张、江、姚罪行材料之一》。”

邓小平接过文件看了看：“这就够了。不需要之二、之三了，可以定罪了！”他放下中央文件，“第二件呢？”

李秘书：“中央经过研究，同意对你施行手术治疗。”

卓琳：“赶快告诉吴阶平大夫去！”

邓小平：“别急，说完第三件再去也不迟嘛！”

李秘书:“你们还记得郁教授和牟记者吗?”

邓小平:“记得!一个是周荣鑫同志的联络员,一个是名记者。他们为我受苦了吧?”

李秘书:“岂止是受苦啊!四月五日那天,他们二人在天安门广场被捕了,还坐了八个月的监狱。”

邓小平:“真是天理何在啊!”

卓琳:“尤才有消息吗?”

李秘书:“他们说,那天在天安门广场,亲眼看见尤才冲出去了,但下落不明。”

卓琳:“不会有意外吧?”

邓小平:“这小子和他父亲一样机灵,不会有事的。”

李秘书:“郁教授和牟记者想来看你!”

邓小平:“代我谢谢他们二位!时下,我要动手术,不方便。我的意见,请他们在家养精蓄锐,为革命做更大的贡献!”

首都电影院　外　夜——

首都电影院大门口上方的广告牌上画着《甲午海战》的大幅广告:邓世昌大义凛然地指挥航行在万顷波涛中的战船。

《甲午海战》的广告牌渐渐化做电影银幕上的故事:邓世昌驾着即将沉没的战船与日寇决一死战。

坐席中看电影的男女观众被剧情所打动,情不自禁地小声议论着:“邓大人!好样的……”

银幕上的邓世昌又渐渐化做广告牌上的邓世昌。

首都电影院的大门打开了,观众一边议论“邓大人”,一边涌出电影院大门口。

郁教授、牟记者随着人流走出电影院大门,他们二人有感于观众公然议论“邓大人”,遂耳语片刻。

郁教授转身搬来一把椅子,站在椅子上大声说:“观众同志们!请大家暂时留步,听我讲几句好不好?”

走出电影院门口的观众闻声停下脚步,好奇地看着站在椅子上的郁教授。

郁教授激动地:“同志们!如果清朝的官员都像邓世昌邓大人那样,北海舰队会全军覆没吗?”

“不会!”

郁教授:“同志们,我知道你们每一个人的心里还有一个‘邓大人’,那就是敢于和‘四人帮’斗的邓小平同志,对不对?”

“对!”

牟记者大声地:“我们当代中国的希望在谁的身上?”

“邓小平!”

观众呼唤“邓小平”的喊声,回荡在北京的夜空,向着神州大地扩散着。

三〇一医院病房中的会客室　内　日——

护士一边给邓小平检查一边说:“首长,您猜猜看,粉碎‘四人帮’以后,北京什么东西卖得最火?”

邓小平:“我连大门都不准出,怎么会知道这些呢!”

护士:“螃蟹!”

邓小平笑了:“我听说了,买者都要三公一母,对吧?”

护士:“对!北京人民把横行霸道的‘四人帮’比做螃蟹,由于只有江青一人是女的,所以人们用三公一母四个螃蟹下酒,借以庆祝粉碎‘四人帮’的伟大胜利。”

邓小平:“这也是一大发明!可惜我没能吃。”

余秋里一步走进病房:“我吃了!还真是三公一母,四只。”

邓小平一怔:“你怎么来了?”

余秋里:“我还不该来看看吗?”

邓小平:“你不知道吗?我是不准看的。”

余秋里:“谁说不让看,我就是来看的。”他指着护士,“这个小鬼也管我,问问她,我该不该来?”

护士:“该来!”她检查完了,站起身来:“首长,你们谈吧,我走了!”她走出门去,随手又关上了门。

卓琳从病室中走出，玩笑地：“秋里同志，我听其他同志们说，在传达粉碎‘四人帮’的会上，所有的人都热烈鼓掌，只有你一个人不鼓掌，是这样的吗？”

余秋里大笑起来：“他们尽拿我开心！我一只胳膊，鼓不成掌嘛！”

邓小平被逗笑了：“你如何表达这种喜悦之情呢？”

余秋里：“我用一只手敲桌子！”他说罢敲了两下茶几。

邓小平：“外面的情况怎么样？”

余秋里：“各界群众都盼着你早些出来啊！”

邓小平深沉地点了点头。

余秋里：“说句心里话，我们这些老家伙，更是盼望着你早些出来啊！”

邓小平：“谢谢大家！秋里同志，请转告曾参加过整顿的老家伙们，任重而道远！”

西郊公路　外　日——

一辆挂着军队牌照的轿车飞驰在公路上。化入轿车内：

李秘书与司机坐在前排，高兴地说：“叶帅听说首长就要出院了，他经过努力，为首长在西山找了一幢十分阔气的房子，请首长去休息。”

邓小平与卓琳坐在后排。他十分平静地问：“是哪一所楼房啊？”

李秘书：“二十五号楼，我看过了，是在西山的最上面，听说是王洪文住过的。”

邓小平：“卓琳，我们先看看当年这个新权贵的派头。”

西山二十五号楼客厅　内　夜——

邓小平在十分考究的客厅中走来踱去。他走到窗前，小心地打开窗幔，向窗外望去：

北京的夜景尽收眼底。

邓小平不无感慨地自语：“难怪老百姓说：少爷当道，比老爷会享受多了！”

卓琳从内室走出：“你呀，就是爱发议论！该吃晚饭了！”

邓小平：“听你的，吃饭去！”

李秘书走出：“首长请留步！”

邓小平一怔："有什么事吗？"

李秘书："叶帅的公子开着车来接你了！"

邓小平兴奋地："好！去叶帅家吃晚饭。"

西山十五号楼客厅　内　夜——

叶剑英有些焦急地守在客厅大门口。

有顷，邓小平走进，一边伸出右手，一边叫了一声"老兄！"遂紧紧地握住了叶剑英的手。

叶剑英兴奋地："真不容易啊！转眼又是一年。"

邓小平一怔："老兄，你我分开还不到一年嘛！"

叶剑英："你想想看，今年的二月三日是你出院的日子，去年的二月三日呢？"

邓小平想了想："过春节，下达中共中央一号文件，等于免去我的一切职务。"

叶剑英："今年二月三日请你上西山，就是和你商量有关请你出山的大事，正好一年。"他转身指着沙发，"坐下谈吧！"

邓小平坐在沙发上，习惯地点燃一支香烟。

叶剑英取来一份材料，往邓小平的面前一放："看吧！这是《人民日报》整理的一份材料，一是说明'四人帮'如何迫害你的；再是证明你和'天安门事件'没有关系。"

邓小平："华国锋同志看了吗？"

叶剑英："看了！"

邓小平："他的态度呢？"

叶剑英："我只能这样对你说，在对待'四人帮'问题上，我们是一致的；在对待文化大革命和你的问题上有分歧。"

邓小平："前些天，我曾对来医院看我的宋任穷同志说过，针对当时国民经济的混乱状况，坚决采取各项措施进行全面整顿，尽快把国民经济搞上去的做法是没有错的。"

叶剑英："可中央一些负主要责任的领导同志不这样看。"

邓小平："他们用这样的思想，如何指导在三月份召开的中央工作会议？”

邓小平临时办公室　内　日——

一张《人民日报》摆在桌面上，醒目的大标题跃入眼帘：

社论——《学好文件抓住纲》。

邓小平用心读报。有顷，他小声地念道：“凡是毛主席作出的决策，我们都要坚决维护，凡是毛主席的指示，我们都要始终不渝地遵循。……”

王震走进，生气地：“这两句话不对！今天，我正是为了这件事前来向你报告的。”

邓小平笑了：“我们的王震同志还真有水平哟！”

王震：“当年，毛主席在延安就教导我们实事求是，反对本本主义嘛！我在国防工业会议上旗帜鲜明地批评了有关的人，然后又赶到西山向你报告。”

邓小平严肃地：“告诉有关的同志，这是缠在中国人民头上的两道紧箍咒，我们必须把它打碎！”

陈云的客厅　内　日——

陈云严肃地：“中央工作会议就要召开了！据通知说，是为了总结粉碎‘四人帮’以来五个月的工作和政治形势，部署一九七七年的工作任务。我今天请你们二位来，就是要襟怀坦白地谈谈这件事情。”

在陈云的讲话中摇出王震和胡耀邦。

王震：“你是我们的老领导，有什么看法就讲吧。”

陈云：“这次中央工作会议怎么开呢？照那篇社论《学好文件抓住纲》提出的‘两个凡是’。邓小平不能平反，‘天安门事件’也不能平反，七五年的全面整顿就更不能平反。对吧？”

王震：“对！”

陈云：“召开这样的中央工作会议有什么意义呢？按照这样的思想去部署一九七七年的工作，会有什么变化呢？”

胡耀邦：“一点也不会有！”

王震：“对此，王铮、耿飚等老同志也有同感。”

陈云：“我相信会有很多同志有这样的看法！”

王震:“老领导,你说我们该怎么办吧？”

陈云:“我想了好久了,两个字,发难！”

胡耀邦一怔:“发难？……”

陈云:“对!他们在大会上可以讲他们的理论,我们可以在分组会上谈我们的意见。我相信,只要我们丢下几发炮弹,绝大多数与会者是会跟着真理走的！”

人大会堂小会议室　内　日——

上海小组主持人:“同志们！今天分组讨论敬爱的华主席的报告。会前,中央领导向我们打了招呼,明确指示,‘有两个敏感问题:一个是小平同志出来工作的问题,一个是天安门事件平反的问题,希望各组讨论的时候不要触及。’下边,我们上海代表团正式开始讨论。”

在主持人的讲话中缓缓摇出几十名与会代表。其中有陈云同志和牟记者。

与会代表正襟危坐,谁也不第一个发言。

主持人:“陈云同志是我们的老领导,也是我们上海人,请他老人家带头发言好不好？”

“好！”接着,与会者鼓掌欢迎。

陈云:“首先,我必须声明,方才你传达的中央领导下达的两条禁令,我是不能遵守的！”

与会者以不同的目光和表情看着陈云。

主持人紧张地:“陈云同志……”

陈云:“不必紧张！我对天安门事件的看法:一、当时绝大多数群众是为了悼念周总理。二、尤其关心周恩来同志逝世后党的接班人是谁。三、至于混在群众中的坏人是极少数。四、需要查一查‘四人帮’是否插手,是否有诡计。”

主持人紧张地:“陈云同志……”

陈云:“不要怕嘛！据可靠的情报:邓小平同志与天安门事件是无关的。为了中国革命和中国共产党的需要,听说中央有些同志提出让邓小平同志重新参加党中央的领导,是完全正确的,完全必要的,我完全拥护。”

与会者情不自禁地鼓掌欢迎。

主持人尴尬得不知所措。

定格叠印字幕：

第十三集终

注：关于抓捕“四人帮”的具体经过，主要依据叶剑英的回忆文字、《叶剑英传》等提供的材料艺术加工而成。

第十四集

人大会堂小会议室　内　日——

陈云："不要怕嘛！据可靠的情报，邓小平同志与天安门事件是无关的。为了中国革命和中国共产党的需要，听说中央有些同志提出让邓小平同志重新参加党中央的领导，是完全正确的，完全必要的，我完全拥护。"

与会者情不自禁地鼓掌欢迎。

会议主持人尴尬得不知所措。

另外一个分会场　内　日——

王震慷慨激越地："毛主席说，邓小平人才难得。我们只要不抱成见，谁都承认小平同志在一九七五年主持党中央和国务院工作取得了巨大的成绩。由于他是同'四人帮'作斗争的先锋，所以'四人帮'才千方百计地、卑鄙无耻地陷害他。现在全党、全军、全国人民都殷切地希望他早日出来参加党中央的领导工作，这难道不是人心所向吗？"

与会者报以热烈的掌声。

陈云下榻处　内　夜——

陈云坐在桌前，用心地翻阅有关大会的简报。

有顷，一位会务人员手持文稿走进："陈云首长，这是你的发言记录，请按照中央领导的讲话口径修改你的发言稿，然后我们好出简报。"

陈云："我如果不修改呢？"

会务人员："上级指示，如不修改，你的发言不上简报。"

陈云："我一字不改！上不上简报，那是你们的事。"

会务人员应声走出去。

有顷，王震气呼呼地走进："太不像话了！我不按照他们的口径修改发言稿，就不上简报。"

陈云平静地："你生什么气哟！和我是一个待遇。"

王震："他们也太无法无天了！"

陈云:“无法无天的人,最后一定是把自己搞垮。”

王震:“还是老领导讲话有水平。”

陈云:“少给我唱赞歌！还有谁发言支持我们?”

王震:“听说耿飚、王铮、谷牧、余秋里等老同志都在分组会上作了发言,强烈要求为天安门事件平反,希望邓小平同志快些参加中央的领导工作。”

陈云:“耀邦同志呢?”

王震:“据说他没有发言。”

西山二十五号楼　内　日——

胡耀邦:“华国锋同志在大会上的发言,仍然坚持‘两个凡是’的观点,认为‘确有极少数反革命分子’,‘制造了天安门广场反革命事件’。同时,他还认为批邓、反击右倾翻案风,是伟大领袖毛主席决定的,批是必要的。”

邓小平:“这完全是有意在设置障碍嘛！”

胡耀邦:“这都是路人皆知的事！你可否找叶帅谈谈?”

邓小平:“我会的！耀邦啊,主席逝世前,称我是壮丁;你在我和叶帅、陈云等老同志面前,我看还是个青年团。”

胡耀邦:“是的！”

邓小平:“但是,你比王洪文呢,几乎大了整整二十岁。他在上海曾公开讲过这样一句话,十年后再说。我讲这番话,无非是要你知道自己肩上的担子有多么重！”

西山草坪　外　日——

四月的西山已是春色尽收眼底的季节了！

邓小平、叶剑英缓缓地徜徉在满目春光的草坪上。

叶剑英:“中央工作会议结束了,认为你的问题要有一个过程,在适当时机请你出来工作。用华国锋同志的话说,叫瓜熟蒂落,水到渠成。”

邓小平:“什么是适当时机呢?”

叶剑英:“中央政治局的意见是,经过党的十届三中全会和党的十一次代表大会,正式作出决定。”

邓小平:“我个人的进退是无所谓的，但天安门事件涉及那样多的人必须解决！对此,很多老同志都把希望寄托在了你的身上！”

叶剑英叹了口气:“我再过一个多月,就年满八十岁了！总理去世前,他谆谆告诫,一定不要把权落在‘四人帮’手里,我努力了;主席临终前紧紧握住我的手,我……”他有些为难地说不下去了。

邓小平:“我全都懂了！”

邓小平临时办公室　内　夜——

邓小平伏案疾书,并送出画外音:

“在伟大领袖毛主席逝世的时候,我曾向中央用书面表达我内心的悲痛和深切的悼念。我们必须世世代代地用准确的完整的毛泽东思想来指导全党、全军和全国人民,把党和社会主义的事业,把国际共产主义运动的事业,胜利地推向前进……”

邓小平把信收好,遂缓缓地站起身来,走到窗前,打开窗幔,向着西山夜空望去:

漫漫的长夜有着无数的灯光。

邓小平微微地摇了摇头,画外音:

“看来,在‘两个凡是’的问题上,还会有一场不小的争论啊！……”

中南海岸边　外　日——

华国锋、叶剑英、李先念在岸边徜徉,严肃地交谈。

华国锋:“小平同志写给我和党中央的信二位都看了吧？”

“看了！”叶剑英、李先念答说。

华国锋:“有什么意见吗？”

叶剑英:“我认为写得很真诚,也很有见地。”

李先念:“我同意叶帅的意见。”

华国锋:“小平同志在信中说，我们必须世世代代地用准确的完整的毛泽东思想来指导全党、全军和全国人民,把党和社会主义的事业,把国际共产主义运动的事业,胜利地推向前进,是有所指的吧？”

叶剑英:“当然！‘文革’十年以来,林彪集团、‘四人帮’把毛泽东思想破坏得很不像话了！”

李先念："更为严重的是，他们还利用篡改毛泽东思想的卑鄙手法，犯下了大量的罪行！"

华国锋："这是不是在批评我批准发表的提法，'凡是毛主席作出的决策，我们都坚决拥护。凡是毛主席的指示，我们都始终不渝地遵循'呢？"

叶剑英："你看呢？"

华国锋："我不知道小平同志的真实想法。"

李先念："那你就和叶帅去玉泉山，当面和小平同志谈一谈嘛！"

华国锋沉吟不语。

玉泉山九号楼客厅　内　日——

邓小平坐在沙发上审阅有关的文件。

李秘书引华国锋、叶剑英走进："首长！华主席和叶帅来看你了。"

邓小平站起身来："二位请坐！"

华国锋坐在沙发上："小平同志，你看了中央草拟的政治局成员名单后，有什么意见啊？"

邓小平："我又被关了整整一年，不太了解情况。再说，我也没有提这种意见的权利。"

叶剑英："华主席同意了，在近期召开的十届三中全会上解决你的问题。"

华国锋："恢复你的一切职务。"

邓小平："谢谢！"

华国锋："不过嘛，你对有些政治问题必须有个态度。"

邓小平一怔："请直言。"

华国锋："我早已表态，你和天安门事件无关。但是，天安门事件确是极少数反革命分子制造的，在你复出之前，对此必须有个交待。"

邓小平强忍着："我只能这样对你说，我再不写检查了！我复出事小，天安门事件是革命的还是反革命的事大。"

华国锋愕然片时："你对'凡是毛主席作出的决策，我们都坚决拥护。凡是毛主席的指示，我们都始终不渝地遵循'有什么意见？"

邓小平坚定地："我明确表态，你提的这两个凡是不行。按照'两个凡是'就说不通为我平反的问题，也说不通一九七六年五月四日广大群众在天安门的活动是合乎情理的问题。"

华国锋不知如何是好。

叶剑英微微地点了点头。

西山草坪　外　晨——

邓小平在草坪上认真地健身。

少许，叶剑英在李秘书的陪同下沿着山路走来。

李秘书大声喊道："首长！叶帅来看你了。"

邓小平停止锻炼，转身一看：

叶剑英乐呵呵地走到跟前："小平同志！你是鸡鸣起舞，健身强国哟！"

邓小平似有情绪地："我呀，已经活过孔圣人的年龄七十三了。他代表中央来看我，还要我写检查，没有一个健康的体魄，还能迎来报效祖国的机会嘛！"

叶剑英："看样子，老弟依然是余怒未消啊！"

邓小平："老兄，这可是大是大非问题啊！"

叶剑英："我当然清楚！"

邓小平："你的意见呢？"

叶剑英："我的意见，一、理论问题，暂时往后放一放；实际的问题——也就是你复出工作要加快速度。"

邓小平沉默不语。

叶剑英："二、在党中央没有作出恢复你的工作之前，你应该着手工作。"

邓小平微微地点了点头。

叶剑英看着邓小平不开心的样子，笑着说："没有忘记吧？五月十四日，就是我这个'老兄'的八十大寿了！"

邓小平笑了："这怎么能忘记呢！昨天，卓琳还对我说，叶帅就要过八十大寿了，我们送点儿什么呢？"

叶剑英："告诉卓琳，我什么都不缺，就是缺和老战友们开心聚会。"

西山十五号楼客厅　内　夜——

客厅中回荡着《祝你生日快乐》的音乐。

客厅中张灯结彩,一派节日的气氛。

餐桌上摆着一个三层生日蛋糕,上面插着八支寿烛。

叶剑英身着戎装,安详地坐在太师椅上。

有顷,王震第一个走进客厅,冲着叶剑英行军礼:"叶副主席,您的老部下王震前来给您拜寿了!"

叶剑英站起身来:"党在七届二中全会上就有规定,不准祝寿。我八十岁了,家里的孩子一定要为我祝寿,这纯属私人行为啊!"

余秋里边说边走进客厅:"我提议,应当公开为叶副主席过八十大寿。"

徐帅一步走进:"我赞成!希望叶帅为全党、全军和全国人民再立新功。"

聂荣臻一边说一边走进:"没有问题!老骥伏枥,志在千里,何况我们的叶帅乎?"

来宾听后大笑。

叶剑英指着沙发,高兴地说:"都请坐!"

所有来宾相继落座。

恰在这时,邓小平偕夫人卓琳走进,他一看大声说道:"老帅们都在这里盛会啊,我也来祝贺。"

叶剑英迎过去,高声地说道:"你也是老帅嘛,不要忘了,你还是我们老帅们的领班呢!"

"对!一点儿也不错。"聂荣臻和徐向前答说。

余秋里:"怎么样,为叶帅祝寿开始吧?"

"可以!"

余秋里:"我提议,由王震同志担任司仪,有意见吗?"

"没意见!"

王震:"下边,请小平同志发表祝寿辞!"

大家鼓掌表示赞同。

邓小平:"我反对!从年长的数,也数不到我;从个高的选,更选不到我。”

王震:“由谁致祝寿辞呢?”

邓小平:“从交情算!聂帅和叶帅是黄埔同时代的教员,有五十多年的交情了,应当由聂帅致祝寿辞。”

聂荣臻站起身来,取出一张纸:“我今天是有备而来的!想到我们的寿星老儿叶帅对中国革命做出的特殊贡献,情不由已地吟了一首诗。我以这首七律代替寿辞好不好?”

“好!”

聂荣臻酝酿了一下情绪,朗朗吟咏:“揭竿羊城五十年,风雨齐州步履艰。川西传讯忠心耿,京华除害一身胆。行若吕端识大事,功成绛侯有愧颜。八秩寿翁犹继志,旗展神州贺新天。”

祝寿者一片掌声。

徐向前:“叶帅和聂帅都是我黄埔的老师。接下来,自应由学生向老师敬献寿诗。”

祝寿者鼓掌欢迎。

徐向前富有节奏地吟咏:“吕端当愧公一筹,导师评论早有定。当年英,劲倍增,八秩犹似四十前。射虎屠龙宿有志,二三鬼神一扫空。千秋伟业继不坠,辅佐堪诈后者镜。”

祝寿者再次响起掌声。

王震:“下边,请小平同志为寿星老儿叶帅献诗!”

祝寿者长时间鼓掌欢迎。

邓小平示意大家安静:“你们把手鼓痛了,我也吟不出一句诗来!”

余秋里:“那就讲几句祝寿的话吧!”

邓小平:“我想说的吉祥话,聂帅和徐帅在祝寿诗中都说了,再说就是画蛇添足。”

王震:“那你如何表示对寿星老儿叶帅的生日祝福呢?”

邓小平走到餐桌前:“我领着你们大家一块吹寿烛!”

“好!”

前来祝寿的老帅、将军起身走到餐桌旁边。

邓小平数了数寿烛："怎么是八支呢？"

王震："八支寿烛代表叶帅八十寿秩嘛！"

邓小平："我建议再插一支寿烛，九象征长久嘛！"

卓琳拿来一支寿烛，精心地插在蛋糕上。

邓小平玩笑地："余秋里，划着火柴点寿烛！"

余秋里："老首长又拿我开玩笑！我一只胳膊怎么能划火柴呢！"

祝寿者忍俊不禁。

卓琳划着火柴点着寿烛："请寿星老儿叶帅站到前边来。"

叶剑英走到桌前，高兴地看着九支点着的寿烛。

邓小平带头唱起《祝你生日快乐》。

前来祝寿的老帅、将军一块唱《祝你生日快乐》。

邓小平带头吹熄寿烛。

寿星老儿叶剑英拿起刀切生日蛋糕，分给大家。

全体祝寿的来宾高兴地吃着生日蛋糕。

王震一边吃一边大声说："下边，请寿星老儿致答词！"

全体热烈鼓掌。

叶剑英高兴地："我的答词就一句话，党中央决定恢复小平同志的工作了！"

《祝你生日快乐》的音乐猝然大作。

祝寿的来宾冲着邓小平热烈鼓掌。

邓小平拱抱双手，微笑着向战友们致意。

邓小平的客厅　内　日——

邓小平驻足客厅，望着墙上那幅新裱好的字轴，边欣赏边小声地念："八十毋劳论废兴，长征接力有来人。导师创业垂千古，侪辈跟随愧望尘。亿万愚公齐破立，五洲权霸共沉沦。老夫喜作黄昏颂，满目青山夕照明。"

王震悄然走进，称赞道："写得好！叶帅的这首八十述怀写得实在是好，难怪主席都说，写七律，当属剑英同志。"

邓小平："那天，我们为叶帅过完了八十大寿，他心事浩茫，难以入睡，挥笔写下了这首《七律·八十述怀》。"

王震："你最喜欢哪几句？"

邓小平："最后两句：老夫喜作黄昏颂，满目青山夕照明。"

王震："和我一样！"

邓小平慨叹地："是啊！连你王震都要进入古稀之年了，这说明我们这一代人快退出历史舞台了。"

王震急忙摆手："退不得！尤其是你更退不得。"

邓小平："所以，我们都要以叶帅的这句诗自勉，老夫喜作黄昏颂，满目青山夕照明。"他沉吟片时，"这也就是今天找你谈话的原因。"

王震："你还是我的老上司，谈什么话，只管吩咐好了！"

邓小平："我出来工作的事定了，至于分工做什么，军队是要管的，我现在还考虑管科学和教育。"

王震为难地："你管科学……我可帮不上忙。"

邓小平："这忙帮得上。王胡子，我们要实现四个现代化，关键是科学技术要能上去。发展科学技术，不发展教育不行。发展教育要两条腿走路，既注意普及，又注意提高。"

王震："你说吧，我能做些什么？"

邓小平："主席曾经讲过，我们的王胡子是铁路工人出身，可知识分子就愿意和他交朋友。你要发挥这个长处，和科学家、教授交朋友。"

王震："没问题！"

邓小平："我们和科学家、教授交朋友的目的，是要在党内造成这样一种空气，尊重知识、尊重人才。"

西山草坪　外　日——

邓小平边走边说："被'四人帮'批判的三株大毒草——尤其是那篇《论全党全国各项工作的总纲》，我确实是在最近才看到的。文章写得好，是香花，不是毒草。告诉乔木同志，首先要为这三篇文章翻案。接下来，还要下大气力把这三篇文章修订好，成为我们今后工作的指导方针。"

王震："我一定向乔木同志转达！"他抬头一看，只见叶剑英快步走来："你看，叶帅到了！"

邓小平望着异常喜悦的叶剑英，大声问道："老兄！你一定有什么喜事要告诉我吧？”

叶剑英边说边走到近前：“有啊！今天中央政治局会议作出两项决定，一、七月十六日至二十一日召开十届三中全会；二、要在全会上通过《关于恢复邓小平同志职务的决议》。”

邓小平：“我真诚地感谢我们的党！”

叶剑英：“同时，政治局一致同意，希望你在三中全会上做一个发言。”

邓小平：“我一定发言！”

西山　邓小平的客厅　内　夜——

邓小平、卓琳坐在沙发上，十分深情地交谈着。

邓小平：“卓琳，你还记得一九四三年天大旱，我们在太行山上打蚂蚱的事吗？”

卓琳：“我永远忘不了！那时，太行山地区旱得颗粒不收，老百姓没有粮食吃，把树皮都吃光了！你和刘帅为了解决八路军的吃饭问题，就带头打蚂蚱充饥。”

邓小平：“可是每当我想起这件往事，记住的不是挨饿，相反倒是那种勇于战胜困难的乐观主义精神！”

卓琳：“我也是！”

邓小平：“就这个意义上讲，只要有了这种革命的乐观主义精神，我们这些共产党人就没有克服不了的困难！”

卓琳叹了口气：“这可是我们共产党人的传家之宝啊！”

邓小平：“同时，我还想到了千里跃进大别山和淮海大战，死了那么多的军民又是为了什么呢？”

卓琳：“还不是为了共产主义的理想！可是……”

邓小平：“我们这些活着的共产党人又做得如何呢？我历经三落三起，真是感触很深啊！用周总理的话说，仅仅做到鞠躬尽瘁、死而后已还不够啊！”

卓琳愕然地问道：“你这是怎么了？”

邓小平笑了笑：“我在想第三次复出的发言稿。”

人大会堂　内　日——

在热烈的掌声中摇出：

大会的横幅：中国共产党十届三中全会胜利召开。

华国锋、叶剑英、邓小平、李先念、汪东兴等在主席台前就座。

华国锋站起，大声地宣布："今天的会议日程，讨论通过《关于恢复邓小平同志职务的决议》！"

全体与会者长时间鼓掌。

华国锋："下边，请叶剑英同志宣读《关于恢复邓小平同志职务的决议》！"

叶剑英手捧文件，大声念道："《关于恢复邓小平同志职务的决议》，中央提议恢复邓小平中共中央委员、中共中央政治局委员、常委，中共中央副主席，中共中央军委副主席，国务院副总理，中国人民解放军总参谋长的职务，现在提请三中全会讨论通过！"

"通过！"全体与会者大声说道，遂又长时间鼓掌。

叶剑英："我也举双手赞成通过！下边，请邓小平同志发表讲话！"

与会者激动不已，热烈鼓掌。

邓小平站在讲台上大声地讲道："作为一名老的共产党员，还能在不多的余年里为党为国家为人民做一点力所能及的事情，在我个人来说是高兴的。出来工作，可以有两种态度，一个是做官，一个是做点工作。我想，谁叫你当共产党人呢，既然当了，就不能够做官，不能够有私心杂念，不能够有别的选择，应该老老实实地履行党员的责任，听从党的安排！"

台下的与会者爆发出雷鸣般的掌声。

邓小平："马克思列宁主义、毛泽东思想，是我们党的指导思想。毛泽东思想继承和发展了马克思列宁主义。我说要用准确的完整的毛泽东思想作指导思想的意思是，要对毛泽东思想有一个完整的准确的认识，要善于学习、掌握和运用毛泽东思想的体系来指导我们各项工作。只有这样，才不至于割裂、歪曲毛泽东思想，损害毛泽东思想！"

台下的与会者再次爆发出长时间的掌声。

人大会堂休息厅　内　日——

邓小平坐在沙发上，一边吸烟一边休息。

李秘书引陈云走进:“陈云首长到了!”

邓小平匆忙掷掉手中的烟蒂,站起身来,迎上去,伸展双臂,紧紧拥抱了陈云。

邓小平深情地:“你我许久没有见面了!可不知为什么,我们二人一见还是那样亲切。”

陈云风趣地:“一、你我不搞阴谋,用不着天天策划于密室;二、相知贵于心知,只要心知,永远是亲切的。”

邓小平:“对!只要心知,永远是亲切的。请坐下谈!”

邓小平与陈云相对而坐。

陈云:“我是赞成你的讲话的。但是,我相信在掌声的后面,还有一些同志是投反对票的。”

邓小平:“是的!虽说‘两个凡是’是违反马克思主义的,可也是某些同志的护官符,他们是不情愿放弃的。”

人大会堂走廊　内　日——

胡耀邦和胡乔木边走边严肃地交谈。

胡耀邦:“小平同志的讲话,不仅重申了他写给党中央的意见,我们必须世世代代地用准确的完整的毛泽东思想指导全党、全军和全国人民,而且还提出了‘要善于学习、掌握和运用毛泽东思想的体系来指导我们各项工作’。对此,你这位大理论家有何感想?”

胡乔木:“我认为这是小平同志有感于‘两个凡是’在全党、全军和全国人民中间造成的理论混乱而发。换句话说,我们的党要前进,必须从理论上来一个正本清源。”

胡耀邦:“你认为我们从何处下手,才能完成小平同志提出的从理论上来一个正本清源的任务呢?”

胡乔木:“从一般规律讲,错误的理论必须用正确的理论去打倒。但是,要用马克思主义的理论去批驳‘两个凡是’却有着很多的困难!”

胡耀邦:“还是那句老话,没有困难要我们这些共产党人干什么?再说,小平同志已经多次向我们发出批判‘两个凡是’的号召了嘛!”

胡乔木:“就这点而言,我们许多党的理论工作者是有负于自己的理论使命的！”

人大会堂休息厅　内　日——

陈云：“就说党风问题吧，要真的恢复到延安时代，我看比推倒‘两个凡是’还难！”

邓小平：“这是因为被林彪、‘四人帮’两个反革命集团破坏得太严重了！怎么办呢？除去肃清他们的流毒外，还得靠我们这些老家伙言传身教。”

陈云：“主席逝世一周年就要到了，粉碎‘四人帮’一周年也要到了，我可以和聂帅、徐帅、谭震林等老同志写一些文章，高扬一下党的光荣传统。”

邓小平：“我赞成！”他沉吟片时，“当年，我们和‘四人帮’斗争的核心，是把国民经济搞上去，让人民过上好日子呢，还是让国力继续衰弱、人民继续受穷呢？因此，在关注理论问题的同时，还得下大气力抓经济建设和国防建设。”

陈云：“完全正确！另外，我们党还必须尽快平反冤、假、错案，把一批老同志解放出来！”

李秘书走进：“首长，张爱萍同志来电话，问您在什么地方接见他？”

邓小平：“西山！”

西山草坪　外　傍晚——

夕阳西下，晚霞淡抹西山的林海。

邓小平与张爱萍坐在太阳伞下，二人亲切地交谈。

邓小平：“听说在批邓、反击右倾翻案风中，你又沾了我不少的光啊！”

张爱萍：“小意思！关键是影响了能壮国威、壮军威的高科技武器的研发和生产。”

邓小平：“听叶帅说，你开始不想再回国防科委工作了？”

张爱萍：“是的！但是，经叶帅三说两说，我就又愿意了，并且向他立下军令状，在八十年代前半期保证抓出洲际导弹、潜地导弹、通信卫星。我们通称‘三抓’。”

邓小平：“具体落实了吗？”

张爱萍:“落实了！为了抓好这三项重大的国防工程,经严密分析,组成了技术和行政两条指挥线,建立总设计制度和总调度指挥制度。”

邓小平:“先说说洲际导弹吧！”

张爱萍:“洲际导弹的总设计师是著名的火箭总体设计专家屠守锷,总调度指挥是火箭技术研究院院长张镰斧,技术总体协调机构由一院液体导弹总体设计部承担。”

邓小平:“精兵强将,有希望。潜地导弹呢?”

张爱萍:“潜地导弹的总设计师是著名自动控制专家黄纬禄,总调度指挥是七机部副部长程连昌,技术总体协调机构由二院固体导弹总体设计部承担。”

邓小平:“配属得体,也有希望。通信卫星呢?”

张爱萍:“通信卫星工程的总设计师是著名航天技术和液体火箭发动机技术专家任新民,总调度指挥是国防科委副主任马捷,其中还有方方面面的航天专家孙家璇、谢光选、陈芳允、刘永峻等等。”

中南海　外　日——

王震、余秋里站在中南海岸边,望着故宫进行交谈。

王震:“小平同志讲得好啊！我们这些过去跟着毛主席南征北战的老家伙,如今就是要像小平同志那样,老老实实地履行党员的责任,听从党的安排。”

余秋里:“但是,我们还有很多老家伙被关的关,放的放,甚至被当做废品闲置一边。他们连履行党员责任的权利都被剥夺了,何谈听从党的安排呢！”

王震:“小平同志认为,更为严重的是像少奇同志、彭德怀同志、陶铸等领导同志早已离开了人世,可他们的问题还没有个结论。受其株连的亲属、部下更不在少数！”

余秋里:“这又涉及‘两个凡是’了！”

王震:“对此,小平同志的态度是清楚的,只要是违背事实、违背马克思主义的都坚决推翻。”

余秋里叹了口气:“难啊！……”

西山草坪　外　傍晚——

邓小平："张爱萍同志，你讲得很好，我听了也很高兴。不过，今天我和你谈话，是想让你放下这'三抓'任务，让你去抓别的工作。"

张爱萍警惕地："抓什么？"

邓小平："不要急。马上就要召开十一大了，必须确定军委人选。下一步由我来主持军委工作，很需要一个做具体工作的同志。你在总参工作多年，各方面情况都熟悉，过来吧，当军委秘书长。"

张爱萍沉吟良久："请恕我直言，一、我还想集中精力把'三抓'完成好；二、我不够格儿，知识、能力都有限，精力也不行了，经过反击右倾翻案风运动，我的心脏也不好。"

邓小平想了想："你看谁合适？"

张爱萍："罗瑞卿。"

邓小平："他的腿不是不行了吗？"

张爱萍："他恢复得不错了，没问题。"

邓小平："好！就这么定了。你张爱萍可一定要把'三抓'工程保质、保量地抓出来。"

张爱萍："是！"

邓小平："最近，我将召开科技、教育座谈会，你们国防科委也要派人参加。"

邓小平新家客厅　内　日——

邓小平："郁教授，你是我党很有建树的教育家。就要召开科技、教育座谈会了，我想先听听你的意见。"

郁教授："说到教育，我就有一肚子话想说。富国强民，教育为本，这是为中外历史所证明了的！先不去说孔老夫子办教育，促进奴隶社会解体，封建社会确立，形成了百家争鸣的时代。就说我们当年在延安吧，靠什么造就数以几十万计的人才？是毛主席在那样艰苦的环境中抓了教育。"

邓小平："是啊！那时，日本人的飞机经常轰炸，国民党又切断给养，想饿死我们。可是，我们的党、我们的毛主席靠着自力更生，在延安办起了那样多的大学。而今的延安呢？连一所像样的大学都没有！"

郁教授："您对欧洲诸国重视教育，一定会有很深的印象的。就说日本的明治维新吧，也是从教育抓起的。日本从战败国的废墟上为什么会很快发展成工业强国呢？除去其他的因素外，国民教育的素质高是起了重要作用的。"

邓小平："这就更要加大力度批判教育无用论！"

郁教授："中华民族是聪明的，曾领风骚几千年！盛唐年间，长安是日本学子向往的圣地；可今天呢，日本、美国等地却成了某些中国学子向往的天堂。"

邓小平："我们落后了嘛！"

郁教授："我是想说明中国必须重视教育！杨振宁、丁肇中、李政道等在美国的华人，为什么能在科学上对人类做出那样大的贡献？"

邓小平："很好！看来，你还要帮着我多找一些教育家、科学家搜集意见，就像当年毛主席在延安召开文艺座谈会那样，把这次科技、教育座谈会开好！"

郁教授："我想一切有正义感的科学家、教育家是愿意参加这样的座谈会的。"

邓小平："你有什么困难吗？比方住房政策落实了吗？子女上学问题解决了吗？"

郁教授淡然一笑："我想还是按照先贤所言'先天下之忧而忧，后天下之乐而乐'行事吧！"

郁教授家　内　夜——

这是用筒子楼改建的两居室：走廊是厨房，向阳的一间是郁教授夫妇的卧室兼办公室，背阴的那间是书房兼女儿郁平的住房。简之，两间不大的房间完全变成了书的天下。

郁平年近二十八岁了，身着破旧的环卫工人穿的工作服，坐在自制的马扎上，把床当做办公桌，十分投入地计算着。

有顷，郁夫人双手捧着平展展的衣服走进，心疼地："郁平，换好衣服再写你的论文好不好？"

郁平头也不抬："妈！我正计算到关键时刻，您老别烦我好不好？"

郁夫人:“咳,真是有其父必有其女啊！可你父亲……”

郁平:“他再固执,还听你这个当夫人的,我嘛……这个女儿就是不听你这个当母亲的。对吧？我都背下来了！”

郁夫人:“你不要忘了自己的年龄……”

郁平蓦地站起，边推郁夫人边说:“我知道自己是在北平解放那年出生的,二十八岁了,该结婚了。你可真够烦人的！”她把郁夫人推出门去,啪的一声用力关上屋门,回到床前,坐在马扎上又用心地计算起来。

郁教授的卧室　内　夜——

郁夫人双手捧着女儿的衣服,有些呆痴地坐在椅子上。她不时地抽着鼻子,似乎闻到了什么。

郁教授推门走进,他一边说:“夫人！你又把饭烧煳了吧？”一边快步向蜂窝煤炉子走去。他掀开锅盖一看:

一锅米饭变成了黑色,且冒着浓烟。

郁教授急忙把烧煳的饭锅端到了地上。

郁夫人依然捧着女儿的衣服走出，看着锅里烧黑的米饭落泪了:“老郁啊,我真的不顶用了！”

郁教授乐观地:“叫我说啊,你是想抱外孙想得着迷了！”

郁夫人:“算了吧！郁平都二十八岁了,连个男朋友都没有,一回到家就坐在床前算啊算的,有什么用呢,咳！……”

郁教授:“放心吧,郁平会算出名堂来的！”他从书包里掏出一捆青菜,“来,咱们择菜,做饭。”

郁夫人放下女儿的衣服,一边择菜一边说:“你蹲牛棚那年,郁平高中刚刚毕业,她就到锡林郭勒大草原上放羊去了,一放就是八年啊！好容易盼来高考,她又因为受你的牵连,考了个第一也没上成大学。”她用衣袖擦了擦眼泪,“到如今,一心想当科学家的郁平却当了个清洁工！……”

郁教授安慰地:“放心,小平同志开始抓科学、教育了,正在研究高考的事。”

郁夫人:“不要忘了,你的女儿都二十八岁了！”

郁平冲出自己的屋门:“爸！请你问问邓大人,我没有大学的学历,可不可以报考研究生？”

郁教授："这件事还没提到议事日程上来！”他看着失望的郁平，“女儿，华罗庚先生看了你那篇数学论文有何评价？”

郁平："评价很高，还帮着我推荐到一家外国数学刊物上发表了！”

郁教授惊喜地："真的？”

郁平调侃地："我岂敢骗当红的郁教授啊！”她换了口气，“老爸，我先提个醒，你别高兴得太早了！我们单位的领导听说我在外国刊物上发表了文章，就把刊物要去了。他们一看刊物通篇是外文，就本能地要查我是不是里通外国的特务！”

郁夫人惊怕地："真的？……”

会议室　内　日——

邓小平："这几年，‘四人帮’对科学工作、教育工作，对各行各业破坏极大，对我们国家是一个大灾难。怎么办呢？我们只有花大力量把损失的时间抢回来。为此，中央决定首先召开科技、教育座谈会。我们设想，五年见初效，十年见中效，十五年见大效。但是否符合实际？或说能不能达到？我先请教你们这些最有发言权的老师。”

在邓小平讲话中摇出十多个男女中老年教师。

与会教师那紧张的情绪渐渐放松下来。

邓小平："为了使大家真正做到知无不言，言无不尽，你们可以讲一次、两次，八次、十次，也可以随时插话。同时，我也作为与会的一分子参加你们的讨论，好不好？”

“好！”

与会的中老年教师完全没有了拘谨，会场活跃起来。

邓小平："下边，请郁教授主持座谈会，同意吧？”

“同意！”

郁教授："好！下边谁先发言？”

一位年近七旬的老教授站起身来，感动地："我是教中国历史的。如果我没有算错，邓副主席已经年满七十三岁了！”

邓小平："刚过七十三岁的生日。”

老教授:“在古今中外的历史上，有哪一位有杰出成就的是在七十三岁起步的?没有!可是我们的邓副主席呢,却要向中外宣称,从七十三岁开始,要高奏一首《夕阳红交响曲》! ”

与会者热烈鼓掌。

邓小平:“没有你们的支持,我这首《夕阳红交响曲》是演奏不出最精美的乐章来的。”

定格叠印字幕:

第十四集终

注:关于邓小平与华国锋、叶剑英这次谈话,是根据华国锋等同志的有关材料艺术加工而成的。由此,华国锋同志认为说自己阻挠邓小平出来工作不实事求是。我的看法:当时,华国锋在组织上是同意邓小平出来工作的。但是,邓、华二人在政治、思想等方面却存在着重大分歧。

第十五集

郁教授家　内　日——

郁夫人坐在破旧的沙发上接电话:“……我就是郁平的妈妈，有什么事请讲吧……请放心，郁平会准时上班的……为什么要郁平带着换洗的衣服?……什么?郁平全都知道……”电话中传出忙音,她挂上电话,转身一看:

郁平提着一个大书包站在门口，摇着手中的牙刷:“妈！不用为我操心,看！我把牙刷都准备好了。”

郁夫人紧张地:“带它做什么?”

郁平:“住隔离审查室啊！”

郁夫人:“为什么?”

郁平:“就是因为那篇发表在国外的论文。”转身走出家门。

郁夫人大喊一声:“郁平！”踉踉跄跄地追出门去。

郁平头也不回地向前走去。

还是那座会议室　内　日——

一位花白头发的女教授激动地:“请允许我说句心里话，共产党什么都好,就是一搞运动,我们知识分子便成了批判对象。文化大革命一来,我蹲了七年的牛棚,靠边三年。十年啊!我们如果能跟着共产党演奏《青年交响曲》,那将会为我们的国家、为我们的人民,多做多少贡献啊!”她说着说着失声哭了。

一位年过六旬的科学家:“中华人民共和国刚刚成立，我们这些留美的爱国赤子就回到了祖国,没有想到却成了‘运动’的重点。虽说夕阳无限好,可已是近黄昏了。”他说着说着淌下了热泪。

邓小平乐观地:“你比我还小十多岁嘛！怎么样?咱们一道共谱这首《夕阳红交响曲》好不好?”

年过六旬的科学家感动地:“好！好……”

邓小平："大家接着发言！"

一位中年科学家："前不久，我在英国从事科研工作的哥哥回国探亲，给我讲了欧美科学的现状，我深深感到中国科技落后了，决计申请出国留学。结果，我们研究所的工宣队和军宣队，却召集全研究所的人对我开了一次批斗会，说我是崇洋媚外，不准出国！"

邓小平："这是错误的！我们不仅科技落后了，而且我们的教育也大大落后了！下边，对教育如何进行改革，科技如何赶超世界先进水平，你们都要把心里话讲出来。"

郁教授："说到教育，必须正本清源，中央对全国教育战线十七年的功过是怎么看的？否则，教育改革就无法起步！"

邓小平："我可以完全负责任地说，主导方面是红线。十七年中，绝大多数知识分子，不管是科学工作者还是教育工作者，都取得了很大的成绩！"

与会者情不自禁地鼓起了掌。

邓小平："从你们的掌声中我感到必须为知识分子恢复名誉，无论是从事科研工作的，还是从事教育工作的，都是劳动者！"

与会者再次报以热烈的掌声。

郁教授家　内　傍晚——

郁夫人驻足窗前，望着窗外的行人低泣地叫着："郁平，郁平……"

还是那间会议室　内　夜——

邓小平："下边，请大家就教育制度的改革、教育质量的提高，发表你们的高见！"

一位身着中山装的教授说道："说到教育制度的改革，大家在山西晋祠召开的'全国高等学校招生工作座谈会'上一致认为，必须废止'自愿报名，群众推荐，组织审查，领导批准'十六字招生制度，恢复全国统一高考。"

邓小平："完全正确！很多上山下乡的孩子说，这十六字方针实质上是四字方针，领导批准。结果，有很多德才兼备的青年因为家庭出身、海外关系，甚至是父母受'四人帮'迫害等原因，不能上大学。"

郁教授:“相反,有些掌管生杀大权的领导却利用这十六字方针,把圣洁的高考变成了交易。其恶劣程度远远超过了封建社会的科举!因此,必须立即恢复全国统一高考。”

“对,对!必须立即恢复全国统一高考!……”与会者争先恐后地说道。

邓小平:“恢复高考好!今年还来得及吧?”

“来得及!来得及……”与会者说道。

邓小平:“好!既然来得及,今年就开始办!”他沉吟有顷,“我们招生的指导思想应抓两条:第一本人表现好,第二是择优录取。另外,对实践经验比较丰富有专长的考生,年龄可以放宽。同时,还要注意招收一九六六年、一九六七年这两届高中毕业生。”

郁教授家　内　夜——

郁夫人泪流满面,双手捧着郁平的衣服坐在沙发上。

郁教授高兴地走进家门,大声问:“夫人,饭烧煳了吗?”他转身一看,惊愕地:“你为什么哭成这个样子?”

郁夫人:“郁平被她们单位隔离审查了!”她望着变得严肃起来的郁教授,“你不是认识邓大人吗?请他帮个忙不行吗?”

郁教授:“可是……小平同志该管的事实在是太多了啊!”

郁夫人生气地:“难道我们女儿的事就是小事了吗?”

郁教授怅然叹了口气。

简单的隔离室　内　夜——

郁平站在隔离室中央的电灯下边,双手捧着一本外文书籍用心地看着。

“咣当”一声门打开了,一位中年女干部走进屋门。

郁平依然若无其事地捧读这本外文书籍。

女干部:“郁平!你看的什么书啊?”

郁平不理,继续看书。

女干部走到郁平的跟前一看,生气地:“又在看外国人的书啊!”她伸出右手,“快交给组织!”

郁平依然不理,继续看书。

女干部："你可真是王八吃秤砣——铁了心了！你不交我就强迫你交！"她说罢上去就夺。

郁平出于自卫，用力推搡这位中年女干部。

中年女干部身子一晃，摔倒在地上。她从地上爬起来，边向外走边骂："好！有你的好日子过的，咱们明天见！"她走出隔离室屋门，"咣当"一声，又上了锁。

郁平再次捧起这本外文书籍，凑近灯光阅读。

随着室外传来"啪"的一声，室内的电灯光熄灭了。

郁平暴怒地大吼："给我把电灯打开，我要看书！"

室外传来女干部的话声："做梦！等天一亮，我就让保卫处的人把你的书包拿走，让你永远也看不了这外国人的书！"

郁平大惊，自语："这怎么办呢？……"她走到临街的窗前，用力摇着窗子。

长安街上　外　日——

一辆黑色的红旗轿车飞驰在长安街上。化入车内：

邓小平坐在后排座位上，侧首看着两边走动的男女青年，小声地问："李秘书，他们都是回城的知识青年吧？"

李秘书："是！"

邓小平："他们都很想读书吧？"

李秘书："对！据我的一个亲戚说，全国有数以亿计的回城知青，第一愿望是读书，可没有学校上；第二愿望是工作，可又没有接收单位。"

邓小平："告诉你这个亲戚，我们的政府很快就做出决定，想念书的知识青年，一定有学上；想工作的知识青年，逐步帮他们解决接收单位。"

李秘书："真的？"

邓小平："我什么时候说过谎话？"

李秘书："没有！不过，做起来可太难了。"

邓小平："不难，要我们这些共产党人干什么？"

一个较大的会场　内　日——

与会的几十名科学家、教育家起立鼓掌。

邓小平及有关的领导走进会场。他不停地摆手,大声地说:“请坐下!都请坐下!”

与会的科学家、教育家相继落座。

邓小平:“我先讲两句题外话:一、中央召开座谈会,我是受命来请教的。因此,你们是老师,我是学生。世上哪有老师站着欢迎学生的呢?”

与会的科学家、教育家禁不住笑了。

邓小平:“二、毛主席早在七届二中全会上就作出明确规定,开会不鼓掌。不知何时破了这个规矩,三鼓两鼓,就把我们有些同志鼓得不知姓什么了!结果,随着掌声越鼓越响,党风就在这一片掌声中给破坏了。”

与会的代表窃窃私语。

邓小平:“你们是知名的教育家和科学家,为人师表,就从开会不鼓掌做起好不好?”

“好!”

邓小平:“郁教授,该由你主持了!”

郁教授:“这次科学、教育座谈会开了好多天了,很多问题也都议到了。但是,大家都心存一个很大的问号,我们的教育方针和科学计划会不会变?”

邓小平:“我帮你们把这个心存的大问号拉直——变成惊叹号!大的方针、计划不会变,局部调整是需要的。”

郁教授:“绝大多数科研部门分工不明,有的科学家外出跑器材,一些后勤部门天天忙着打扑克。”

邓小平:“这是绝对不允许的!我现在仍然主张搞‘三套马车’,一个是配备的党委书记,多半是外行,但对科学教育事业必须热心,当然找到内行更好;一个是管业务的,这应当是内行;再一个是管后勤的,即后勤部长。我愿意给你们当总后勤部长!”

与会者激动地热烈鼓掌。

邓小平摇了摇头:“看起来,真是积重难返啊!你们这些为人师表的先生也食言鼓掌啊!”

与会的科学家、教育家尴尬地笑了。

一位中年科学家："我们的科研单位有一个很坏的风气，相互封锁科技情报，很不利于我们科学事业的发展。对此，不知您是怎么看的？"

邓小平："搞封锁，结果是封锁了自己。借口保密，搞技术封锁，这种学风一定要改变！搞大的科研项目，必须有大协作的精神，也就是我们过去讲的一盘棋精神。"

有少数与会的科学家、教育家又忍不住鼓掌，当他听见与会的同行的笑声，遂难为情地停止了掌声。

邓小平："我再借着这掌声讲几句题外话，在我两落、两起，三落、三起的赋闲期间，我想通了一个问题，为什么当年在战场上出生入死的同志会腐化、堕落呢？我认为没有约束力的权力是最大的腐蚀剂！而掌声又是把权力欲推向极致的帮凶！"

郁教授："我提议，为邓副主席想通的结论鼓掌！"

与会者打心底赞成，遂由衷地热烈鼓掌。

邓小平无可奈何地叹了口气。

李秘书走到郁教授的耳边小声讲了几句。

郁教授有些紧张地跟着李秘书离开了会场。

会场休息厅　内　日——

郁教授拿起电话："喂！有什么事吗？"

远方显出郁夫人哭着接电话的画面："郁平单位通知我们：今天一早，郁平跳窗跑出隔离室，偷了那篇在国外发表的论文就不知去向了！"

郁教授着急地："你给我们的亲属、朋友打个电话，问问是不是躲在他们家了！"

郁夫人："都打过了，没有！"

郁教授："那就再等一等吧！"

郁夫人大惊："什么？还再等一等啊！……"她拿着电话昏倒在沙发中。

郁教授大喊："喂！喂……"

邓小平住地大门外　傍晚——

郁平身着环卫工人的衣服，背着她那个大书包，手里拿着一份外国刊物在门前走来走去。

警卫走过来，严肃地："去，去！这里不需要你清扫卫生！"

郁平生气地："客气点儿好不好，我不是来清扫卫生的！"

警卫冷然作笑："那是来干什么的？"

郁平："你管得着吗？"

警卫："我告诉你，你站在这里，我就管得着你！"

恰在这时，一辆黑色红旗轿车驶来。

警卫边用力推搡郁平边说："首长的车来了，快让开！"

郁平一边抗争一边大声地喊："邓大人！你要为民作主，我要向你伸冤……"

轿车戛然停在门前，李秘书走出轿车，打开后车门。

邓小平步出轿车，命令地："请她过来！"

郁平望着慈祥的邓小平微微地点了点头，双手举起手中的外文刊物，喊了一声"邓大人！"她失声地哭泣了。

邓小平："同志，不要哭，去我的家里再说好吗？"

郁平啜泣地："好！好……"

邓小平的庭院　外　傍晚——

邓小平仔细翻阅那本外文刊物，将信将疑地："这篇数学论文真的是你写的吗？"

郁平："我骗谁也不敢骗您啊！"

邓小平："你一个环卫工人怎么会写出这样高深的数学论文来呢？是谁教你的呢？"

郁平："全都是我自学的。"她拿过那本外文刊物，指着那篇文章的卷首语，"这是华罗庚老师写的，他扼要地讲了我在锡林郭勒大草原一边放羊一边自修数学的事。"

邓小平："是谁帮你把这篇论文翻译成英文的呢？"

郁平："是我自己用英文写成的。"

邓小平："你又是跟谁学的英文呢？"

郁平："我的母亲是大学的英文教授，从小就跟着母亲学英语，我在锡林郭勒大草原上放羊的时候，就一个人躺在一望无际的草地上，望着蓝天白云,每天坚持念两个小时的英文。”

邓小平:“了不起。李秘书,请你通知有关部门,审查郁平同志的行为是错误的!”

李秘书:“是!”

邓小平:“你愿意上大学吗?”

郁平微微地摇摇头。

邓小平:“为什么?”

郁平:“大学的功课我都自修完了。”

邓小平:“那你为什么不换个工作呢?”

郁平:“前几年,我沾大教授父亲的光,只能当环卫工人;如今嘛,我那个革命的教授父亲又怕别人骂他搞特殊……”

邓小平:“有意思!怎么样?带着我去看看你这个革命的教授父亲好不好?”

郁平忙摆手:“不!不好……”

郁教授的家　内　晚——

郁教授坐在椅子上沉默不语,偶尔摇首叹气。

郁夫人坐在沙发上,生气地:“你只为全天下的孩子读书奔走,就是不管自己女儿的学业和前途。结果……”

郁教授:“放心,我了解郁平,她不会有事的。”

郁夫人:“可她整整一天没有音信了啊!”

这时,门外传来叫门声:“妈!开门了。”

郁教授惊喜地:“听!女儿回来了吧。”

郁夫人边说“妈来了!”边走到门前,她打开屋门一看:

郁平挽着邓小平站在门前。

郁夫人震愕地:“这、这……”

邓小平微笑着:“郁夫人,我到了,不欢迎?”

郁夫人:“欢迎,欢迎……”她转身朝着内屋喊道,“老郁!贵客到了,快出来欢迎。”

邓小平走进门来,看见迎面走来的郁教授,惊喜地:“你怎么住在这里？”

郁教授：“我就住在这里啊！小平同志你……”

邓小平指着郁平：“我给你送女儿来了！”

郁教授愕然地：“你怎么把郁平找到的？”

邓小平：“等我走了以后，让郁平再给你们夫妻讲。”他指着到处都是书的住室，“你还没有搬回原来的房子去？”

郁夫人抢先说道：“他为了不让别人说闲话，坚持最后一个搬家。”

郁教授：“我和那些没有落实政策的教授相比，好多了！”

邓小平：“郁平，你是在哪里写出这样有水平的论文呢？”

郁夫人指着书房：“就是坐着那个小马扎，在那张单人床上写出来的。”

邓小平：“了不起啊！郁教授，你怎么不帮着郁平调换一下工作呢？”

郁教授：“她已经不错了！还有多少教授、讲师的子女还在北大荒种地，或在内蒙古大草原放羊啊！”

郁夫人：“小平同志，十年树木，百年树人，为了国家计，你也要救救这一代上山下乡的孩子们啊！”

邓小平坚定地点了点头。

邓小平办公室　内　日——

邓小平的办公桌上摆放着一沓批阅过的文稿。

邓小平认真地阅读一份材料，旋即拿起笔批示。

画外音：“对老舍这样有影响有代表性的人士，应当珍视。由统战部或北京市委作出结论均可，不可拖延。”

邓小平放下笔，缓缓起身，走到窗前，眺望远天，他的思绪似在追思老舍中。

有顷，卓琳走进办公室：“你在想些什么？”

邓小平：“我在想老舍先生。”

卓琳：“他的忌日就要到了吧？”

邓小平点了点头。

卓琳：“我听邓大姐说，总理在去世前的那个八月二十四日的晚上，他不顾癌症的折磨，来到了北海公园，他望着湖水长时间沉思。”

邓小平：“我还听说，他问身边的医务人员，‘你知道今天是什么日子吗？今天是老舍先生的忌日！’”他转过身来，拿起刚刚批过的文稿，严肃地：“李秘书！”

李秘书走进：“首长有什么事吗？”

邓小平：“请把这份材料立即转中办，请他们尽快落实！”

李秘书接过文稿：“是！”转身走出去。

卓琳端上一杯茶水：“喝口水吧？”

邓小平：“谢谢，我还有几件重要的事情要办！”他拿起电话，“请接胡耀邦同志！”

远方显现出胡耀邦接电话的画面：“我是胡耀邦，小平同志，有什么事吗？”

邓小平从桌上拿起一份文稿：“你组织人写的这篇《把‘四人帮’颠倒了的干部路线是非纠正过来》，我看了，写得不错，我看可以选一个合适的时机发表。”

胡耀邦：“我们初步计划在纪念粉碎‘四人帮’一周年的时候，交由《人民日报》发表。”

邓小平：“可以！主席、总理在世的时候，有些大的冤假错案给予了平反。像老舍先生这样未得到平反的冤假错案不在少数，要抓紧落实。”

胡耀邦：“是！”

邓小平：“为纪念毛主席逝世一周年，陈云同志写了一篇《坚持实事求是的革命作风——纪念伟大领袖和导师毛泽东逝世一周年》，文章写得很好，也很有针对性。《人民日报》刊登之后，你要组织中央党校的师生认真学习。”

胡耀邦：“是！”

邓小平挂上电话。

远方胡耀邦接电话的画面随之消失。

李秘书：“中办通知，你接见美籍华裔科学家丁肇中先生的时间确定了，八月十七日上午。”

中南海怀仁堂　内　日——

邓小平站在门口，紧紧握住丁肇中的手："丁肇中先生，你是美国的骄傲，你也是我们炎黄子孙的骄傲。因此，我真诚地欢迎你的到来！"

丁肇中："我也真诚地感谢你在百忙之中接见我！"

邓小平："好！请坐下谈吧。"

邓小平、丁肇中分主宾落座。

邓小平："我们感谢你主动邀请中国留学生去你的实验室学习。我已经和科学院的领导谈过了，要选好人。我相信中国人是很聪明的，在你的实验室里是可以学好的。"

丁肇中："我毫不怀疑！可我就有一个担心……"

邓小平："请讲！"

丁肇中："你们选派的人跟着我到了美国，经过一段学习之后，担心有的不愿意回国！"

邓小平："没关系！对我们而言，回来一半就是胜利。"

丁肇中："真的？"

邓小平："真的！回忆一下中国派遣留学生的历史就清楚了。清末，公派出国的和自费出国的留学生，像孙中山先生等成了封建王朝的埋葬者；民国年间，我们这一代赴法勤工俭学的留学生，推翻了一个黑暗的旧中国，创建了一个新中国。在这两批留学生中，也有一些没有回国的嘛！"

丁肇中："是的！"

邓小平："像丁肇中先生、杨振宁先生、李政道先生都没有回国，不仅对人类做出重大贡献，也为炎黄子孙争了光。"

丁肇中："有你这句话，我就放心了！同时，我将根据我们科研的需要，还可以邀请更多的中国留学生到我的实验室学习和工作。"

邓小平："那我就先代表政府谢谢你，用外国最好的条件，帮着我们培养科研人才。"他取来那本外文刊物，"这里有一篇经由华罗庚先生推荐发表的论文，你看看，这篇论文的作者可不可以到你的实验室学习和工作。"

丁肇中接过这本外文刊物看了看："就凭华罗庚先生写的卷首语，我就收下了！"

邓小平："那我就代作者谢谢你了！丁先生，你在北京看了一些东西，有什么意见就指出来。"

丁肇中："今天，我在张文裕先生的陪同下，参观了高能物理研究所，感到技术设备落后于时代，这会制约中国科学技术的发展的。"

邓小平："我们承认这种落后！因为只有承认落后，才有希望。我认为科研设施的建设要从最先进的着手，高能加速器就是个重点。"

丁肇中："你打算如何壮大科研队伍呢？"

邓小平："一是要派人出去学习，二是要请人来讲学。这也就是我真诚欢迎你来北京的原因。"

丁肇中："据我所知，杨振宁先生、李政道先生都要来北京讲学。"

邓小平："我同样真诚地欢迎他们的到来！同时，我还希望丁先生多回来指导高能加速器的建设，这样可以搞得快一些。"

丁肇中："我一定会常来常往的！"

邓小平新家的庭院　外　日——

邓小平在庭院中缓缓地踱步、凝思。

李秘书从大门走进："首长！罗秘书长和张主任到了。"

邓小平闻声抬头，向大门方向一看：

罗瑞卿和张爱萍拄着不同的手杖走进。

邓小平迎上去，紧紧握住罗瑞卿的手："怎么样？军委秘书长的职务，没有把你压垮吧？"

罗瑞卿："还可以！再说，还有杨勇、张震、洪学智他们帮助嘛！"

邓小平："如果身体吃不消，你就说张爱萍，是他推荐你罗长子当军委秘书长的。"

张爱萍："罗秘书长啊，不仅把军委日常工作管得有条不紊，而且还能帮着我们国防科委出主意。"

邓小平指着庭院中的椅子："都请坐吧！"他坐下之后顺手点燃一支烟，深深地吸了一口，"今天请你们二位来，主要是讨论军队装备和科研问题。"

罗瑞卿感慨地："十年噩梦，一觉醒来，发现我们军队的装备，和世界相比实在是太落后了！”

邓小平：“更为严重的是，我们不仅老了，像你们二位还落下了残疾，更为重要的是，我们治军的观念也大大地落后了！因此，对我们这些人来说，做到‘红’不难，但做到‘专’就很难。”他转而看着张爱萍，“你那个‘三抓’是立了军令状的，有什么困难吗？”

张爱萍：“困难当然有，主要是条块分割太分散，权力难以集中。”

邓小平：“军队有它自己的独立性，必须统一规划、统一领导、统一实施。从现在开始，国防科技权力要集中到国防科研装备委员会，由你张爱萍同志全权负责。”

罗瑞卿：“听说全国就要召开科学大会了，我们军队也参加吧？”

邓小平：“当然要参加！这次大会的目的有二，其一，明确肯定新中国成立二十八年来毛泽东的革命路线在科学技术战线始终占主导地位；其二，要在全国造成一种以人人学科学为荣，不懂科学为耻的风气！”

全国科学大会场地　内　日——

在暴风雨般的掌声中摇出：

大会标语：热烈庆祝全国科学大会胜利召开。

会场中数以千计的代表激动地鼓掌。

邓小平站在主席台上，挥动双手，示意大家安静，大声讲道：“方才，郭老以他诗人的气质发表了书面讲话，称这次全国科学大会迎来了科学的春天。我希望借郭老的吉言，祝愿中国的科学永远是春天！”

会场中爆发出长时间的掌声。

邓小平：“四个现代化，关键是科学技术的现代化。没有现代科学技术，就不可能建设现代农业、现代工业、现代国防。没有科学技术的高速度发展，也就不可能有国民经济的高速度发展！”

与会者热烈鼓掌。

邓小平：“科学技术是生产力，这是马克思主义历来的观点。现代科学技术的发展，使科学与生产的关系越来越密切了。科学技术作为生产力，越来越显示出巨大的作用。现代科学技术正在经历着一场伟大的革命……尽快赶上现代科学技术日新月异的步伐，迅速改变我国科学技术事业的落后面貌，是高速度发展国民经济和加强国防力量必不可少的重要条件，必须引起全党全军全国人民的高度重视——”

邓小平挥拳击向前方。全场爆发出长时间雷鸣般的掌声。

长安大街　外　夜——

一辆红旗轿车飞驰的长安大街上。化入轿车内：

邓小平、郁教授坐在后排座位上，二人严肃地交换意见。

邓小平：“你所熟悉的教育家和科学家，对这次全国科技大会有什么意见？”

郁教授：“想听正面的意见，还是想知道负面的情况？”

邓小平一怔：“有意思！你是在考问我吧？”

郁教授：“不敢！我只是想讨你个口封……”

邓小平幽默地：“恕你无罪！对吧？”

郁教授不好意思地：“这么多年养成的习惯，一下子改不了啊！”

邓小平：“看来，不仅我们共产党人在开动脑筋、解放思想，打破一切违反马列主义、毛泽东思想的‘禁区’难，而且你们这些靠实事求是起家的教育家、科学家，如今连坚持真理的勇气都快没有了啊！”

郁教授：“这……能怨谁呢？”

邓小平轻轻地叹了口气：“怎么样？我们一起解决这个问题好不好？”

郁教授：“好！”

西山　外　日——

邓小平拄着拐杖与郁教授一边拾级而上一边交谈：

邓小平：“我只能这样对你说，正面的意见，只要不是有意吹捧，你可以讲，为的是发扬成绩；负面的情况，只要不是蓄意攻击，也可以讲，为的是改正错误；就是全都讲错了，我也保证不打你的棍子。”

郁教授：“好！大家听了你的讲话以后，无一不为你敢于打破‘禁区’的伟大政治品格所折服。但是，当大家想到从中央到地方，大多数还是那些设置‘禁区’和为‘禁区’值班的人当道，似乎又有些泄气了！”

邓小平：“看来，从党内到党外，从教育家到科学家，每个人的头上都有一个紧箍咒啊！”他登上山顶，眺望远方，“你看，我们如何才能把这一个个紧箍咒摘掉呢？”

郁教授登上山顶，擦了把汗：“我看光空喊解放思想不行，必须从具体问题做起。举例说，大学、科研单位的知识分子头上戴着各种帽子——也就是你说的紧箍咒，压得他们不仅喘不过气来，而且连家属——尤其是孩子都受到牵连，连回城读书的权利都被剥夺了，他们哪里还有心思搞科研呢！”

邓小平：“看来，中央单单靠三令五申、发指示还不行！”

郁教授：“对！中央有政策，他们有对策。”

邓小平：“他们有什么对策呢？”

郁教授：“简单地说，主管干部的单位，仍然在执行两个‘凡是’的干部路线，他们会拿过去中央的指示对付现在中央的文件；他们还会拿毛主席的指示来对付你的讲话。”

邓小平：“看来，还必须从主管干部的单位开刀。”

中南海甬路　外　日——

李先念边走边说：“陈云同志！我们的党是到了必须立即解放大批干部的时候了！就说国务院系统吧，‘文革’前还有很多老的部长、副部长没有解放，自然也没有工作。”

陈云：“如果再想想几十年来搞的一个个冤、假、错案，以及所受到牵连的人，真是成千上万啊！就说一个彭德怀冤案吧，有多少老红军被打成右倾机会主义分子呢？”

李先念：“这些天来，几乎每天都有很多当年一块出生入死的老战友找上门来，要我帮着他们解决问题。”

陈云：“我想，找小平同志的也少不了！”

邓小平办公室　内　日——

邓小平坐在桌前十分生气地打电话：“……你们组织部要一个一个地解决问题，从中央到地方、从军内到军外，有什么问题就解决什么问题……什么，你们部长指示，凡毛主席定性的干部就不能翻案？……这是错误的！一切按实事求是来办……对，对！就说是我邓小平讲的。”他气得啪的一声挂上电话，在室内快速踱步。突然，桌上的红机子响了。

邓小平走到桌前，拿起电话：“喂！我是邓小平……”

远方现出叶剑英打电话的画面:“小平同志，你怎么有这么大的火气啊？”

邓小平:“我们的中组部依然在执行‘两个凡是’的错误路线,大批的干部落实不了政策,大批的冤假错案也得不到平反、昭雪。”

叶剑英:“军队的问题也很严重啊!不仅需要清理林彪集团、‘四人帮’留在军队的残余分子,更重要的是还要解放受迫害的军事干部。由于组织部门主要负责人的思想转不过弯来,严重地干扰了军队的建设！”

邓小平:“你的意见呢？”

叶剑英:“从中央组织部开刀！”

邓小平:“我同意!等一会儿,陈云、先念就到了,我们一道商量解决!”

早已站在门口的陈云严肃地说道:“告诉叶帅,我和先念同志到了！”

邓小平:“叶帅,陈云和先念到了,再见！”他挂上电话。

远方叶剑英打电话的画面消失。

邓小平:“二位请坐！”

陈云、李先念相继落座。

邓小平:“方才,你们二位已经听到我与叶帅通话的内容了,这也就是我请二位来的目的。”

陈云:“为了保证正确的政治路线、思想路线的执行,必须采取组织措施,坚决把那些反对执行正确的政治路线、思想路线的人拿掉。”

李先念:“说得具体些,就是要改组中央组织部,把坚定执行正确路线的干部派进去。”

邓小平:“我赞成！”

陈云:“同时,我们还必须考虑到,这些执行‘两个凡是’的组织部门的干部,在中央是有后台的。”

邓小平:“那我们这三个老家伙,再加上叶帅,一起和他们的后台到中央评理去！”

“同意！”

邓小平:“陈云同志,从延安时期,你就主管过组织部,看谁去中央组织部任职能打开局面？”

陈云："我与叶帅议过了，胡耀邦同志！"

李先念："我也赞成！当年耀邦同志在抗大任政治部副主任的时候，是最年轻的领导，主席说他工作有朝气，有魄力。"

邓小平："建国以后，耀邦同志在团中央的工作也很有起色嘛！"

陈云："我建议，一旦中央决定耀邦同志去中央组织部工作，还是要和他谈一次话为好。"

陈云家的客厅　内　日——

这是一间十分简朴的客厅，老式的沙发、茶几，上面摆着宜兴产的陶瓷茶具。

陈云坐在沙发上一边品功夫茶一边看材料。胡耀邦风风火火地走进来，大声地："报告！您的老部下胡耀邦前来听训！"

陈云："你呀，真是江山易改，本性难移啊！坐下吧。"

胡耀邦落座："老上司，改不了喽！"

陈云："你就要去中组部走马上任了，中央决定要我和你说一说。想了好久，就送给你两句话，八个字。"

胡耀邦一怔："两句话，八个字……"

陈云："对！第一句话四个字，雷厉风行。几十年来，冤假错案，堆积成山，再加上中组部贯彻'两个凡是'十分坚决，没有一点雷厉风行的作风，是很难冲破这层层的阻力的。"

胡耀邦："我记下了！"

陈云："第二句话，还是四个字，实事求是。你是知道的，这四个字是毛主席在延安送给中央党校的。今天，我送给你有两层意思，一是不听谁怎么讲的，用实事求是的态度处理问题；二是对待犯有各种错误的同志，更要实事求是。"

胡耀邦："是！"

陈云："我要讲的讲完了。下边，中央就要看你这个新官上任，是如何在中组部点这三把火的！"

定格叠印字幕：

第十五集终

第十六集

中组部前院　外　日——

几十名老、中年干部济济一堂，有的在敲锣打鼓，有的在争放鞭炮，一派节日气氛。

有顷，一辆小轿车驶进中组部大门，戛然停在前院。

胡耀邦从轿车中走出，拱抱双手，大声地："同志们！我胡耀邦来中组部报到了，从今天起，我们一定要把中组部的铁门坎搬掉，把中组部办成真正的'干部之家'、'党员之家'！"

前院的锣鼓声、鞭炮声响成一片。

中组部会议室　内　日——

胡耀邦："同志们！我来了没有几天，开了两次座谈会，看了一点所谓'要案'的卷宗，使我得出了这样一个结论，'积案如山，步履维艰！"

与会的干部围坐在椭圆形的会议桌旁，认真地听着。

胡耀邦："所谓积案如山的山究竟有多高呢？是喜马拉雅山，唐古拉山，还是泰山？现在不下结论。所谓步履维艰的艰有多么艰难呢？也就是阻力有多大呢？我看我们每前进一步，其艰其难其苦，不下于登喜马拉雅山！但是，我也坦然相告某些人，我们有会当凌绝顶的决心！"

与会的一些干部带头鼓掌。

有部分干部十分勉强地跟着鼓掌。

胡耀邦："为此，我向与会的干部提两个要求，一、要恢复党的优良传统，要把中组部这些年来'门难进、脸难看、话难听、事难办'的衙门恶习一扫而光！你们同意不同意？"

"同意！"

胡耀邦："今后如有受冤挨整的老同志来找我，我都要和他们见面谈话，任何人不得阻拦；凡是信封上写有'胡耀邦'三个字的来信，都必须及时送给我，无需你们代劳处理，更不准扣压。听明白了吗？"

“明白了！”

邓小平办公室　内　日——

邓小平打电话：“请接胡耀邦同志！”

远方显现出胡耀邦接电话的画面。

胡耀邦：“我是胡耀邦，你是哪一位？”

邓小平：“我是邓小平！”

胡耀邦：“小平同志，你有什么事吗？”

邓小平：“我听说你给中组部立了规矩，谁找你都接见。我打电话一试，不是放空炮。”

胡耀邦：“言必信，行必果，这是取信于民——自然也是取信于党员干部的法宝。”

邓小平：“我收到了一位老同志写的两首打油诗，想读给你听听。”

胡耀邦：“请读吧！”

邓小平：“第一首，一年两年十余年，只耗草料不耕田；等闲白了少年头，原来‘四害’是祸源！”

胡耀邦：“这是批评原中组部的！”

邓小平：“第二首，一月二月三四月，除了‘四害’心欢悦；东风浩荡春光好，只争朝夕情切切！”

胡耀邦：“这是歌颂今天大好形势的！”

邓小平：“我看还有一层意思，那就是对你领导的新中组部寄托了无限希望。”

胡耀邦：“我一定加倍努力工作。”

邓小平：“有什么困难吗？”

胡耀邦：“中组部有些干部，继续打着中央某些领导同志的牌子——主要是用‘两个凡是’的旗号，反对我们平反大的冤假错案！”

邓小平：“这是绝对不允许的！看来，光我给中央写一封信是不行的，我们还必须拿起理论的武器，去揭穿‘两个凡是’的虚伪性。”

胡耀邦：“是！”

邓小平挂上电话。

远方胡耀邦的画面消失。

李秘书走进："李先念副总理就要到了！"

邓小平："好！我这就去。"

国务院会议室　内　日——

李先念："你就要出访缅甸和尼泊尔了，我想就五届人大和五届政协开会的一些事情和你谈谈。"

邓小平："我这次出访缅甸和尼泊尔，等于是还我国这些年来在外交方面欠的债。说到五届人大和五届政协就要开会的事，我最关心的是政府工作报告的内容。在经济方面，希望你和陈云同志把一把关。"

李先念："很难！我看了华国锋同志组织人起草的政府工作报告，依然是以阶级斗争为纲。对于有些不切合实际的指标，陈云同志也有意见。可他们很难听得进去！"

邓小平："看来，只有彻底打破他们设置的'两个凡是'的禁区，才能解决经济改革的问题。"

李先念："实质上就是这样。急也没有用！"

邓小平："但我们必须认真思考，严肃对待。说句老实话，每年的春天，我最担心的是春旱，尤其担心像安徽、河南这些农业大省，搞不好就要饿死人。"

李先念点了点头："是的！"他转念一想又说，"你出访缅甸和尼泊尔在成都停留期间，应该回故乡看看吧？"

邓小平微微地摇了摇头："没有时间，但我想在成都了解一下农业问题。"

金牛宾馆大院　外　日——

邓主任手里拿着几个白市柚，黎干事提着一篮锦橙站在一幢小楼的门前。

邓主任："真没想到啊，你我奉县委之命给省里送水果，竟然是给我们广安的骄傲邓副主席送的！"

黎干事："要是知道吃水果的首长是邓副主席，那就没有你我的份了！"

邓主任："那是自然了！你说，邓副主席见了我们二人会说些什么呢？"

黎干事摇摇头："不知道。"

屋门打开了，李秘书走出："请进吧！"

邓主任拿着白市柚、黎干事提着一篮锦橙高兴地走进。

会客厅　内　日——

邓小平和卓琳并排坐在一个双人沙发上。

邓主任双手捧着白市柚走到近前，十分紧张地："我们受县委的委托，代表广安县委和人民向敬爱的小平同志问好！特意给您送点水果来，表达乡亲们的敬意！"

黎干事双手捧着锦橙："对，对！是家乡人们的一点心意。"

邓小平笑了："你们送来的家乡水果，我中午就吃了。我们都是广安人，不要客气，随便坐。"

邓主任和黎干事就近坐在了邓小平的一边。

卓琳指着白市柚："他呀，最喜欢吃这酸苦酸苦的白市柚，还说世界上最好的柚子就是你们广安的白市柚。"

邓主任："那我们每年都给您送一些去。"

邓小平："不要，不要！广安今年情况怎么样？前几年可有点儿差啊！"

邓主任："广安七七年粮食总产六亿多斤，人均口粮从七六年的二百八十八斤增加到三百七十七斤。"

邓小平："我离乡时广安是六十多万人，现在是一百万出头，只有六亿多斤，人均五百多斤，每人才分三百多斤，而且还是原粮，合成米才多少斤呀？三七二十一，七七四十九，才二百六七十斤米，口粮很低哟！"

黎干事："广安县水利建设不行，再说这几年没人搞，一下雨就把旧的给冲垮了。"

邓小平："这怎么行呢？要搞点水泥、石灰和石头砌一砌，要牢固点儿嘛！总之，要人人动脑子、动手，把产量搞上去。"

"是！"

邓小平："一定要搞好水土建设，才能抵御自然灾害。去年，有些地方受了三个大灾，雹灾、旱灾和风灾。中国农民最怕春旱，一旱就容易造成全年绝收。”

“对！”

邓小平：“你们知道种地的‘八字宪法’吧？”

邓主任：“知道！土、肥、水、种，密、保、工、管。”

邓小平：“第四个字是种。种子很重要，种子的地位要提高，要培育种子基地。全世界都在搞种子，美国有种子公司，每年出卖种子。”

邓主任：“我们广安县种的杂交玉米，第三代就退化了！”

邓小平：“所以要经常换种，必须有种子公司。”

李秘书走进：“首长，您接见的时间到了。”

邓小平：“请等一下！”他吸了一口烟，“农村和城市都有个政策问题。我听说广东有些地方养三只鸭子就是社会主义，养五只鸭子就是资本主义，怪得很！”

邓主任：“全国各地——包括我们四川都有类似的情况。这都是‘四人帮’提倡的‘宁要社会主义的草，不要资本主义的苗’的余毒还没有肃清的原因。”

邓小平：“怎么办呢？中央要清理农村政策和城市政策，全国各地也要清理一下。”

邓主任：“我们一定认真清理广安存在的问题。”

邓小平慢慢站起身来：“好！别的就没啥了，见一面嘛！你们回去以后，带个话给县委，要解放思想，把农业搞上去，集中精力把经济建设搞好！”

中南海边　外　日——

邓小平坐在一条长凳上，双手捧着一份文件认真阅读。

陈云大步走来，幽默地：“放着又宽又大的会议室不用，把我叫到这里来，使我想起了当年在上海搞地下工作的情景。”

邓小平：“会议室再大，老是有电话干扰；这里虽然是露天水边，倒是能安静地谈点儿大事。”

陈云：“不用说，一定是和我谈《政府工作报告》。对吧？”

邓小平：“对！两会就要召开了，近期政治局就要讨论《政府工作报告》有关经济部分的内容。我出访回到北京以后，当天就看了《政府工作报告》

的草稿，感到问题较多，想听听你的意见，一并带到会上去。”

陈云：“我的主要意见有两条，一、在党的政治路线和思想路线没有正本清源之前，党的经济政策就不可能是正确的，人民也不会为之奋斗；二、我读了《政府工作报告》的草稿以后，感到味道不太对。”

邓小平：“是什么味道？”

陈云：“假大空，有点儿新大跃进的味道。”

邓小平：“我也有同感！”他拿起文件，“比方这一段吧，它说到二十世纪末，‘人民的物质和文化生活水平将大大提高，三大差别将显著缩小。’我看就有点儿吹牛。”

陈云：“苏联搞了半个多世纪怎么样？我们也搞了近三十年？被林彪、‘四人帮’搞成这样一个乱摊子！另外，在不谈我们如此薄弱的经济基础之前，就说要搞多少个大庆，国家和人民就一定会再吃一次五八年大跃进的苦。”

邓小平：“这就叫不按经济规律办事的人，是一定要遭到经济规律惩罚的。要搞大工业，关键是钢铁；引进先进技术，比方拟议中的上海宝钢，我们还要翻版和提高。”

陈云：“另外，世人皆知，发达的资本主义国家有三大支柱产业，即钢、建筑材料和汽车制造。我们远远落后于欧洲诸国，可又要打肿脸充胖子。更可悲的是，既不调查研究世界经济发展的现状，也不老老实实地向人家学习。”

邓小平：“看来，我们对于欧洲共同市场，对于日本、美国，要专门成立一个班子，不干别的事，集中力量，专门研究。”

陈云叹了口气：“说句心里话，对这次两代会能取得什么成绩，你我也只能做到尽人事了！”

在男女声画外音中叠印出历史资料片。

男声画外音：“一九七八年二月二十四日至三月八日，中国人民政治协商会议第五届全国委员会第一次会议在北京召开。邓小平被推选为大会主席团常务主席。三月八日，当选为中国人民政治协商会议第五届全国委员会主席，并发表热情洋溢的讲话，宣布大会胜利闭幕。”

女声画外音：“一九七八年二月二十六日至三月五日，第五届全国人民代表大会第一次会议在北京召开，华国锋等同志不顾国力实情，提出到一九八五年建设十大钢铁基地、九大有色金属基地、八大煤炭基地、十大油气田、三十六个大电站、六条铁路新干线和五个重点港口等一百二十个高指标的大计划。这就是被史学家戏称的‘洋盲进’。大会选举叶剑英为全国人民代表大会常务委员会委员长，决定邓小平为国务院副总理。就在国务院第一次全体会议上，邓小平发表了重要讲话，阐述了什么叫社会主义……”

国务院会议室　内　日——

邓小平激越慷慨地说道：“什么叫社会主义呀？社会主义总是要表现它的优越性嘛！它比资本主义好在哪里？每个人平均六百十几斤粮食，好多人饭都不够吃，二十八年只搞了二千三百万吨钢，能叫社会主义优越性吗？干社会主义，要有具体体现，生产要真正发展起来，相应的全国人民的生活水平能够逐步提高，这才能表现社会主义制度的优越性！”

与会者热烈鼓掌。

邓小平家办公室　内　日——

邓小平坐在桌前打电话：“你是万里同志吗？”

远方现出万里接电话的画面：“我就是万里！两会期间你太忙，我没有去拜访。”

邓小平：“用不着！你去安徽当省委书记快十个月了，对农村存在的问题有个了解吧？”

万里：“有！第一个问题，农民种什么我们要管，收入分配我们也管，而且从上管到下，管得那么具体，我们懂吗？我们了解情况吗？我们能管得好吗？”

邓小平：“这就是瞎指挥的根源！”

万里：“第二，我在基层和农村经过三个多月的调查研究，制订了一个《中共安徽省委关于当前农村经济政策几个问题的规定》。”

邓小平：“这就是不久前在《人民日报》上发表的《一份省委文件的诞

生》所说的六条吧？”

万里：“对！”

邓小平从桌上拿起一张《人民日报》：“我特别赞赏‘尊重生产队的自主权；减轻社队和社员负担；落实按劳分配政策，粮食分配要兼顾国家、集体和个人利益；允许和鼓励社员经营自留地和家庭副业；干部参加集体生产劳动’这六条。”

万里：“可在两会期间，不少代表指着我的鼻子说，你这是在砍毛主席为我们树立的人民公社这面红旗！”

邓小平：“不要怕！要大胆地实验。一句话，我们必须找到一条要农民富裕起来的道路。”他说罢挂上电话。

远方万里打电话的画面消失。

李秘书走进：“乔木同志到了。”

邓小平：“知道了。”

邓小平的会客室　内　日——

胡乔木：“根据您和陈云同志、先念同志正本清源的指示，我们政治研究室起草了《贯彻执行按劳分配的社会主义原则》一文，您看过了吧？”

邓小平：“我看过了，写得好。从理论上解决了按劳分配的性质是社会主义的，而不是资本主义的。”

胡乔木：“因为不解决这个带有根本性的分配原则，从中央到地方，一提多劳多得，就被扣上一顶‘利润挂帅’、‘奖金万能’的资本主义帽子。”

邓小平：“在这个带有根本性质的分配原则上，我们是有过很惨痛的教训的。五八年大跃进，成立人民公社，宣布进入共产主义天堂，结果导致了三年困难，饿死了那样多的人！”

胡乔木：“听说，在‘四人帮’提出的‘宁要社会主义的草，不要资本主义的苗’的口号下，农民干与不干都一样，没有了生产积极性。结果，家里的农田荒了，社会上要饭的多了！”

邓小平：“我们一定要坚持按劳分配的原则！评定工资，主要是要看他的劳动好坏，技术高低，贡献大小。有些小学教员教得很好，可以评特级；奖金制度、稿费制度要恢复。一句话，你们要挺着胸脯说，干和不干就是不一样！”

胡乔木叹了口气：“提到教育，问题就更多了！”

邓小平：“说说看？”

胡乔木：“在你的支持下，教育部作出决定，恢复高考。其他的困难权且不说，就说印刷高考卷子用的好一些的纸张吧，都没有啊！”

邓小平沉思顷许：“通知教育部，请他们以中央的名义去国家纸库里买！”

胡乔木：“教育部的同志说，国家纸库里只有印刷《毛选》五卷的纸了，他们不敢动！”

邓小平低沉地：“由我来承担责任！调拨印刷《毛选》五卷的纸张，印刷高考的卷子！”他说罢呷了一口茶水，“告诉同志们！人才难得，机遇难得，要不拘一格选好人才啊！”

北京　某中学校门　外　日——

年龄大小不一的男女考生神情紧张地走进校门。

郁教授、牟记者结伴走来，看着这些年龄不一的考生感慨万端地交谈着。

郁教授指着一位年长的考生：“牟记者，你看这位考生少说也有二十七八岁了吧？”

牟记者：“有了！你像他这个年龄的时候，已经在国外取得博士学位了吧？”

郁教授：“准确地说，我已经偷偷地跑到延安办教育了。”

这时，一位年近三十岁的男同志领着一位十六七岁的女学生怯生生地走来。

牟记者好奇地迎上去，问年长的男同志：“喂！你是这位女同学的老师吧？”

男老师怆然地：“对！”他打量了一下牟记者和郁教授，有些难为情地说道，“同时，我们师生二人还是同科高考的学生。”他说罢领着女学生走进了学校大门。

考场外　日——

郁教授驻足屋外，隔窗望着室内年龄不一、穿着不同的考生在伏案用心答卷。

郁教授："这真是中国教育史上的奇观啊！"

牟记者："这都是林彪、'四人帮'他们搞的。"

郁教授："换句话说，这批特殊的考生能有今天，还得感谢小平同志啊！牟记者，你的儿子参加高考了吗？"

牟记者摇摇头："和你女儿一样，在他父亲工作过的地方边工作边自学。"

郁教授："走吧！我们一起向小平同志汇报去。"

邓小平办公室　内　日——

邓小平有些激动地："虽说这代人创造了教育史上高考的奇观，但他们却承载着建设祖国、实现四化的重任。我相信，这代人一定能完成历史交给他们的重任！"

郁教授："这是因为他们在上山下乡的锻炼中已经劳其筋骨、饿其体肤，深知什么叫艰苦了！"

牟记者伤感地："我作为母亲，愿为我们的子孙万代祈福，永远不要再出现这种高考的奇观了！"

李秘书走进来："首长！你当年的老警卫员老尤同志来看你了。"

邓小平一怔自语地："他怎么到北京来了？"

邓小平的客室　内　日——

邓小平大步走进，一见老尤穿着一件呢子大衣，玩笑地："老尤，你怎么鸟枪换炮，穿上呢子大衣了？"

老尤站起身来，行军礼："老首长，你看看我这呢子大衣？"

老尤特写：黑色的呢子大衣刚到膝盖上。

邓小平笑了："老尤，你跑到北京来，怎么也要把我的大衣共产啊？"

卓琳："老尤从赣南来，没带衣服，一进门就冻得流鼻涕。我就随手把你的大衣给他穿上了！"

邓小平："你大慈大悲，雪中送炭！"

老尤从身旁拿起一个行李袋，取出一捧红薯干："老首长！这几年，老区的人民可苦了，就说这红薯干吧，都没的吃啊！”

邓小平生气地：“你这个父母官是怎么当的？”

卓琳：“快别提这件事了！七六年批邓的时候，老尤就被人家轰下了台，到现在连工资都不给发。”

邓小平紧紧握住老尤的手：“你又沾我的光受苦了……”

老尤：“还是那句话，你又沾谁的光呢？”

邓小平怆然地叹了口气：“这几年，你没有工资，靠什么生活呢？”

老尤伸出双手：“靠它！”

邓小平：“吃苦了！”

老尤：“比老区的人民好过多了！今年赣南春旱，社员们插不上秧，又不允许进山挖笋、采蘑菇，搞家庭副业，一家一家地逃到外地要饭吃去了。”

邓小平微微地合上了双眼。

老尤：“可是那些‘四人帮’在赣南的代理人呢，他们胡作非为，无恶不作啊！”

邓小平：“一定要严惩！”

老尤摇摇头：“太多了，我可以这样说，法不责众的没有几个。叫我说，你还是先救救老区的人民吧！”

邓小平：“你说怎么办呢？”

老尤：“我说了实话，你不会打我反革命吧？”

邓小平：“绝不会！”

老尤：“毛主席说过的话可以不照办吗？”

邓小平：“只要证明是错的，就可以不照办。”

老尤：“人人都说人民公社好。可二十年来，一个公社上不去，两个公社上不去，我们赣南数以千计的公社为什么都上不去呢？这人民公社好在哪里呢？”

邓小平沉吟片刻：“中央也在考虑这个问题，在未做出决定之前，我暂不答复你。”

老尤失望地：“我这趟北京就算白来了！”

邓小平:“没有白来!你住在这里,只要我有时间,就听你讲农村的事,咱们一块找农业的出路,好不好?”

老尤:“好!”

邓小平:“你知道尤才去哪里了吗?”

老尤猝然火起:“别提他!”

邓小平:“为什么?”

老尤:“他当了汉奸、卖国贼了!”

邓小平大惊:“这怎么会呢?”

卓琳:“天安门事件爆发之后,他成了‘四人帮’通缉的要犯。为此,他逃到深圳,偷渡到香港,辗转又跑到了美国,在一所知名的大学攻读博士。”

邓小平:“不错嘛!”

老尤:“什么不错啊!他都当了美帝国主义的小走狗了!”

邓小平和卓琳听后大笑不止。

国务院大院　内　日——

邓小平边踱步边说:“先念同志,农村改革势在必行,不然,我们这些共产党人何以面对六七亿农民父老啊!”

李先念:“我也有同感!总理在世的时候去了一次延安,看到延安人民的生活还不如当年,难过地落下了泪。是延安人民落后了吗?不是!是延安精神丢掉了吗?更不是!”

邓小平:“是超前的生产关系和滞后的生产力发生了矛盾。”

李先念:“把话说白了,必须解决在农村实行了二十年的人民公社体制。可在时下谁敢带头走第一步呢?”

邓小平:“是啊!这又涉及主席。同时,你我当时也是投了赞成票的。”

李先念:“看起来,不仅是革命难,而且有勇气改正错误也难啊!”

邓小平:“再难,也得改!”

李先念:“其他地方怎么办呢?”

邓小平:“立即给万里同志打电话,让他在安徽加快农村改革试点的步伐!”

邓小平的庭院　外　日——

这是一个春光明媚、鲜花盛开的季节。庭院花坛中簇簇鲜花引来彩蝶纷飞,真是春色满园。

邓小平坐在树下的椅子上,拿着一份文件:"这篇《贯彻执行按劳分配的社会主义原则》我看可以了！再改一改,送《人民日报》以特约评论员的名义发表。"

胡乔木:"方才，你就关于资产阶级法权问题，开辟新的行业问题等等,都谈了很好的意见。最近,关于如何发展农业问题颇多争论,你可否谈一谈呢？"

邓小平:"这也是我最近思考最多的一个问题。一个是当前中国农业的出路,一个是从长远的观点看,解决中国农业的根本出路是什么？"

胡乔木:"目前,党内外所关注的是当前中国农业的出路,奇怪的是,很少有人提如何实现农业现代化。"

邓小平:"因为在一些同志的脑子里，把农业现代化和农业机械化等同起来了。其实,搞现代化农业必须有其他部门配合,如交通运输、化学工业、电力、水利等等。从科学方面来说,要发展农业,需要有生物学的发展,气象学的发展,土壤学的发展,遗传学的发展等等。"

胡乔木:"我可以大胆地说一句,你讲的这些事情,我们很多负责农业的同志连想都没有想过。"

邓小平:"因为这些同志还不知道什么是现代化农业，更不知道我们究竟应当怎样搞现代化农业。"

胡乔木:"看起来,我们党必须在处理好当前农业出路的同时,还要清醒地知道未来中国农业发展的方向。"

邓小平:"否则,又要犯错误！"

邓小平办公室　内　日——

邓小平伏案审阅一份材料。

有顷,他又从信封中取出一张信纸审看。

陈云的画外音:"关于陶铸问题,曾志同志给我的一封信特呈上。陶铸是坚持到国共合作、七七抗战后由我们党向国民党监牢中要出来的。因陶铸问题而牵累到一大批省级部长级干部，弄清陶铸问题，非常必要。陈云。”

邓小平拿起笔批道：“我总觉得对陶铸的结论过重，建议由中组部复查。邓小平。”

邓小平拿起批过的材料：“李秘书！”

李秘书走进：“在！”

邓小平：“请将这份材料速转中组部，并用电话告诉耀邦同志，要亲自出面去看看曾志同志。”

李秘书双手接过材料：“是！”

中组部　胡耀邦办公室　内　日——

一张《人民日报》头条的特写：

《贯彻执行按劳分配的社会主义原则》——特约评论员。

《人民日报》渐渐远去，只见胡耀邦坐在办公桌前，十分兴奋地看这篇特约评论员文章。他不停地小声自语：“写得好，写得实在是好！……”

有顷，他拿起电话：“请接小平同志！”

远方显现出邓小平接电话的画面：“我是小平，你有什么事吗？”

胡耀邦：“小平同志！《人民日报》特约评论员的文章，《贯彻执行按劳分配的社会主义原则》写得实在是太好了！我一口气看了三遍，忍不住地给乔木打了电话，方知这篇文章是在你的指导下写成的。”

邓小平：“主要是乔木同志和政策研究室同志们的功劳，我嘛，只动了动嘴！”

胡耀邦：“我听乔木说了，这文章的灵魂是属于你的。”

邓小平：“这是乔木他们谦虚。耀邦同志，在一头扎进积案如山的冤假错案的同时，还要关注理论战线上的大事。”

胡耀邦：“请放心，我一直在组织这方面的文章。先交个底，文章的灵魂是你的。”

邓小平：“你胡耀邦可不要给我戴高帽子哟！”

胡耀邦：“绝不会的！过几天，你就会在《光明日报》上看到了！”

北京街头　外　日——

报摊小贩一边卖报一边吆喝："请看五月十一日的《光明日报》，头版头条，特约评论员文章《实践是检验真理的唯一标准》！份数有限，快买了！"

报摊前排着长长的人龙，在购买《光明日报》。

军委办公室　内　日——

罗瑞卿等高级将领正襟危坐在等待着。

有顷，邓小平、叶剑英身着戎装走进。

罗瑞卿等高级将领肃然起立，热烈鼓掌。

邓小平、叶剑英相继坐在首长座位上。

罗瑞卿："全军政治工作会议就要召开了，请叶副主席和邓副主席作指示。"

叶剑英："请小平同志先讲！"

与会的高级将领鼓掌。

邓小平："在我讲话之前，我想听听你们的意见。讲什么呢？你们最为关切的政治、理论问题是什么？"

与会的高级将领你看看我，我看看你，谁也不讲。

叶剑英亲切地："罗长子，你是军委秘书长，你就带个头。"

罗瑞卿："我最感兴趣的是两篇文章，一篇是发在《人民日报》上的《贯彻执行按劳分配的社会主义原则》；一篇是发在《光明日报》上的《实践是检验真理的唯一标准》。"

叶剑英："我告诉你们一个秘密，第一篇是小平同志组织乔木他们写的；第二篇是胡耀邦他们根据小平同志的思想和精神搞的。"

邓小平："由于忙，胡耀邦他们搞的这篇《实践是检验真理的唯一标准》我还没有看。"

叶剑英："写得不错！"

罗瑞卿："但我私下听说，对这篇文章有不少非难，而且是来自上面的。"

邓小平："为什么？"

罗瑞卿："不清楚。"

邓小平沉吟片时："看来，耀邦他们的日子不好过哟！"

胡耀邦家的客室　内　日——

胡耀邦："乔木同志，《实践是检验真理的唯一标准》的初稿，是南京大学哲学系的一位讲师撰写的，原名叫《实践是检验一切真理的标准》。同时，中央党校理论教研室的一些同志也在写同一主题的文章。后经过《光明日报》总编杨西光等同志修改，最后由我审定，先由中央党校《理论动态》刊登，次日由《光明日报》登出。"

胡乔木："你听说了对这篇文章的反映吗？"

胡耀邦："说好的占绝大多数，说坏的是一小部分人。"

胡乔木："可这一小部分人是领导同志，其中包括中央的几位担负主要责任的领导同志。"

胡耀邦坦然地："那又怎么了？你是党内知名的理论家，你赞不赞成这篇文章的立论？"

胡乔木："从理论上讲是对的！"

胡耀邦："那我就坚持到底！"

这时，室外传来嘈杂的男女说话声。

胡耀邦："抱歉！我约的客人到了，咱们改日再谈。"

胡耀邦家会议室　内　日——

胡耀邦："今天，我把中央党校《理论动态》和《人民日报》部分同志请到了家，一是交流一下情况，再是研究怎么办。下边，请牟记者介绍有关情况。"

牟记者："当《人民日报》转载《实践是检验真理的唯一标准》这篇文章的第二天，原《人民日报》的负责人给报社打来了电话，给予了严厉谴责。"

胡耀邦："说得具体些！"

牟记者："他认为这篇文章犯了方向性的错误，理论上是错误的，政治上问题更大，很坏很坏。文章提倡怀疑一切，提倡真理不可信，不可知，相对真理不存在。他甚至还责难说，真理在开初提出时难道句句都不是真理才对吗？"

胡耀邦："说得轻一些，他没有看懂；说得重一点，他理论僵化。"

牟记者:“党中央主管理论宣传的领导讲得更严厉。他公开批评《实践是检验真理的唯一标准》这篇文章,理论上是荒谬的,思想上是反动的,政治上是砍旗的。另外,《贯彻执行按劳分配的社会主义原则》我们也没有看过,党内外议论纷纷,实际上是把矛头指向主席思想。”

一位中年男记者:“他还责问,这是哪个中央的意见?要查一查?接受教训,统一认识,下不为例。”

一位年轻的女记者:“他还要求《人民日报》要有党性,指示中宣部要把好关!”

牟记者:“对于他们责难我们是‘砍旗’、是‘丢刀子’、是‘公开反对毛主席’等谬论,必须给予批驳!”

“同意!”

胡耀邦沉思顷许:“我也同意!给你们出个题目,叫‘历史潮流滚滚向前’。”

邓小平办公室　内　日——

邓小平十分专心地读《人民日报》。

李秘书搀扶着罗瑞卿走进:“首长,罗秘书长到了!”

邓小平:“快请坐!”

罗瑞卿困难地坐在沙发上:“邓副主席,你看了那篇《实践是检验真理的唯一标准》的文章了吗?”

邓小平:“看过了!我认为这是一篇符合马克思主义的文章,是驳不倒的。我们中国人民解放军应当参与这场有关真理的大讨论,一是提高军队的理论水平,再是对遭受围攻的耀邦同志一个支持。”

罗瑞卿:“我们如何参加呢?”

邓小平:“我想好了!第一,我在全军政工会议上的讲话要公开批评,把坚持实事求是,从实际出发,理论和实际相结合,说成是犯了‘弥天大罪’的错误言论。”

罗瑞卿:“好!”

邓小平:“第二,你要亲自主持组织一篇文章,名字我都想好了:‘马克思主义的一个最基本的原则’,从理论上回答对于坚持实践是检验真理的唯一标准的原则的责难。”

罗瑞卿:“很好！”

邓小平:“我的发言稿和这篇文章写好后,都要送我。”

罗瑞卿:“是！”

邓小平:“听说你要到德国治腿去？”

罗瑞卿:“是的！”

邓小平:“在国内不行吗？”

罗瑞卿:“技术达不到。”

邓小平:“既然去马克思的故乡，我就只好求马克思保佑你快去快回了！”

定格叠印字幕：

第十六集终

第十七集

邓小平办公室　内　日——

邓小平坐在桌前，非常严肃地审阅文件。

桌上的电话铃响了。

邓小平拿起话筒："喂！请讲……"

远方显出胡耀邦接电话的画面："我是耀邦，关于五十余万错定成右派的报告你看了吗？"

邓小平："看了！我同意你的意见，应当全部平反，摘去戴在他们头上的右派帽子。"

胡耀邦："可来自中央的阻力是很大的啊！"

邓小平："不要怕！我和陈云同志给你撑腰，要打板子，就让他们打我们这两个老家伙吧！"

胡耀邦："那怎么行呢！我年轻，要打就打我。"

邓小平："你先把为全部右派摘帽子的错案写成文件，报请中央批准，然后下发执行！"他挂上电话。

远方胡耀邦打电话的画面渐渐消失。

邓小平又拿起另外一份文件审阅。有顷，他拿起电话："请接罗秘书长！"

远方显出罗瑞卿接电话的画面："我是罗瑞卿，请邓主席指示！"

邓小平："你们起草的讲话稿我看了，基本上可以，我做了一点修改。还可以听听耀邦他们的意见。"

罗瑞卿："我一定照办！"

邓小平："接下来，你们就要狠抓国防建设，永远记住，没有强大的国防，中华民族的腰杆子就挺不直！"

罗瑞卿："是！"

邓小平挂上电话，远方罗瑞卿的画面渐渐消失。

李秘书走进，送上一张纸条："这是您会见美国总统国家安全事务助理布热津斯基的通知。"

人大会堂　内　日——

邓小平站在门口，用力地握住布热津斯基的手："欢迎你，布热津斯基阁下。"

布热津斯基彬彬有礼地："谢谢！邓小平阁下。"

邓小平："请坐下谈吧！"

邓小平、布热津斯基分主宾落座。

布热津斯基："我此次中国之行，带来了喜讯，卡特总统表示，美国政府已经下了决心，准备同中国积极讨论美中关系问题。"

邓小平："我很高兴听到卡特总统的这个口信。在这个问题上，我们双方的观点都是明确的，问题就是下决心。如果卡特总统下了这个决心，事情就好办了。我们双方随时可以签订关系正常化的文件。"

布热津斯基："但有些问题——比方说台湾，美中双方存在着分歧，我们可否通过谈判，把双方分歧的距离拉近一些呢？"

邓小平："谈到关系正常化，我们的观点很明确，三个条件，断交、撤军、废约。这三项，都是台湾问题。我们不能有别的考虑，因为这涉及主权问题。日本方式是我们可能接受的最低方式。"

布热津斯基："你能讲一讲日本方式的内容吗？"

邓小平："可以！所谓日本方式，就是在正常化的条件下，我们同意日本与台湾之间民间商业、人员来往将继续。"

布热津斯基："你们还要用武力解决台湾吗？为什么就不可以用和平的方式达到同样的目的呢？"

邓小平："要中国承担只能用和平方式解决台湾问题，我们说不行。因为解决台湾问题是中国的内政，其他国家无权干涉。什么时候，用什么方式解决台湾问题，那是中国自己的事。"

布热津斯基："对这个问题，难道就没有谈判的余地了吗？"

邓小平："没有！你们希望和平解决台湾问题，你们可以说你们的话，但作为条件不行。"

布热津斯基:“我明白了贵方的立场。我受命向你保证,美国接受中国的三个基本点,并再次重申上届美国政府向你们作出的五点承诺。同时,我再次重申,美国在这个问题上决心已下。”

邓小平:“关于这个问题,就谈这些。我盼望着卡特总统下决心的那一天。让我们换一个话题吧!”

军委办公厅　内　日——

罗瑞卿坐在桌前用心修改文件。

胡耀邦走进:“罗秘书长,你一定有什么大事吧?”

罗瑞卿:“有啊!第一,邓副主席在全军政工会议上的讲话定稿了,他将在六月二日全军政治工作会议上讲演。这篇讲话对目前掀起的真理标准大讨论将是最大的支持!”

胡耀邦:“请代我转达对小平同志的谢意!”

罗瑞卿:“第二,在邓副主席的指示下,我亲自主持写了一篇《马克思主义的一个最基本的原则》,不久将在《解放军报》上发表,算是对你的支持。”

胡耀邦:“谢谢!我真诚地谢谢!”

罗瑞卿:“我就要赴德国治腿去了,如果要打屁股,那就打我好了!”

胡耀邦:“不行!你罗秘书长是身残志坚,我胡耀邦是身强力壮,要打屁股,由我顶着!”

全军政治会议会场　内　日——

邓小平站在讲话台前，激动地:“我们也有一些同志天天讲毛泽东思想,却往往忘记、抛弃甚至反对毛主席的实事求是、一切从实际出发、理论与实践相结合的这样一个马克思主义的根本观点,根本方法。不但如此,有的人还认为谁要是坚持实事求是,从实际出发,理论和实践相结合,谁就是犯了弥天大罪。……他们提出的这个问题不是小问题,而是涉及怎么看待马列主义、毛泽东思想的问题。”

在邓小平的讲话声中摇出与会的中央领导、参加全军政工会议的高级指挥员(用历史资料片代替)。

与会的代表热烈鼓掌。

邓小平:“我们讲实事求是,讲新的发展时期,讲新的历史条件,就要讲破和立。破,在当前和今后一个时期就是要深入揭批‘四人帮’,要联系揭批林彪,肃清他们的流毒和影响。立,就是要完整地准确地掌握毛泽东思想体系,在新的历史条件下,恢复和发扬我党我军的优良传统和作风!”

与会者长时间热烈鼓掌。

邓小平非常自信地向与会者挥动着右手。

国务院办公室　内　日——

李先念:“中国经济代表团访日归来之后，向政治局汇报了日本战后经济发展快的经验,对中央高层决策影响很大。”

邓小平拿起一份文件:“一定要让更多的高级干部了解，日本战后经济发展快的这三条经验：一是大胆地引进新技术；二是充分利用国外资金;三是发展教育事业和科学研究。”

李先念:“为此,我想召开一次国务院务虚会,请有关部门的负责同志参加。”

邓小平:“可以嘛！大约有多少人参加？”

李先念:“有五六十人吧！会议的时间,想搞他一个月。”

邓小平:“会议时间的长短,以解决问题为限！”他吸了一口烟,“走出去是个好办法,我看今后每年都要多派几个考察团去欧洲,去美国,看看人家是怎么搞的。”

李先念:“同时,还要派出中央检查团,对我们的国有企业进行调研,找一找问题出在什么地方。”

邓小平:“我先带个头！今年九月,我将应邀访问朝鲜,回国顺路参观一下我们的大庆、鞍钢。”

这时,胡耀邦走进:“噢,先念同志也在,正好,你们二位都看了中组部等五个部委，向中央拟的《关于全部摘掉右派分子帽子的请示报告》了吧？”

邓小平:“看了！方才陈云同志打电话来,说这个文件来之不易,还表扬你胡耀邦在我们这几个老家伙的支持下,以‘我们不下油锅,谁下油锅’的决心,大力平反冤假错案,这个文件就是一个最好的明证。”

李先念:“一旦以中共中央的文件下发全国，必将在国内外引起极大的轰动。”

邓小平:“耀邦同志,我希望从东北考察归来,还能看到你们搞出更多的成果来!”

一列墨绿色的专列飞驰在东北大地的青纱帐中。

渐渐化入火车专列客厢:

邓小平坐在像是办公室一样的桌前,看着对面的牟记者,问道:“牟记者,听说你对我国的钢铁事业有着格外的兴趣,是这样的吗?”

牟记者有些沉重地点了点头:“是的!我除去作为记者的特殊爱好而外,还有一个感情因素,那就是我的丈夫在辽沈战役一结束,就被陈云同志派到鞍山去接收鞍钢了。”

邓小平:“这样说来,你的丈夫算得上是一位老钢铁了!他还在鞍钢工作吗?”

牟记者:“他……在文化大革命中被造反派迫害死了。”

邓小平低沉地:“你一定要节哀。你们有几个孩子?”

牟记者:“就一个儿子。在北大荒当了六年知青,现在在鞍钢一边当学徒工一边自学。”

邓小平:“为什么不考大学呢?”

牟记者:“孩子在七五年年底考上了钢铁学院，因受我支持整顿的牵连,又被学校除名了。”

邓小平:“真是没有道理啊!”他看着牟记者那凝重的表情,有意转移话题,“你对本钢的印象如何?”

牟记者:“说老实话，我真是感慨万千啊!从建国初期我就跑钢铁战线,自然本溪、鞍山这些钢铁基地就是我采访的重点。那时,我每每坐上东出山海关的火车,眼前就会出现钢花四溅的壮观场景。可是现在呢……”她突然停了下来。

邓小平:“继续说下去。”

牟记者:“我听了你说的这段话,‘现在就是要好好地向世界先进经验学习，不然老是跟着人家后面爬行。什么是爬行主义？这才是真正的爬行主义'之后，我真的不知道世界先进的钢铁生产经验是个什么样子了！"

邓小平微微地点了点头。

牟记者："再比如你批评苏联企业管理水平比资本主义国家落后得多，而我们又是学苏联这一套，至今还没有跳出这个圈子，我也没有这个体会。"

邓小平："那是因为你没有比较嘛！如果你看了发达的资本主义国家的企业管理，再看看我们现在厂矿企业的情况，你就会得出这样的结论，我们太落后了！"

牟记者："您能为我创造这样一个比较的机会吗？"

邓小平："等机会吧！"他深深地吸了一口烟，"大庆就要到了，你到过大庆采访吗？"

牟记者："到过。准确地说，不止一次。另外，我有一个中学的同学是知名的化学专家，在大庆工作，她也经常给我介绍大庆的情况。"

邓小平："好嘛！这次你还可以单独和她谈一谈。"

牟记者摇了摇头："可惜，她在半年前出国探亲了。"

大庆油田　外　日——

邓小平一行在大庆叶书记等的陪同下，走在井架林立的大庆油田旷野的大路上。

邓小平："我这是第三次来大庆了！从粉碎'四人帮'以后，整体形势还好吧？"

叶书记："好！大庆油田已经达到年产原油五千万吨以上，并且稳产了两年，占全国原油生产的一半以上了。"

邓小平："了不起！还能稳产多久？"

叶书记："至少还可以稳产到一九八五年。"

邓小平高兴地："好！你们一定要把油田管理好。"他举目远望，"到处都是井架哟！你们带我参观哪一口油井啊？"

叶书记："您十四年前参观过的那口'光荣井'！"

光荣井旁　外　日——

采油的干部和工人站在油井的前边，热烈欢迎邓小平一行的到来。

邓小平一边频频挥手一边说："同志们好！你们辛苦了！"

叶书记大声地："同志们！请安静！下边请邓副主席参观我们这口'光荣井'！"

采油的干部和工人停止鼓掌欢迎，并渐渐闪到两边。

特写：井架上挂着"光荣井"三个大字。

邓小平看着"光荣井"这三个大字，严肃地问："同志们！这口井为什么叫'光荣井'啊？是不是因为十四年前我参观过这口油井啊？"

"不是！"众口一声地答说。

邓小平："那又是为什么呢？"

叶书记："邓副主席，您可能还记得，那时这口油井日产原油三十二吨。"

邓小平："对，对！好像已经开采了四年吧？"

叶书记："是的！现在，这口油井日产原油已经增长到六十三吨，做到了开发十八年，产量翻一番。"

邓小平笑了："所以你们就送给了它一个名字'光荣井'，对不对？"

"对！"

邓小平："这样做好！"他指着旷野上林立的井架，"我希望有更多的油井挂上'光荣井'的牌子！"

叶书记："我们一定努力！"

邓小平："同志们！你们靠什么去努力呢？"

"铁人精神！"

邓小平："好！另外，我再送给你们一条，先进的科技和先进的管理。"

大家兴奋地看着邓小平，似在等待着什么。

邓小平："二十多年前，以美国为首的西方国家封锁我们，苏联撕毁合同卡我们，都想以经济的手段——尤其是用石油逼迫我们投降。但是，以王进喜同志为首的石油工人、科技人员创造了铁人精神，在祖国大地上建立起这样一个大油田。因此，我们共产党人要永远发扬铁人精神！"

采油干部和工人热烈鼓掌。

邓小平："但是，国际形势发生了变化，科学技术也有了很大的发展，就说采油手段吧，我们也应当主动地走出去，学习世界上最先进的科学技术！只要我们做到了铁人精神加先进的科学技术，就一定会很快地赶超世界先进水平！"

采油干部和工人长时间鼓掌。

大庆纪念馆　内　日——

邓小平一行在叶书记的陪同下走进纪念馆。

邓小平一眼看见铁人王进喜的塑像，高兴地："来！为了发扬铁人精神，我们在王铁人的塑像前合个影！"

邓小平第一个站在王铁人的塑像前。

叶书记、李秘书等站在邓小平的两边。

牟记者举起照相机，风趣地喊了一声"茄子！"按动快门，咔嚓一声，照了一张合影。

邓小平："下边，我们一边参观一边听你们讲现在大庆油田的情况。"他蓦然抬头，看见一幅标语：

特写：大庆外围找大庆，大庆底下找大庆。

邓小平："我看就从这幅标语讲起吧！"

叶书记："我们经过科学实验，证明在大庆的下边，也就是七千米的深层中蕴藏着石油；同时，我们经过科学钻探，在华北古潜山找到石油，在新疆和四川也在深层中找到了石油。"

邓小平："很好嘛！你们搞深层开采有什么困难吗？"

叶书记："有！主要是钻头不过关。一些国家生产的打六千米的钻机都有缺点，打七千米就更困难了！"

邓小平："我看了一个材料，美国的钻机能打到七千米以下。你们找外贸部门，买美国的，还是它厉害。"

邓小平走到李四光的照片前，有些激动地："李四光同志是爱国的大科学家。当年，他说陆相能生油，有人就不服气嘛！结果，我们还不是找到了大庆油田！"

叶书记："大庆人民永远不会忘记李四光同志！"

邓小平:“应该说中华民族永远不会忘记李四光同志!”他沉吟片时,“也不要因此而否定其他的学派。要搞百家争鸣。”

叶书记:“是!”

邓小平低沉地:“要不了多少年,石油又将成为制约我国发展的因素。”他沉思片时,“你们要加快找油,加快找气,一定要找到更多的油气田。我们年产要有五亿吨油就好了!”

大庆街道　外　日——

邓小平一行在叶书记的陪同下走在宽阔的街道上。

邓小平指着街道两边的住宅:“大庆贡献大,住房条件要好一些。你们不仅要生产石油,还要盖楼房,要搞建筑材料。”

叶书记:“我们正在学着办这些事情。”

邓小平:“大庆是以化工为主的城市,你们对油、气、化工的污染解决得怎样?”

叶书记:“没有解决好。”

邓小平严肃地:“你们要花大气力,一定要把化学工业的‘三废’处理好。要把大庆油田建设成美丽的油田。”

叶书记:“是!”

邓小平:“你们不要单一搞油,还要搞石油产品,化肥啊,化纤啊,等等。”

叶书记:“我们也想搞,就是缺少这方面的人才。”

邓小平:“可以派出去学习,请进来当老师嘛!”

叶书记:“派出去容易,回来就难了!半年前,我们有一位著名的化学家出国探亲,用同志们的话说,肉包子打狗,有去无回了!”

邓小平:“为什么呢?”

叶书记:“五七年反右她当了右派,后来到大庆一边接受改造一边工作。一年前给她摘了右派的帽子,落实了政策。说句公道话,她在引进三十万吨乙烯工程中也起了很大的作用。大家都说,像她这样的专家走出国门还会回来吗?”

这时,一辆解放牌卡车沿着大街飞驰而来,年过半百的化学家王工站在车上大喊:“小牟！等一等我——”

牟记者转眼一看,激动地大喊:“王姐！你真的回来了?！”

王工大喊:“我回来了！”

邓小平:“这位王姐是谁？”

牟记者:“就是我跟你说过的中学同学。”

邓小平:“如果我没有猜错的话，她就是那位被打成右派出国探亲的化学家。”

叶书记尴尬地:“对,对……”

邓小平下榻处　内　日——

王工:“我利用出国探亲的机会,自费考察了美国、德国、日本等国家的石油化工企业。邓副主席,我们国家在这些领域实在是太落后了！”

缓缓摇出认真听讲的邓小平、叶书记和牟记者。

邓小平:“是要走出去看看啊！”他指着叶书记,“我听他说,你的同事都认为你肉包子打狗,有去无回呢！”

王工:“这怎么可能呢！这块大地是我的祖国,大庆是我献身的地方。退一万步说,祖国母亲错打了孩子,作为孩子也不能和母亲记仇啊！”

邓小平:“说得是何等的好啊！”

叶书记:“王工,你怎么突然回大庆了？”

王工:“我在日本收到了我先生的电话，他听你说中央领导要来大庆视察。我再把邓副主席访问朝鲜联系起来一想,来大庆视察的准是邓副主席。就这样,我收拾好所有材料,坐上飞机就回来了。”她把各种资料放在邓小平身旁的茶几上。

邓小平:“你要把这些材料收好，让它们为中国石油化工赶超世界先进水平出力。”

牟记者提醒地:“老同学,今天可是千载难逢的时机哟,有什么想法可都要讲出来啊！”

叶书记:“对,对……”

王工:“邓副主席！我们不仅要找油、找气,我们更要发展相关的化学工业。如果一个省有两个大的化肥厂,中国的粮食就能增加三分之一;如果一个省有两个上规模的化纤厂，中国就会有几千万亩种棉花的土地空出来种粮食。”

邓小平：“完全正确！化学工业发展了，还能带动其他行业的生产。怎么样？我支持你先在大庆搞实验，然后再向全国推广！”

王工感动地站起身来，说了一句“谢谢你啊，邓副主席！”接着又向邓小平深深地鞠了一躬。

一列墨绿色的专列飞驰在东北大地的青纱帐中。

渐渐化入专列的客厢。

邓小平边吸烟边问：“牟记者，自打我们离开大庆之后，我们又对黑龙江、吉林、辽宁三省进行了考察，有何感想啊？”

牟记者：“第一个感想，你不仅对发展我国工业、农业做出了具体的指示，而且要求全党、全国人民要解放思想，开动机器，扩大企业的自主权，更令我感动的是，不计前嫌，提出揭批‘四人帮’不能没完没了，要实现全国工作重点的转移。”

邓小平：“第二个感想呢？”

牟记者：“你清醒地看到了由于党的主要干部思想僵化，大搞‘禁区’，严重地束缚了人们的手脚。”

邓小平：“所以，我是到处点火，在这里点了一把火，在广州点了一把火，在成都也点了一把火。目的嘛，只有一个，就是把束缚人们手脚的一切绳索统统烧掉！”

牟记者：“好！这次到鞍钢，您再点他一把改革之火。”

鞍山火车站站台　外　日——

沈书记一行有些紧张地站在站台上。

墨绿色的火车专列缓缓地停在站台上。

有顷，专列的车门打开了，李秘书第一个走到站台上。

沈书记一行快步走到专列车门前。

邓小平走下专列，握住沈书记的手，热情地：“沈书记，我们是老朋友了，很高兴见到你。”

沈书记难为情地："可我……对不起邓副主席。前年'批邓'的时候，我也批了。想起您对鞍钢建设和发展的支持，真是太不应该了！"

邓小平笑了："不，不！这不是你的错，这是中央的事。再说你是书记，中央要求批，你能不批吗？"

沈书记："您这次来鞍钢，还有其他的事吗？"

邓小平："没有，就是来看看鞍钢。"

沈书记："那好，我们先到宾馆休息，然后再安排您参观鞍钢。"

邓小平："不！现在就下厂子看看。"

鞍山大街　外　日——

一辆面包车快速行驶在马路上。

化入面包车内：

邓小平："现在，全国人民的思想开始活跃起来，但是还心有余悸。方才，你这个沈书记见了我第一句话，就是向我作检查，生怕我拿掉你的乌纱帽，对吧？"

沈书记尴尬地："没、有……"

同车的人忍不住笑了起来。

邓小平："至少是心有余悸，对吧？"

沈书记："对。"

邓小平："鞍山是中国出了名的钢都。要发展钢铁事业，第一条就是不要设'禁区'。'禁区'的害处是使人们思想僵化。讲真话的不一定是反革命，顶多是思想错误。但不许人民讲话，框住人们的思想害处极大。"

沈书记："对，对。"

邓小平："今天，鞍钢派谁陪同我参观？"

沈书记："老夏。"

邓小平："马工程师解放了吗？"

沈书记："解放了！他将参加汇报会。"

邓小平指着牟记者："你们认识她吗？"

沈书记："认识。她是我们原吴副厂长的爱人，是知名的大记者。"

邓小平："我听牟记者说，她和吴副厂长还有一个儿子在鞍钢，是吧？"

沈书记:“是!”

邓小平:“你们要安排好她们母子见面。同时,我也要见一见吴副厂长的这位遗孤。”

鞍钢七号高炉　内　日——

从上摇下:约三十米的七号高炉屹立在厂房中。

热浪卷着灰尘扑面而来,大有扬沙之感。

满面汗水的炼钢工人忙碌着炼钢。

头戴柳条帽的邓小平驻足高炉旁边，认真地察看这座又高又粗的七号高炉。

老夏在一旁介绍:“这座七号高炉,是由原来的七号、八号两座高炉合并建成的,是目前全国最大的高炉,也是我们鞍钢实行技术改造的产物。”

邓小平:“厂里现有几座高炉？年产量是多少？”

老夏:“现在全厂共有十座高炉,年产六百四十万吨。”

邓小平:“这座七号高炉最大？”

老夏:“对!我们准备继续把小高炉改造成大高炉,到时可以达到可供一千万吨钢所需要的铁产量。”

邓小平:“你们打算怎么个改法？”

老夏:“利用高炉检修期间进行改造,坚持改造不停产,不减产。”

邓小平:“这样好！老企业改造大有希望。”

炼钢工人高兴地向邓小平打招呼。

牟记者跟在邓小平的身后,拿着笔和本记录着。

邓小平:“你们一定要爱护职工的积极性和创造性，一定要把炼铁这个环节抓好。”

沈书记:“是！”

鞍钢工厂　外　日——

邓小平一边走一边说:“我看了欧洲和日本的一些材料，年产一千五百万吨钢,三万人就够了。可你们呢？……”

沈书记跟在邓小平的身旁:“比人家多很多。”

邓小平:“怎么办呢？”

沈书记："我们准备实行挖潜措施，将生产人员减到九万至十万人。减下来的人员，一部分由我们自己消化，另一部分人支援外地。"

邓小平："可以支援就要动工兴建的上海宝钢。"他抬头看了看烟尘笼罩的天空，"鞍山的污染太严重了！"

沈书记："这一直是困扰鞍钢的一个老大难问题。"

邓小平沉重地："像这样严重的污染环境，不仅对人民的生活和健康有害，而且还会把现代化仪器、仪表都搞坏了，非下大气力治理不可。"

鞍钢会议室　内　夜——

十多名干部和技术人员围着会议桌正襟危坐。

邓小平在沈书记等陪同下走进会议室。

与会的干部技术人员起立热烈鼓掌。

邓小平微笑着示意大家落座。他走到马工程师面前："你是马工程师吧？"

马工程师站起："是！"

邓小平："七五年我来鞍钢的时候，你因戴着'走资派'、'反动学术权威'、'苏修特务'三顶帽子接受所谓审查，我没有能见到你。"他转过身来问，"沈书记，你们把马工程师头上的这三顶帽子摘掉了吗？"

沈书记："摘掉了！"

邓小平："马工程师，他们没有给你留个尾巴？"

马工程师："没有！"

邓小平："好！咱们书归正传。马工程师，我看了你整理的鞍钢生产的基本情况，感到问题很多。但最核心的问题是什么呢？"

马工程师："鞍钢劳动生产率低，人员多，企业的负担过重。"

邓小平："美国矿山技术，年产一亿吨矿石，要用多少人？"

马工程师："不到一万人。"

邓小平："我再加一个，一万零一个，怎么样？"

马工程师："一、必须引进像美国一样的先进技术；二、一定要按照他们的先进管理方法、先进经营方法、先进定额等，一句话，按照经济规律管理经济就行。可我担心……"

邓小平："再给你戴上一顶崇美的帽子，对吧？"

马工程师："还有现有的掌权领导的反对。"

沈书记急忙说道："我坚决支持！"

邓小平："我看碰到具体问题就未必了！"

与会者发出赞同的笑声。

邓小平："你们矿山六万人，如果照美国的技术，只需要一万人，多五万，怎么办？同样，钢铁公司引进技术后，只需要十万人，多七八万人怎么办？"

马工程师："我的意见嘛，宁可搞编外，也不能凑在一块吃大锅饭。"

邓小平："我赞成！你们准备采用哪些国家的技术？"

马工程师："矿山设备用美国的。"

邓小平："老厂改造呢？"

马工程师："准备用日本的。新日铁、住友都看过了。"

邓小平："你们矿山改造需要多少资金？"

马工程师："搞一亿吨铁矿需要四十亿美元。"

邓小平："改造老厂需要多少？"

马工程师："二十亿美元。"

邓小平："共六十个亿。但你们千万要注意一点，鞍钢的技术改造，要以世界先进水平为起点，要革命，就要把先进的技术引进来。"

鞍山宾馆大院　外　夜——

牟记者和儿子吴钢一边交谈一边走在甬道上。

牟记者："等一会儿，你就可以见到邓副主席了，有什么话都可以对他说。"

吴钢："有些被当做反动的、遭到批判过的话也能说吗？"

牟记者："能说！"

吴钢："真的？"

牟记者："妈什么时候骗过你？"

邓小平的下榻处　内　夜——

吴钢："邓伯伯，我只有一个愿望，继承父亲的遗志，把我们国家的钢铁工业搞上去。因此,我无论是在北大荒插队,还是在鞍钢当学徒工,除去钻研有关的学问以外,还关注全世界最新的钢铁发展的信息。”

邓小平笑了:“不是吹牛吧?”

吴钢:“我怎么敢在您的面前吹牛!”

邓小平:“你是如何关注全世界最新的钢铁发展信息的?”

吴钢:“我有一个叔叔在日本新日铁钢铁厂工作,他定期给我寄公开发表的有关材料。”

邓小平:“你能看得懂吗?”

吴钢:“能!‘文革’以前,我跟着父亲学日语;在北大荒插队期间,我继续自学日语。不吹牛,看、写、翻译没问题。”

邓小平:“有毅力!”

吴钢:“还得加上一条,不怕当反革命!”

邓小平一怔:“为什么?”

吴钢:“为此,我在北大荒当过反革命。就说来到鞍钢以后吧,提出批邓伯伯那年,不仅剥夺了我上钢铁学院的权利,而且还把我当成亲日派小汉奸进行批斗。”

邓小平叹了口气:“现在好了吧?”

吴钢:“不好!我想去日本留学都不行。”

邓小平:“是谁反对啊?”

牟记者急忙插话:“吴钢,不要点人家的名了!”

吴钢:“好!就是陪着邓伯伯参观的其中一个人。”

邓小平:“我帮你和他们讲道理好不好?”

吴钢:“那我就谢谢邓伯伯了!”他站起身来,像是宣誓似地说:“请邓伯伯相信我,等我把日本的技术偷了来,一定把我们国家的钢铁搞上去!”

邓小平听后忍不住笑了:“好一个偷了来啊!……”

一辆墨绿色的专列飞驰在华北大平原上。

化入专列车厢:

牟记者拿着笔和本,正在采访邓小平:“邓副主席,你在东北三省走了很多地方，最大的感受是什么？”

邓小平：“我们太穷了，太落后了，老实说对不起人民。我们的人民太好了。外国人议论，中国人究竟还能忍耐多久？很值得我们注意。我们的人民是好人民，忍耐性已经够了！”

牟记者：“您打算怎么办呢？”

邓小平：“我们必须发展生产力，改善人民的生活条件。你跟着我走了几个地方，我一再讲这个问题。同时，还讲要解放思想，开动脑筋，不要当懒汉，一切要从实际出发。”

牟记者：“可是我们国家的现实却恰恰相反啊！”

邓小平：“是的！我们过去是吃大锅饭，管理水平、生活水平都提不高，鼓励懒汉，包括思想懒汉。一些搞思想理论的同志人云亦云，不独立思考。”

牟记者：“如何纠正呢？”

邓小平：“从现在起，我们不能再搞平均主义，先让一部分人富裕起来，带动周围的人，最后达到共同富裕。”

邓小平办公室　内　日——

邓小平坐在桌前在审阅一份文件。有顷，他拿起笔严肃地批示：

“印发政治局各同志。我认为所说情况和意见都重要，可转请自治区参照酌情处理。邓小平。”

邓小平放下笔，拿起电话：“请接胡耀邦同志！”

远方显现出胡耀邦接电话的画面：“我是胡耀邦，有什么指示吗？”

邓小平：“我委托乌兰夫同志对内蒙古自治区的情况进行调查研究，最近我收到了他写的报告，他提出的‘既要解决问题，又要稳定局势’的方针是正确的。”

胡耀邦：“从今年四月份以来，内蒙古自治区关于彻底平反‘新内人党’的冤案，进展还顺利吧？”

邓小平：“据乌兰夫同志称，不仅在揭批查运动中有阻力，而且干部队伍状况以及农牧政策等方面都存在问题。”

胡耀邦：“需要我们做些什么呢？”

邓小平："一、要有步骤地彻底调整、充实内蒙古党政军各级领导班子；二、要重申过去中央颁布的在内蒙古多年实践中证明行之有效的政策和农牧业生产措施。"

胡耀邦："是！"

邓小平："另外，中央以五十五号文件转发了你们的报告，《贯彻中央关于全部摘掉右派分子帽子的决定的实施方案》。这项工作进展怎样？"

胡耀邦："我们正在大张旗鼓地做，重点是安置工作。"

邓小平："安置工作是落实党的政策的重要环节，必须认真做好，务使需要安置的对象——包括退职退休和丧失劳动能力生活无来源的人，都得到妥善安置。"

胡耀邦："是！"

邓小平挂上电话。

远方胡耀邦接电话的画面消失。

李秘书引陈云走进："陈副委员长到了。"

邓小平："陈云同志，北京的秋季是很好的。我看，你我还是到院子里谈，好吧？"

陈云："好啊！"

邓小平、陈云相继走出。

一座清静的庭院　外　日——

邓小平一边吸烟一边说："我听先念说，你对前一阶段国务院召开的务虚会有些意见？"

陈云："是的！我们应当吸取历史上的教训，要按实事求是的精神才能办好事情。举例说，出国考察的人回来后吹风，上面也往下吹风，要引进多少亿，要加快速度。再举个例子，可以向外国借贷，但一下子借那么多，办不到。有些同志看到外国的情况，这是好的，但没有看到本国的实际。"

邓小平："是啊！我们的同志刚刚从噩梦中醒来，睁开眼睛一看，世界在这十多年中发生了巨大的变化。换句话说，我们落后了，必须加快步伐追赶。"

陈云："但我们还必须清醒地知道，中国经济腾飞的起跑线不是欧美和日本，也不是亚洲的韩国和新加坡，而是中国现有的经济基础。就这个意义上讲，我对中央原来制订的《十年规划纲要》是有保留看法的。”

邓小平：“这我清楚。”

陈云：“可是在这次务虚会上，不仅没有对经济过热引起足够的重视，反而在《十年规划纲要》的基础上又加了码。”他沉吟片时，“仅就基本建设投资说吧，今年为三百三十二亿元，到八月陆续增加三十五亿元，务虚会上又要追加四十八亿元，实际投资为四百一十五亿元，比上年增加一百多个亿，我们能承受得了吗？”

邓小平一边抽烟一边陷入沉思。

陈云：“大中型项目，由去年的一千四百三十三个，猛增到一千七百二十三个，战线拉得实在是太长了！”

邓小平微微地点了点头。

陈云：“说到农村经济，问题就更大。我国农村千差万别，全都按照大寨的模式去搞，这本身就违背经济规律。再加上‘四人帮’年年削资本主义尖，拔资本主义苗，不单单是破坏了农村经济，更严重的是社员没有了生产积极性。”

邓小平：“这是农村普遍存在——可目前谁又不敢轻易提出解决办法的难题。”

陈云：“把话说开了吧，不就是因为当年主席说过农业学大寨嘛！实事求是地说，大寨最初的艰苦奋斗的精神是好的，但后来加上了许多不恰当的东西。”

邓小平沉重地点了点头。

陈云：“今年安徽夏秋之季，发生了百年不遇的大旱，如果还仅仅是高喊几句学大寨的口号，我相信公社的土地会撂荒，社员会大批地外出逃荒。”

邓小平：“所以，中央要给万里同志撑腰，推倒‘两个凡是’，为农村经济松绑。”

陈云：“时下人心不顺，或者说还难以齐心，继续按照以阶级斗争为纲抓下去，行吗？”

邓小平:“这是绝对不行的!”他凝思片时,说道:“中央决定在年底召开十一届三中全会,之前还决定召开中央工作会议,我看可以在工作会议上解决这些问题。”

定格叠印字幕:

第十七集终

第十八集

邓小平家书房　内　夜——

邓小平手里拿着一份刊物在室内缓缓踱步，似在思索，似在决断。

有顷，他走到桌前，把手中的刊物往桌上一扔，特写：

《农业计酬必须紧密联系产量》《新华社内参》

邓小平点燃一支烟，一口接着一口地吸着。

稍许，李秘书引万里走进："首长！万里同志到了！"

邓小平："你呀，可真难找啊！要是不下死命令，你是不会回北京见我的。"

万里："你是知道的，我现在的工作岗位，是受旱灾最重的基层社队。如果不是您要我汇报有关情况，我现在还待在社员家里开会研究怎么办呢！"

邓小平："好！先坐下喝口水，然后再谈灾情。"

万里落座之后，沉重地说道："小平同志！安徽全省大部分地区有八九个月没有下雨，受灾农田六千多万亩，有四百多万人口的地区人畜用水发生困难，一些农民不得不赶着牲口到外省逃荒。"

邓小平："看来，今年秋季基本上是绝收了？"

万里："更为严重的是，秋种——尤其是冬小麦等农作物也难以进行。"

邓小平："这不又影响来年的夏收了吗？"

万里："是啊！为此，我们省委在调查研究的基础上作出了决定，'必须尽一切力量，千方百计地搞好秋种，争取明年有个好收成。'"

邓小平："有什么具体措施吗？"

万里站起身来："有啊！省委根据全省抛荒地多的特点，作出了'借地种麦'的决定，凡是集体无法耕种的土地，借给社员种麦种菜，鼓励社员多开荒，谁种谁收，国家不征统购粮，不分配统购任务。"

邓小平："社员欢迎吧？"

万里："欢迎！逃荒在外的社员听说'借地种麦'的消息以后，他们又赶着牲口回来了。用社员的话说，今秋多种一垅'保命麦'，明年就有一天粮。"

邓小平："很好嘛！可以多借给社员一些土地，让他们都种上'保命麦'嘛！"

万里："阻力很大啊！有人在骂我万里是在变相地搞分田单干，是犯了方向性的错误。"

邓小平："你告诉这些只会给别人戴帽子的人，就说我邓某人说了，饿死人民，那就是在犯罪！"他拿起桌上的那本刊物，"我看了你们登在《新华社内参》上的文章，《农业计酬必须紧密联系产量》。该文讲的'联产计酬，责任到人'这八个字，我看你是打了埋伏的。"

万里笑了："这还能瞒得了你！"

邓小平："把底牌亮出来吧！"

万里："你是知道的，'包产到户'这四个字是犯忌的，怎么办呢，我就把'包产'改成'联产计酬'，把'到户'改成'责任到人'。"

邓小平："这也算是你万里的一大发明！你只要做到一切从实际出发，中央就会支持你。"

万里："有你这句话，我万里就什么也不怕了。再见！"

邓小平："等等！"

万里一怔："你还有什么指示啊？"

邓小平："先回家看看老婆孩子，再回安徽处理工作。"

万里："不行！安徽老百姓的命重要。"他大步走去。

邓小平感慨地自语："这就是我们的万里同志。"

李秘书拿着一份文件走进："有关您访日的安排和材料外交部送来了。"

邓小平接过材料看了看："行前，我要单独和廖承志同志谈一谈，请你安排一下。"

邓小平办公室的庭院　外　日——

邓小平边走边问："承志同志，听说你到今天，还有不少怨气啊！"

廖承志率直地："是啊！你一生被打倒过三次，我一生坐过三次监狱。所不同的是，你嘛都是被自己打倒的，我嘛坐过两次国民党的监狱，一次咱们自己的监狱。"

邓小平："明说吧，就是共产党的监狱。"

廖承志笑了："对！我算了算，你三次被打倒的时间，和我这三次坐监狱的时间差不多一样长。"

邓小平："再算算看，你我和孙悟空被压在五行山下的时间相比呢？"

廖承志："那当然是小巫见大巫了！"

邓小平："不要忘了！接下来，人家孙猴子不怨天，不恨地，一身正气跟着唐僧西天取经，历经九九八十一难，方成正果！"

廖承志顿悟："我懂了！接下来，我们共产党人也必须经受九九八十一难，方能为中华民族杀出一条通向共产主义的血路来。"

邓小平："所不同的是，我们不仅要去西天取经，而且过几天就要去东京访问，这也是一种取经。你生长在日本，是出了名的日本通，也是我这次访日的顾问，请你来的目的，就是想听听你的意见。"

廖承志："中日关系正常化，日本民间团体功不可没。因此，我们一定不要忘记这些老朋友。"

邓小平："是啊！你作为日本朝野都承认的朋友，一定要把中国政府和中国人民的这份深情厚谊带给他们。"

廖承志："中日关系正常化的缔造者是毛主席和周总理。其中，周总理在日本人民心中的地位是至高至尊的。因此，我们要借《中日和平友好条约》签订的机会，把主席和总理搭起的这座友谊之桥延续下去。"

邓小平："我们就是去做这项工作的。"

廖承志："你还希望我做些什么呢？"

邓小平："利用你在日本的特殊身份，吸引更多的日本财团到中国投资。"

廖承志："我尽力而为。"

邓小平："上海宝钢将于今年十二月二十三日正式破土动工，我们要对日方的合作对象新日钢铁厂进行考察。到时,你也要出力哟!”

廖承志:“放心,这是我分内的工作。”

深情的男女声画外音,同时送出相应的历史资料:

男声画外音:“正当一九七八年金秋送爽之际,邓小平应日本政府的邀请于十月二十二日乘专机前往日本访问。这是中国领导人自建国以来首次访问日本。因此,邓小平受到了日本朝野普遍的重视和高规格的接待。日本官方礼仪隆重,民间各界团体更是积极奔走,成立了联合欢迎实行委员会,统筹欢迎接待事宜。”

女声画外音:“邓小平在访问日本期间,首先与福田首相就双边关系和国际形势进行了深入的会谈。他明确指出,‘《中日和平友好条约》的签订,对中国,对日本,甚至对世界,都是件大事。’接着,他拜会了参、众两院的议长;与各党派负责人进行了友好的交谈;出席了友好团体的联合宴会以及经济界的联合宴会;探望与拜会了经贸、文化、艺术界以及中日友好团体许许多多的知名之士和新老朋友。其中,他拜会日本天皇陛下、看望前首相田中角荣等引起各方的关注,也在中日关系史上写下了重重的一笔……”

天皇皇宫正殿行厅　内　日——

身着西服的裕仁天皇偕皇后站在正殿行厅等待着。

邓小平偕夫人卓琳、廖承志等随员走进正殿行厅。

裕仁天皇迎上前去,主动地握住邓小平的手,客气地说道:“热烈欢迎,能够见到你们很高兴!”

邓小平微笑着说:“感谢贵国的邀请!”

裕仁指着身边的皇后:“这是我的夫人。”

邓小平礼貌地轻握皇后的手:“见到您很高兴!”

皇后:“谢谢!”

邓小平指着卓琳:“这是我的夫人卓琳女士。”

裕仁彬彬有礼地握了握卓琳的手:“欢迎你的到来!”

卓琳:“谢谢!”

裕仁:“都请坐下谈吧!”

裕仁与邓小平相对而坐。

皇后与卓琳并肩坐在一张沙发上。

裕仁:“你在百忙中不辞远道来日本,尤其是签订了《中日和平友好条约》,还交换了批准书,我非常高兴。”

邓小平:“《中日和平友好条约》的签订,可能具有出乎我们预料的深远的意义。我认为过去的事情就让它过去吧,我们今后要积极地向前看,从各个方面建立和发展两国的和平友好关系。”

裕仁似轻松了一些:“在两国悠久的历史中,虽然其间一度发生过不幸的事件,但正如您所说,那已成为过去。两国之间缔结了和平友好条约,这实在是件好事情。今后,两国要永远和平友好下去。”

邓小平点点头:“一点儿也不错,我赞成。”

裕仁:“您身体很好啊!”

邓小平:“我七十四岁,听说陛下比我稍大一些,身体却很好,这很重要。”

皇后插话:“北京很美吧?”

卓琳:“的确是很美,再过几年,北京将会更美。”

邓小平:“北京还有各种各样的问题,现在正加紧改造。”

裕仁:“东京也有公害问题。”

邓小平:“看天空,好像正在逐渐好起来,北京可差远了!”

裕仁:“皇后,我们向贵宾赠送礼品。”

皇后取出一幅照片:“这是我与天皇共同签名的照片。”

卓琳双手接过照片:“谢谢!”

裕仁取来一对银花瓶:“请收下。”

邓小平双手接过:“谢谢!”接着,他从随员的手中取来一幅画轴,与卓琳共同打开,特写:

一幅画有驴子的水墨画轴。

裕仁与皇后一起接过,共同说道:“谢谢!”

邓小平和卓琳共同送上彩色刺绣屏风。

裕仁和皇后一起接过彩色刺绣屏风，打开观看。

皇后惊叹地："好美！"

裕仁："谢谢！"

东京田中私邸大门外　日——

田中角荣在私邸门前焦急地等待着。

门外警备森严，显出主人田中显赫的地位。

一辆插有中国五星红旗的黑色轿车驶来，戛然停在门前。

一位值班的警卫快步走上前来，迅速打开轿车门。

邓小平、卓琳、廖承志等步下轿车。

田中角荣快步迎上，紧紧握住邓小平的手："欢迎你的到来，邓小平阁下！"

邓小平："我也十分高兴见到你这位中国的老朋友田中角荣阁下！"他转身指着卓琳："这是我的夫人卓琳。"

田中角荣很有礼貌地握了握卓琳的手："欢迎夫人的来访。"他看了看其他的随员，客气地，"室外温度低，都请进屋谈吧！"

田中私邸客厅　内　日——

田中角荣感动地："我再说一次，真诚地欢迎你们的到来！"

邓小平："我们这次前来日本访问，一方面是为了互换《中日和平友好条约》批准书，另一方面也是为了对过去为两国的友谊作出努力的老朋友表示感谢。我们始终怀着感谢的心情记着田中先生就任首相时签署了《中日联合声明》。"

田中角荣："您的这次来访，是日中关系的新起点，所以受到全日本国民的欢迎。说到《中日和平友好条约》，我等了六年，这一天终于来到了！"

邓小平："这恰好说明：潮流是不可抗拒的。"

田中角荣感慨万端地："我见到您，心情就同与已故的周恩来总理见面一样。"

邓小平："十分可惜，那时，我在离北京很远的地方，没能见到您。"他转身对廖承志说道，"承志，把送给田中先生的礼品拿来！"

廖承志双手捧来一套茶具，用日语说道："邓副总理听我说，您对茶道很有研究，专门订制了一套工艺十分考究的茶具送给您！”

田中角荣双手接过茶具：“茶，源于中国；茶道，也源于中国。让日中两国人民每每在品茶的时候，就会记起这源远流长的日中友谊。”

廖承志转身取来一套文房四宝，用日语说道：“邓副总理听说您对汉学有兴趣，他就给您带来了一套珍贵的文房四宝。希望您喜欢。”

田中角荣一边接文房四宝一边说：“喜欢！十分喜欢。”

廖承志拿起一方砚台，用日语说道：“邓副总理听说您十分敬佩周总理，他就请人在砚台的背后刻了周总理当年留学日本前夕写的一首诗！”

田中角荣接过砚台，用中文说道：“让我用中文朗诵周恩来的这首诗好吗？”

邓小平带头鼓掌。

廖承志等随员热烈鼓掌。

田中角荣双手捧着这方砚台，看着背面，富有节奏感地朗读：“大江歌罢掉头东，邃密群科济世穷。面壁十年图破壁，难酬蹈海亦英雄。”

邓小平再次带头鼓掌。

廖承志等随员热烈鼓掌。

新干线“光——八十一号”超特快列车向前飞驰。

渐渐化入特快列车的车厢内。

邓小平坐在列车上，隔窗望着车外日本现代化的工厂和农村，陷入深沉的凝思。

廖承志风趣地：“小平同志，乘坐日本新干线‘光——八十一号’超特快列车，有何感想啊？”

邓小平：“一个字，快！”

廖承志：“还有吧？”

邓小平：“坐在这超特快列车上，就像是推着我们跑一样！”

廖承志：“还有呢？”

邓小平喟叹地：“我们的国家现在很需要跑啊！”

廖承志大笑：“这才是小平同志最真实的感想啊！”

邓小平指着窗外:“你是在日本长大的,今昔对比,有何感想啊?”

廖承志:“变得太快了!你呢?”

邓小平:“通过参观,我懂得什么是现代化了!”

超特快列车飞也似的驶向前方。

东京日本记者俱乐部　内　日——

廖承志等的掌声化做东京日本记者的掌声。

邓小平坐在桌前侃侃而谈:“……我代表中国政府和中国人民访问贵国,就是希望中日两国加强团结、互相合作,贯彻和维护《中日和平友好条约》的各项原则,言必信,行必果,把中日关系不断推向前进,为维护亚洲的、太平洋地区的和平与稳定,作出不懈的努力!”

在邓小平讲话中摇出:

廖承志与翻译坐在邓小平的两边;

牟记者与日本、欧美等国几十位记者专心记录着。

邓小平:“下边,我愿意回答你们的提问。”

与会的记者很有礼貌地举起手。

廖承志巡视一遍:“首先,请中国记者提问!”

牟记者:“我是中国新华社的记者。请问邓小平阁下,您是如何看待《中日和平友好条约》的签订的?”

邓小平:“《中日和平友好条约》是一九七二年《中日联合声明》和中日邦交正常化的继续和发展。它为两国的睦邻友好关系奠定了更加牢固的基础,为进一步发展两国政治、经济、文化、科技等方面的交流开辟了更加广阔的前景。诚如方才我所说的那样,也必将对维护亚洲和太平洋地区的和平与安全产生积极的影响。”

廖承志巡视与会的记者:“请那位日本女记者提问!”

日本女记者:“请问邓小平先生,您是怎样看待未来中日关系发展的?”

邓小平:“中日双方在经济方面合作的余地很大。我们向日本学习的地方很多,也会借助于日本的科学技术甚至于资金。我们之间已经签订了一个长期的贸易协定,但只有一个还不行。那是两百亿美元,还要加一至两倍。”

与会的日本记者热烈鼓掌。

邓小平:“先不要激动！等我们发展起来了,道路就更广！”

与会的日本记者再次爆发出热烈的掌声。

邓小平:“由于《中日和平友好条约》的缔结和生效,今后两国人民的合作理所当然地要加强。除去两国政府间的合作将进一步发展外,两国人民间的交往,包括派留学生、参观、访问等也要增加。”

廖承志巡视与会的记者:“请那位美国记者提问！”

美联社记者:“我是美联社的记者。请问邓小平先生,你对中美关系发展的前景有何评论？”

邓小平:“中美双方正在谈这个问题。这恐怕也是大势所趋。中美关系从一九七二年发表了《中美上海公报》以来,有了不断的发展,但是还没有实现正常化。障碍就是一个台湾问题。我们已经向美国指出了实现正常化的条件,就是美国同台湾的关系实现三条:废约、撤军、断交。”

廖承志巡视与会的记者:“请那位日本男记者提问！”

日本男记者:“邓小平先生,您是如何看待和解决中日双方有争议的尖阁列岛问题的？”

邓小平:“在这个问题上,我们同日方是有争议的。你们叫尖阁列岛,我们叫钓鱼岛,名字就不同嘛!我们和日方共同商定,留待以后解决。我们这代人智慧不够,这个问题谈不拢,我们下一代人总比我们聪明一些,总会找到一个大家都能够接受的方式来解决这个问题。”

与会的记者笑了。

日本男记者:“在没有解决之前,中日双方将如何处理这一问题呢？”

邓小平:“我想用八个字来说明:搁置争议,共同开发。所谓共同开发,无非是那个岛附近的海底石油之类的嘛,我们可以合资经营,共同得利嘛！”

与会记者热烈鼓掌。

东京　邓小平的下榻处　内　夜——

邓小平坐在沙发上审阅有关访日的材料。

牟记者带着儿子吴钢走进："邓副主席，吴钢来看您了。"

邓小平高兴地："请坐，请坐。吴钢，你什么时候来东京留学的啊？"

吴钢："一个月前！"

邓小平："他们办事的效率还可以嘛！"

吴钢："您发了话，他们敢慢嘛！"

牟记者爱责地："你呀，就是像你爸爸一样不会说话！"

邓小平："我就喜欢不会说话的人！吴钢，告诉我，你来日本一个月了，偷了多少知识啊？"

吴钢："用不着偷！邓伯伯，我来到东京一看，人家的知识是公开的，只要你想学，各大学都有！"

邓小平笑着说："好！我们的吴钢改偷为学了。"他吸了一口烟，"我送你两句话，一句是外国人说的，叫知识就是力量；另一句是中国老祖宗说的，叫学无止境，三人行必有吾师焉。"

吴钢："我记住了！"

邓小平："你不是想搞钢铁的学问吗？明天，你就跟着我去向日本现代钢铁之父稻山嘉宽先生学习。"

大海　外　日——

一艘气垫船乘风破浪航行在大海上。

稻山嘉宽陪着邓小平站在船头上，他们的头发、风衣被吹得向身后飘去。

廖承志以及牟记者等随员站在邓小平的身后，望着飞逝身后的大海，有着一种说不出的感觉。

廖承志："牟记者，你知道这位稻山嘉宽先生吗？"

牟记者："知道，他是日本新日钢铁公司的董事长。"

廖承志："他还是日本现代钢铁业的创始人，被誉为日本的'钢铁帝王'。他还担任日中经济协会的会长。"

邓小平转过身来："他一年前来华访问，先念同志和他探讨了协助中国在沿海地区建造大型钢厂的设想，这就是创建上海宝山钢铁厂的最初动议。"

牟记者恍然大悟:“啊!我随团访问日本的目的地就要到了。吴钢,你向稻山嘉宽先生学习的时机也到了。”

船上的随员看着吴钢那高傲的样子笑了。

稻山嘉宽愕然地用日语问:“你们笑什么?”

廖承志用日语答说:“听说参观你的钢铁公司,大家都十分高兴。”

稻山嘉宽有些得意地:“你们知道吗?日本战前生产的钢只有七百万吨,而今是一亿二千万吨。我们靠的是什么呢?完全是由于实现了工厂的现代化。在这些工厂中,就要参观的群津钢铁厂是最新式的。”

群津钢铁厂　内　日——

邓小平在稻山嘉宽的陪同下坐在汽车上参观炼钢车间。有顷,他们来到四号高炉旁边。

稻山嘉宽:“这座四号高炉,是当今世界上最先进的高炉,你们未来上海宝钢的高炉就像它一样。”

邓小平:“能不能帮我们搞个比这个还好的钢铁厂?”

稻山嘉宽:“当然可以!”

邓小平:“每吨钢需要投资多少?”

稻山嘉宽:“每吨需十万日元左右大概就可以了!”

邓小平:“在你的炼钢车间,为什么见不到很多的工人呢?”

稻山嘉宽:“我们的生产系统,全是电子计算机控制的,所以你们见不到太多的工人。”

邓小平:“你的炼钢车间为什么这样清洁呢?”

稻山嘉宽指着四号高炉:“一是这座高炉的本身非常先进,再是我们严格要求,尽量减少大气污染。”

邓小平转过身来:“牟记者,从参观稻山嘉宽先生的钢铁厂,找到我们鞍钢改造的方向了吗?”

牟记者:“找到了!要从科技方面下大气力。”

邓小平回过身来:“稻山先生,你是知道的,我国管理能力差,想学习,可以吗?”

稻山嘉宽:“怎样学?”

邓小平："老老实实地学。"他看了看稻山嘉宽的表情，"如果你们在管理方面不教我们，其他的事就不好办了！"

稻山嘉宽想了想："用你们中国的话说，咱们订一个君子协定，如果在管理方面上海搞不好，那就不是学生的责任，而是教师不好！"

邓小平："稻山嘉宽先生，我向你推荐一位学生，希望你能收下。"

稻山嘉宽："谁？"

邓小平指着身旁的吴钢："他！"

稻山嘉宽愕然地："他？"

邓小平："对！他的父亲是新中国第一代钢铁专家。他从小就立志做一名钢铁方面的专家，而且还发誓要改变中国落后的钢铁生产现状。"

稻山嘉宽伸出大拇指："了不起，有志气！"

吴钢用日语说道："用我们毛主席的话说，我先当好你们的学生。但是，请稻山嘉宽先生相信，有一天我们中国会当你们的先生的！"

稻山嘉宽大声地笑了："好，好！你说出了我想说还没说的话，曾经是我们老师的中国，用不了多少年，一定会再次成为我们的老师！"

邓小平："稻山嘉宽先生，目前我们还是要老老实实地当你们的学生！"

稻山嘉宽："您太谦虚了！"

邓小平："不！我曾对贵国的政治家说过，日本早有蓬莱国之称，听说有长生不老药，这次访问，也是为了得到它。或者没有长生不老药，但是我想把日本发展科学技术的先进经验作为礼物带回去。"

稻山嘉宽恍然醒悟。

一架大型客机穿行在长空中。渐渐化入机舱：——

牟记者兴奋地："这次小平同志访日取得'精力十分充沛'、'工作十分周到'、'访问十分成功'等三个十分，并赢得'邓旋风'的美誉，你廖大人功不可没啊！"

廖承志伸出一个小指头："我只是一个小小的配角！"他说罢朝不远处一指，特写：

邓小平独自坐在桌前，表情凝重地翻阅有关文件。

廖承志："猜猜看，邓大人又在想什么？"

牟记者想了想："一定是在为我们国家谋划现代化！"

廖承志摇了摇头："我看不对。"

牟记者："你敢打赌吗？"

廖承志："敢！如果你猜对了，下次轮到我率团出国访问，我就带上你这个牟大记者。"

牟记者："真的？"

廖承志："君子一言出口，驷马难追。你要是输了呢？"

牟记者："我……就再多跟着你出一次国！"

廖承志大笑："你呀，可真会输啊！哈哈……"

邓小平："承志同志，你笑什么啊？"

廖承志："还是由牟大记者给你说吧！"

牟记者："你刚才是不是在为我们国家谋划现代化啊？"

邓小平："不是！"

牟记者一怔："那……您在想什么呢？"

邓小平拿起桌上的文件晃了晃："我在考虑回国以后处理这些大事。"

廖承志笑着说："怎么样，错了吧？"

牟记者："错了！可你下次率团出国呢……"

廖承志："由外事部门决定！"说罢大声笑了起来。

中南海　邓小平办公室　内　日——

邓小平坐在桌前审阅一份文稿。特写：

《井冈山斗争的实践与毛泽东思想的发展》　谭震林

邓小平吟哦片时，拿起笔批示：

"我看这篇文章好，至少没有错误。我改了一下，如《红旗》不愿登，可以送《人民日报》登。为什么《红旗》不卷入？应该卷入。可以发表不同观点的文章。看来不卷入本身可能就是卷入。　邓小平。"

李秘书引胡乔木走进："乔木同志到了！"

邓小平放下笔站起身来，由于情绪还没转过来，有点儿严肃地指着沙发："请坐吧！"

胡乔木一边落座一边说:“小平同志,你又遇到不愉快的事情了吧?”

邓小平:“《红旗》杂志点名约谭震林同志写了一篇关于井冈山斗争的稿子,他们看后又不用。我们的谭老板是不听邪的,把这篇稿子送给了我,问我能不能用?”

胡乔木:“我想他这篇稿子一定又触及了最敏感的真理标准问题!”

邓小平:“不仅触及了,而且还写得有相当的水平。”

胡乔木想了想:“《红旗》杂志为什么敢退谭震林同志的稿子呢?”

邓小平:“他们说《红旗》奉中央的指示,对真理标准问题的讨论不介入。”

胡乔木:“红旗杂志社,中宣部,还有中央主管宣传的领导同志,不都介入了嘛!”

邓小平:“而且旗帜还是很鲜明的!”

胡乔木:“看来,叶帅在九月份提出的‘把搞理论工作的同志召集到一起,开个务虚会,让大家把不同的意见摆出来,在充分民主讨论的基础上,统一认识,把这个问题解决一下’。还是十分必要的。”

邓小平:“我赞成叶帅的意见!等十一届三中全会闭幕之后,中央就立即召开理论务虚会。”他吸了一口烟,“咱们书归正传吧!”

胡乔木:“同志们为你起草的发言稿看过了吗?”

邓小平:“看过了!点题明确,从明年一月起,全党工作的着重点要转移到社会主义现代化的建设上来;措施得体,也就是如何实现这个带有战略性的转移。但是,我认为你还得下大气力修改。”

胡乔木:“主要在哪些方面修改呢?”

邓小平:“一、在我们党内——尤其是在这届领导人当中,有相当部分的同志认为,‘四人帮’粉碎了,顺理成章地应当转移到生产建设方面来。但是,他们并不清楚我们的党为什么要实现这种战略转移。”

胡乔木微微点了点头:“有道理!”

邓小平:“二、在我看来,这次全党工作的战略转移不仅仅是顺理成章的事,而且是必须的。说白了,在新中国建立以后,就应该很快实现这种战略转移。”

胡乔木:“这就廓清了两种截然不同的战略转移。”

邓小平:“因此,你在修改这篇发言稿的时候,一定要有理论高度!”

胡乔木:“我努力去修改!”

邓小平:“全国有什么值得注意的新情况吗?”

胡乔木:“有!一、有极少数别有用心的人贼心不死,想借着真理标准问题的大讨论东山再起,甚至想在全国搞第二次文化大革命。”

邓小平:“这是绝对不允许的!”

胡乔木:“二、还有极少数别有用心的人,想借此打倒毛主席,抛弃毛泽东思想。”

邓小平坚定地:“从现在起,我们必须表明这样的立场,没有毛泽东主席就没有新中国。毛泽东的旗帜,是全党、全军、全国各族人民团结的旗帜。”

胡乔木:“是!”他转身退下。

邓小平走到窗前,一边吸烟一边眺望窗外的长空,大有心事浩茫连广宇之状。

李秘书走进:“叶帅办公室来电话,他和李副总理约你谈中央工作会议的问题。”

邓小平:“知道了!请你通知郁教授和牟记者,今晚到我的家,谈北京知识阶层的思想动态。”

中央办公厅会议室　内　日——

叶剑英:“在你访日期间,常委开会研究了中央工作会议的内容。由先念同志向你传达。”

李先念:“这次中央工作会议的议题有三项,一、讨论如何贯彻以农业为基础的方针,尽快把农业生产搞上去的问题;二、商定一九七九年、一九八〇年两年国民经济计划的安排;三、讨论我在国务院务虚会上的讲话。”

叶剑英:“你有什么意见或补充吗?”

邓小平沉吟顷许:“我建议在讨论上述议题之前,先讨论一个问题,从明年一月起,把全党工作的着重点转移到社会主义现代化建设上来。”

李先念:“我赞成!这是一个关系全局的问题,应该成为这次会议的中心思想。”

叶剑英：“那就先讨论两至三天！按照中央工作会议的日程，闭幕之前你要讲话，开始起草了吗？”

邓小平微微地点了点头。

邓小平家的客厅　内　夜——

郁教授：“首都各大专院校的师生异常活跃，都在为祖国的命运、前途动脑筋，提建议。这是主流。当然，也有极少数的人蠢蠢欲动，搞地下活动者有之，搞公开结社者有之，进行串联者有之，似乎有着不可告人的政治目的。”

牟记者：“据我所知，也就是这些极少数的人已经走出校门搞串联，走上街头搞起了所谓的西单民主墙，用大字报明确无误地提出了他们的主张，打倒共产党，推翻社会主义中国。更有甚者，寻求美国政府的帮助，在中国建立美国式的所谓自由、平等的国家。”

邓小平：“其他的城市呢？”

郁教授：“大同小异。作为一种思潮，在大中城市带有一定的普遍性。”

牟记者：“邓副主席，千万不要让这种思潮演变成第二次文化大革命！”

邓小平：“放心！一、全国绝大多数的人民不会赞成；二、我们也不允许他们这样做；三、诚如你们二人所说，绝大多数知识分子是爱国的，主流是好的。关键是引导。”

郁教授、牟记者赞同地点了点头。

邓小平：“原想请你们二位随我出访东南亚三国，见见世面，看看人家是怎样办教育、搞发展的。现在看来，你们二位只好留在北京，一是继续关注北京——尤其是所谓西单民主墙等地的动态，再是在中央工作会议期间去听听，及时向我反映会议上的情况。”

邓小平办公室　外　日——

邓小平坐在桌前批阅有关文件。

李秘书引陈云同志走进：“首长！陈云同志到了。”

邓小平热情地：“请坐，快请坐。”

陈云落座:“我是无事不登三宝殿,你是有事才找我来谈。有什么事,请讲吧!”

邓小平:“中央工作会议就要召开了,先念同志向你通报了有关内容了吧?”

陈云严肃地:“通报了!不过,我认为只有在中央决策层廓清是非,统一认识,才能确保把全党的工作重点转移到社会主义现代化建设上来。换句话说,只有火车头领跑的方向对了,全国的工作才不会发生重大的偏差。”

邓小平:“我赞成你的意见!不过,在中央召开工作会议期间,我恰好出访东南亚三国,你要关心会议的进行。”

陈云:“放心,我会关心的!”他呷了一口茶水,“你注意到了吧,有极少数人利用西单墙搞得十分活跃啊!”

邓小平:“而且我还清醒地知道,和党内一些所谓权威理论家有着千丝万缕的联系。”

陈云:“据我的判断,其势会越来越凶猛。更为严重的是,他们的目的是动摇、破坏社会主义的根基!”

邓小平:“这样一来,我们这几个老家伙就下定决心,和他们在思想战线上打一场战役!”

陈云:“这场思想战线的战役和以往不同,是他们主动向我们发起进攻,而我们呢,是被迫应战!”

邓小平:“我不管它是主动的还是被动的,打则必胜!”

定格叠印字幕:

第十八集终

第十九集

在深沉的画外音中,叠印出有关的历史资料:

男声画外音:“就在邓小平出访东南亚三国期间, 中央工作会议于十一月十日在京西宾馆召开。华国锋代表党中央宣布会议的三项议题,印发两个文件,一个是《关于加快农业发展速度的决议》讨论稿,一个是《农村人民公社工作条例(试行草案)》讨论稿。最后,他要求全党、全军、全国各族人民同心同德、鼓足干劲、全力以赴,为加快我国社会主义现代化建设而奋斗!”

叠印中央工作会议的横幅、主席台就座的领导,以及与会的代表等历史资料片。

女声画外音:“由于绝大多数与会者的意志, 使得中央工作会议没有按预定的计划进行。其中,陈云同志十一月十二日在东北组的发言,提出了坚持有错必纠的方针,揭开了原来被捂着的盖子……”

叠印与会代表分组审议的历史资料片。

京西宾馆　东北组　内　日——

陈云严肃地:“从明年起把工作着重点转移到社会主义建设上来,实现四个现代化是全党全国人民的迫切愿望。但是,安定团结也是全党和全国人民所关心的事。干部和群众对党内是否能安定团结,是有所顾虑的。”

在陈云的讲话中缓缓摇出几十个与会者。

牟记者在后排用心地记录着。

陈云巡视与会者的表情,接着说:“对有些遗留问题,影响大涉及面很广的问题,是需要由中央考虑和作出决定的。对此,中央应该给以考虑和决定。”

与会者产生共鸣,禁不住地议论起来。

“我赞成陈云同志的意见!我们那疙瘩就对能否安定团结抱怀疑态度。”

“我们那里也心存疑虑！”

“对！对……”

主持人：“不要开小会，继续听陈云同志发言！”

陈云：“首先，我对六个重大历史问题表明自己的态度，一、薄一波等六十一人所谓叛徒集团一案，他们出反省院是党组织和中央决定的，不是叛徒；二、把从反省院履行手续出来的同志定为叛徒是错误的，因为这是党的决定；三、陶铸、王鹤寿等同志是由我们党向国民党从监狱中要出来的，不是叛徒；四、彭德怀对党贡献大，他的骨灰应该放到八宝山革命公墓；五、天安门事件是伟大的群众运动，中央应该肯定；六、康生、谢富治在文化大革命中所犯错误是严重的，中央应当给予批评！……”

京西宾馆客房　内　夜——

牟记者兴奋地：“陈云同志讲话一结束，我们东北组全体与会代表就不约而同地热烈鼓掌。我从这掌声中感到了陈云同志说出了大家想说而又不敢说的话！”

郁教授：“陈云同志到底讲了哪六大案件？”

这时，一位工作人员拿着一摞简报走进，激动地：“请看简报，全文登了陈云同志在东北组的讲话。”

郁教授上去拿了一份简报，如饥似渴地读了起来。

牟记者接过一份简报，有些得意地：“我敢担保，明天分组讨论的内容就不一样了！”

京西宾馆　华北组　内　日——

一位老同志手里拿着一份简报，激动地：“陈云同志的讲话，的确是坚持了我党有错必纠的方针。薄一波等同志是经党中央批准，履行所谓反省手续后从北平监狱走出来的，应当给予平反！”

一位年过半百的女同志：“不要忘了，这六十一位同志都是党的高级干部，有的在文化大革命中被迫害死了，应当给予昭雪！”

一位中年干部：“在北京不仅有历史上遗留的‘六十一人案’，还有涉及面更广的‘天安门事件’！对此，我们不能不追查康生和谢富治的问题。”

京西宾馆　中南组　内　日——

一位年过花甲的女同志:“陶铸同志、王鹤寿同志等的问题是清楚的,当年在延安审干时做过结论,他们在南京陆军监狱坚持不进反省院,直到七七抗战后,由周总理、博古、李克农等同志向国民党要出来的。是谁把他们打成叛徒的呢?”

一位身着中山装的中年人:“建议中央要查个水落石出!因为这是目前党内外干部群众议论较多,又关系全局的问题。陈云同志讲的这些问题解决了,对调动广大干部群众的积极性,加强团结是有好处的。”

郁教授坐在后排用心地记录着。

京西宾馆　西北组　内　日——

一位军人代表深情地说:“我是彭老总的部下,一度也因彭德怀的问题受到牵连。今天,我从简报上看到老首长陈云同志为彭老总仗义执言,真是感动极了!我认为是到了为彭老总平反昭雪的时候了,他的骨灰必须放进八宝山革命公墓!”

一位白发苍苍的女同志愤慨地说:“陈云同志讲的这些重大历史遗留问题,中央如不正式表态,干部群众有抵触情绪,一定会影响党的工作着重点的转移!”

一位老同志激动地:“这些问题几乎都和康生有关系!”他拿出简报,“我赞成陈云同志讲的这段话,‘康生同志那时随便点名,对在中央各部和全国各地造成党政机关瘫痪状态是负有重大责任的。康生同志的错误是很严重的,中央应该在适当的会议上对康生同志的错误给予应有的批评。’”

牟记者坐在后排认真地记录着。

邓小平办公室　内　夜——

一张《人民日报》的特写:

天安门事件完全是革命行动　新华社通稿

《人民日报》渐渐向远处推去,是邓小平在用心地审阅这篇文章。桌子两端摆放着简报和文件。

李秘书引胡乔木走进:“乔木同志到了!”

邓小平转过身来:“请坐!”他习惯地点燃一支烟,吸了一口,“你修改过的讲话稿我看了，由于会议发生了很大的变化，我这篇讲话稿恐怕要做大的调整。”

胡乔木：“你可否先谈谈你的思路呢？”

邓小平：“还不成熟！你也想一想。”

胡乔木微微地点了点头。

邓小平：“会议的简报我都看了，感到有一些问题很值得我们注意。”

胡乔木：“是啊！随着全国拨乱反正的深入发展，来自各地的与会代表，不约而同地把矛头对准了中央少数几个在文化大革命中犯有错误的同志身上。由此，又派生出了两大问题，一是真理标准讨论向着更高的层次发展；二是如何评价毛主席也提上了日程。”

邓小平：“值得注意的是，这两大问题在西单民主墙都有反映。”

胡乔木：“是的！我看是到了非由您出面，对群众做引导工作不可的时候了！”

邓小平微微地点了点头。

京西宾馆会议室　内　日——

李先念：“今天，由叶帅、小平同志和我听取各组召集人的汇报。谁先发言？”

一位老同志：“我们华东组认为中央需要对‘二月兵变’做个澄清；同时，也希望对‘一月风暴’早些做结论。”

邓小平：“我那时就说，‘二月兵变’这个事不可能。当时我是总书记，但调两个团到北京也不行。”

叶剑英：“军委有规定，调一个连，归大军区管；调一个营，归军委、总参谋部管。可以肯定，所谓‘二月兵变’是不存在的。”

邓小平：“所谓‘一月风暴’势必解决，我认为还是早一点儿讲好。”

另一位老同志：“随着这些重大历史遗留问题的解决，势必涉及对毛主席的评价问题，建议中央要有一个统一的说法。”

邓小平：“第一，需要说明，那时主席身体很不好，我们都很难见到他。”

叶剑英：“这点我可以证明！因此，有些话是主席说的，有些话未必就是主席说的。”

邓小平：“第二，我和叶帅、先念等同志多次谈到毛主席，一致认为，毛主席的伟大，怎么说也不过分，不是拿语言可以形容得出来的。毛主席不是没有缺点和错误，我们也不能要求伟大领袖没有缺点和错误。外国人问我，对毛主席的评价，可不可以像对斯大林的评价那样？我肯定地回答，不能这样讲。党中央、中国人民永远不会干赫鲁晓夫那样的事。”

一位女同志说：“我赞成小平同志的意见！另外，随着会议的深入，与会代表对中央那几个犯有严重错误的领导同志很有意见，认为他们不再适合在中央工作，对此，中央有何意见呢？”

邓小平：“现在国际上就看我们有什么人事变动，加人可以，减人不行，管你多大问题都不动，硬着头皮也不动。这是大局。好多外国人要和我们做生意，也看这个大局。”

一位戴眼镜的老同志问：“很多与会的代表提问，党的路线的核心是什么？”

邓小平：“我和叶帅、先念等同志在听取北京市委的汇报时说过这样一段话，现在中央的路线，就是安定团结，稳定局势，搞社会主义现代化。”

李先念：“就说引进技术、利用外资吧，你稳定了，人家才敢和你打交道。”

叶剑英：“对此，小平同志还说过一句很重要的话，安定团结是实现四个现代化的必要的政治条件，不能破坏安定团结的大好局面！”

邓小平：“这是中央的战略部署，这是大局。我们处理任何问题，都要从大局着眼，小局服从大局，小道理服从大道理嘛！另外，中央决定不搞什么新运动。”

邓小平书房　内　夜——

邓小平一边在书房中踽踽踱步，一边在吸烟凝思。

有顷，邓小平把烟蒂按在就要满了的烟灰缸中，坐在桌前拿起铅笔，在一沓白纸上书写着。

卓琳悄然走进，看着集中写作的邓小平，无可奈何地摇了摇头，遂又爱责地说：“咳！老了老了，你怎么又像当年在太行山那样开夜车写文章了？”

邓小平连头也不抬，他一边写一边说：“中央工作会议就要举行闭幕式了，可我的讲话稿还定不下来。我想了想，还是由我自己先写个提纲。”

卓琳：“已经凌晨两点多了，天亮以后再写不行吗？”

邓小平：“不行！明天，我约好了有关同志到家里来，共同商定这篇讲话稿。”

卓琳无可奈何地摇了摇头，转身走出书房。

邓小平的庭院　外　日——

胡耀邦、胡乔木并肩走进这座院落。

李秘书笑着迎过来，小声地：“昨天晚上，首长写了大半夜的文章，可能还没起床……”

邓小平突然出现在屋门口，批评地：“又在制造假情报，我早就起来了！”

李秘书吐了吐舌头：“看来，卓琳大姐提供的情报不准。”

邓小平：“二位请到会客室谈吧！”

邓小平的客室　内　日——

邓小平：“今天请你们来，主要是谈我在中央工作会议闭幕会上的发言稿的问题。”他吸了一口烟，说道，“昨天夜里，我起草了一个提纲，交给了于光远同志，你们二人看过了吧？”

“看过了！”

邓小平：“我想我的这个讲话，应该为即将召开的十一届三中全会定个调子。换句话说，应该回答在文化大革命结束以后，中国向何处去这个重大课题。”

胡耀邦：“好！时下的中国，的确面临着向何处去的重大历史关头，既要写出冲破‘两个凡是’的禁锢，又要指明开辟新时期的新道路。”

邓小平：“乔木同志，看了我写的提纲有什么意见？”

胡乔木：“文章的灵魂有了，思路也清晰，只是需要把它梳理成文了！”

邓小平：“我对于光远同志讲了，这篇讲话的主题是，解放思想，实事求是，开动机器，一切向前看，否则四化无望。”

胡乔木:“我看这篇文章的标题就叫‘解放思想,实事求是,团结一致向前看’。”

邓小平:“可以!我还告诉于光远同志,这篇文章只讲四个问题:第一,解放思想。真理标准问题的讨论,的确是一个思想路线问题,是一个重大政治问题,是关系到党和国家前途命运的问题。”

胡耀邦:“一言中的!”

胡乔木认真地记录着。

邓小平:“第二,要发扬民主;第三,向前看;第四,要研究和解决新问题。”

胡乔木:“这四个问题,在你写的提纲中都有了。”

胡耀邦:“乔木同志,如何组织写作呢?”

胡乔木:“我的意见,先请政策研究室的于光远同志拿出一个草稿,然后我再动笔起草。其间,我随时请教小平同志。”

邓小平:“可以!中央工作会议就要闭幕了,不会发生什么问题吧?”

胡耀邦:“据我估计,与会的代表对汪东兴等几位同志的揭发、批判会升温。为此,希望与会的代表要集中讨论、学习你这篇讲话。”

邓小平严肃地点了点头。

京西宾馆　内　日——

在热烈的掌声中缓缓摇出:

中央工作会议主席台就座的领导(历史资料片);

与会者热烈鼓掌的各种特写(历史资料片)。

邓小平站在讲话台前,大声讲道:“一个党,一个国家,一个民族,如果一切从本本出发,思想僵化,迷信盛行,那它就不能前进,它的生机就停止了,就要亡党亡国。只有解放思想,坚持实事求是,一切从实际出发,理论联系实际,我们的社会主义现代化建设才能顺利进行。我们党的马列主义、毛泽东思想的理论也才能顺利发展!”

缓缓摇出与会者的不同表情(历史资料片)。

与会者长时间鼓掌(历史资料片)。

邓小平:“民主是解放思想的重要条件。当前这个时期,特别需要强调民主。因为在过去一个相当长的时期内，民主集中制没有真正实行，离开民主讲集中，民主太少……为了保障人民民主，必须加强法制。必须使民主制度化、法律化，使这种制度和法律不因领导人的改变而改变，不因领导人的看法和注意力的改变而改变！”

主席台就座的领导们不同的表情（历史资料片）。

与会者禁不住长时间地鼓掌（历史资料片）。

邓小平：“要研究新情况，解决新问题，尤其要注意研究和解决管理方法、管理制度、经济政策这三方面的问题。在管理方法上，要特别注意克服官僚主义。如果现在再不实行改革，我们的现代化事业和社会主义事业就会被葬送！”

与会者爆发出雷鸣般的掌声。

京西宾馆休息室　内　夜——

牟记者：“邓副主席，您这篇讲话《解放思想，实事求是，团结一致向前看》，在与会代表中引起了强烈的反响。”

邓小平：“在你们新闻界呢？”

牟记者：“那就更大了！”

邓小平：“是如何评价的？”

牟记者：“一致认为这是一篇划时代的讲话！具体地说，它既是对新中国近三十年社会主义建设成败得失的总结，又是对未来中国如何搞社会主义指明了道路。”

郁教授：“有些从事理论研究的同事甚至说，这是中国开创一个新时代的宣言书。”

邓小平：“先不要这样吹！我这篇讲话新华社还没授权发表，可我听说讲话的摘要都上了西单民主墙了！你们二位知道吗？”

牟记者：“知道！为此，我还亲自去西单民主墙转了转，好家伙，争看您这篇讲话摘要的人啊真是里三层、外三层，多了去了！”

郁教授：“这从另一个侧面说明，你这篇讲话说出了当前人民的心里话。”

邓小平：“但是，你们想过没有？是谁把我的讲话摘要捅出去的呢？目的又是什么呢？”

牟记者和郁教授有些愕然地摇了摇头。

邓小平：“好！我们就不谈这件事了。请问西单民主墙还有其他内容的大字报吗？”

郁教授：“有啊！有不少人再次提出追查文化大革命的责任，有的甚至把矛头指向了毛主席和周总理。”

邓小平：“现在，对文化大革命要回避，不能追，追到底不利。清华大学几个青年贴大字报说，‘反周民必反，反毛国必乱’。这两句话，水平很高。还有吗？”

牟记者：“有！听说就要召开十一届三中全会了，有些人公开发表讲演，强烈要求党中央那几位犯有错误的领导人必须辞职。”

邓小平：“你们想过没有？我再三讲，只上不下，可他们为什么就是不听呢？”

牟记者和郁教授有些茫然地摇了摇头。

邓小平：“还有其他马路新闻吗？”

郁教授：“有！也有不少人公开发表讲演，强烈要求陈云同志、邓大姐、胡耀邦和王震进政治局。”

邓小平微微地点了点头。

李秘书走进：“首长，叶帅打来电话，请您赶到他那里，说有重要的事情相商。”

邓小平：“还有其他的同志吗？”

李秘书：“李副总理已经在叶帅那里了！”

叶剑英下榻处的客厅　内　夜——

叶剑英：“先念啊，我看有了小平同志的这篇讲话，就等于给十一届三中全会定了调，未来中国就得按着《解放思想，实事求是，团结一致向前看》说的内容建设社会主义。”

李先念：“我赞成！说小平同志这篇讲话是十一届三中全会的主题报告，一点也不为过！”

邓小平大步走进：“叶帅，你叫我和先念同志来，有什么大事相商啊？”

叶剑英取出一张纸:"这是汪东兴写给中央的辞职书，先念同志看过了,你看后我们再商量一下。"

邓小平接过汪东兴的辞职书审看。画外音:

"……我在文化大革命中确实说过错话,做过错事。粉碎'四人帮'以后,也说过错话,办过错事……产生以上错误的最根本的原因,是对马列主义和毛泽东思想学习不够,理解不深,思想上存在形而上学的东西……我所担负的职务与我的能力是不相称的,是名不符实。为此,我恳切请求中央免去我所兼的一切职务,待中央决定后,认真地向有关同志移交好。"

叶剑英:"你的意见呢?"

邓小平坚定地:"从大局出发,还是不动,以后如何,到时再说。"

李先念:"恐怕在十一届三中全会上会遇到阻力。另外,对中央其他几位犯错误的同志也会有连锁反应。"

邓小平:"告诉同志们,纠缠久了,对工作不利。像河南省,叫我看啊,还是多搞点粮食吧!"

叶剑英:"我是赞成只上不下的原则的!你们二人看,有哪些同志要上呢?"

邓小平:"陈云同志、邓大姐、胡耀邦和王震四位同志进政治局。"

李先念:"同时还要恢复陈云同志的政治局常委、党中央副主席的职务。"

邓小平:"鉴于林彪、'四人帮'两个反革命集团对党造成的危害,中央必须成立纪律检查委员会,我建议由陈云同志任书记。"

叶剑英:"我举双手赞成!陈云同志作风正派,办事公道,在党内威望又很高,由他出任纪委书记是党的需要,也是人心所向。"

李先念:"我看还要增选一些新的中央委员。"

邓小平:"这也是很有必要的!我提议,经过酝酿,提出名单,交由十一届三中全会讨论决定。"

在激情的男女声画外音中，叠印出有关的历史画面（采用历史资料片）。

男声画外音：“一九七八年十二月十八日至二十二日，中国共产党第十一届三中全会在北京京西宾馆胜利召开了！全会再次批判了‘两个凡是’的错误方针，充分肯定必须完整地、准确地掌握毛泽东思想的体系；高度评价关于实践是检验真理的唯一标准的讨论，确定了解放思想，实事求是，团结一致向前看的指导方针；果断地停止使用‘以阶级斗争为纲’这个不适用于社会主义社会的口号，作出把工作重点转移到社会主义现代化上来，以及实行改革开放的战略决策……总之，它以其特有的成就和建树，成为中国共产党和中华人民共和国历史发展中的一个伟大的转折点！”

叠印出十一届三中全会开幕式，以及邓小平、叶剑英、李先念等讲话的画面(历史资料片)。

女声画外音：“全会提出，在经济建设问题上必须采取一系列重大措施，对失调的国民经济比例关系进行调整，对过分集中的经济管理体制进行改革，积极发展同世界各国平等互利的经济合作，努力采用世界先进技术和先进设备，并大力加强实现现代化所必须的科学教育工作，等等，对中国未来的发展、如何实现四个现代化，绘制了一幅光辉灿烂的宏伟蓝图！”

叠印与会代表认真听讲的不同画面(历史资料片)。

男声画外音：“全会还提出了加强社会主义民主和健全社会主义法制的任务；审查和解决了党的历史上一批重大冤假错案，重新评价了一些重要领导的功过是非。全会增选陈云为中央政治局委员、政治局常委、中央委员会副主席，增选邓颖超、胡耀邦、王震为中央政治局委员，增选黄克诚、宋任穷、胡乔木、习仲勋等为中央委员，决定成立中央纪律检查委员会，陈云、邓颖超、胡耀邦、黄克诚分任第一、第二、第三书记和常务书记。这些具有重大意义的决定，开始形成了以邓小平为核心的第二代中央领导集体！”

叠印胡耀邦、胡乔木等发言的画面(历史资料片)。

叠印陈云、邓颖超、胡耀邦、王震、胡乔木当选的画面(历史资料片)。

女声画外音：“虽然全会制定了发展农业的一系列政策和措施，决心集中主要精力把农业搞上去，并为此首先提出在农村实行改革，推行联产计酬责任制。但是，全会还原则通过了《中共中央关于加快农业发展若干问题的决定》(草案)等两个文件，明确规定‘不许分田单干，不许包产到户’，这就阻碍了方兴未艾的农村改革……”

邓小平家的会客室　内　夜——

万里拿着文件，有气地：“我和甘肃、四川、福建等省的领导同志在会上坚决反对把‘不许分田单干，不许包产到户’写进文件，可是……咳！”

邓小平：“我也没办法！少数服从多数。”

万里：“主席多次讲过，真理往往掌握在少数人手里嘛！”

邓小平：“但是，作为党的决议是通过还是被否决的时候，必须遵守少数服从多数的原则。”

万里有情绪地摇了摇头。

邓小平：“有情绪也没用！你向留守安徽的领导同志通报有关消息了吗？”

万里：“通报了！”

邓小平：“有何反应？”

万里：“反应强烈极了！大家非常有情绪地说，‘早也盼，晚也盼，盼到现在搞了两个不许干！’”他十分动感情地说，“小平同志！包产到户，不仅群众拥护，党员干部也拥护；不仅劳动力强的拥护，劳动力弱的——甚至是五保户也拥护啊！”

邓小平从桌上拿起几份材料：“我这里还有甘肃、四川、福建等省送来的同样的材料，都是力主包产到户的。”

万里：“您说怎么办吧？”

邓小平：“还是要按实事求是办！突破‘两个凡是’，是靠实践取得胜利的；推倒‘以阶级斗争为纲’，实现中国实现四个现代化的战略转移，也是靠实践取得的。你说包产到户好，那就拿出有说服力的证据来嘛！”

万里用力一挥右拳：“好！用当地老百姓的话说，是骡子是马，咱们牵出来遛遛！”

中央办公厅会议室　内　日——

邓小平:“汪东兴等四位同志留在中央委员会，可他们兼任的一些重要工作必须让出来。为此,政治局决定设立中央秘书长、副秘书长,作为中央日常工作机构。”

胡耀邦:“这个决定好,大得人心！”

邓小平:“任命胡耀邦同志为中央秘书长兼中央宣传部部长、党委书记,胡乔木同志为中央副秘书长兼毛泽东著作编委会办公室主任,姚依林同志为中央副秘书长兼中央办公厅主任。从今天开始,你们二位要像姚依林同志一样,尽快走马上任。”

“是！”

邓小平:“根据叶帅的建议,新年之后,立即召开理论工作务虚会。由耀邦同志抓总,乔木同志协助。前提是,要真正贯彻百花齐放、百家争鸣的方针。”

胡乔木:“我估计在理论务虚会上会有相当尖锐的理论交锋，甚至是不讲情面的批评。”

胡耀邦:“一定还会涉及对历史上一些重大历史事件、历史人物——包括对毛主席的评价。”

邓小平:“这是一件好事嘛！你们一定要坚决执行不抓辫子、不扣帽子、不打棍子的‘三不主义’方针。同时,还要坚决执行解放思想、破除迷信的方针。”

“是！”

邓小平:“陈云同志提出了休养生息的经济建设新方针，乔木同志要协助谷牧、余秋里等同志调研,把所谓‘新跃进’、‘洋跃进’造成的经济建设比例失调的损失补回来！”

胡乔木:“是！”

邓小平:“《中美建交联合公报》已经提前于十二月十六日公布了,我将应美国总统卡特的邀请很快访问美国。因此,我的精力主要放在访美的准备方面。”

李秘书走进:“郁教授来电话,问你何时接见他。”

邓小平:“今天晚上,地点就在我的家。”

邓小平家的会客室　内　夜——

邓小平："郁教授，你的女儿郁平还跟着丁肇中博士在美国读书吧？"

郁教授："准确地说，郁平还在美国读书，不过她的导师已经改为李政道博士了。"

邓小平："这是为什么呢？"

郁教授："一九七八年，我国决定建造大型的质子加速器。当时，李政道博士给予了极大的支持。同时，他还组织和安排了中国四十几位物理学家到美国和西欧进修。"

邓小平："对！我记得这件事。"

郁教授："由于郁平对加速器有着特别的兴趣，丁肇中博士同意她拜李政道博士为导师。"

邓小平："很好嘛！"他点燃一支烟，吸了一口，"不久，我将访问美国，经我提议，外交部同意你随团出访美国。不过，你的任务是考察美国的教育。"

郁教授："我一定完成任务。"

邓小平："另外，你通知郁平，就说我访美期间要见她。"

郁教授急忙摆手："我明白你的意思，是想让我们父女在美国见一面，这样做可不行。"

邓小平："有这层意思，但我也想见一见她。"

李秘书手持一份公文走进："这是外交部报来的美国时代出版公司总编辑多诺万和他的助手、《时代》杂志驻香港分社社长克拉克的材料，以及你接见他们的时间表。"

邓小平接过材料翻了翻，微微地点了点头。

人大会堂　内　日——

多诺万："您对美苏签订战略核武器协定有何评论？"

邓小平："我们不反对美苏签订这样的协定。我们的头脑是清醒的，人们不要把希望寄托在这方面。谋求世界和平，签订这些协定不如中美关系正常化，也不如《中日和平友好条约》的签订。"

多诺万："这是为什么呢？"

邓小平:“从全球战略格局看,中、美、日三个大国和平相处,是对苏联霸权主义最好的制约。另外,我们还相信,中美关系正常化,能为美国用先进的东西帮助我们实现四个现代化创建更有利的条件。这点对美国来说也是有利的。”

多诺万:“在中国各地——尤其是西单民主墙,出现了‘非毛化’的问题。对此,您有何评论?”

邓小平:“最近我们多次讲过,不论现在还是以后,毛泽东思想仍是我们的指导思想,我们有许多基本原则还是毛主席和周总理生前确定的。不能要求任何一个伟大的人物没有缺点和错误。有许多事情,毛主席生前没有提出来,我们提出来了,这本身不是‘非毛化’,因为根据现实提出问题是完全应该的。”

多诺万:“我希望您能多谈一谈有关台湾的问题。”

邓小平:“我们尊重台湾的现实。台湾当局作为一个地方政府拥有它自己的权力,就是它可以有自己一定的军队,同外国的贸易、商业关系可以继续,民间交往可以继续,现行的政策、现在的生活方式可以不变,但必须是在一个中国的条件下。这个问题可以长期来解决。”

多诺万:“很好!有新意。”

邓小平:“我必须告诉中外朋友,中国的主体,也就是大陆,也会发生变化,也会发展起来。总的要求就是一条——一个中国,不是两个中国,爱国一家!”

多诺万:“谢谢你接受我的采访!祝你访问我们美利坚合众国取得成功。”

邓小平站起来,握住多诺万的手:“中国的春节就要到了,说句传统的吉祥话,托你的吉言了!”

在男声画外音中,叠印出有关历史资料片。

男声画外音:“一九七九年元月一日,中美两国在中断了三十年关系之后,又正式建立了外交关系。元月二十八日,邓小平应美国总统卡特的邀请访问美国。这是建国以来我国领导人第一次访问美国,因而受到了全世界的极大关注。美国政府在白宫外面的草坪上，以隆重的仪式欢迎邓小平的到来。邓小平十分高兴地发表了演说。”

邓小平：“我们来到美国的时候，正是中国的春节，是中国人民自古以来作为‘一元复始，万象更新’而欢庆的节日。此时此地，我们同在座的美国朋友有一个共同的感觉，中美关系史上一个新的时代开始了！”

与会的嘉宾热烈鼓掌。

邓小平：“我们相信，中国人民同美国人民的友好合作，不仅有利于两国的发展，也必将成为维护世界和平和促进人类进步的强大因素！”

与会者再次爆发出热烈的掌声。

在女声画外音中，叠印出有关的历史资料片断。

女声画外音：“邓小平的访问在美国引起了极大的轰动！诚如美国人所评说的那样，美国三大全国性电视网的黄金时间全都变成了‘邓小平时间’，二百多名新闻记者跟踪采访和报道了邓小平访问的活动。期间，邓小平还拜访了为中美建交出过力的老朋友尼克松、基辛格、万斯等人。同时，他还与美国有影响的记者共进午餐，并回答了他们的提问……”

美国新闻俱乐部　内　日——

邓小平坦然自若地坐在桌前，接受美国记者的提问。

一位男士：“邓小平阁下，您这次访问我国负有什么特殊的使命吗？”

邓小平：“我肩负着三项使命，第一，向美国人民转达中国人民的情谊；第二，了解美国人民，了解你们的生活，了解你们的建设经验，学习一切对我们有用的东西；第三，同贵国领导人就发展两国关系和维护世界和平和安全问题广泛地交换意见。”

一位年长的男士：“邓小平阁下，你对美国和美国人民做何评价？”

邓小平：“美国是当今世界上最有影响的国家。美国人民是伟大的人民。美国人民对人类的文明和世界的进步做出了杰出的贡献。中国人民对美国人民一向怀有友好的感情，对你们那种实干和创新的精神深为钦佩。随着经济和文化交流的日益增多，我们之间的友谊一定能够获得更大的发展！”

一位女士："请问邓小平阁下，中国在对台政策方面有什么新的走向吗？"

邓小平："没有！我只想告诉美国人民，一、中国政府在解决台湾问题的时候，一定会考虑到台湾的现实，重视台湾人民的意见，实行合情合理的政策。二、统一祖国是全体中国人民，包括台湾同胞在内的共同愿望。我们关怀台湾同胞，寄希望于台湾广大同胞；我们也寄希望于台湾当局，希望台湾当局以民族大义为重，正视现实。这样，台湾回归祖国就能够比较顺利地实现。"

一位年长的记者："中国公开宣布要实现四个现代化，这项政策会持续下去吗？"

邓小平："中国实现四个现代化不是个人因素决定的，关键在于这些政策是否正确，人民是否赞成，对人民是否有好处。我们采取的方针、政策是正确的，是受到人民欢迎的，可以肯定，这些政策会继续下去的。请你们转告美国的企业家，放心地来中国投资做买卖吧！"

一位漂亮的女记者："我听说你在中国被打倒过许多次，今后还会被打倒吗？"

邓小平："如果奥林匹克运动会设立政坛谁被打倒次数多的冠军，我想我一定可以获得这项殊荣！现在，我可以告诉你们，今后再被打倒的可能性完全没有了！"

与会者发出惬意的笑声。

邓小平："我就要结束对美国的友好访问了！请你们向美国人民转达我最良好的祝福。同时，也请你们转达我对美国人民最真诚的邀请，具有五千年文明的中国已经向世界打开了门窗，欢迎你们来中国看看！"

邓小平下榻的酒店广场　外　日——

郁教授和郁平徜徉在露天游泳池边，走到一座太阳伞下。郁教授指着伞下的桌椅："等一会儿小平同志就在这里接见你。"

郁平随意地坐在一把椅子上："好啊！我就坐在这里聆听邓大人的训话！"

郁教授有些生气地："等一会儿，你可不要用这种口气和小平同志讲话。”

郁平:“用这种口气讲话怎么了?”

郁教授:“没有礼貌!”

郁平叹了口气:“咳!看起来啊,我们父女间的代沟是没办法填平了!”

邓小平悄然走到近前,笑着说:“郁平,有这样严重吗?”

郁教授客气地:“小平同志,您请坐!”

郁平站起身来:“不知为什么,你比我父亲大二十来岁,我感到和你讲话却没有代沟的感觉。”

邓小平:“那说明我的思想还不守旧。”他点燃一支烟,有滋有味地吸了一口,“郁平,有什么要和我讲的吗?”

郁平:“按照国内的通用语说,是讲公事还是说私事?”

郁教授动气地:“郁平!……”

邓小平摆了摆手:“你不要对郁平搞父道尊严哟!郁平,你在美国读书,能有什么公事啊?”

郁平:“不仅有,而且还有两件。”

邓小平:“那就一件一件地说。”

郁平:“第一件公事,我的导师李政道教授去年在北京讲学的时候,提出发动美国物理界招收中国的研究生。这件事你知道吧?”

邓小平:“知道!如果没有记错的话,此举的目的是使中国研究生进入美国第一流的研究院学习,受到同美国学生完全一样的训练。”

郁教授:“还有一条,费用全部由美国民间负责。”

郁平:“完全正确!李政道教授让我向你通报,来美国学习的同学选齐了,总计七百多人。可他担心有的学生学完后不回中国。”

邓小平:“我早就说过,没有关系!只有我们国家发展了,政策对头了,就是暂时留在美国的同学也会回国的。”

郁平:“为了给这些学生回国工作创造一个有利的条件,李政道教授建议先建立十几个博士后流动站作试点。”

邓小平:“请你转告李政道教授,我完全同意他的建议。”

郁平:“李政道教授听说中国高能研究方向有可能改变以后,他建议搞电子对撞机。”

邓小平:“好啊！请他来中国进行科学论证,然后再付诸实施。”

郁平:“他还建议,先在大陆搞两个小型的电子对撞机,在台湾搞一架同步辐射机。”

邓小平:“很好嘛!两岸的科学家先行一步搞合作,对促进祖国的统一大有好处嘛！”他吸了一口烟,“郁平,该讲讲你的私事了吧？”

郁平大方地:“我看还是不讲私事的好!否则会惹得我的老爸生气,你也做不了主。”

邓小平:“我一定能做主！”

郁平:“假如我要找一个台湾的科学家结婚呢？”

郁教授:“绝对不行！”

邓小平:“行！如果来北京结婚,我将为你们主婚。”

定格叠印字幕:

第十九集终

第二十集

邓小平家的庭院　外　日——

李秘书提着一个水桶，小心地给刚刚返青的花草浇水。

胡耀邦走进院落，高兴地："李秘书，给花浇水哪！"

李秘书："是啊！今年春来早，就得提前施肥、浇水啊！"

胡耀邦若有所思地："说得好，今年是春来早啊！"

邓小平从屋内走到屋门："很准时嘛！"

胡耀邦："到你这里来，哪敢迟到啊！"

邓小平："好！请进屋谈吧。"

邓小平家的客室　内　日——

邓小平拿着一份材料："我是赞同陈云同志的意见的，由于我们的经济工作没有从'左'的指导思想下解放出来，近两年国民经济比例失调更加严重。"

胡耀邦："陈云同志说，要像三年困难时期那样，至少要花一两年的时间进行调整。"

邓小平："我看要用三年进行调整，这是个大方针、大政策，这就是我们经济工作的中心任务。"

胡耀邦："恐怕会有不小的阻力。"

邓小平："所以要你这个秘书长准备一下，召开政治局会议，专门讨论一九七九年国民经济计划和国民经济调整问题。"

胡耀邦："可以！"

邓小平："做这样一件大事，首先要有决心，东照顾，西照顾不行，决心很大才能干得成。"

胡耀邦："对！"

邓小平："理论工作务虚会开得怎么样？"

胡耀邦："开得不错！大多数的与会者开动机器，解放思想，真正做到了知无不言，言无不尽。”他沉吟片时，“你听说华国锋同志对批评‘两个凡是’的意见了吗？”

邓小平：“听说了！他认为自己抓‘四人帮’就是最大的反对‘两个凡是’。”他吸了口烟，“功是功，过是过，以功掩过是错误的。”他沉思有顷，“耀邦同志，我怎么听说在务虚会上也有不谐和的声音啊！”

胡耀邦：“绝不是理论务虚会的主流。另外，参加理论务虚会的同志还希望你做总结发言呢！”

邓小平：“我是一定要发言的！但是，讲什么，还得再等一等。”

胡耀邦听后有些愕然。

邓小平：“农业改革遇到麻烦了吗？”

胡耀邦：“遇到大麻烦了！”他从皮包中取出一份清样，“《人民日报》按一位主管农业同志的批示精神，决定刊登这封群众来信，并加了一个编者按。”

邓小平一边接过清样稿一边问：“这封群众来信的内容是什么呢？”

胡耀邦：“坚决批判包产到户的！估计这封来信发出之后，将会在全国产生重大的影响。”

邓小平看了看清样，沉思自语地：“看来，压力最大的是万里同志了！”他沉吟片时，“告诉万里同志，农村改革势在必行，不要听了风就是雨。”

安徽肥西县山南公社　外　日——

一辆吉普车飞驰在麦苗青、菜花黄的大地上。

万里坐在吉普车里望着有望丰收的大地，高兴地问：“你是公社书记，讲老实话，今年的收成怎么样？”

王书记：“一定会大丰收。”

万里：“这是为什么呢？”

王书记：“过去是大呼隆，心不齐；现在是给自己干，人人都上心。”

万里：“你知道上边有人不让包产到户吗？”

王书记：“知道，前不久，《人民日报》还专门发了文章嘛！”

万里：“你怕不怕？”

王书记：“有点儿怕！”

万里："不要怕，在你们公社搞包产到户试点，我是点过头的。换句话说，搞错了，不要你负责！"

农村生产队　外　日——

生产队的男女老少社员鱼贯而入生产队的大院。

正房门口放着一张原木桌子，上边摆着一把陶器茶壶和两个茶杯。

万里坐在桌前，一边喝水一边和社员打招呼。

王书记大声说："社员们，都请安静了！让我们用最热烈的掌声欢迎省里的万书记来你们生产队视察！"

男女老少社员笑着鼓掌。

万里站起身来，十分亲切地问："社员同志们！你们这样干，有什么想法和意见，随便提，随便问，我是专门来听你们意见的！"

一个戴眼镜的青年："万书记，上边可允许包产到户？"

万里："我只能这样告诉你们，请放心大胆地干吧，省委支持你们！"

"可是我们有点儿怕啊！"几个社员不约而同地说。

万里："你们怕什么呢？"

"怕变！"社员众口一声地说。

万里坚定地说："放心，不会变！"

一个年过六十的社员坦诚地说："不变就好！说句心里话，包产到户，比'大呼隆'好。只要我们再多干几年，就有吃有喝了！"

万里："那你们就多干几年嘛！"

一个中年社员追问道："万书记，你能不能给我们说个准话，到底能干几年？"

万里笑着问："不放心？"

"对！"

万里："你们就这样干！我可以告诉你们，包产到户，想干多少年就干多少年！不过仓库、牛棚等所有的公共设施、公共财产要保护好，不能破坏集体经济！"

全体与会的社员情不自禁地鼓起了掌。

凤阳县朱元璋修的墓地　外　日——

《凤阳花鼓》的音乐飞在墓地上空。

长长的墓地甬路的两边，一对一地立着栩栩如生的人、兽造型。

万里和凤阳县的陈书记走在墓地甬路上，认真地讨论着。

万里："你是凤阳县的父母官，一定知道什么是大包干吧？"

陈书记："大包干是凤阳县农业生产责任制的主要形式。用老百姓的话说，'大包干，大包干，直来直去不拐弯，保证国家的，留足集体的，剩下都是自己的'。现在凤阳实行大包干的占农户的百分之八十以上。"

万里："实行大包干的效果如何？"

陈书记："关于大包干的评价，老百姓有个顺口溜，'大包干，就是好，干部、群众都想搞。只要搞上三五年，吃陈粮，烧陈草，个人富，集体富，国家还要盖粮库。'"

万里忍不住地笑了："那好，我就批准你们干三五年！"

陈书记："现在全县广大的干部、社员都热衷搞'大包干'，但怕变的思想十分严重。"

万里："告诉大家，错不了，错了我万里负责！关键是看你们能不能把生产搞上去，社员能不能富起来！"

这时，对面走来一位年长的社员，他背着草筐随意地唱着"说凤阳，道凤阳，凤阳本是个好地方。自从出了朱皇帝，十年倒有九年荒……"

万里停下脚步，打招呼："你好啊！老大哥。"

年长的社员："过去不好，现在好。"

万里："这是为什么呢？"

年长的社员："过去搞'大呼隆'，现在搞'大包干'。"

万里："老年知事百世通！你应该知道吧？朱元璋当了皇帝，他这个当年的'丐帮'帮主怎么也不造福你们家乡的父老乡亲呢？"

年长的社员："听老辈的人说，朱元璋在南京当了皇帝以后，家乡的人民找他'讨封'去了，问他怎么办？他说，过去咱们凤阳是靠着讨饭过活，今后我让你们唱着歌过活。就这样，我们凤阳人开始唱着《凤阳花鼓》讨饭了！"

万里听后大笑不止："老大哥，我们共产党一定让凤阳县的父老乡亲听着录音机、看着电视过日子！”

凤阳县土路　外　日——

万里、陈书记坐在一辆吉普车上，望着茁壮成长的庄稼，非常高兴地谈论着。

陈书记：“凤阳县梨园公社有个最穷的小岗生产队，他们偷偷地搞了个包干到户，还引起了一场不大不小的风波。”

万里自语地：“包干到户？……说说看！”

陈书记：“小岗生产队只有二十户人家，根据规定，分了四个包干组。干了不多天，组里又产生了新矛盾，于是每个组又一分为二，变成了八个包干小组……”

万里：“这样一来，一个包干组多的三户，少的也只有两户了？”

陈书记：“对！差不多都是一个门的，有的是父子组，有的是兄弟组，可是没干几天，又有吵架的，还是干不好。”

万里：“那怎么办呢？”

陈书记：“生产队决定召开大会……”

（闪回……）

小岗生产队队部　内　夜——

一间不算大的房子，挤着二十来个社员，多数人拿着烟袋抽烟，再加上满屋的烟气，显得是那样的沉闷。

生产队长看了看一言不发的社员，有些焦急地：“就要春耕了，大家说怎么办吧？”

一个中年男社员鼓足了勇气：“这样干不好，叫俺说啊，干脆包干到户！”

生产队长一怔：“其他社员的意见呢？”

“同意！”全体答说。

生产队长蹙着眉头想了想：“你们如果能答应我两个条件，我就同意包干到户。”

“说吧！队长……”社员七嘴八舌地说。

生产队长：“第一，夏秋两季打的头场粮食，要先把国家的公粮和集体提留交齐,谁也不能装孬种!”

“行!”

生产队长:“第二,我们是明组暗户,瞒上不瞒下,不准对上级和队外任何人讲,谁讲谁就是与全村人为敌。”

“同意!”

一位老者:“我看再加一条,今后如果队长因为让我们包干到户犯法坐班房,他家的农活由我们全队包下来,小孩由全队养到十八岁!”

“没问题!”

在陈书记的画外音中,叠印出有关的画面:

“接着,小岗生产队全体社员发誓赌咒,偷偷地搞了个包干到户。或许社员们怕干部反悔,连夜抓阄分牲畜、农具、丈量土地,一个早上就全部分好了。”

(渐渐隐回……)

飞驰的吉普车上　外　日——

万里:“这充分说明农民改变生产关系的决心。”

陈书记:“可是,世上没有不透风的墙,小岗生产队包干到户的事很快就声扬出去了。公社干部来到小岗生产队,训斥社员,叫你们大包干到组,你们咋到户了?”

万里:“理由呢?”

陈书记:“他们认为组再小,哪怕两三户,也是集体的,户就不同了,是单干。于是硬性叫他们再并成组,不然就不发给种子、肥料、耕牛和贷款。可是小岗群众死活也不并,僵持了很久,连春耕都要耽误了!”

万里:“最后怎么解决的呢?”

陈书记:“最后,我来到小岗村,问公社的干部为什么不让最穷的小岗村春耕?他们说分田单干,就是搞资本主义。”

万里:“荒唐!土地还是集体的嘛,两三户合着干就是社会主义,一门一户干就是资本主义,说明我们的干部根本就不懂什么是社会主义,什么叫资本主义!”

陈书记:“当时,我也对他们说,小岗村穷成这个样子,还能搞什么资本主义？再说，全凤阳县有两千多个生产队，就算这一个搞资本主义，也搞不到哪里去！”

万里：“说得在理！”

陈书记：“我当时就对他们说，既然小岗村分田到户了，就先让他们干到秋后再说吧！”他指着眼看丰收的庄稼，“你看看这长势喜人的麦子、油菜，这都是因为分田到户了！”

万里：“等我们考察结束后，再听听小岗村农民的意见。”

小岗生产队队部　内　日——

万里兴奋地：“我看了你们地里的庄稼，也看到了你们的精神面貌，一句话，小岗村的形势大好！”

二十几个男女社员热烈鼓掌。

万里：“我对你们说句掏心窝的话，我就想这样干，就怕没人敢干，你们这样干了，我支持你们！”

队部里再次爆发出热烈的掌声。

一个社员：“万书记，为什么他们还批判我们小岗村是开倒车呢？”

万里：“不要去管它！我听说地委作出决定，批准你们干三年，对吧？”

“对！”

万里：“我再给你们加两年，干五年！”

与会的社员禁不住热烈鼓掌。

万里：“怎样检验你们包产到户是对还是错呢？只有看你们地里的庄稼是丰收了，还是减产或绝产了！只要你们对国家多做贡献，对集体能够多提留，社员生活能有改善，干一辈子也不能算开倒车！”

与会社员再次鼓掌。

万里语重心长地：“老陈啊，咱们不能再给农民念紧箍咒了，要和农民往一块想！”

陈书记：“对！万书记，别的生产队学小岗搞包产到户中不中？”

万里：“可以！只要对国家有利，对人民有利，哪个学都行啊！”

一个老农：“如果有人到中央告我们呢？”

万里：“不要怕！我回到省府就向邓小平副主席报告。”

合肥　万里办公室——

万里打电话："……小平同志，我的压力很大，一是国家农委负责人打电话质问我，安徽包产到户省委知不知道？二是《人民日报》发表那封来信，等于给那些搞'极左'的人打了一针强心剂，在农村也造成了一定的混乱。"

远方渐渐显出邓小平在北京办公室接电话的画面。

邓小平："你面对一个接一个的压力，又是如何继续推进农村包产到户的呢？"

万里："一、我对国家农委负责人说，省委——主要是我万里支持包产到户。现在是春耕大忙的季节，不管是什么责任制形式，一律稳定下来，等秋后再说。"

邓小平："很好！"

万里："二、安徽人民对《人民日报》发表的那封来信十分气愤，为此，写了一首打油诗。"

邓小平："有意思，念给我听听。"

万里："《人民日报》太荒唐，张某不写好文章。一瓢冷水泼凤阳，混淆政策理不当。"

邓小平："写得不错。"

万里："另外，包产到户不是我们提出来的，问题是孩子已经生下来了，他妈妈挺高兴的，你不给他报户口，行吗？"

邓小平笑了："不行！一定要给他报户口。"

万里："我还对他们说，包产到户不是单干，分田到户也不等于资本主义，没有什么可怕的，因为群众已经认可了。"

邓小平："只要群众认可，我们就只能同意。这才叫尊重群众的首创精神！"他啪的一声挂上了电话。

邓小平由远推近，占据整个屏幕，他依然在沉思。

李秘书拿着一份中央文件走进："这是中办送来的《关于为彭真同志平反的通知》。"

邓小平接过文件审视片刻，有些沉重地掂了掂："请通知彭真同志和黄克诚同志，明天到办公室来。”

李秘书：“是！”转身走出办公室。

邓小平认真地审阅《关于为彭真同志平反的通知》。

邓小平办公室庭院　外　日——

邓小平站在院中紧紧地拥抱着彭真：“彭真同志！虽然真理有时会被当做错误批判，但真理就是真理！”

彭真：“这是因为我们有一个伟大而坚强的党啊！”

邓小平：“说得好啊！”他指着庭院中的椅子，“过去的事就算过去了，咱们坐下谈今天和明天的事吧！”

邓小平用力握住黄克诚的双手：“黄克诚同志，你是我们三人当中蒙冤时间最长的，可你对党、对毛主席却没有一点儿怨气，堪称是实事求是的楷模！”

黄克诚：“因为我们这些老家伙从入党那一天起，就把自己的一切交给党了！”

邓小平：“说得好啊！请坐下谈吧。”他落座之后问道：“彭真同志，你对自己的工作有什么考虑吗？”

彭真坚毅地：“我已经年满七十七岁了，鉴于文化大革命的教训，我想为立法贡献自己的余热。”

邓小平：“很好！为了把我们国家纳入法制轨道，中央希望你去人大主持法制委员会。五届二次代表大会召开的时候，补选你为人大副委员长兼法制委员会主任。对此，你有什么意见吗？”

彭真：“服从中央的决定。”

邓小平：“中央的意见，从现在起你就走马上任，首先负责依法公审‘四人帮’这桩大案。”

彭真：“依照法律的程序，还必须由检察部门、公安系统配合。”

邓小平：“这就是我请黄克诚同志参加讨论的原因。”

黄克诚：“我是中央纪委的常务书记，自应配合彭真同志把公审‘四人帮’这桩大案办好。”

邓小平：“另外，十一届三中全会召开之后，党内外的干部和群众纷纷向中央写信，要求为刘少奇平反昭雪。中央决定中央纪委和中央组织部对刘少奇一案进行复查。因此，你们二位——尤其是克诚同志要把这件大事抓好。”

李秘书走到跟前：“报告！陈云首长和先念首长就要到了。”

邓小平：“好吧！我们今天就谈到这里。”

国务院会议室　内　日——

邓小平：“你们二位联名给中央写的信很好，我是赞成你们提的‘前进的步子要稳，不要再折腾，必须避免反复和出现大的‘马鞍形’。”

陈云：“从长远来看，国民经济能做到按比例发展，就是最快的速度。我们一定要反对过去那种指标上去是马克思主义，指标下来就是修正主义的说法。要告诉我们的同志，踏步也可能是马克思主义。”

邓小平：“为了进两步，主动退一步也是马克思主义。”

李先念：“陈云同志多次对我说，我们现在管经济的领导是经验少，胆子大，因为赔的是国家的钱，他们不心疼。”

邓小平：“为了解决经济上存在的问题，我想了很久，准备向中央建议，成立国务院财政经济委员会，由你们二位挂帅，由姚依林同志任秘书长。”

李先念：“由陈云同志任主任，我当副手。”

陈云：“我的身体不好，还是由先念同志牵头。”

邓小平：“不要再谦让了，由中央决定。”他转而问道，“陈云同志，纪委的工作开展得还好吧？”

陈云：“还好！只是积案如山，一时还很难作出准确的结论来。比方潘汉年一案，株连了那样多的在白区工作的同志，我调阅了有关的档案，可以肯定地说，是一起冤案！”

李先念：“当年定案容易，如今平反就困难了！”

陈云：“再难，也得还潘汉年等同志一个清白！”

李先念：“小平同志，听说有少数人借着解放思想，在理论务虚会上大放厥词啊！”

陈云：“还不仅如此，这股风已经吹到了全国，各大中城市都办起了类似西单民主墙这样的阵地。”

邓小平:“我正在关注这件事情的发展!”

京西宾馆会议室　内　日——

胡耀邦:“我的《理论工作务虚会引言》,乔木同志的《关于社会主义时期阶级斗争的一些提法问题》,都以大会材料发给了大家。我想你们都读过了吧?”

“读过了!”与会者不失身份地答应道。

胡耀邦:“十一届三中全会,提出了全党工作重心转移。而这次理论工作务虚会的目的,就是研究理论宣传工作的基本任务。目前,我认为有两个方面的具体任务,一方面是继续扫清我们前进道路上的思想障碍,议一议还有哪些禁区、哪些精神枷锁应当继续破;另一个更重要的方面,是研究和解决伟大转变中层出不穷的新问题,真正做到理论同现代化建设的实践紧密结合。……”

在胡耀邦的讲话中缓缓摇出近二百与会者的不同表情。

京西宾馆小会议室　内　日——

胡乔木:“前些天,分组讨论了‘关于无产阶级专政下继续革命的理论’和‘社会主义时期的阶级和阶级斗争’问题,大家各抒己见,谈得既有深度又有广度。从今天起,可以集中谈关于‘社会主义民主’等问题。请自由发言!”

在胡乔木的讲话中,缓缓摇出有二十几位男女学者参加的分组讨论的会场。

牟记者坐在后排拿着笔记录。

一位银发学者:“我认为民主问题,是社会主义国家没有解决好的一个重大问题。自一九五六年以来我国的历史教训,影响大的有三次,第一次是五七年反右派扩大化;第二次是五八年的‘大跃进’和五九年的反右倾;第三次就是文化大革命。产生的原因很多,其中干部——尤其是领袖终身制也是重要的原因。”

一位年过六十的女学者:“如果我们国内不能充分发扬民主,社会上就会出现羡慕资产阶级民主的现象。这是一个很尖锐的问题。实事求是地说，我们的干部终身制，对发扬民主是个大障碍！从理论上讲，终身制是人治，不是靠制度来管理。人治总是‘人存政举，人亡政息’，是靠不住的。”

京西宾馆又一个小会议室　内　日——

一位着西装的学者：“随着理论务虚会的深入，要不要评价毛泽东？可不可以评价毛泽东思想？摆在了我们每一个理论工作者的面前。换言之，马列主义、毛泽东思想是不是要在新的历史条件下向前发展？有个别不正确的或者不完全正确的地方，可不可以改正？”

一位女学者：“我认为当前最大的理论禁区就是对毛泽东同志的评价。现在，一提这个问题，就给扣上一顶‘非毛化’的帽子。把话说穿了，‘非毛化’这顶帽子，是坚持‘两个凡是’的同志用来反对和压制真理标准讨论的武器！我们应当作出响亮的回答，我们评价毛泽东的功过，不是‘非毛化’，而是‘非神化’！”

一位老成的学者：“我认为评价毛泽东和毛泽东思想这样大的问题，我们可以各说其是，甚至他人之非，但结论应当由中央决定。在民主革命时期，我们党有一个《关于若干历史问题的决议》；建国三十年以来，也很有必要有一个社会主义时期的若干历史问题的决议。”

一位拄着拐杖的老学者站起来：“我赞成！否则，任其评说，听其发展——有的还和搞西单民主墙的那些人结合在一起，十分危险啊！”

京西宾馆小会议室　内　夜——

一位中年学者：“从西单民主墙的内容看，我认为有几种情况，一种是观点基本正确的，这占多数；另一种是很少数的，完全否定社会主义，对毛泽东同志也想一棍子打死。在他们的心目中，社会主义不如资本主义，羡慕西方，甚至有人要让美国总统卡特来解决中国问题。另外还有少数人，仍然坚持‘四人帮’那一套。”

一位身着退色军装的学者：“我提醒理论界的同仁注意，讨论问题要有个界限，那就是毛主席提出的六条标准。换句话说，不管是西单民主墙，还是东单民主墙，只要是不违反这六条标准就是允许的。否则性质就改变了！”

邓小平办公室　内　日——

郁教授：“所谓西单民主墙，是在十一届三中全会之前出现的，由小到大，成了某些人宣传他们的政治主张并进行活动的公开阵地。”

邓小平边抽烟边踱步，严肃地：“你们举几个有代表性的事例好吗？”

牟记者：“就在宣布中美建交、您出访美国的前夕，西单民主墙上贴出署名‘一个中国青年工人’写给美国总统卡特的信。此信崇拜西方而贬损祖国，竟请求卡特帮助他实现到美国去的愿望。”

郁教授：“不久前，任畹町等七人贴出一份油印的传单，题为‘中国人权宣言’，宣布成立所谓‘中国人权同盟’，提出十二条纲领，自己交给外国记者，公然要求外国人干涉中国内政。声称‘本同盟要求世界各国人权组织及公众给予支持’，要求美国总统‘关怀’中国的人权。”

郁教授取出一摞油印刊物：“西单民主墙不仅大字报越来越多，而且还出现了不少油印刊物，其中《探索》、《四五论坛》、《科学、民主、法制》等可谓影响极大，波及全国。”

邓小平：“你们还不知道吧？《探索》的主编魏京生明目张胆地勾结外国人，向外国人出卖政治、军事等方面的情报！”

牟记者：“怎么办呢？”

邓小平：“一、我们绝不高挂免战牌；二、沉住气。”他凝思有顷，“同时，我希望你们二位深入基层，帮我搞一个有关的调查。”

北京郊区场院　外　日——

场院中围坐着二十多个不同年龄的男女社员，认真地听着牟记者的发言。

牟记者：“方才，大家讲了你们的村史，对比了新旧社会的不同。现在，有人提出要打倒毛主席，要抛弃毛泽东思想，你们是怎么看的？”

一个年过七十的老大爷生气地说：“叫我说啊，喊打倒毛主席的人，他们保准没受过地主老财的气，也没过过讨饭的日子。如果这些人上台掌大权啊，一定会把一个红彤彤的社会主义的国家变了颜色。”

一个年轻的小伙子说：“李爷爷，前天我去西单转了个弯，看见西单的大墙上贴满了大字报，人家不仅公开喊走资本主义道路，而且还要请美国总统来当我们国家的老太爷呢！”

一个老太太：“这种人啊，准是甘愿当外国人的走狗！你们不知道吧？

新中国成立以前,我在一个大学教授家里当佣人,他们学校的一个女学生都被美国大兵强奸了!你们说这种美国人有什么好?”

一个穿着旧军大衣的老大爷气愤地说:“他们可能忘了新中国是怎么来的吧?我是一个老八路,跟着毛主席,跟着共产党南征北战,我亲眼看见死了那样多的好战友,才推翻压在中国人民头上的三座大山啊!要我们走回头路?没门!”

“对,对!没门!……”大家七嘴八舌地说道。

牟记者:“请大家安静一下!他们还有一个理论,那就是毛主席发动文化大革命,犯了错误,一定要打倒!”

一个年轻的女社员:“这是什么话!他们要打倒毛主席肯定是错的,那我们就应该把他们打倒嘛!”

第一个老大爷说:“文化大革命是错了,毛主席有责任,那也不能打倒啊!这样做和‘四人帮’有什么区别?”

那个老太太说:“再说,小平同志正在改正毛主席的错误嘛!全国只要实行包产到户,农村的面貌就会改变,毛主席的错也就没有了!”

长辛店二七机车车辆厂　内　日——

一位年过八十的老工人:“老一辈的人都知道,长辛店又叫伤心店,琉璃河又叫流泪河。这是为什么呢?它说明我们长辛店太穷了,我们工人过着牛马不如的生活嘛!只要不扪着良心说话,是谁让我们这些臭苦力当家作主人的?是毛主席嘛!再者,我讲过很多次了,六十年前,毛主席就来到了长辛店,和我们工人交朋友。我认识的这几个字,就是毛主席教的!我倒要问一问想打倒毛主席的那几个知识分子,他们心里有没有我们工人?现在,他们想靠着嘴皮子就打倒毛主席,还是先来问问我答不答应!”

郁教授坐在工人中间认真地做着记录。

一个中年工人:“我是现任的毛泽东号机车的司机。建国前,我的父亲也是开火车的司机,就是因为不给日本人开车送杀害八路军的弹药,被日本人杀害了!现在,我开着毛泽东号机车无比骄傲,人民群众只要看到毛泽东号机车就打心眼里欢迎!请想想看,广大的工人、农民、解放军,会同意他们这少数几个知识分子打倒毛主席吗?”

“不同意！绝不同意！……”

一个年过半百的工人说：“毛主席发动文化大革命是错了，他们就没有责任吗？毛主席早就说过嘛，错了就改，改了就是好同志。我实在弄不明白，这些人为什么就不原谅毛主席犯错误呢？再说，我们的党在小平同志的领导下，不正在克服毛主席犯的错误吗？”

一个年轻的工人：“叫我说啊，他们有野心。最大的野心就是改变咱们国家的性质！”

邓小平的会客室　内　日——

邓小平坐在沙发上严肃地翻阅那些油印刊物。有顷，他把这些刊物丢进了纸篓中。

邓小平点燃一支烟，又打开一份材料认真地翻阅了一遍。接着，他不紧不慢地站起身来，一边吸着烟缓缓地踱步，一边陷入凝思。

有顷，胡耀邦、胡乔木走进会客室。

邓小平：“请坐吧！”

胡耀邦、胡乔木应声相继落座。

邓小平低沉地：“今天请你们二位来，主要是两件事，一是听听你们所掌握的全国的形势，再是研究我在理论工作务虚会上的讲话。好，你们先谈第一个问题吧！”

胡耀邦：“和北京一样，全国许多大中城市都出现了类似西单民主墙的地方。其中，贵阳有八个工人，到北京宣布成立‘启蒙社’，总社在贵阳，北京设分社，发展到三十多人。他们极力宣扬资本主义世界的所谓民主、自由、人权观，多次同外国记者接触，用大字报给卡特写信，把美国总统当做‘救世主’。”

胡乔木：“更有甚者，还有极少数敌对分子公开打出大幅反革命标语，诬蔑毛泽东，坚决彻底批判共产党！”

胡耀邦：“据我们的情报机关所掌握的情况，他们中的人要求到外国‘政治避难’，有的甚至秘密同台湾特务机关发生联系，策划破坏活动。”

邓小平：“这一切的一切都说明，这些人就是千方百计地破坏我们工作重点的转移。我们如果对这些严重现象熟视无睹，那我们的各级党政机关都只有被他们困扰得无法进行工作，还有什么可能考虑四个现代化？”

胡耀邦微微地点了点头。

邓小平从桌上拿起方才翻阅的那份材料：“这是我请郁教授和牟记者深入工农兵搞的调查报告，你们拿去看看，为什么广大工农兵的意见和有些理论家的见解是如此相反呢？”

胡乔木接过这份调查报告：“您的意见呢？”

邓小平：“这就是我请你们二位来的第二项内容：研究我在理论工作务虚会上的讲话！”

人民大会堂　内　日——

邓小平严肃地：“最近一段时间内，有一些地方出现了少数人的闹事现象。有些坏分子不但不接受党和政府的负责人的引导、劝告、解释，并且提出种种在目前不可能实现的或者根本不合理的要求，煽动、诱骗一部分群众冲击党政机关，占领办公室，实行静坐绝食，阻断交通，严重破坏工作秩序、生产秩序和社会秩序。”

在邓小平的讲话中摇出：

胡耀邦、胡乔木等中央领导就座主席台；

几千名与会的专家、学者以及党政军干部不同的表情；

郁教授、牟记者认真地记录着。

邓小平：“中央认为，我们要在中国实现四个现代化，必须在思想政治上坚持四项基本原则。这是实现四个现代化的根本前提。这四项是，第一，必须坚持社会主义道路；第二，必须坚持无产阶级专政；第三，必须坚持共产党的领导；第四，必须坚持马列主义、毛泽东思想！”

数千名与会者爆发出热烈的掌声。

邓小平巡视与会听众的表情。

邓小平提高声调：“中央认为，今天必须强调坚持四项基本原则，因为某些人(哪怕只是少数人)企图动摇这些基本原则。这是决不许可的。每个共产党员，更不必说每个党的思想理论工作者，决不允许在这个根本立场上有丝毫动摇。如果动摇了这四项基本原则中的任何一项，那就动摇了整个社会主义事业，整个现代化建设事业！”

数千名与会者再次响起热烈的掌声。

邓小平办公室　内　日——

邓小平蹙着眉头吸着烟，很是生气地踱着步子。

胡耀邦、胡乔木走进，有些愕然地望着邓小平。

邓小平低沉地："先请坐吧！"

胡耀邦、胡乔木有些惶恐地坐下。

邓小平："今天找你们二位来，就是想知道一件事情，中央还有保密原则吗？"

"有，有啊！"胡耀邦、胡乔木忙答说。

邓小平严肃地："那就奇怪了！我是受中央委托发表《坚持四项基本原则》这篇讲话的。有意思的是，这篇讲话不仅受到部分与会者的反对，而且又捅到了西单民主墙上，这究竟是为什么？"

胡乔木："听说有些与会的学者和西单民主墙有关系。"

邓小平："不是听说，而是有确凿的证据。一些自称是马克思主义的理论权威，竟然成了西单民主墙那些人的后台！耀邦同志，你的闭幕辞打算讲些什么？"

胡耀邦："我的结束语的主题是让历史来检验。"

邓小平沉吟片时，严厉地："但是，我认为是到了向全党发出正告的时候了，必须旗帜鲜明地坚持四项基本原则。同时，那些曾经在反对'四人帮'的时候与我们合作得还不错的极个别的人，已经开始要和我们分道扬镳了！"

定格叠印字幕：

第二十集终

第二十一集

邓小平办公室　内　日——

邓小平:“今年经济工作的重头戏，是解决国民经济造成比例严重失调的问题。陈云同志和先念同志正在着手研究、解决,希望你们二位从旁协助。”

谷牧、余秋里坐在邓小平的对面认真聆听。

“是！”

邓小平:“第二个重头戏,我们如何作好改革开放这篇大文章?也希望你们二位开动脑筋,多想些点子。”

谷牧:“去年,我向您汇报了出访欧洲的情况后,您曾明确讲了三点意见,一、引进这件事要抓;二、下决心向国外借点钱搞建设;三、要尽快争取时间。在执行过程中，由于我们一些同志的思想不解放，形成很大的阻力！”

邓小平:“不怕！你们有什么想法吗？”

谷牧:“据我们不完全的统计，当今世界上有八十多个国家和地区设立了五百多个出口加工区、自由贸易区、自由港,有效地开展对外经济贸易和技术交流。我国沿海某些地区,是否可以借鉴采用呢？”

邓小平:“我想是可以的！比方广东、福建很多地方可以更开放一些,请他们先论证,做出可行性的报告来。”他沉吟片时,“另外,我还想向你们二位请教,旅游赚钱多,来得快,没有还不起外债的问题,我们为什么就不能大搞呢？”

余秋里:“可以大搞！可我们的交通、住宿,还有各个旅游点的管理等都不配套。”

邓小平:“那就狠抓一下旅游和城市建设嘛！”

谷牧:“还有一个问题,就是要解决来华观光的外国旅游者的吃、住、行等问题。当然,我们的服务也跟不上。”

邓小平："那就下大气力解决！北京带头，搞好环境，种草种树，绿化街道，管好园林，保护好风景区；把旅馆盖起来，第一批可以找侨资，找外资，然后再自己发展。"

余秋里："说到利用外资，从我们掌握的情况看，国内外都担心我们借外债的偿还能力。"

邓小平："这个问题我们也不能不考虑！"他转身取来一张纸，"谷牧同志，我想近期听听我们国内有经验的老工商者的意见，这是我开列的一个名单，请你帮我落实一下。"

人大会堂会议厅　内　日——

邓小平坐在沙发上，一面吸烟一面批阅文件。

年过花甲的卢绪章走进会议厅："邓副主席！"

邓小平："请坐！卢绪章同志，我前几天刚和你这个旅游局长谈过话，你知道今天为什么又把你请来当陪客吗？"

卢绪章："不知道。"

邓小平："你是当年我们党内打入敌人金融界的佼佼者，而且和老工商业者一直有着不错的私谊。今天，我要和你的几个老朋友商谈经济开放的事情，请你来听一听。"

恰在这时，谷牧走进会议厅："邓副主席！您请的客人我都请来了！"

邓小平急忙起身，迎过去。

荣毅仁走在前面，紧紧握住邓小平的手："邓副主席！"

邓小平幽默地："难怪当年周总理称你是'少壮派'，你走在最前面。"

紧跟其后的胡厥文高兴地："当年毛主席还称荣老板是'红色资本家'，理所当然地要带着我们往前走了！"

"对，对！……"胡子昂、古耕虞、周叔弢笑着说。

邓小平指着沙发："都是自家人，请随便坐吧！"

荣毅仁、胡厥文、胡子昂、古耕虞、周叔弢、谷牧、卢绪章等相继落座。

邓小平："听说你们对如何搞好经济建设有很好的意见和建议，我们很高兴，今天就谈谈这个问题好吗？"

"好，好！"

邓小平："党的十一届三中全会决定把工作重点转移到社会主义现代化建设上来。大家是知道的，过去耽误的时间太久了，不搞快点儿不行。但是怎样做到既要搞得快点儿，又不重犯五八年大跃进的错误，这是个必须解决的问题。所以，我就想到了你们五位资深的老工商业者。"

胡厥文："请放心，我们一定献计献策。"

邓小平："我们现在搞建设，门路要多一点儿，可以利用外国的资金和技术，华侨、华裔也可以回来办工厂。吸收外资可采取补偿贸易的办法，也可以搞合营，先选择资金周转快的行业搞起。我的开场白讲完了，下面洗耳恭听五老的高见。"

胡子昂："我第一个献拙见！要发挥原工商业者的作用，就要大力起用人才，有真才实学的人应该把他们找出来，使用起来，能干的人就当干部。"

邓小平："这方面的情况，你们比我熟悉，你们可以推荐有本领的人当公司经理，有的可以先当顾问。"

"可以，可以！"

邓小平："我还要请你们推荐有技术专长、有管理经验的人管理企业，特别是新行业的企业。不仅国内的人，还有入了外籍的都可以，条件起码是爱国的，事业心强的，有能力的。"

古耕虞取出一份材料，双手捧到邓小平的面前："这是我们五人事先起草好的《建议书》。"

邓小平双手接过《建议书》，深沉地："你们五位的报国之心都在这一纸之中了！"

胡厥文："那天，听说你要接见我们五位老者，一时兴奋不已，当晚集聚在我的家中商谈关于对国家建设的建议。随后，请我们当中的老秀才古耕虞连夜写了这份《建议书》。"

周叔弢问道："邓副主席，现在右派摘帽了，在文化大革命中被打成反革命的也平反了，全国几百万工商业者什么时候才落实政策呢？"

邓小平一边看《建议书》一边回答："一定落实对原工商业者的政策。这也包括他们的子孙后辈。他们早已不拿定息了，只要不继续剥削，资本家的帽子为什么不摘掉？”

五位老人禁不住地鼓起了掌。

邓小平：“落实政策以后，工商界还有钱，有的人可以搞一两个工厂，赚取外汇；也可以投资搞旅游，就找你们的老熟人——旅游局长卢绪章嘛！总之，钱要用起来，人要用起来。”

卢绪章：“我愿意为你们服好务！”

邓小平：“荣毅仁同志，你主持筹备的中信公司没有碰到什么困难吧？”

荣毅仁：“没有！估计再有三五个月，中信公司就能在北京挂牌开张了！”

邓小平：“很好！你主持的这项工作要规定一条，给你的任务，你认为合理的就接受，不合理的就拒绝，由你全权负责处理。处理错了也不怪你。你要用经济方法管理经济，从商业角度考虑签订合同，有利润、能创汇的就签订，否则就不签。”

荣毅仁：“我会这样办的！”

邓小平：“我再强调一下，所谓全权负责，包括用人权。只要把社会主义事业搞好，就不要犹豫。”

胡厥文：“我了解荣老板！手中有了你给的这把尚方宝剑，他是一定会干出一番大事业来的！”

李秘书走进：“首长！该请客人用午餐了。”

邓小平带头站起身来：“好！咱们边吃边谈。”

人大会堂小餐厅　内　日——

一口热气腾腾的铜火锅。

渐渐推开：铜火锅置于一张圆餐桌的中央，

圆餐桌摆着鲜美的羊肉以及各种调料，

邓小平、荣毅仁、胡厥文、谷牧、古耕虞、周叔弢、卢绪章、胡子昂依次围坐圆桌旁，十分高兴地吃着涮肉。

邓小平：“今天，先和五位打个招呼，现在国家计划想调个头。过去工业以钢为纲，钢的屁股太大，它一上就要挤掉别的项目，而且资金周转很慢。”

胡厥文:“这恐怕和当年向苏联学习有关。”

邓小平:“是的!现在,中央决定要先搞资金周转快的,如轻工业、手工业、补偿贸易、旅游业等,能多换取外汇,而且还可以很快提高人民的生活。”

胡子昂:“我国是具有五千年文明的古国,有着很大的旅游潜在能力,可以从外国人口袋里掏很多的钱。”

邓小平:“我们国家幅员辽阔,名胜古迹多。如果一年接待五百万人,每人花一千美元,就是五十亿美元。卢绪章同志,你看呢?”

卢绪章:“没有问题。关键是我们旅游业的软硬件都很差,外国人不愿意到中国来花钱。”

邓小平:“那我们就多搞几个旅游公司嘛!同时,名胜旅游区要下大气力整修一番,像四川的峨眉山,长江三峡,安徽的黄山,甘肃的敦煌、嘉峪关,西安的半坡山、秦始皇陵等等。再如云南的石林,整修好了,世界第一!总之,要搞好旅游景区的建设,搞好服务业,千方百计赚外国人的钱。”

卢绪章:“我们坚决落实您对旅游事业的指示。”

邓小平:“听说你和香港船王包玉刚是亲戚?”

卢绪章:“我们都是宁波人,是表亲。”

邓小平:“我交给你一个特别任务,先把船王包玉刚请回大陆来,然后再把在海外的宁波帮请回大陆来!”

卢绪章:“我努力去做工作。”

邓小平:“在座的诸位,你们都是工商界的领袖人物,在国外——尤其是在华侨中有着很大的影响,也有着很多朋友,利用你们的影响,把他们请回祖国来。”

“是!”

邓小平:“中央就要召开经济工作会议了,希望你们也多多地献计献策。”

京西宾馆　内　日——

李先念:“方才,我谈了在即将召开的中央工作会议上的讲话精神,主要是分析经济形势，论述调整经济的必要性，提出了‘调整、改革、整顿、提高’的方针。其目的是，我们一定要从实际出发，走出一条符合国情的现代化的道路。”

在李先念的讲话中摇出邓小平、陈云、邓颖超、胡耀邦、王震、余秋里、谷牧等与会的领导同志。

胡耀邦：“请陈云同志讲话。”

陈云：“我们搞四个现代化，要讲实事求是，因此，我们必须先把‘实事’讲清楚。我国有九亿人口，百分之八十在农村，革命胜利三十年了还有要饭的，需要改善生活。我们就是在这种情况下搞四个现代化的。”

邓小平：“更为严重的是，我国人口——尤其是农村人口还在增长。在这方面应该立法，限制人口增长。”

陈云：“再一个‘实事’就是，我们同日、德、英、法不同，工业基础不如他们，技术力量不如他们；我们也不能同韩国、同台湾地区比，它们是美国有意扶植的，而且主要搞加工工业，我们是要建设现代化的工业体系。”

王震：“这点很重要，学习西方国家的先进经验，必须和我们国家的实际相结合。不然就会犯教条主义的错误。”

陈云：“方才先念同志讲了，现在比例失调的情况相当严重。我多次讲过，为了尽快建设现代化，各方面都要上，样样有缺口，表面上好看，挤来挤去，胖子挤了瘦子，实际上挤了农业、轻工业。关于到本世纪末钢的产量定多少合适？我冒叫一声，达到八千万吨就行了。这可能有点‘机会主义’的味道。将来超过了，阿弥陀佛！”

与会者开心地笑了。

陈云：“总之，钢的指标必须可靠。在钢的生产发展上不仅要重数量，而且更要看质量。要着重调整我国所需要的各种钢材之间的比例关系。”

胡耀邦：“请小平同志讲话！”

邓小平：“我非常赞成先念同志和陈云同志的讲话，当前全党、全国的中心任务是三年调整，贯彻和落实‘调整、改革、整顿、提高’的八字方针，这是个大方针、大政策！……”

中南海　邓小平办公室　内　日——

邓小平坐在桌前正在批阅一份文件。

特写:《关于充分利用香港招商局问题》。

邓小平放下手中的文件,点燃一支烟,缓步走到窗前,眺望湛蓝的长空,似陷入凝思。

李秘书走进:"报告! 谷牧副总理和习仲勋同志到了。"

邓小平迅然转身:"好! 我这就去见他们。"

邓小平会客室　内　日——

邓小平站在会客室中央,紧紧握住习仲勋的手:"习仲勋同志,你在广东干得很有声色嘛! "

习仲勋:"我还不是在中央——尤其是在您的支持下才敢打破头上的紧箍咒,放开手脚干点儿事嘛! "

邓小平:"你们广东可是正在干一桩大事业哟!"转身指着谷牧,"他可如实地向我报告了! "

谷牧:"我是从他们那里听来的。"

邓小平:"耳听为虚,眼见为实。都请坐吧,我要亲自听习仲勋同志讲这桩大事业。"

邓小平、谷牧、习仲勋相继落座。

习仲勋:"广东是南大门,毗邻香港和澳门,国际交往频繁,是我国主要的口岸之一。"

邓小平:"是啊!新中国成立以后,以美国为首的帝国主义国家想把我们扼杀在摇篮里,进行政治、军事、经济全方位的封锁,上海、青岛、大连一批重要的港口日渐萧条了! "

习仲勋:"广东是著名的侨乡,在国外的华侨近千万人,港澳二市的居民大多数也是广东籍。就目前而言,每年从广东口岸出入境的外宾、华人、华侨、港澳同胞达数百万人次,改革开放,搞活经济,广东有着得天独厚的条件。"

邓小平:"这些,大家都知道! 直截了当地说吧,需要中央做些什么? "

谷牧:"他是向您要对广东的特殊政策和灵活措施的。"

邓小平:"我可以坦率地说,你这位广东的父母官不要啊,我也会下令强迫你们按特殊政策办事的。说吧！”

习仲勋:“希望中央允许华侨、港澳商人在广东直接投资办厂,也允许某些外国厂商在广东投资办厂,或同他们兴办合营企业和旅游等事业。”

邓小平:“这些想法都不错嘛！谷牧同志,你说呢？”

谷牧:“我早就举双手赞成了！”

习仲勋:“我们这些想法,在世界多数国家通行无阻,可在我们这里就是新事物了,搞不好,还会给我们戴上一顶走资本主义道路的帽子！”

邓小平风趣地:“不要怕,有多余的,你也可以送给我一顶嘛！”

习仲勋、谷牧听后笑了。

邓小平:“我听谷牧同志说，你们想让中央给你们划出一块地盘搞实验,对吗？”

习仲勋:“对！”

邓小平:“你们的意见呢？”

习仲勋:“在邻近香港的深圳、靠着澳门的珠海,还有会经商的汕头三个地方,兴办出口加工区。”

邓小平:“赞成！可是名字需要商量一下。”

习仲勋一怔:“你不同意叫出口加工区？”

邓小平微微地点了点头。他沉思片刻,以肯定的口气说道,“还是叫特区好,你习仲勋是老陕北,自然知道陕甘宁开始就叫特区嘛！”

习仲勋高兴地:“对！叫特区好。”

谷牧:“习仲勋同志,你这次拜会小平同志不仅拿到了出生证,而且还给起了一个特区的大名。”

邓小平:“先不要高兴得太早了！我代表中央正式告诉你,办特区,中央没有钱,可以给些政策,你们自己去搞,杀出一条血路来！”

习仲勋起身,郑重地:“请小平同志放心,广东人民不仅能杀出一条血路来,而且还能为全国改革开放打开一扇通向世界的窗口！”

陈云办公室　内　日——

陈云坐在桌前,用心地修订一份手稿。

秘书走进:“首长,李副总理和薄一波同志到了！”

陈云转过身来，客气地："请坐。"

李先念、薄一波相继落座。

陈云："今天请你们二位来，主要是讲点儿心里话。第一句，中央决定要我当财政经济委员会的主任是有问题的，一是体力上完全不行，二是经验还很有限。解放初期的经济规模比现在小多了，现在这么大的规模，这么复杂的情况，应付不了。"

薄一波："没问题！大主意你和先念同志拿，我和其他年富力壮的同志去做。"

李先念："你所说的年富力壮的同志也都六十开外了！"

陈云："我的态度是，要我做工作，我也只能量力而行。第二句话，建国快三十年了，政府的经济工作主要是由我们三人——再加上去世的富春同志一块做的，我想都有不少教训可以谈吧。"

李先念："文化大革命十年，一波同志是没有份的；陈云同志也只挂了两年虚职。因此，只有我没有中断工作。"

陈云转身拿过那份文稿："社会主义经济有计划按比例发展，是马克思在分析资本主义后提出的设想，但马克思并没有把这一理论付诸实施。"

薄一波："苏联和我国都是实行计划经济，就是按马克思这一理论设想办事的。"

李先念："我们基本上是学苏联的。"

陈云："回想起我们走过的弯路，恐怕只有'有计划按比例'这一条，没有在社会主义制度下还必须有市场调节这一条。所谓市场调节，就是按价值规律调节，在经济生活的某些方面可以用'无政府'、'盲目'生产的办法来加以调节。"

李先念："这是一个全新的理论课题，需要专门研究。"

薄一波："我看就先在小范围里，请陈云同志讲一讲有关计划与市场的问题。"

陈云："可以。我写的这份提纲的名字，就叫'计划与市场问题'。"

李先念："虽说中央通过了'调整、改革、整顿、提高'的八字方针，可各地经济建设过热的现象并没有降温，我很担心出问题。”

薄一波：“我看是一定要出问题的！其中一些大项目——像上海的宝钢议论很多，是上还是下谁也拿不准主意。”

李先念：“中央已经做出决定，由陈云同志负责解决宝钢的问题。”

陈云：“我有言在先，动嘴行，干具体的事已经力不从心了。一波同志，你先多找几位懂钢铁的专家论证一下，为中央下决心提供依据。”

薄一波：“行！另外，还有军工这一块花钱是很多的，哪些项目保留，哪些下马，我们国务院是做不了主的。”

陈云：“由小平同志出面协调解决。”

三座门　军委会议室　内　日——

邓小平：“军工产品我们样样搞不行。现有装备是搞改进。也不是什么都搞改进，要抓重点，不能太多、太宽。包括二机部、七机部及其他军工部、军兵种在内，都要缩小规模。现在军队的数量太大，也要把规模缩小。”

在邓小平的讲话中摇出叶剑英、聂荣臻、徐向前、王震、余秋里、张爱萍、钱学森以及军委三总部、国防科委的高级指挥员。

叶剑英：“现在要办的事情太大、太多，要求又太高。就像小平同志多次讲过的，军工生产必须有重点。”

聂荣臻：“还是那句老话，有多少钱，就办多少事。今天，我再加一句，我们在调整军工生产的时候，不要强调客观原因，要向研发两弹一星的功臣们学习！”

徐向前：“也就是发扬两弹一星的精神！过去的计划，办不到的一律不算数，要有全局观念。”

邓小平：“我们违背实际去追求大轰大嗡式的万马奔腾，结果，一定会变成万马齐喑！怎么办呢？从现在起，你们必须考虑走军转民、以民养军的路子。”他看了看一言不发的张爱萍，“张爱萍同志，该你发言了，你那个‘三抓’计划进行得怎么样了？”

张爱萍：“主席曾经说过，科学家是老实人。我看就请钱学森同志讲吧！”

邓小平：“那就请钱学森同志讲一讲‘三抓’中的第一抓，也就是东五型洲际导弹明年能发射成功吗？”

钱学森：“我只能这样说，东五型洲际导弹能否准时发射，关键是远洋测量船能不能准时下水出航。张主任带着我南下上海多次了，他十分严厉地说，绝不允许‘失街亭’，‘失街亭’我就斩马谡。从现在看，成功的把握还是有的。”

聂荣臻：“我了解他们，对东五型洲际导弹发射成功是充满了信心的！”

邓小平：“我也是充满了信心！但必须把丑话说在前边，谁‘失街亭’，我就斩谁的马谡。”

张爱萍：“放心吧！我没有忘记向军委立的军令状，在八十年代前半期保证抓出洲际导弹、潜地导弹和通信卫星；在八〇年拿出洲际导弹。失败了，我提头来见！”

叶剑英：“好样的，还有暮年黄忠大战定军山的气概！有什么要求，中央一定满足你们。”

张爱萍笑着说：“我只有一个要求，到发射洲际导弹那天，希望你们这些老领导来看发射实况啊！”

邓小平：“一定来！下边，我就战略武器的研制问题发表一些意见……”

中南海岸边　外　日——

邓小平、陈云徜徉在紧靠中南海的甬道上，他们不时地望望沐浴在朝阳中的故宫，有些深沉地交谈着。

邓小平：“关于建特区的事，由谷牧同志带领国务院进出口领导小组办公室、国家计委、外贸部、财政部、国家建委、物资部等部门的领导同志组成的工作组已经到广东、福建进行调查研究，很快就会有一个可行性报告。时下，我最担心的还是上海宝钢。”

陈云：“宝钢是我们引进和建设的规模最大、投资最多的现代化企业。总投资是二十亿，全国工人平均为宝钢分摊二十元，等于学徒工一个月的工资。”

邓小平：“可是，宝钢自去年破土动工以来，建设工程已经全面铺开了！”

陈云："七七年批准宝钢上马是仓促了，本来可以用更多点儿时间，听取更多方面的意见后再决定，这主要是我们对大规模的现代化建设的经验不足，并不是某个人的责任。我认为是可以讲清楚的。”

邓小平："你的意见呢？”

陈云："一、我国钢材历年靠大量进口，钢铁工业技术、装备与管理和世界先进水平相比，十分落后，引进一个世界先进水平的钢铁工厂是必要的。”

邓小平似放心地点了点头："对，对！”

陈云："二、时下宝钢已经开工，质量良好，合同已经草签，设备正在陆续到达，要干，而且干到底，这个决心不能动摇，否则损失会更大，后果难以设想。”

邓小平紧紧握住陈云的双手，有些激动地："好，很好！”

陈云："但是怎么干到底，我准备亲自去上海搞调查研究。”

在男女声画外音中叠印出相关的历史资料片：

男声画外音："陈云同志到达上海之后，听取上海市委有关同志的意见，并召开了方方面面的座谈会。同时，他还请薄一波同志听取各方面的意见。他经过分析，得出结论：一是仓促上马，确有不少考虑不周之处；二是对宝钢建设宣传解释不够，许多同志不了解情况，因此也产生了不少误会。“

女声画外音："六月六日，陈云离开上海，他最后考虑的结果是，宝钢主体设备引进，同时买技术和专利。为了节省外汇，也为了增加国内自制设备的能力，将三套轧机改为同外商合作制造。二号高炉、四号焦炉等大大增加国内自制的比重。把一九八三年全部建成的进度予以调整、推迟。就这样，一个周密细致的决策方案形成了！……”

邓小平办公室　内　日——

邓小平激动地："陈云同志，你在讨论和批准宝钢建设的会议上讲得很好！其中‘干到底，举棋不定不好’，我举双手赞成！”

陈云:“谷牧同志南下广东、福建的情况怎样?”

邓小平:“很好!”他转身取来两份材料,“这是谷牧同志以及广东、福建两省的报告。等国务院讨论以后,再以中央文件下发全国。”

陈云接过材料翻了翻,笑着说:“这样一来,你心中的两块石头就算落地了。”

邓小平:“对,对!你这次南下,还看到和听到一些什么新的情况?”

陈云:“有啊!包产到户在大江南北显示了它的威力,春季作物大丰收,夏季作物丰产在望。”

邓小平:“但是,中央一些主管农业的负责同志还是抱着农业学大寨不放,对一些实行包产到户的省市自治区造成了很大的压力。其中,万里同志成了他们攻击的对象。”

陈云:“把话说到底,他们在农业走什么路的问题上还是在坚持‘两个凡是’的立场。”

邓小平点了点头。

陈云:“另外,从北京到上海,仍然继续着理论务虚会的讨论。那些坚持反对毛主席、抛弃毛泽东思想的所谓理论家,他们打着思想解放的招牌,顽固地宣传他们的观点。”

邓小平:“其目的是要我们的党放弃四项基本原则,在中国实行资本主义。”

陈云:“这是绝对不允许的!为了统一全党的思想,我看又到了你出面的时候了。”

邓小平微微地点了点头。

陈云:“作为老战友,我送你两句话,多做就是少做,少做就是多做。”

邓小平:“你的意思……”

陈云:“有劳有逸,挤出一些时间休息。”

邓小平动情地:“谢谢!你送我的这两句话记下了。”

怀仁堂会议室　内　日——

胡耀邦一边在室内踱步,一边在侃侃而谈:“在把那股怀疑、否定以至反对四项基本原则的歪风打垮之后,还是要继续解放思想;而贯彻、执行三中全会的主要阻力，还是来自我们干部的思想僵化。因此，要继续打破禁区，解放思想，落实党的各项政策。”

邓小平坐在沙发上一面抽烟一面思索。

胡乔木：“我们还必须看到，在这个进程中，解决‘文化大革命’的评价问题，对毛主席和毛泽东思想的评价问题又凸现出来。国际上也等着看我们在这些问题上的态度。”

邓小平：“我们如何回答这些问题呢？”

胡耀邦：“中央不是已经作出正式决定了吗？建国三十周年由叶剑英委员长作一个重要讲话。我看就利用这篇重要讲话，表明中央在这些问题上的态度。”

胡乔木：“我同意！”

邓小平：“我的意见是，这篇讲话要对过去三十年作一个总结。对三十年中的问题，特别是‘文化大革命’的问题，作出一定限度的说明，但又不是全面的总结，因为这毕竟是一个庆祝讲话。”

胡耀邦和胡乔木赞成地点点头。

邓小平：“这个讲话要有一些新内容，要能讲出新水平。”

胡耀邦：“可不可以这样说，这个讲话不但不应受十一大的限制，而且还应为十二大召开做些理论上的准备。”

邓小平：“先由乔木同志组织一个写作班子，尽快拿出一个可供讨论的草稿。等两会结束之后再讨论。”他有些倦意地打了一个哈欠。

胡乔木：“小平同志，年龄不饶人啊，你应当休息一段。”

邓小平：“等开完五届全国人大二次会议、全国政协五届二次会议以后再说吧！”

安徽大地　外　日——

一辆轿车沿着公路向前飞驰。

化入轿车内：邓小平、卓琳坐在轿车后边，万里坐在前边，他们看着希望的田野自由地交谈着。

邓小平：“看看田里的庄稼，今年一定又是一个大丰收！”

万里：“这都是您和陈云同志给我打气的结果。前些日子，中央管农业的人攻我攻得好厉害。”

邓小平：“我在北京不是对你说了嘛，不要争论，你就这么干下去。天塌下来，有我和陈云同志给你顶着。”

万里：“所以我才挺着胸脯说，批评我们的报纸不种田，不打粮，到了秋后农民没有饭吃，可要来找我们哩！别理它那一套，我们就这么干！”

邓小平：“朱元璋的老家凤阳县好些了吗？”

万里：“好多了！七八年，凤阳县逃荒要饭的人口由六七千人猛增到二三万人。那个穷得抬不起头来的小岗村，那时打下的粮食只有五五年的三分之一，七十六人离乡要饭。”

邓小平沉默不语。

卓琳：“现在好了吧？”

万里：“好了！不仅没有要饭的了，而且逃荒在外的人也陆续回到了家乡。”

邓小平：“他们有饭吃了，有钱花吗？”

万里：“钱嘛，还差点儿。”

邓小平：“我这次来黄山，就是帮着农民想挣钱的门路。”

玉屏楼外山路　日——

邓小平、卓琳在万里等人的陪同下沿着山路向上攀登。

邓小平边登山边欣赏山景。他突然驻足山道，指着远处长在石头山上的迎客松感慨地评说：“只有亲临黄山走一走，才能体验黄山无峰不石，无石不松，无松不奇的美景。”

万里：“如果你再把那气吞山河的滚滚云海收入眼底，你就会体验出徐霞客写的‘五岳归来不看山，黄山归来不看岳’的诗意所在了！”

这时，一位女大学生从身后追上来，很快跑到前边挡住了上山的去路。她气喘吁吁地：“邓伯伯，您、您好啊！”

邓小平一怔：“还好。你怎么知道我在爬黄山啊？”

女大学生抹了一把汗水，依然上气不接下气地说：“我是上海、复旦大学的学生……本来已经下山了，听说，您老人家也在登黄山，我们……就又赶回来了！”

邓小平问："你是复旦大学什么系的？"

"新闻系的。"

邓小平笑了："难怪你的消息这么灵通，是读新闻的。"

女大学生不好意思地低下了头。

邓小平："就你一个人来登黄山吗？"

女大学生："不！"她伸手往山下一指，"看，他们也赶上来了！"

有顷，几个复旦大学的男女大学生爬上山来，围着邓小平亲热地叫着"邓伯伯……"

邓小平："你们都是考进大学的吗？"

"是！"

其中一个女大学生："要不是您老人家下令恢复高考，像我这样的出身就只有种地的份儿了！"

其中一个男大学生："邓伯伯，您救了我们这一代人啊！"

邓小平摆了摆手："不对！是中国共产党救了你们这一代人啊。"

"不！是邓伯伯！……"

邓小平深沉地："同学们！听我讲几句话好吗？"

"好！"

邓小平："文化大革命使我们国家遭了难，也使你们中断了正常的学业，吃了不少的苦。但是，吃苦对于我们——尤其是对你们青年人来说，也是一笔十分重要的财富啊！"

男女大学生们相继点着头。

邓小平："但是，你们在积累这笔财富的同时，却少了另一笔同样重要的财富，那就是知识。因此，我希望你们努力学习，都成为具有知识财富的一代！"

"我们一定努力学习！"

邓小平："你们这一代人有了这两笔财富，就会对我们的国家做出更大的贡献！"

"我们绝不辜负邓伯伯的期望！"

邓小平："你们还有什么要求吗？"

"我们想和邓伯伯合个影！"

邓小平："可以！"

几个男女大学生围在邓小平的身边。

李秘书举着照相机，"咔嚓"一声，摄下了这幅极具纪念意义的合影。

黄山观瀑楼外　日——

邓小平、卓琳在万里等同志的陪同下向着桃花峰走去，一口气登上了峰顶。

邓小平拄着一根罗汉竹手杖举目远眺：

天都、莲花、玉屏诸峰全都被缥缈的岚气缠绕，显得是那样的神秘莫测。

卓琳："别再往远处看了，今天到此打道回府。"

邓小平："不！气可鼓而不可泄，这个山，我一定要上。"

万里："好！我跟着上。"他转身指着抬滑竿的同志，"卓琳同志，坐上滑竿上山。"

邓小平身着白衬衫，脚蹬圆口黑布鞋，拄着拐杖，继续徒步登山。

万里紧随其后，踩着邓小平的足迹向上攀登。

卓琳坐在滑竿上，颤颤悠悠地向山上走去。

两个抬滑竿的人赶到邓小平身边："邓老，前边一段山路比较陡，坐滑竿上山吧！"

邓小平摆了摆手："不要！爬山这个事，我比你们有经验，长征的时候，不少人都跑垮了，我还是越走越有劲。"

万里："你爬山有什么经验啊？"

邓小平指着自己已经挽起的裤脚管："把裤脚管一定要卷起来，卷到膝盖上边，这样走起路来就比较利索，也不吃力。"他说罢用拐杖往山上一指，"咱们来个爬山比赛！"接着，他一马当先地向山上走去。

万里以及随员紧随其后向山上走去。

卓琳坐在滑竿上，有些心疼地看着爬山的邓小平。

《小平　您好》的音乐渐起，回响在黄山深谷大涧中。

随着《小平　您好》的音乐声，相继叠化出：

邓小平一行登上‘半山寺’，穿过‘一线天’，越过‘蓬莱三岛’，爬上‘玉屏峰’……黄山美景尽收邓小平的眼底。

邓小平走在峰回路转的山路上，他不时与园林工人打招呼，与清纯的大学生一起摄影留念……”

观瀑楼会议厅　内　日——

邓小平一边品着黄山毛峰一边说：“黄山真是美不胜收，自古就有黄山归来不看岳的说法。老魏，你们这里物产丰富，要不了几年，这个地方将是全国最富的地方。”

老魏：“我们这里仅茶叶一项，春茶产十九万担，春夏茶产二十八万担。”

邓小平：“一担多少钱？”

老魏：“一百七十元到一百八十元。另外，祁红和屯绿也是我们这个地方产的！”

邓小平：“祁红世界有名啊！黄山是你们发财的地方，但你们这里的条件不好，第一是脏，第二是乱，这是不行的！”

老魏：“我们正在抓紧整顿脏和乱。”

邓小平：“万里同志，黄山是发展旅游的好地方，你们要有点儿雄心壮志，把黄山的牌子打出去。省里要有个规划，再拨点专款。外国人到中国旅游，一般的一星期要花一千美元，有时钱花少了他们还不满意。但是，你们要很好地创造条件，把交通、住宿、设备搞好。”

万里：“我们一定加快步伐，尽快把黄山的牌子打出去！”

邓小平：“我给你们出点儿主意，旅社建筑要搞古色古香的房子。像我住的房子一天可以收他五百美元。我出访美国住的旅馆最低的九百美元。你们必须要掌握来旅游的外国人的心理，他是来花钱的，而且花得越多越高兴。”

与会者听后笑了。

邓小平：“当然他们要认为自己的钱花得值！一个旅美的老华侨曾告诉过我一个顺口溜：有钱人生得怪，越贱越不要，越贵他越买。”

与会者听后忍俊不禁地大笑。

邓小平："你们可不要笑！这则顺口溜说明了一个道理，有钱人大多都有比阔气、讲排场的毛病。"

与会者信服地点着头。

邓小平："每个宾馆要搞小卖部，专卖高档的纪念品。比方说，祁红、绿茶搞小包，包装要漂亮，卖他几个美金。因为买者并不是为了喝茶，而是带回去送人。另外，安徽的文房四宝笔、墨、纸、砚自古有名，海外的华侨以收藏徽墨、宣纸等为荣。一句话，要开动脑筋，挖生财之道。"

定格叠印字幕：

第二十一集终

第二十二集

皖南大地　外　日——

一辆旅游大客车飞驰在东去的公路上。化入车内：

万里："邓副主席！这次安徽之行有何感想啊？"

邓小平："安徽是充满希望的大地，就看我们这些人有没有开拓进取的革命精神了！"

万里风趣地："就是你太有开拓进取的革命精神了，中央交给我让你休息好的任务没有完成！"

邓小平："谁让我们是共产党人呢！"他吸了一口烟，"告诉上海的同志，我这次去上海是来休息的，不谈工作。"

"414"招待所大院中　清晨——

邓小平独自一人在招待所的大院中散步，似在思索什么。

招待所的李处长走到身边："邓副主席，市委领导同志打来电话，询问您今天有什么安排？"

邓小平停下脚步，下意识地："有安排！"

李处长积极地："想参观上海，还是接见市委领导同志？"

邓小平："我想找你谈话。"

李处长一怔："什么？找我谈话？……"

邓小平："对！"

李处长紧张地："找我……能谈什么呢？"

邓小平："告诉我，你们这座招待所怎么没人住啊？"

李处长："除了您以外，谁敢来这里住啊！"

邓小平："这是为什么呢？"

李处长："这是市委、市政府直属的招待所，只接待党和国家领导人。自一九六七年毛主席最后一次住在这里之后，这座全国最大的别墅就整整空了十几年。"

邓小平："这么大的房子，这么大的花园，管理它要花多少钱哟！专门招待我们几个大老爷，一年又能住几天？"

李处长惊得吐了吐舌头："这话……我们可不敢说。"

邓小平："我说！这么一块风景秀丽的黄金宝地，我看应该对外开放，让外国人来住，收取外汇，支援四化建设。"

李处长："您说得对，可我……"

邓小平："不敢向市委、市政府建议，对吧？"

李处长点了点头。

邓小平："那就由我来说！"

一座考究的会议厅　内　日——

邓小平："我这次来'414'招待所住了十来天，天天都在谈生意经。这么大的花园别墅，要是给外国人住，我们一年可以收不少外汇嘛！"

与会的同志听后震愕不已。

邓小平："彭书记，你不同意？"

彭书记："我、我同意，可是这事我连想都没想过。"

邓小平："没想过怎么行呢！万里同志，你是农村改革的排头兵，讲老实话，你想到了没有？"

万里："没有！"

邓小平："看来城市改革的困难比农村改革大多了。其他的不讲，就说要改掉我们这些党政干部的许多特权吧，也会遇到不少的阻力。"

与会的干部微微地点点头。

彭书记："请小平同志对上海的工作多提宝贵的意见！"

邓小平："我哪有那么多的宝贵意见啊！"他巡视了一遍与会者，"同志们！你们的年龄虽然比我小，但大多数都过了六十岁了吧？"

"是！"

邓小平："所以我讲的第一个问题是接班人问题。因为在任何地方、任何部门都存在这个问题。年纪大了，多数又有病，不能顶班工作。怎么办呢？要找一些年纪比较轻的人，现在就有意识地培养。同志们，这是党的一项战略任务！"

彭书记:“我们一定按照小平同志的指示去做，尽快完成接交班任务。”

邓小平:“在接交班的过程中,老家伙要有意识地一让二帮,要注意任人唯贤,选真正好的年轻人接班。”

彭书记:“是！”

邓小平:“如果讲解放思想,我看这就是最大的解放思想。如果说十一届三中全会解决了思想路线问题,这次就是解决组织路线问题。在座的老同志们,要有大局意识！”

与会的同志赞同地点头。

邓小平:“在我们的干部队伍中，一种是崇拜西方世界，反对四个坚持;一种是错误地利用毛主席的旗帜,继续坚持‘两个凡是’。这些问题不搞清楚,一切大是大非问题都搞不清楚。就这个意义上讲,十一届三中全会的意义不能低估！”

彭书记:“我们一定按邓副主席的指示办！”

邓小平:“我哪有什么指示啊！我呀,就有一个本事,就是把群众的想法集中起来,再贯彻下去。”

彭书记:“你在上海还有什么安排吗？”

邓小平:“没有了!接下来,我还要顺路到山东、天津看看,然后就赶回北京,抓叶委员长在国庆三十年的讲话。”

邓小平办公室　内　日——

胡耀邦:“根据你的意见,这篇讲话共分三大部分,一、光荣伟大的三十年;二、决定国家命运的大决战;三、向着四个现代化的宏伟目标前进。下边,请乔木同志讲一讲这篇讲话有哪些新内容,写出了哪些新水平。”

邓小平拿着红蓝铅笔,不停地在文稿上写写画画。

胡乔木:“主要表现在五个方面,一、关于毛泽东;二、关于毛泽东思想;三、关于‘文化大革命’;四、关于三十年历史的分段和评价;五、关于社会主义现代化的目标和道路。其中有不少提法是第一次出现,如‘毛泽东思想不只是毛泽东同志一个人智慧的产物,也是他的战友们、党和革命人民智慧的产物’。”

邓小平微微地点了点头:“很好!”

胡耀邦:“关于三十年历史的分段和评价,也是这篇讲话第一次提出的。”

胡乔木:“第一段,一九四九年到一九五七年。这八年我们完成了国民经济恢复工作,解决了民主革命遗留下来的问题,实现了三大社会主义改造,超额完成了第一个五年计划。应当说,党的路线是完全正确的。”

胡耀邦:“尽管在一九五七年犯了反右派斗争扩大化的错误,但是局部性的问题。就全局而言,党的路线是正确的。”

胡乔木:“第二阶段,一九五八年到一九六六年。这九年有三年困难,三年调整,三年恢复和发展。从全过程看,党的路线基本上是正确的。”

胡耀邦“说到第三阶段,就是十年‘文化大革命’;第四阶段,‘四人帮’被粉碎到现在。由于这两个阶段中央尚未做出结论,采取粗线条的处理办法。”

胡乔木:“讲话第一次指明了社会主义现代化的目标和道路,那就是在建设高度物质文明的同时,建设高度的社会主义精神文明。”

邓小平:“很好!对这个稿子,我只有一个意见喽!你们要在这个讲话中,特别讲一下民主与集中的关系问题,在党和国家的工作中要有必要的集中,必要的纪律问题。”

胡乔木拿着笔一边记录一边说:“您讲得详细一点儿!”

邓小平:“林彪、‘四人帮’横行十几年,把社会风气搞坏了!在一部分人中间,无政府主义、极端个人主义盛行,对他们有一个再教育的问题。要他们尊重集中,遵守纪律,顾全大局,先公后私,在全国人民中间要逐步恢复和发扬我们曾经有过的、好的道德风尚!”

胡耀邦:“破是容易的,立则是很难的啊!”

邓小平:“那我们就更要牢记这句古训,千里之行,始于足下!”

北京街头报亭　外　日——

这是二十世纪七十年代末那种流行的报亭:《人民日报》、《光明日报》、《北京日报》等张贴在里边。

数丨个男女争相阅看当天的报纸,由于人多报少发生拥挤和争吵。

站在外面的一位老先生大声说:“哎！请里面的同志大声讲一下好不好？我们就是想知道叶剑英委员长国庆讲话的主要内容！”

“好！我们赞成——”外面的同志起哄似地应和着。

有顷,人堆里边传来一个女同志的话声:“第一,高度地评价了我们伟大领袖和导师毛泽东主席和他的战友周恩来、朱德以及老一辈无产阶级革命家的不朽功勋;第二,深刻批判了林彪、‘四人帮’反革命阴谋集团所着意制造和推行的极‘左’路线——”

外围的听众表情不一,小声议论。

玉泉山　外　晨——

邓小平驻足山顶,面向东方,全神贯注地打太极拳。

胡耀邦、胡乔木沿着有起有伏的山道快步走来。

胡耀邦大声地:“小平同志!你有鸡鸣起舞的习惯,也不让我们这些惯于长夜过春时的同志休息啊！”

邓小平停止晨练,摇了摇头:“有部电影说得好,革命能不能等？”

“不能！”胡耀邦答说。

邓小平:“那就只好委屈你们二位了！”他下意识地点燃一支烟,吸了一口,说道,“你们先谈谈群众对叶委员长国庆讲话的反映吧！”

胡乔木:“实事求是地说,全党、全军、全国人民听了叶委员长的讲话,的确引起了极大的反响！”

胡耀邦:“但是,这个讲话距离给‘文化大革命’作结论,给建国三十年作总结还不能令人满意。”

邓小平沉思片时:“看来,我们还是要搞一个决议。”

胡乔木:“我同意！”

邓小平:“有了这个国庆讲话。历史决议就好写了。我的意见,以讲话为纲要,要考虑具体化、深化。现在就着手写,明年年底六中全会通过。”

胡耀邦:“行！我建议,还是由乔木牵头。”

邓小平:“还要成立一个写作班子。怎么样？今天先开个头,过几天再议。”

“行！”胡耀邦、胡乔木答说。

邓小平看了看手表："为了打破美苏核武器垄断，我还抓了东风五号洲际导弹的发射。怎么样？你们二位也关心一下，好吗？"

"好！"

邓小平办公室　内　日——

邓小平："起草这个决议的根本目的，和当年毛泽东同志在延安搞的那个《关于若干历史问题的决议》一样，总结经验，分清是非，团结全党、全军、全国人民一心一意搞四化。"

胡耀邦："历史不同了，虽然有了叶帅的国庆讲话，我看困难还是很大的！"

胡乔木："从理论务虚会上讨论的焦点可以推断，困难依然是对毛主席、对毛泽东思想的评价问题。"

邓小平："这也正是我考虑再搞一个历史决议的出发点！第一，你们先把起草班子搭起来；第二，先由乔木同志搞一个提纲，交由中央讨论。"

李秘书引张爱萍走进："张爱萍同志到了！"

张爱萍身着戎装，行军礼："报告邓副主席！为了确保东风五号洲际导弹发射成功，我将和钱学森同志一道南下上海，亲自检查远望一号测量船，行前请你指示！"

邓小平站起身来，严肃地说道："我就说一句话，严格纪律，首战必胜！"

张爱萍："是！"

邓小平："我预祝你们成功！"

张爱萍行军礼："是！"转身欲走。

邓小平："停一下！"

张爱萍一怔，转过身来："你还有什么指示？"

邓小平不无忧虑地："万一失街亭呢？"

张爱萍："那你就斩我这个马谡！"

邓小平："使不得，使不得……"

张爱萍坚定地："使得！"转身大步走去。

胡耀邦、胡乔木看着目送张爱萍的邓小平。

邓小平缓缓地坐下，说道："好！我们再继续研究历史决议的起草问题。"

远望一号测量船甲板上 日——

军乐队高奏《海军进行曲》,回响在万里海疆的上空。

身着海军戎装的官兵整齐地站在甲板上。

张爱萍、钱学森等在远望一号测量船领导的陪同下，迈着军人的步伐,行军礼,检阅就要试航的远望一号测量船上的全体官兵。

张爱萍、钱学森等检阅完毕。

远望一号测量船的船长喊口令："立正——"

全体接受检阅的官兵整齐划一立正站好。

船长："下边,请首长做指示！"

全体官兵热烈鼓掌。

张爱萍走到中央的位置："同志们！现在还不到鼓掌的时候。等到你们远望一号测量船胜利完成测量洲际导弹的任务返航后，我们再在这甲板上一起庆祝,鼓掌！"

"请首长放心！"

张爱萍："说老实话,现在我这颗心就是放不下来！两年前,我们的研制工作失败过,这笔账可以记在'四人帮'的头上。今天如果再出问题,这个账该记在谁的头上？"

全体官兵不知该如何回答。

一个战士大声答说："记在我们的头上！但请首长放心,失败永远不属于我们！"

张爱萍："说得好！"他转身大声问,"研制远望一号测量船的所长和厂长来了没有？"

戴总："报告首长,我是研制这艘远望一号测量船的总工程师,出了问题,由我负责！"

张爱萍："好！出了问题,我一定拿你问罪！下边,请钱学森同志给大家讲话！"

全体官兵热烈鼓掌。

钱学森:“同志们!我真的非常激动。你们知道吗?东风五号洲际导弹的射程是一万四千公里，这是一个什么概念呢？它可以打到世界任何地方。换句话说,只要我们这次试射成功了,不管是美国还是苏联,他们再也不敢对我们伟大的祖国搞核讹诈了！”

“为祖国争光！为军队争气！”

张爱萍:“同志们!你们一定要记住钱学森同志讲的这番话。我再重复一遍,有这个玩意儿和没有这个玩意儿大不一样。这次发射就是向全世界宣告,中国从此有了自己的洲际导弹！”

“为祖国争光！为军队争气！”

张爱萍:“钱学森同志讲过,洲际导弹试射的关键是远洋测量船。”他用手杖敲了敲甲板,“东风五号洲际导弹的试射取得多大成功，就看这艘由你们上海江南造船厂研制的远望一号测量船了!

“请首长放心！”

张爱萍:“我再说一遍,我此时此刻放不下心！同志们,这是国家的战略部署,任何人都马虎不得！为此,我要求你们,一是安全地开出去,安全地开回来；二是通信联络畅通，保证试射准确无误；三是要取得各种数据！”

“保证完成任务！”

张爱萍:“好！立即调试、加油,准备试航！”

招待所　内　夜——

张爱萍提笔展纸,异常兴奋地书写。

诉衷情

健步登上海重楼，
看多少风流。
神臂、妙手、慧眼，
明察五大洲。

良辰到，
驾飞舟，
远洋游。
乘风破浪，
天涯追踪，
誉满神州。

随着一阵热烈的掌声和笑声，依次摇出：

钱学森、船长、戴总、牟记者等围观的同志。

钱学森风趣地："同志们！张主任的诗写得怎样？"

"一流！"

钱学森："张主任的字写得怎样？"

"一流！"

张爱萍："哎，我的大科学家，你怎么也学会这一套了？"

钱学森："哪一套啊？"

张爱萍："唱赞歌！"

钱学森："我可从来不唱赞歌的！"

张爱萍："那你说这些话的目的呢？"

钱学森："我感到十分遗憾！"

张爱萍一怔："遗憾？"

钱学森："对！我国有个传统，叫诗、书、画合一，为之三绝，真是遗憾啊！张主任是军旅诗人、书法家，就是不会作画。如果这首《诉衷情》衬底的背景，近处是我们的远望一号测量船，前进在波涛汹涌的大海中；远方是我们的发射基地，东风五号洲际导弹待命试射，那才是一幅完美的诗、书、画联袂的《诉衷情》呢！"

戴总："我提议，由钱学森老师补画好不好？"

"好！"

钱学森："在科学方面，我是心笨嘴拙；在艺术方面，我则是天桥的把式——光说不练！"

围观的同志发出了惬意的笑声。

牟记者："据我所知，钱老师的夫人蒋瑛老师是我国著名的歌唱家，几十年来，钱老师耳濡目染，也是一位不错的男中音歌唱家。下边，请钱老师给大家自编自唱这首《诉衷情》好不好？"

"好！"

这时，桌上的电话铃声响了。

张爱萍拿起电话："喂！……"

远方显出邓小平打电话的画面："我是邓小平！"

张爱萍一怔："邓副主席！你有什么重要指示吗？"

邓小平："没有！我的张主任，你应该了解我此时此刻的心情哟！"

张爱萍："了解！你就是期望我们的导弹能早一天打到敌人最害怕的地带。"

邓小平："对，对！远望一号测量船能准时出海吗？"

张爱萍："请钱学森同志回答你！"他把电话交给钱学森。

钱学森镇定地："邓主席，一切正常，就等着您给大家开庆功会呢！"

邓小平："请代我告诉同志们，请功酒管够，就是不准失街亭！"

钱学森："我们失街亭，你就斩马谡！"啪的一声挂上电话。

远方邓小平打电话的画面猝然消失。

钱学森："同志们！你们都听到了吧？"

"听到了！"

张爱萍："我们要是失街亭怎么办？"

"斩我们大家的马谡！"

张爱萍："很好！"

这时，一位干事慌慌张张地跑进："张、张主任，大事不……不好了！……"

张爱萍镇定地："慢慢说！天塌不下来。"

干事："远望一号测量船坏了！"

张爱萍、钱学森等震愕不已。

远望一号测量船甲板　外　夜——

张爱萍、钱学森等大步登上远望一号测量船甲板，转身又快步走到船舷旁边，俯首向大海看去：

一层汽油漂浮在夜色的海面上。

张爱萍气得用手杖敲击着甲板："船长同志，这是怎么搞的啊！"

船长："我……有责任！"

戴总快步赶到跟前："张主任，我已经查清了原因，和船长他们没有关系，是我们江南造船厂的责任，具体地说，是我的责任！"

钱学森："不要急，简单明了，说清原因！"

戴总："一、远望一号测量船加油时，由于油路通道很多，有的通道盖没有封闭就开始加油了。结果，油全都跑到了江里。等待发现的时候，已经是一片油海了！"

张爱萍举起手杖指着戴总："你这个总工程师是负责造船的，还是吃干饭的？"

戴总吓得退后一步："我……是负责造船的。"

张爱萍："我撤了你！"

钱学森："先听他把话讲完。"

张爱萍："好！你讲，你讲！"

戴总："下边的事故，请船长讲吧。"

船长："在设备联调结束以后，调试人员跑到船底下机电部门，告诉冷却机操作员，'我这里的冷水不用了，你可以关了。'操作员当即就关上了冷却机。可他不知道同样需要冷却水的雷达正在进行联调，致使一百八十雷达的C波被烧炸，损失可达十万元。"

张爱萍严厉地："立即通知船上区队长以上的干部，到远望一号测量船食堂集合，我要严肃处理！"

远望一号测量船食堂　内　夜——

张爱萍："你们可真行啊！还没有把我们远望一号测量船给炸了！多有本事啊！仅仅是一关冷却机，就等于把中国十个农民万元户给报销了啊！远望一号测量船的船长出列！"他用手杖指着那块空场地，"站在这里！"

远望一号测量船的船长站起身来，走到张爱萍指定的位置立正站好。

张爱萍:“部门长出列！站在船长的后边。”

部门长起身走到船长的旁边立正站好。

张爱萍:“操作手出列！”

操作手起身走到部门长的旁边立正站好。

张爱萍:“加油员出列！”

加油员起身走到操作手旁边立正站好。

张爱萍:“同志们！你们白天是怎么说的？你们就是这样让首长放心吗?你们也就是这样为祖国争光,为军队争气吗?没有几天了,远望一号测量船就要试航了,你们就是这样向党中央汇报吗？”

全体参加会议的官兵相继站起来,愧疚地看着张爱萍。

张爱萍十分动感情地:“你们知道吗?我和钱学森同志来上海,是给我们的邓副主席立了军令状的,‘失街亭’,就斩马谡！我可以向邓副主席承担一切责任,可我们的远望一号测量船能通过试航吗?我们的东风五号洲际导弹能试验成功吗？”他说着说着老泪纵横,怎么也说不下去了。

船长走到张爱萍的面前:“张主任!请先撤了我的职,然后我再戴罪立功。”他转过身来,看着参加会议的官兵,“同志们!我们能不能保证远望一号测量船准时试航成功？”

“能！”

钱学森:“好!不怕失败,敢于在失败中找出原因,取得胜利,这就是我们两弹一星的精神!”他巡视了一遍与会官兵,大声说,“同志们!解放前有一首歌,叫‘跌倒算什么,爬起来再干!’下边,由我和张主任合唱这首歌好不好？”

“好！”

钱学森:“张主任,起个头吧？”

张爱萍点了点头，酝酿了一下情绪，放声唱道:“跌倒算什么,预备——唱！”

张爱萍、钱学森二人合唱起了《跌倒算什么》。

与会的全体官兵相继加入到合唱的队伍中。

《跌倒算什么》的歌声回响在夜幕笼罩中的万里海疆。

三座门会客厅　内　夜——

邓小平:“张爱萍同志，听说你真的撤了远望一号测量船船长的职了?”

张爱萍起身站起:“军中无戏言,我也请求处分!”

聂荣臻:“你张爱萍不是武侯孔明,远望一号测量船船长也不是马谡。因为他带领全体官兵,准时完成了远望一号测量船的试航嘛!”

邓小平:“我还听说,你和钱学森同志合唱了一首《跌倒算什么》,鼓舞了士气,应当表扬嘛!”

张爱萍行军礼:“谢二位老领导!”旋即坐下。

邓小平:“东风五号洲际导弹全程试验力争取得一次成功，搞不成没有关系,试验哪有百分之百成功的!弦不要拉得太紧,要从容一些。钱学森同志,你说呢?”

钱学森:“从科学家的身份说,我是赞成你这些意见的。但是,从我作为协助张主任搞东风五号洲际导弹的领导来说，我就希望一次获得成功。”

聂荣臻:“我虽然已经年过八十了,但我还是有信心的。从历史上看,我们进行过多次试验,失败的很少。东风五号洲际导弹一次实验成功还是有把握的。”

邓小平看了看情绪不高的张爱萍:“张爱萍同志，还记得去年我和你谈东风五号洲际导弹试验的事吗?”

张爱萍:“记得!您当众说了‘失街亭’,就斩马谡的话后,怕我有精神负担,就把我找去又讲了一番话。”

邓小平:“对,讲给大家听听。”

张爱萍:“您说东风五号洲际导弹全程试验总是要搞的，不搞心中无数,丢丑也要搞。我不相信美苏都是一次成功的,我们要争取一次成功。”

邓小平:“钱学森同志,我讲的这番话他对你说了吗?”

钱学森摇摇头:“没有。”

邓小平:“你为什么不讲呢?”

聂荣臻:“我最清楚,绝不丢丑!对吧?”

张爱萍:“对!”

邓小平:“你们如何确保争取一次成功呢?”

张爱萍:“为了确保五月中旬准时试射成功,我准备和钱学森等同志去西部发射场,进行认真的检查。”

李秘书走进会客厅,将一张纸条交给邓小平。

邓小平看罢纸条,笑着说:“张爱萍同志,你还记得有个叫尤才的部下吗?”

张爱萍:“记得,被‘四人帮’安插在国防科委的小爪牙迫害到美国去了,真可惜!”

邓小平:“他又回来了,还说要见你。”

邓小平家的客厅　内　夜——

尤才身着西服革履,深沉地:“‘四五’天安门革命行动被‘四人帮’弹压之后,我只身逃到了香港,等我得到邓伯伯第三次被打倒的消息以后,我的心都凉了!在一个朋友的资助下到了美国,以优异的成绩考上了名牌大学,还得到了全额奖学金,读了硕士,又读了博士。这时,我又获悉邓伯伯第三次出山,立即给爸爸写了封信,希望他能给您说一下,允许我回来报效祖国。没有想到他啊……”

卓琳:“骂你是投靠美国的汉奸和卖国贼。”

邓小平笑了:“还亲自对我说,和你断绝父子关系,以示与你划清界线。”

尤才惊愕地:“您和阿姨同意了?”

卓琳:“不同意!”

邓小平:“先不说你们父子间的小事了,告诉我,你加入美国国籍了吗?”

尤才:“没有!”

卓琳:“拿到美国绿卡了吗?”

尤才:“拿到了!”

卓琳:“这下就更难做你父亲的工作了!”

尤才:“可我是为了在美国生存啊!另外,我……”

邓小平:“你怎么变得吞吞吐吐了?”

尤才:“我为了方便结婚。”

卓琳:“好啊!结婚了,也不把媳妇一块带来,让我和你伯伯好好地看看?”

尤才:“我不敢!”

邓小平:“为什么?”

尤才:“她是美国人。”

邓小平:“是蓝眼睛的,还是黑眼睛的?”

尤才:“是蓝眼睛的美国姑娘。”

邓小平听后大笑不止:“好小子,当了美国人的女婿了!行,有办法!”

卓琳:“还有办法呢!这样一来,他父亲就更不认他这个儿子了。”

邓小平:“他不认,我认;我连这个美国儿媳妇也认。告诉伯伯,你这次回国做什么来了?”

尤才:“我那个美国的老丈人是美国有些名气的资本家,他听了你访美时的答记者问以后,就鼓动我带上他女儿到中国投资。去年,我看了深圳办特区的消息之后,就决定拿着美国老丈人的钱到深圳创业。”

邓小平:“好!好哇!在深圳建厂了吗?”

尤才:“刚跑完了建厂的各种手续。”

卓琳:“还需要你邓伯伯帮什么忙吗?”

尤才:“需要。我脱离党的生活五年了,又拿了美国的绿卡,还讨了一个美国媳妇,重新入党的可能性还有吗?”

邓小平:“不好说。”

尤才:“那你能派一个懂科技的党员给我吗?”

邓小平:“做什么?”

尤才:“给我未来建成的企业当政委。”

邓小平笑了:“这倒是一个新课题。”

卓琳:“是啊,今后在深圳,在全国都会有中外合资企业,或者是外国独资企业,在这种企业里,党组织如何发挥作用?工会组织如何为中国工人谋福利?”

邓小平:“我的意见还是那句老话,先生孩子后教育。尤才,你先在深圳把这家美国独资企业办起来,然后我再帮着你把它完善起来,好不好?”

尤才:“好!”

卓琳:“听说深圳原来是个小渔村,没有美国式的夜生活,你那个美国夫人过得惯吗?”

尤才:“她常住在香港,隔三差五地到深圳转转。就是我和那些南下创业的知识分子,一到夜幕降临,我们就躺在简易的工棚里,数着天上的星星打发日子。”

邓小平:“你们怎么打发周末的日子呢?”

尤才:“我们就自发地聚集在深圳郊外的一个土台子上,唱着家乡的歌曲,思念远方的亲人。”

卓琳:“你唱什么呢?是你们赣南的民歌吗?”

尤才:“不!我唱当年两弹一星的功臣们,在戈壁滩上艰苦创业的时候最爱唱的歌。”

邓小平动感情地:“今天,你就给伯伯和阿姨唱一唱吧!”

尤才点了点头,缓缓地站起身来,他两眼满含着泪花小声地吟唱:

在那遥远的地方,
有位好姑娘,
人们走过了她的账房,
都要回头留恋地张望。

她那粉红的小脸,
好像红太阳,
她那美丽动人的眼睛,
好像晚上明媚的月亮……

邓小平的庭院　外　日——

张爱萍拄着拐杖走在庭院的甬路上。

张爱萍被这熟悉的歌声吸引了，他驻足倾听。

张爱萍自语地："对，是尤才这小子唱的！"他说罢和着尤才的歌声唱了起来。

我愿抛弃了财产，
跟她去牧羊，
每天看着她那粉红的笑脸，
和那美丽金边的衣裳。

我愿做一只小羊，
跟在她身旁，
我愿她拿着细细的皮鞭，
不断轻轻打在我身上。

邓小平家的客厅　内　日——

尤才站在客厅中央，一边唱一边淌着泪水。

邓小平坐在沙发上，情难自禁地击拍和唱。

卓琳坐在沙发上，十分动情地唱着。

张爱萍一边唱一边走进，他一看客厅中的气氛身不由己地站在门口，放声唱了起来。

歌声结束了，尤才突然放声地哭了。

张爱萍震愕地："尤才！你怎么哭了？"

邓小平低沉地："男儿有泪不轻弹，只因未到伤心处。就让他哭吧！"

尤才抬头看见了张爱萍，哭叫了一声："张主任！"扑到张爱萍的怀抱里失声地哭了。

张爱萍抚摸着尤才的身背，近似自语地："我知道，你们在戈壁滩上创业的时候，天天见到的是黄尘扑面的沙尘暴，夜夜听见的是鬼哭狼嚎似的风声，见不到一个姑娘，只有唱着这首《在那遥远的地方》，为了祖国早一天有自己的卫星和导弹，尽献自己的青春和力量……"他因过分激动再也说不下去了。

尤才仰起泪脸:“张主任,我无论走到什么地方,都在默默地唱着这首《在那遥远的地方》,思念着那些继续战斗在戈壁滩上的战友……”

张爱萍用力拍了一下尤才的后背:“好小子，我不管你邓伯伯是什么态度,我这个科委主任批准了,明天跟着我再去戈壁滩,检查我们的东风五号洲际导弹发射前的准备。”

尤才:“张主任！我……”

张主任看了尤才胸前的领带,自言自语地:“我懂了,我全都懂了。”

邓小平:“你一点也不懂。如今的尤才已经是美国人的女婿了,向深圳引进了第一家美国的独资企业。”

张爱萍有点儿伤心地:“你邓伯伯搞改革开放,办特区,你尤才就紧跟时代的潮流，找美国人当老丈人，引进美国的独资企业。我张爱萍这把老骨头,是决心扔在戈壁滩上了！邓主席,再见！”说罢转身拄着拐杖走了出去。

尤才看着远去的张爱萍,叫了一声:“张主任！……”

定格叠印字幕:

第二十二集终

第二十三集

在深沉的男女声画外音中，叠印出相关的历史画面：

男声画外音："一九八〇年二月二十三日，中共十一届五中全会在北京举行。全会的主要议题是加强和改善党的领导。全会增选胡耀邦、赵紫阳为中央政治局常委。全会决定恢复设立中央书记处，选举胡耀邦为总书记，万里、王任重、方毅、谷牧、宋任穷、余秋里、杨得志、胡乔木、胡耀邦、姚依林、彭冲为中央书记处书记。同时，全会批准了汪东兴、纪登奎、吴德、陈锡联的辞职请求，并决定修改宪法第四十五条，取消公民'有运用大鸣、大放、大辩论、大字报的权利'的规定。"

女声画外音："根据党中央决定和邓小平同志的指示，由中央纪委和中央组织部对刘少奇一案进行复查。经过逐项调查核实，证明江青、康生、谢富治等炮制的《关于叛徒、内奸、工贼刘少奇罪行的审查报告》是根据伪证写成的。对此，中共十一届五中全会对《关于为刘少奇同志平反的决议》展开了认真的讨论……"

京西宾馆会议厅　内　日——

邓小平："关于中央的人事安排，要逐渐年轻化。像我们这些人是安排后事的问题，不再放到第一线了。我给自己定了个奋斗目标，定在一九八五年，就做一件事，精心地选拔身体比较好的，比较年轻的同志上来工作。"

在邓小平的讲话中摇出胡耀邦、黄克诚、胡乔木、彭真、宋任穷等与会的领导同志。

邓小平从茶几上拿起一份文件："克诚同志，你和宋任穷等同志为党办了一件大事，那就是推倒了江青、康生、谢富治等人强加给少奇同志的一切不实之词。同时，还起草了这份《关于为刘少奇同志平反的决议》。"

黄克诚："起草这份决议还是有不少争议的，在五中全会上讨论这份决议争议就更大了。"

邓小平:“噢?说说看!”

黄克诚:“主要的争论,是要不要写少奇同志的错误。”

邓小平:“你们的意见呢?”

黄克诚:“无论是从实事求是说,还是从党的大局讲,我认为少奇同志的功过都应当写清楚。”

胡耀邦:“但也有更多的同志——尤其是因少奇同志受株连的同志认为,少奇同志为党、为国家建立了不可磨灭的功勋,且又蒙冤多年,在为他作出的平反决议中不应再写他的错误。”

邓小平:“彭真同志,你的意见呢?”

彭真:“我投克诚同志的票。诚如我们说毛主席晚年犯有严重的错误,也并不影响他的伟大嘛!”

宋任穷:“这样做,也说明了我们的党是一个真正实事求是的成熟的党嘛!”

“我不赞成!请问,为其他领导同志平反都写错误了吗?”又一个老同志说。

“是不是从少奇同志开始,对我们党的主要负责人的评价都要写错误啊?”一位年长的女同志说。

胡乔木:“小平同志,你的意见呢?”

邓小平严肃地:“我看,今天倒是议了一个重要的原则问题。同时,也说明真正做到实事求是不容易!”

与会者认真听讲的特写。

邓小平:“少奇同志与一般人不同,在给他的平反决议中如果没有这样的内容,会给人一个印象,就是所有错误都是毛主席一个人的。这不是事实。我们犯的错误比少奇同志犯的错误多,总要承认他也有错误就是了。”他巡视了一遍与会者的表情,“大家还有什么意见吗?”

“没有了!”

邓小平:“耀邦同志,你现在是总书记了,要派人把少奇同志的骨灰从河南迎回北京,然后再举行隆重的追悼会。”

胡耀邦:“是!”

邓小平:"彭真同志,审判林彪、'四人帮'反革命集团的工作准备得怎么样了?"

彭真:"预计在下半年可以开庭公审!"

邓小平:"乔木同志,五中全会一结束,我们就再讨论历史决议的起草工作。"

邓小平办公室　内　日——

胡耀邦:"根据你去年的指示,立即组成了一个阵容庞大、写作能力较强的写作班子。经过近半年的调查研究,由乔木同志草拟了一份《历史决议》提纲,先听取你的意见。"

邓小平一边听一边拿起《历史决议》提纲的文本:"先听乔木同志讲。"

胡乔木拿着这份《历史决议》提纲:"这份提纲总的结构是这样设想的,全文拟先写个简要的前言,下面再写五个部分,一、从建国到八大;二、八大以后到文化大革命前夕;三、文化大革命;四、对毛泽东同志的功过和毛泽东思想的评价;五、主要经验教训的总结。这仅仅是一个设想。"

邓小平:"我认真研究了你们起草的这份《历史决议》提纲。我的意见是三条,第一,确立毛泽东同志的历史地位,坚持和发展毛泽东思想。这是最核心的一条。不仅是今天,而且今后,我们都要高举毛泽东思想的旗帜!"

胡耀邦:"这也是分歧最大的一条!就是起草小组的成员中也没有完全达到共识。"

胡乔木:"再加上起草小组中的个别成员,经常把小组中的分歧捅到所谓西单民主墙上去,在社会上形成了一股无形的压力,谁反对毛泽东同志就是革命派,谁坚持正确评价毛泽东同志的历史功过,就遭到无端的攻击。"

邓小平:"这叫岂有此理!中央对'四大'不是已经作出取缔的决定了嘛,他们为什么还要支持搞?"

胡耀邦:"时下宪法还没有修改嘛!"

邓小平:"我可以坦言相告,就是在宪法上去掉'四大'以后,有些人还是要顽固地坚持他们那一套的!"

胡乔木："下边，请邓副主席继续讲对起草《历史决议》的意见。"

邓小平："我们必须清醒地认识到，对毛泽东同志、毛泽东思想的评价问题，党内党外和国内国外都很关心。不但全党同志，而且各方面的朋友都在注意我们怎么说。"

胡乔木："事实就是这样！"

邓小平："第二，对建国三十年来历史上的大事，哪些是正确的，哪些是错误的，要进行实事求是的分析，包括一些负责同志的功过是非，要做出公正的评价。第三，通过这个决议对过去的事情做个基本的总结。这个总结宜粗不宜细。"

胡耀邦："你对主席的整体评价是怎样的？"

邓小平："一九五七年以前，毛泽东同志的领导是正确的，一九五七年反右派斗争以后，错误就越来越多了。总体来说，建国后十七年这一段，有曲折、有错误，基本方面还是对的。"

胡耀邦："对此，全国上下很难达成共识。就是写在纸上了，我们党内也有反对的意见。"

邓小平严肃地："这是因为有些人在文化大革命中受了点儿委屈，就不顾全大局！"

胡乔木："我是赞成邓副主席去年说的那句话的，他们是一定会和党分道扬镳的！"

邓小平："那我们也不怕！乔木同志，你先集中精力拿出一个草稿来，然后我们再在一起议。"

中央办公厅庭院　外　日——

邓小平、彭真一边漫步一边交谈。

邓小平："春天到了，这是值得高兴的季节。可是，当我们党的又一个春天到来的时候，我们还要花很大的气力，去处理严酷的冬天所遗留下来的东西。"

彭真："你讲得很对！平反冤假错案，清理林彪集团、'四人帮'残余分子，耗费了我们很大的精力。"

邓小平："这是一个极大的教训啊！"他沉吟片时，"为少奇同志平反、昭雪的事准备得怎么样了？”

彭真：“基本就绪。由中共中央、全国人大常委会、政协全国委员会、中国人民解放军负责人和各方面代表人士组成少奇同志治丧委员会。准备以国家元首的规格补办少奇同志的丧事。”

邓小平：“为了表示对少奇同志的敬重，治丧委员会应当派出代表，同少奇同志的亲属一起，专程前往河南迎接少奇同志的骨灰。”

彭真：“会这样做的！”

邓小平：“追悼会的日期确定了吧？”

彭真：“定了！五月十七日在北京举行追悼大会。”

邓小平：“到时，我要亲自出席！”

人大会堂追悼会现场　内　日——

哀乐百转低回，催人泪下。

参加追悼大会的各界人士悲痛不已。

邓小平胸戴素花，臂缠黑纱，庄严而肃穆地致悼词：“……敬爱的少奇同志离开我们已经十多年了。林彪、江青一伙制造伪证，隐瞒真相，罗织罪名，企图把他的名字从中国革命的历史上抹掉。但是，正如少奇同志在处境最艰险时所说：‘好在历史是由人民写的’，历史宣告了林彪、‘四人帮’一伙阴谋的彻底破产。历史对新中国的每个创造者和领导者都是公正的，不会忘记任何人的功绩。和毛泽东同志、周恩来同志、朱德同志一样，刘少奇同志将永远活在我国各族人民的心中！”

邓小平办公室　内　日——

邓小平坐在沙发上，双手捧着一份命令审阅。特写：

东风五号洲际导弹全程飞行试验动员令

张爱萍走进，行军礼：“报告！张爱萍奉命赶到，倾听邓副主席的指示！”

邓小平放下动员令站起身来，严肃地：“说老实话，发射前的准备工作怎样？”

张爱萍：“我与钱学森同志，以及所有参加东风五号洲际导弹研发的专家，共同进行了详尽的检查，结论是一致的，万无一失！”

邓小平:“是不是就等着我代表中央军委批准发射了?”

张爱萍:“是的!”

邓小平:“再说一遍,有把握吗?”

张爱萍:“有!”

邓小平:“明天发射呢?”

张爱萍:“没问题!”

邓小平:“很好!你知道今天是什么日子吗?”

张爱萍:“五月十七日,是为少奇同志补开追悼会的日子。”

邓小平:“对!今天,证明我们的党有能力纠正自己的错误;明天——五月十八日,我们的东风五号洲际导弹发射成功,就证明我们的党有能力打破美苏的核垄断!”

国防科委会客厅　内　日——

张爱萍、钱学森等国防科委的领导、专家齐聚一起,十分严肃地等待着。

邓小平、聂荣臻、徐向前、胡耀邦等领导走进会议室。

张爱萍、钱学森带头鼓掌。

邓小平示意大家停止鼓掌、落座。

与会的全体成员相继落座。

邓小平轻松地:“同志们,都轻松点儿好不好?你看我们的聂帅和徐帅都过了廉颇老矣的年龄,对今晚发射东风五号洲际导弹还充满着信心嘛!”

与会者笑了。

聂荣臻:“张爱萍,今天是什么日子啊?”

张爱萍:“五月十八日。”

徐向前:“好哇,你也紧跟潮流啊!用广东话说,五月十八,就是在五月要发。对吧?”

张爱萍:“也对,也不对。因为我张爱萍不想借五月十八的谐音发财,而是要成功发射东风五号洲际导弹。”

邓小平:“那也是紧跟时代新潮流的意思嘛!”

全体与会者禁不住笑了。

邓小平："你再向大家报告一次，准备得怎么样了？"

张爱萍："四月二十日，以远望一号测量船领航的十二艘测量船从上海起航，现在已经到达指定的位置。东风五号洲际导弹已测试合格，今天上午十时准时升空！"

邓小平看了看手表："还有点儿时间，我代表中央军委再给你们下达新的任务。"

全体与会者热烈鼓掌。

邓小平："第一，有了可以打到世界任何地方的洲际导弹以后，就要搞轻型的核导弹，射程不一定那么远，当量也可以小一点儿。不放在火车上，用汽车最好，可以打游击。"

钱学森："我们正在研制，很快就能投入使用阶段。"

邓小平："我一直认为，真正有用的是搞导弹核潜艇。核潜艇没有导弹不成其为武器，海军要把钱花在这方面。"

张爱萍："我们正在抓紧研制！"

聂荣臻："七五年搞整顿，张爱萍来了个三星高照；现在搞改革开放，他又要来个三鸣惊人。第一鸣是东风五号洲际导弹，第二鸣就是潜导试射……"

张爱萍站起："还有十分钟，请首长进入指挥大厅，通过电视大屏幕看东风五号洲际导弹的发射！"

指挥大厅　内　日——

邓小平、聂荣臻、徐向前、胡耀邦等中央领导坐在台前，静静地看着大屏幕。

电视大屏幕上立着东风五号洲际导弹，发射基地的工作人员有条不紊地操作着。

电视传出指令："十、九、八、七、六、五、四、三、二、一，点火升空！"

电视大屏幕上的东风五号洲际导弹点火，喷出强大的火焰，东风五号洲际导弹就像是一条火龙升入长空。

有顷，张爱萍从指挥所中走进指挥大厅，激动地："报告！东风五号洲际导弹点火升空成功了！”

邓小平带头起立，热烈鼓掌。

与会全体同志激动地欢呼、鼓掌。

中南海庭院　外　日——

一座典型的四合院，院中有松树、藤萝，甬路两边是盛开着鲜花的花坛。

松树下有一张供休息用的圆桌，四周有几把藤椅。

胡乔木：“我们起草的《历史决议》草稿看过了吗？”

邓小平严肃地：“看过了，不行，要重新来。”他说罢看了看胡耀邦、胡乔木的表情，“今天请你们二位来，就是谈重新起草《历史决议》的问题。”

胡耀邦：“这个稿子的主要问题是什么呢？”

邓小平：“我一开始就说，要确立毛泽东同志的历史地位，坚持和发展毛泽东思想，现在这个稿子没有体现出这个设想。另外，这个文件写得太沉闷，不像是一个决议。”

胡乔木：“你的意见呢？”

邓小平：“首先，要说清楚关于社会主义革命和社会主义建设，毛泽东同志有哪些贡献。我们要恢复毛泽东思想，坚持毛泽东思想，以至发展毛泽东思想，在这些方面，他都提供了一个基础。一定要把这些最基本的思想表达出来。”

胡耀邦：“对毛泽东的错误呢？这是理论界争论最多、分歧最大的一个问题。”

邓小平：“一、对毛泽东错误的东西要批评，但是要很恰当；二、我再重申一次，讲错误，不应该只讲毛泽东同志，中央许多负责同志都有错误。这个《历史决议》一定不要造成一种印象，别的人都正确，只有毛泽东同志一个人犯错误！”

胡乔木：“我会按照您的这些意见再写出一稿。”

邓小平：“很好！过几天，我将外出视察，等我回到北京以后我们再议。”

胡乔木：“可以！”

邓小平："耀邦同志，你作为总书记，一定要准备好八月召开的中央政治局扩大会议。"

滚滚东去的长江　外　日——

一艘客轮顺流而下，穿过奔腾咆哮的峡谷。

邓小平坐在客轮的甲板上，与牟记者交谈着。

牟记者拿着笔记本边问边记："邓副主席！你在西安参观秦始皇兵马俑的时候，有何感想？"

邓小平："说到感想嘛，那是很多的！你还记得当我看到那把青铜长剑后的样子吗？"

牟记者："记得！你连声说好、好，真是太好了！"

邓小平："你想想看，我们在秦代就有那么高的技术，真是了不起啊！"

牟记者："你对修建葛洲坝水电站有什么意见？"

邓小平："我个人看法是，修建三峡工程，对航运的影响不大，对生态环境的影响也不大，而对防洪所起的作用大，发电效益很大，因此，轻易否定三峡工程不好。"

牟记者："你对党和国家领导制度的改革有什么想法？"

邓小平："这是一个带根本性的问题，等我回到北京以后再提出。"

怀仁堂会议室　内　日——

邓小平："我们过去发生的各种错误，固然与某些领导人的思想、作风有关，但是组织制度、工作制度方面的问题更重要。制度好，可以使坏人无法任意横行；制度不好，可以使好人无法做好事，甚至会走向反面。怎么办呢？我看就从我们这几个老家伙做起。"

陈云："我赞成！耀邦同志，你现在是党的总书记，今天，我还是想重复几句老话，'大家是为革命来的，还是为做官来的呢？起初是干革命来的，以后是革命加做官，既革命，又做官。后来官越做越大，味道也越来越大，有人就只想做官，不想革命了，把革命忘光了！'希望以此共勉。"

胡耀邦："我真诚地谢谢老上级！"

李先念："我和小平同志、陈云同志商量好了，带头辞去国务院副总理的职务，让耀邦同志这些也不年轻的同志顶上去，再继续为党培养一大批只为革命、而不为做官的年轻同志接班！”

邓小平：“这可是一项带有战略全局的大事！要想真正做到这一点，还要明确地提出，继续肃清政治、思想方面的封建主义残余的影响！”

胡耀邦：“我举双手赞成！”

陈云：“同时，我们也决不能丝毫放松对资产阶级思想和小资产阶级思想的批判，以及对极端个人主义和无政府主义的批判。”

李先念：“我们只有把肃清封建残余影响的工作，同对于资产阶级损人利己、唯利是图思想和其他腐朽思想的批判结合起来，我们的党才能沿着正确的道路前进！”

胡耀邦：“时下，恐怕中外关注的大事是前者。同时，我们还要加大力度批判极‘左’思潮。”

邓小平：“虽然说‘左’的思潮依然是主要的危险，但是我们也不要小看来自‘右’的影响。”

陈云：“我赞成小平同志的意见！”

邓小平：“一句话，我们还是根据实事求是的精神办，有左反左，有右反右。”

邓小平办公室大院　外　日——

邓小平坐在大树下的藤椅上，认真地翻阅有关的文件。

李秘书引牟记者及其儿子吴钢走进：“首长，客人到了！”

邓小平指着对面的椅子，客气地：“请坐！”

吴钢：“谢邓伯伯！”安然落座。

牟记者一边说：“您这样忙，还要见一见孩子吴钢，我真是不安啊！”一边坐在临近邓小平的一把椅子上。

邓小平：“有什么不安的啊！吴钢是年轻人，又是我讲了话才到日本留学的，听他讲讲日本的事——尤其是钢铁生产方面的事，也是一种学习嘛！”

吴钢：“邓伯伯，您客气了！”

邓小平打量着身穿休闲装的吴钢：“你怎么没穿西服啊？”

吴钢：“不习惯！再说炼钢工人穿什么西服啊。”他话题一转，“就说邓伯伯吧，您接待外宾的时候，不也是只穿毛式中山装嘛！”

牟记者爱责地：“你这孩子，一开口就没大没小的！”

邓小平：“我喜欢！吴钢，你在日本大学读书学到真本事了吗？”

吴钢：“学了一些，不多。”

邓小平：“为什么？”

吴钢：“日本大学的教科书，我多数在国内都自修过了。再说，日本学生生活优越，不刻苦，好歹对付对付，就比他们学得好。”

邓小平：“学习可不能对付啊！”

吴钢：“我省出时间就去稻山嘉宽先生的钢厂实习，从实践中偷着学他们的先进生产技术。”

邓小平：“你怎么又说偷字了？”

吴钢：“不偷学不到东西！有些日本专家就像中国传说中的猫，它绝不把自己保命的本事——上树教给老虎。”

邓小平：“那你这只东北虎，就偷着学日本这只猫上树的本事。对吧？”

吴钢：“把话说白了，就是这么回事！再说，他们把最先进的炼钢设备——甚至管理技术全都转让给上海宝钢了，可不同的人操作，效果是完全不一样的！”

邓小平：“有道理！”他沉思一会儿，以商量的口气说道，“吴钢，你在日本学习结业之后，我看就去上海宝钢工作吧。”

牟记者：“稻山嘉宽先生也是这个意思，而且是做他的私人代表常驻宝钢。”

吴钢：“我不干！要做就做……”欲言而止。

邓小平：“我的代表，对吧？”他说罢禁不住笑了。接着又说，“我的意见你还是做稻山嘉宽先生的私人代表，前提是为了把宝钢建设得更好。”

吴钢：“听邓伯伯的。”

邓小平：“近期日本最关心中国哪些事情？”

吴钢：“说中国要打倒毛主席，还说您就要抛弃毛泽东思想这面旗帜了。”

邓小平：“他们的根据是什么呢？”

吴钢:“一、有些不要脸的秀才给日本媒体提供消息;二、传说中央做出决定,长期悬挂在人大会堂的两幅毛泽东画像被取下,两块永久性标语牌被拆除,因此,日本人的眼睛都盯着看中国下一步棋怎么走?”

牟记者:“把话说穿了吧,与其说他们在看中国下一步棋怎么走,还不如说他们希望中国按照他们的意愿批毛泽东同志、抛弃毛泽东思想。”

邓小平:“这才是问题的关键。”他沉吟片时,“最近,一位资深的意大利的女记者奥琳埃娜·法拉奇点名要采访我,内容就是关于我们如何对待毛泽东同志和毛泽东思想的。”

牟记者:“据我所知，这位意大利女记者以善于抓住时机采访风云人物著称。越战期间,她出入河内和华盛顿;中东危机时,她紧追阿拉法特、侯赛因等。还听说连善于辞令的基辛格博士都说,接受法拉奇采访是我一生最愚蠢的事情。”

吴钢:“一个欧洲大娘儿们有什么了不起，我看邓伯伯对她就能轻松应对！”

邓小平笑了:“托吴钢的吉言！”他凝思片时,“牟记者,你和郁教授帮我关注一下这位法拉奇采访后的社会反应。”

人大会堂　内　日——

邓小平、法拉奇隔着一张茶几相对而坐,一问一答,严肃中不乏轻松。

法拉奇:“邓小平先生,请问天安门上的毛主席像,是否要永远保留下来？”

邓小平:“永远要保留下去。过去毛主席像挂得太多,到处都挂,并不是一件严肃的事情,也并不能表明对毛主席的尊重。从我们中国人的感情来说,我们永远把他作为我们党和国家的缔造者来纪念。”

法拉奇:“对西方人来说，我们有很多问题不理解。中国人民在讲起‘四人帮’时,把很多错误都归咎于‘四人帮’,但他们伸出的却是五个手指。”

邓小平:“毛主席的错误和林彪、‘四人帮’问题的性质是不同的。毛主席一生中大部分时间是做了非常好的事情的，他多次从危机中把党和国家挽救过来。毛主席的功绩是第一位的,错误是第二位的。毛泽东思想不仅过去引导我们取得革命的胜利，现在和将来还应该是中国党和国家的宝贵财富。”

法拉奇：“毛主席纪念堂是否将要拆掉？”

邓小平：“我不赞成把它改掉。已经有了的把它改变，就不见得妥当，建是不妥当的，如果改变，人们就要议论纷纷。现在世界上都在猜测我们要毁掉纪念堂。我们没有这个想法。”

法拉奇：“据说，毛主席经常抱怨你不太听他的话，不喜欢你，这是否是真的？”

邓小平：“毛主席说我不听他的话是有过的。但也不是只指我一个人，对其他领导人也有这样的情况。这也反映毛主席后期有些不健康的思想，就是说，有家长制这些封建主义性质的东西。毛主席批评的事不能说都是不对的。但集中制被破坏了，领导集体被破坏了。否则，就不能理解为什么会爆发‘文化大革命’。”

法拉奇：“你为什么想辞去副总理的职务？”

邓小平：“不但我辞职，我们老一代的都不兼职了。我们存在一个领导层需要逐渐年轻化的问题，我们带个头。”

法拉奇：“你说到周恩来、刘少奇、朱德很多领导人的功绩，为什么不提你自己的名字？”

邓小平：“我算不了什么。当然我总是做了点儿事情的。革命者还能不做事？”

法拉奇：“对江青你觉得应该怎么评价？给她打多少分？”

邓小平：“零分以下！”

邓小平办公室　内　日——

郁教授：“你会见意大利女记者法拉奇的讲话，在中外引起了强烈的反响！普遍认为中国共产党对待毛泽东及毛泽东思想的做法是正确的。这样做的结果，可以确保改革开放的中国更加安定团结。”

邓小平：“我看中外还有相当多的人持有疑义吧？”

牟记者：“是的！从国内到国外、从党内到党外还有极少数唯恐天下不乱的分子，他们内外勾结，上下携手，使用最恶毒的语言攻击毛泽东和毛泽东思想。妄图把社会主义中国引向资本主义的道路！”

邓小平微微地点了点头。

郁教授："随着国际风云的变幻，国内资产阶级自由化思潮泛滥，党应该重视大学师生的思想工作。"

这时，李秘书拿着一封信走来："首长，大庆的王工来京开会，这是她写给你的信。"

邓小平接过信看后点了点头："牟记者，你的这位老同学干得很不错，她又有一些发展化工企业的新点子想和我谈。"

牟记者："邓副主席，您就见她一次吧，她还遇到了一些困难，想请您帮忙呢！"

邓小平："原来你们合计好了哇。行！叫上你的儿子吴钢，一块好好地谈谈。"

一座不大的餐厅　内　日——

邓小平、牟记者、王工、吴钢围着一个圆桌，吃着可口的家常饭菜。

王工："石油战线继大港油田之后，又在山东建了一个胜利油田。应该说，大庆油田的科技人员功不可没。"

邓小平："胜利油田的采油工人是哪里来的呢？"

王工："骨干也是我们大庆油田的。"

邓小平："你们大庆的化肥、聚乙烯等生产情况怎么样？"

王工："全部投产，质量数上乘。我来北京开会，就是研究在江苏再建一座世界级水平的化工厂。一旦这座化工厂建成，对国家的贡献那就大了！"

邓小平："听口气你是赞成派了！"

王工："对！"

牟记者："叫我说啊，她只能算是半个赞成派。"

邓小平一怔："这又是为什么呢？"

牟记者："她这次来京开会有一项特殊的内容，化工部调她去江苏，帮着筹建这座现代化的大化工厂。可她却不愿意离开大庆，还希望你能支持她。"

邓小平："上一次，我投票支持吴钢当稻山嘉宽的私人代表常驻宝山；这一次，我投票反对王工不去江苏。吴钢，你的意见呢？"

吴钢："我支持王阿姨。"

邓小平一怔："为什么？"

吴钢："我们东北人傻、大、黑、粗，江苏和上海人嘛……嘿！就没法说了！"

邓小平："没关系，说下去。"

吴钢："男人猴精猴精的，就是少点儿男子汉的味！"

邓小平笑了："你这种理论太片面。等你王阿姨到了江苏，给你找个江南妹子当夫人……"

吴钢："我才不要呢！"

邓小平："好，那就独善其身，让你妈妈没有孙子抱。"

牟记者："那我还乐得清闲呢！"

邓小平："王工，听牟记者说，你工作中遇到了困难，说说看？"

王工："我向大庆党委提出，要想把大庆办好，就必须照您说的打破传统的计划经济模式，向欧美学习，把产品投入市场，进行交换，实行市场经济。可是他们说我这是空想，在大庆办不到。"

邓小平："为什么办不到？城市若想改革，就必须打破原来的计划经济，实行市场经济。"

这时，桌上的电话铃声响了。

邓小平离开餐桌，拿起电话："喂！我是小平。"

远方现出胡耀邦打电话的画面："最近，由于境内外阶级敌人的捣乱，民族分裂主义势力抬头。在南疆喀什、叶城等地先后出现了极少数民族分裂主义分子利用宗教煽动群众闹事的事件。"

邓小平严肃地："一、要相信绝大多数少数民族干部、群众是爱国、爱教的；二、要采取相关的有力措施，确保中华民族大团结，确保伟大的祖国沿着社会主义道路前进！"他啪的一声挂上了电话。

远方胡耀邦打电话的画面渐渐隐去。

北京　班禅的家　内　晨——

身着袈裟的班禅额尔德尼·确吉坚赞双目微合，一动不动地坐在华贵的神毯上念晨经。

班禅念完晨经缓缓站起，稍许活动了一下身体，大步走出经房，在庭院中开始晨练。

各种鸟儿站在大树上自由追逐、鸣唱。

有顷，乌兰夫走进，笑眯眯地："班禅大师，快停止晨练，邓副主席请你去他家里做客。"

班禅一怔，自语地："邓副主席请我去他家里做客？……"

乌兰夫："对！还特地通知要我作陪。"

班禅看了看树上鸣唱的鸟儿："谢谢你们的歌唱，给我带来了吉祥。"

邓小平家的门前　外　日——

邓小平站在自己的家门口，顺着马路向远方看去：

一前一后两辆黑色的红旗轿车驶来，相继戛然停在门前。

邓小平迎上去，紧紧握住步出轿车的班禅的双手，热情地："十分高兴，欢迎大师来我家做客。"

班禅激动地："您德高望重，又日理万机，能请我到家里做客我就受宠若惊了，没想到您还出廓相迎……"

邓小平："你是藏族人民的精神领袖，同时，你又是我们国家一个最好的爱国者，我还不应该出门相迎吗？"

乌兰夫站在旁边笑着说："应该，应该！不过嘛，现在应该进邓副主席的大门了！"

班禅主动挽着邓小平走进大门。

邓小平家的客厅　内　日——

班禅："邓副主席，无论处在什么环境中，我都爱自己的祖国，也爱自己的民族。一个不爱自己民族的人，不可能成为真正的爱国主义者。"

邓小平："我赞成你讲的这番话。自从和平解放西藏以来，你不仅是这样说的，也是这样做的。班禅大师爱国家、爱民族、爱宗教，为建立繁荣、民主、进步的新西藏是立了功的。对此，中央给予了很高的评价。"

班禅："感谢您和中央对我的信任。"

邓小平："这是因为你同达赖不同，你是爱国的，维护国家统一的，而达赖是搞分裂的。"他点燃一支烟，吸了一口，"过去对你的问题主要是处理重了。可你出来工作以后，表现都是好的。"

班禅："我虽然挨了两次整，可和邓副主席相比，我还是少了一次嘛！再说，佛家对磨难的看法与一般人不同，或许邓副主席比我多经受了一次磨难，所以你才能做到不计前嫌，对中华民族做出这样大的贡献。"

乌兰夫："在对待人生磨难的看法上，佛与俗是有相通的地方的，因为磨难对一个人、一个民族而言，是一笔很重要的财富。"

邓小平："但是，像文化大革命这样的磨难还是没有的好。"

班禅："我也举双手赞成！但从佛理、佛法、佛缘上讲叫劫数，是很难避得过去的。"

邓小平："对此，我没有研究。我个人认为，对于宗教，不能用行政命令的办法；但宗教方面也不能搞狂热，否则同社会主义、同人民的利益相违背。利用宗教搞民族分裂，那是更不允许的！"

班禅："我一向认为，'诸恶莫作，诸善奉行，清静我心，庄严国土'是佛教教义的核心。因此，利用宗教搞分裂国家的事情，不仅为国家法律所不允许，也违背了宗教的教义。"

邓小平："我给大师提个建议，你的注意力不要局限于宗教，你是国家领导人之一，要注意政治。"

班禅："我记下了。"

邓小平："你不仅对西藏有影响，对其他藏区有影响，而且在国际上也是有影响的。乌兰夫同志是蒙族，也蒙受了很多不白之冤，可他复出之后，继续做蒙、汉团结的工作。"

班禅："请中央放心，我作为一位少数民族干部，不仅为本民族的团结和发展多办一点儿实事，也要为反对少数藏独分子、增进中华民族大团结多做些好事。"

邓小平："谢谢大师！我请你到家里来，是不把你当外人。以后可以再来。"

班禅感动地："谢谢！谢谢……"

邓小平办公室　内　日——

胡耀邦："乔木同志根据你的意见，对《历史决议》又进行了修改，可否听听更多同志的意见呢？"

邓小平："乔木同志，你的意见呢？"

胡乔木："我认为一些主要的骨架，大概就像现在这个样子了，要作很大的变化，实在说我也变不出来了。"

邓小平："还有其他的想法吗？"

胡乔木："我觉得经过大家交换意见，现在的写法跟原来的想法确实有了很大的变化。有许多问题，在党内也好，党外也好，争论是很大的。"

胡耀邦："岂止是很大啊！从某种意义上说，与我们的一些想法简直是针锋相对。"

邓小平："那得看是哪些人！我就不相信绝大多数的共产党员、工农兵群众会站在我们的对立面。"

胡耀邦："我看还是先听听有关同志的意见，然后再决定如何修订这份《历史决议》。"

邓小平："那好吧，第一步，先把这个末定稿发给各省、市、自治区第一书记进行座谈；第二步，再组织更为广泛的讨论会，可以搞它几千人，这样做总可以了吧？"

胡耀邦："可以！"他沉吟片时又说，"你说我们如何解决新疆问题呢？"

邓小平："先派王震同志去新疆调查研究，然后中央再召开解决新疆问题的会议。"

中南海　外　日——

李秘书站在船尾，十分熟练地划着一只小船。

邓小平、王震坐在船上亲切地交谈着。

邓小平："王胡子，听大夫说，你的膀胱癌切除手术做得很成功啊！"

王震："也可能是托马克思的福吧，让我留在阳世人间继续搞中国式的社会主义。"

邓小平："你在住院的时候，一定没有听到关于新疆发生的事吧？"

王震："听到了！从新疆回来的同志告诉我，境内外极少数民族分裂主义者钻了我们的空子，挑起民族纠纷。有的汉族干部和群众在大街上遭到辱骂，甚至是殴打；有极少数的人上街游行，哄抢公物。流言飞语横行，汉人内迁之风蔓延。”

邓小平：“你是第一个率部进疆——并受到新疆各族人民欢迎的功臣，中央想听听你的意见。”

王震：“按当年党中央、毛主席处理新疆问题的方针办。具体地说，坚决打击极少数反动的民族分裂主义分子，加强各族人民大团结，很快就会扭转局势。”

邓小平点了点头：“中央已经作出决定，派你到新疆，代表中央慰问新疆各族干部、各族群众和解放军指战员。同时，调查急需解决的一些问题。就是担心你的身体吃不消！”

王震下意识地站起，行军礼：“报告！……”

小船受力不均，左右摇晃起来。

邓小平：“王胡子，小心翻船。”

王震笑了：“请你放心，我立即动身飞赴新疆，保证翻不了船！”

定格叠印字幕：

第二十三集终

第二十四集

邓小平办公室　内　日——

邓小平："我看了部分省、市、自治区第一书记讨论《历史决议》的简报，从整体看还是好的。对此，你们有什么意见？"

胡乔木："一、对毛泽东同志和毛泽东思想的评价，虽有一些极端的意见，但多数同志还是同意这份《历史决议》未定稿的；二、由于这份《历史决议》未定稿，对粉碎'四人帮'以后的四年只写了一百多字，总共占六行位置，不少同志希望把这四年写进决议去。"

邓小平："这个意见可以考虑。耀邦同志，你说呢？"

胡耀邦："我同意！作为建国以来党的若干历史问题的决议，应该写这四年。"

邓小平凝思顷许："这四年是实现党的伟大历史转折的时期，走过曲折的道路，有着丰富的经验和教训。要写嘛，应以十一届三中全会为标志，分为两段，前后各两年。"

胡乔木："我赞成！"

胡耀邦："那你就按小平同志这一思路把它写出来吧！"

邓小平："写可以写，但未经常委讨论通过之前，这一部分内容不得捅到会议上去。"

胡耀邦："从政治局扩大会议到这次省、市、自治区第一书记座谈会，都提到了华国锋同志的兼职问题。不少同志提出，通过十一届五中全会和五届三次人大会议，他兼任总理的问题解决了，但华国锋继续兼任军委主席也不合适。"

邓小平："关于华国锋同志的问题，要等中央作出决定。耀邦同志，下边的工作是怎样安排的？"

胡耀邦："中央办公厅已经发出组织《关于建国以来党的若干历史问题的决议》讨论的通知，并随通知发了供讨论用的该决议文本。预定参加的人数是四千人。”

邓小平:“好哇!这是一次规模空前的大讨论会,是党内极大发扬民主的讨论会,也是对建国以来历史进行的一次深入、具体的研讨大会。”

邓小平家的客室　内　日——

邓小平坐在沙发上,双手捧读一份报告。

王震的画外音:“建议加强新疆的领导班子建设,包括对少数民族干部的培养和提拔;把工作重点放在建设及开发新疆上,积极利用新疆的资源,组织少数民族领导干部和技术人员赴内地或出国访问,以开阔现代生产技术的眼界……”

邓小平把手中的报告放在茶几上,特写:

《赴新疆慰问的汇报提纲》　王震

邓小平点燃一支烟,缓缓站起身来,走到窗前,远眺长空。

王震的画外音:“我请求党中央、中央军委让我以现在的职务、身份,在新疆帮助工作……这是对新疆山山水水的情谊,出于爱国者、革命者和共产主义战士的赤诚之心。”

有顷,王震有气地走进客室:“邓副主席,你看了我的报告了吗?”

邓小平转过身来:“看了,很受感动。坐下谈吧!”

王震:“你坐吧!等你帮我撤了火,泄了气,我再坐。”

邓小平坐在沙发上:“好!我就当你的灭火机和泄气筒。”

王震:“你早在七八年二月就做出明确指示,新疆建设兵团历史久,基础好,经济实力强,地处反霸斗争的前哨,恢复兵团的建制,可以形成一个强有力的指挥系统,发挥战略预备队的作用,可是到现在呢?……”

邓小平:“还没有恢复生产建设兵团的建制。”

王震:“岂止是没有恢复啊!他们把国营农场的土地、公有财产全都分了!更不像话的是,官大的多拿,官小的少拿,没官没职的又变成了‘贫下中农’!民族矛盾一起,这些没官没职的‘贫下中农’只有往关内跑!”

邓小平倒了一杯开水:“别上火,先喝口水,压压火气,然后再接着说。”

王震:“我心里的火大着呢,越喝火越大。”

邓小平:“那就自己压压火再说。”

王震:“我们中央的一些领导同志不懂屯垦戍边的政策，也不知道党的民族政策,开口一说,不计后果,四十年前跟着我进疆的老南泥湾,就灰溜溜地被赶出了新疆！”

邓小平沉重地:“我知道了！”

邓小平办公室　内　日——

胡耀邦:“这次大会讨论之认真和热烈,是前所未有的,真正做到了知无不言,言无不尽。但是,关于毛泽东同志和毛泽东思想的评价问题,仍然是讨论的热点,争论的焦点。”

邓小平:“我看了一些简报,知道了一些情况。你们可以谈一谈所谓的尖端发言,供我们分析、参考用。”

胡耀邦:“不少所谓的理论家,还有一些职务很高的领导干部,每每讲到文化大革命中的遭遇,都不同程度地把毛主席比作焚书坑儒的秦始皇。其中一位老同志竟然说道,毛泽东是比秦始皇还残暴的暴君！”

邓小平拍案而起:“无知妄说嘛!毛泽东是比秦始皇还残暴的暴君,那我们这些人岂不成了暴君的帮凶？中国共产党岂不变成了暴君独裁的工具？”

胡乔木:“还有个别的理论家攻击毛泽东思想没有体系，说毛泽东同志的《实践论》、《矛盾论》是东拼西抄苏联三十年代的哲学著作。”

邓小平:“索性把话说明了嘛，中国共产党所高举的毛泽东思想伟大红旗是东拼西凑的大杂烩！再推论下去,一个党的核心思想是错的,那这个党还有什么存在的必要嘛?!”

胡耀邦:“你的意见呢？”

邓小平:“对毛泽东同志的评价,对毛泽东思想的阐述,不是仅仅涉及毛泽东同志个人的问题,这同我们党、我们国家的整个历史是分不开的。要看到这个全局。这不只是个理论问题,尤其是个政治问题,是国际国内的很大的政治问题。如果不写或写不好这个部分,整个决议都不如不做。”

胡耀邦:“那我们如何向大会交待呢？”

邓小平:“先不谈这个问题！”他转身叫道,“李秘书！”

李秘书应声走进。

邓小平:“就在你们主持召开四千人大会的时候，我找警卫局的同志谈了一下,他们说,把我前些日子和意大利记者法拉奇的谈话向战士们宣读了,还组织了座谈会。下边,请李秘书讲一下这些战士是怎么说的！”

李秘书:“总的说,干部、战士都觉得邓副主席这样讲好,能接受。不提毛泽东思想,对毛泽东主席的功过评价不恰当是不行的。”

邓小平:“说得具体一点。”

李秘书:“一位干部说,我父亲是老工人,他生气地说,打倒毛主席不行;一位战士的父亲是土改时候的贫下中农,听说北京有人反对毛泽东思想,他就说,中国七亿农民绝不答应;我还召集警卫局的干部开会,问他们同不同意打倒毛主席?他们坚决地回答说,不同意!问他们为什么不同意?他们说,那些高喊打倒毛主席的人心术不正,他们的目的是要把中国引向资本主义！”

邓小平:“好了,你下去吧！”

李秘书应声退出。

邓小平:“你们都听到了吧?这就是我们的基本队伍工农兵的态度。我们不是口口声声地高喊为工农兵服务吗？为什么有些同志的想法却和他们背道而驰呢？同时,为什么他们一眼就看清了这些同志打倒毛主席、否定毛泽东思想的真实用意呢？这是非常值得我们这些共产党人好好想一想的啊！”

胡耀邦:“我们如何对待毛主席的错误呢？”

邓小平:“对于错误,包括毛主席的错误,要毫不含糊地进行批评,但是一定要实事求是,不能把问题归结到个人品质上。我再重申一次,对于毛主席的错误写过了头,不仅是给毛主席抹黑,也是给我们党、我们国家抹黑。这也是违背历史事实的！”

胡乔木:“对于少数人的发言,中央应该有个态度。”

邓小平:“一、硬着头皮听;二、坚决顶住。”

中南海岸边　外　傍晚——

邓小平独自一人在岸边踽踽踱步,下意识地吸着烟,偶尔望望对岸的故宫。

有顷，李秘书拿着一个文件夹走到近前："彭真同志转来了审判林彪、'四人帮'两个反革命集团的报告。"

邓小平："有他们的主要罪行材料吗？"

李秘书双手呈上文件夹："有！"

邓小平接过文件夹打开，翻了翻有关材料，遂又把文件夹合上："请通知彭真同志，我将就审判林彪、'四人帮'两个反革命集团有关的事情和他长谈一次。"

邓小平办公室大院　外　日——

邓小平："彭真同志，你送来的关于审判林彪、'四人帮'两个反革命集团的报告和材料看过了，应该说是铁案！"

彭真："正因为是铁案，这些罪大恶极的反革命骨干分子就更应该受到法律的制裁。让人民看一看，他们是如何打着毛主席的旗帜反对毛主席的。"

邓小平："但是，决不能转移审判林彪、'四人帮'这两个反革命集团的中心。换句话说，决不能给这些反党阴谋家提供攻击毛主席的条件。"

彭真："我明白。"

邓小平："我们审判林彪、'四人帮'两个反革命集团的另一个目的，是让他们公开地给人民当一次反面教员，让我们的党员、干部，还有广大的工农兵群众真正知道，林彪、'四人帮'这两个反革命集团是如何祸国殃民的！"

彭真："通过预审，我可以这样说，这些阴谋家一定能当好这样的反面教员。"

邓小平："彭真同志，中央最近召集四千人开会，讨论建国后的历史决议，你的意见呢？"

彭真："我是坚决反对那些打倒毛主席，反对毛泽东思想的思潮的。"

邓小平微微地点了点头。

李秘书走到近前："首长，卢绪章局长打来电话，说他的亲戚包玉刚船王到了北京，问您有何指示？"

邓小平："告诉卢局长，一定要热情。另外，请他转告船王包玉刚先生，等我忙过这一阵，一定向他请教。"

国家旅游局办公室　内　日——

这是一间十分简陋、拥挤的办公室，除了一张破旧的写字台外，连把像样的椅子都没有。

卢绪章十分麻利地归整写字台上的东西。

有顷，一位年轻人端着一把椅子走进："卢局长，这把椅子放在什么地方？"

卢绪章："就放在写字台的对面。小李，帮着我打一壶开水去！"

小李："是！"他把椅子摆在写字台的对面，提着一个竹编的暖瓶走了出去。

这时，走廊中传来了一个男人的问话声："请问这就是中国旅游局吗？"

"没错！"

"你们的卢局长就在这样的地方办公吗？"

"对！"

卢绪章一边自语地说道："来了，来了！"一边快步走出办公室。只见：身着西服革履的包玉刚有些疑虑地走来。

卢绪章大步迎上去，紧紧握住包玉刚的手："欢迎你的到来，请屋里坐！"

包玉刚随着卢绪章走进办公室，举目巡视一遍："老兄！这就是局长办公的地方？"

卢绪章："对，对！"

包玉刚不解地摇摇头："你现在是国家旅游局的局长了，怎么还没有你当年在重庆、上海阔气呢？"

卢绪章："老弟，当年摆阔，是工作的需要。"

这时，小李提着暖壶走进办公室。

卢绪章提高嗓门："小李！给当代船王沏茶。"

包玉刚难以理解地摇了摇头。

邓小平办公室大院　外　日——

彭真有些沉重地："你是知道的，'文革'开始前，一个'五一六'通知就把我打到十八层地狱了！开始，我想不通；后来渐渐地想通了；等到经历了十多年炼狱之火的洗礼，我清楚了一个个为什么。我看到了毛主席伟大的历史功绩，也看到了他晚年犯错误的原因。从某种意义上说，没有毛主席和毛泽东思想，就不会有一个新中国，也不可能有我彭真。"

邓小平："你说得好啊，我们这一代人的成长，是和毛主席、毛泽东思想分不开的。"

这时，胡耀邦大步走到了跟前："真没想到，你和彭真同志在这里谈工作。"

邓小平："耀邦同志，你们会上出现新的情况了吗？"

胡耀邦："出现了！会上有个别人对你提出了批评。"

邓小平："我举双手赞成，绝不允许给批评我的人小鞋穿。这是因为我是犯了不少错误的，包括毛泽东同志犯的有些错误，我也有份儿，只是可以说，也是好心犯的错误。"

彭真："小平同志为我们这些老家伙树立了自我批评的榜样。"

胡耀邦："另外，乔木同志把粉碎'四人帮'以后的四年写了二千五百字，办公厅发给了七位常委。除个别同志借口没有经过常委讨论，不赞成加上外，多数同志表示同意。"

邓小平："既然有个别同志不赞成，先不加，等到大会讨论之后再说。"

国家旅游局局长办公室　内　日——

包玉刚："你是知道的，我是在中国土生土长的，我应该对生于斯，养于斯的中国做点事。"

卢绪章："欢迎，欢迎啊！"

包玉刚："我是搞远洋航运的，中国不仅人口众多，而且资源又很丰富，更重要的海岸线长，发展航运是有很多有利条件的。"

卢绪章："我们很想听听你的意见。"

包玉刚："等我考察后再谈。另外，为了支持国内造船业的发展，我准备购买中国造的船。"

卢绪章:“我代表邓小平同志向你说声,谢谢!”

包玉刚一怔:“什么?你能代表邓小平先生?……”

卢绪章:“能啊!他还希望你能给我当参谋,尽快把中国的旅游产业发展起来呢!”

包玉刚:“真的?”

卢绪章:“老弟,你应该知道我的为人嘛!”

包玉刚微微地点了点头:“你当年在重庆、上海是做大买卖的,应当知道门面的重要吧?”

卢绪章:“当然知道!”

包玉刚指着办公室:“这间房子是你这个局长待的吗?”

卢绪章:“现在是百废待兴,开始起步的时候嘛!”

包玉刚再次摇了摇头:“请告诉我,你这个旅游局长有几个五星级饭店啊?”

卢绪章:“一个也没有!”

包玉刚:“这怎么行呢!”他凝思片刻,“这样吧,我赠给你一千万美元,先建一座办公大楼和一座饭店。”

京西宾馆小会议室　内　日——

一位年过七旬的屈老:“既然是建国以后若干历史问题的决议,为什么不写近四年这一段?应该写嘛,要以十一届三中全会为界,之前是继承‘文革’路线,之后走上正确的道路。”

一位中年学者:“我赞成屈老的意见,一、近四年一定要写;二、以三中全会为界,分两段。前一段讲错误,如搞‘继续革命’、‘两个凡是’、个人崇拜等。”

一位年过六旬的童老:“粉碎‘四人帮’以后这四年非写不可,而且要把功过写清楚。我听说中央有人不同意写,这是毫无道理的事嘛!”

一位年近七旬的刘老:“据我所知,不同意写这四年的是个别的领导同志。经过真理标准问题的大讨论,他应当清醒地认识自己这一段的工作,三中全会以前,他在政治、思想、组织上继续搞‘文革’那一套嘛!”

人大会堂小会议室　内　夜——

一位中年学者："我们不仅要写这四年，而且还要写十一届三中全会重要的历史地位。我个人认为，十一届三中全会是党在新的历史时期的'八七会议'和'遵义会议'。因此，不同意写这四年是完全错误的！"

一位年长的学者："据我所知，不同意写近四年历史的真实目的，是怕揭他三中全会以前这两年的短，也怕歌颂三中全会以后这两年的长。一句话，全都写清了，担心坍台！"

在男女深沉的画外音中，叠印出有关的历史资料。

男声画外音："一九八〇年十一月十日，中共中央召开政治局会议。华国锋提出辞去中共中央主席、中央军委主席和党内的其他职务，并对粉碎'四人帮'以来的工作作了检查和解释。与会的二十八位同志都讲了话，对华国锋四年以来的工作进行了实事求是的评价和批评。这次中央政治局会议做出三项决议，一、向十一届六中全会建议，同意华国锋辞去中央委员会主席、中央军委主席的职务；二、向十一届六中全会建议，选举胡耀邦为中央委员会主席，邓小平为中央军委主席；三、在十一届六中全会召开之前，暂由胡耀邦主持中央政治局和中央常委的工作，由邓小平主持中央军委的工作，都不使用正式名义。"

女声画外音："在《关于建国以来党的若干历史问题的决议》起草和讨论的同时，在邓小平等老一辈无产阶级革命家的指导下，由彭真同志负责完成了对林彪、'四人帮'两个反革命阴谋集团审判前的准备工作。从是年十一月二十日起，最高人民法院特别法庭开庭公审，经过两个月零五天的审理，林彪、江青反革命阴谋集团的骨干成员终于受到国家法律的制裁！同时，中央政治局会议作出决定，《关于建国以来党的若干历史问题决议(讨论稿)》参照讨论中提出的意见进行改写。在政治局讨论并原则通过后，将仍在四千人范围内再讨论一次，在再次修改后提请六中全会讨论通过。一九八一年的春天是美好的，但是依然是很不平静的……"

邓小平会客室　内　日——

胡耀邦："小平同志，你对乔木同志近期修改的这份历史决议稿，还有什么意见吗？"

邓小平:“总的看,对毛泽东同志的评价,对毛泽东思想的认识还有相当的距离。不过嘛,乔木同志已经为它付出了很多的心血,我让他到外地休息一个时期,然后再做进一步的修改和加工。”

胡耀邦:“可是,还有一些从事理论工作的同志向我反映,他们不赞成乔木同志的稿子。”

邓小平:“我认为让他们赞成是很难的!”他沉思片时,“我们应该讲清楚，现在的方案集纳了方方面面的意见，是一个为大多数同志认同的稿子,我们只能尊重这个多数。”

胡耀邦:“是！据来自新疆的消息说,南疆的叶城县又发生动乱事件,少数人游行示威，冲击机关，殴打干部，扬言要建立所谓‘伊斯兰共和国’。”

邓小平:“我已经收到了赶往新疆的王震同志的报告！”

胡耀邦轻轻地叹了口气。

新疆维吾尔自治区政府会议室　内　日——

王震:“中央已经下了命令,对于这些林彪、‘四人帮’残余分子,还有那些境内外相互勾结闹独立的极少数分裂主义分子，就坚决地把他们抓起来,实行专政！一说到专政,就有人怕扩大化,究竟他们有多少人?他们的罪行是这样的明显,难道还看不清吗?”

在王震的讲话声中缓缓摇出汉族、维族、哈萨克等民族的党、政、军干部。

王震:“在座的同志,主要是随我来新疆的老同志,有不安心在新疆继续工作的吗?”

“有！”几个汉族干部有情绪地答说。

王震:“一个一个地讲你们的理由。”

一位年近六十的干部:“三十年前,我是跟着您进疆的;您离开之后,我又根据党的需要,继续留在新疆工作。应当说,我把自己的青春和热血都献给了新疆。可是现在呢,不说为什么,就要把我们轰回内地。我们的心真是寒透了！”

“对！我们的心真是寒透了。”

王震:“同志们,为什么要心寒呢?我想和你们说说心里话,希望你们都忍住性子听。”

与会的各族干部相继点头。

王震动感情地:“同志们!我年纪大了,又有病。而且得的是癌症,说起来吓人哪!可是我为什么还要来新疆呢?因为我爱新疆。因此,我要告诉你们,一、不要乘歪风,走邪路;二、要加强民族团结,继续把你们的余热献给新疆!”

与会的汉族干部沉默不语。

王震:“同志们!我还是要讲新疆的历史。以前乌斯满匪帮到处流窜,给新疆各族人民带来多大的危害啊!新疆解放时,各族人民之所以扶老携幼,夹道欢迎中国人民解放军,就是因为他们几十年深受乌斯满匪帮的危害。关于这一点,我们要一年一年讲下去,历史学家以及我们的老同志,要把这些写成书,永远地传下去!”

一位干部慌张地走进:“报告!当年上海支边青年听说王震首长来了,他们从各地赶来,要求和王震首长对话!”

与会的各族党、政、军干部猝然紧张起来。

王震坦然地:“找个大一点儿的地方,我见他们。”

一个中等的食堂　内　日——

王震动感情地:“当年,你们跟我来新疆的时候,都是二十岁上下的热血青年。今天呢,你们的孩子都不止二十岁了!这些年来,尤其‘文革’当中,我没办法来看你们,真的很对不起。今天,你们肚子里有什么苦水,都向我王震吐!谁先讲?”

在王震的讲话声中摇出几十位五十岁左右的男女同志。

一位男同志:“王司令!您还记得我们当年是唱着‘告别黄浦江,高歌进新疆’的歌曲来到天山南北的吗?”

王震:“记得,记得。”

这位男同志:“你问问今天请求见您的这些人,我们为什么又要唱着‘宁饮浦江水,不食塔河鱼’要求回上海呢?”

王震指着大家:“说!你们都说。”

“王司令，我们是靠你开创的南泥湾精神在石河子闹革命的。可是现在呢？随着生产建设兵团的解散，我们用青春和热血浇灌出来的土地、庄稼和财产被他们分了！”

“您知道吗？是被那些权贵们拿走了！”

“我们这些大批的支边青年——现在已经老了，不要几年，就失去劳动能力了，我们的前途在哪里？希望又在哪里？”

“反正你王司令官大位尊，看完了我们，拍拍屁股就走了，可是我们呢？”他说着说着哭了。

这哭声引来一片哭泣声。

王震两眼红了，渐渐地淌下了纵横的老泪。

一位女同志哭着大声问：“王司令！我们的出路在何方？”

王震用衣袖管擦了一把泪水，坚定地说：“在新疆！”

全体与会的男女震愣了。

王震：“我是一个地地道道的老兵，是我把你们带到新疆来的。你们说我不敢来了，我来了！你们知道吗？我是一个七十多岁的老人了，还得了癌症，中央不让我来，是我从北京‘开小差’到这儿来的，就是要见一见你们啊！”

“王司令！”与会的男女哭泣地喊着。

王震：“新疆是祖国十分富庶的地方，新疆各族人民是中华民族大家庭中十分重要的成员。西汉的张骞到过新疆；东汉的班超、班勇父子也到过新疆；清朝的林则徐和左宗棠也都到过新疆。他们不畏路途遥远，西出阳关，来到新疆，为开发、繁荣和保卫新疆尽心尽力。我们这一代人，一个共产党人，一个老兵，更应该热爱新疆、建设新疆！”

与会的男女低声地抽泣着。

王震：“同志们！当年，我曾经给你们背过一首诗，今天我还想再背一次，‘大将筹边尚未还，湖湘子弟满天山。新栽杨柳三千里，引得春风度玉关。’”他再次老泪纵横。

与会的男女泣不成声。

王震：“我向你们坦言，党的十二大召开的时候，倘若我还活在人间，我将申请辞去党的领导职务，退休到新疆来，和各族人民一道，共同为祖国的安全、繁荣、昌盛而奋斗到底！如果去见马克思，我已经委托战友和家属，将我的骨灰撒在天山上，在四个现代化实现之日，同新疆各族人民共享欢乐，同庆胜利！"

"王司令！"与会的男女失声痛哭。

北京　邓小平办公室　内　日——

邓小平坐在桌前批阅文件。有顷，他站起身来，在室内缓缓踱步凝思。

李秘书："乔木同志从外地打来电话。"

邓小平："接过来！"他走到桌前，拿起电话，"喂！你是乔木同志吧？"

远方显现出胡乔木打电话的画面："我是胡乔木。小平同志，你对我修改的那个稿子有什么意见？"

邓小平："历史部分我看过了，总的讲，缺点错误讲得多，成绩讲得少，鼓舞人们提高信心、提高勇气的力量不够。"

胡乔木："对文化大革命前十年的内容有什么意见吗？"

邓小平："现在的稿子和原先设想的方针不对头，好像错误都是毛泽东同志一个人的，别人都对。历史不是这样的。这不合乎实际。集中起来说，还是对毛泽东同志的评价问题。你对《历史决议》进一步修改有个方案了吧？"

胡乔木："有了！我准备电传给政研室的同志，由他们转给你。"

邓小平："很好！耀邦同志有一个意见，决议稿要多听听老干部、政治家们的意见。我认为这很对，我赞成。"

中纪委会客室　内　日——

胡耀邦："克诚同志，你不仅是我们党的老同志，而且也是受政治迫害最久的老同志了，你看了《历史决议》之后，一定有不少意见吧？"

黄克诚："对！主要是不够实事求是。"

胡耀邦："请讲得详细些。"

黄克诚："第一，对中国共产党的历史地位写得不够；第二，对毛主席和毛泽东思想的评价有失公允。"

胡耀邦："你是如何看待毛主席的？你又是如何看待庐山会议的？"

黄克诚:“虽然我自庐山会议以来一直蒙冤，但我们这代人对毛主席的感情是超越一切个人感情的。他是中国最早的马列主义者之一,他为创立中国共产党和人民的军队，为建立社会主义的新中国献出了自己的一切,他成功了,成了党和国家的领袖,全民爱戴的领袖。可是,我看了这个《历史决议》之后,感到没有反映我们这一代人的思想和情感。”

胡耀邦:“你是如何看待毛主席的历史功过的呢？”

黄克诚:“对此,毛主席生前曾说过,他一辈子干了两件大事。一件是推翻三座大山,建立新中国,这已经胜利完成了。另一件就是发动文化大革命,这件事还没办完,结论如何,尚未可知。实践证明第二件事是彻头彻尾地错了！”

胡耀邦:“更为重要的是,毛主席这个错误对党、对国家几乎是毁灭性的啊！”

黄克诚:“但不管他晚年的失误有多么严重，后人还可以用大量和长时间来补救。而毛主席已经建立的历史功绩,则是无人可代替的。”

胡耀邦:“我赞成你的意见。”

黄克诚:“何况毛主席系统地总结了中国革命的经验，是创造性地把马列主义理论联系中国实际的典范。因此,毛泽东的思想和著作,永远是我党、我国的宝贵财富。对此,现在的《历史决议》稿也没有体现出来。”

胡耀邦:“我听了你这番谈话,使我更加坚信,负责组织起草《历史决议》的领导同志,必须多听听你们这些老同志的意见,写出的历史决议才有生命力。”

黄克诚:“否则就把党的形象搞糟了！”

陈云家的会客室　内　日——

陈云:“你对《历史决议》的意见,我是举双手赞成的。我曾给胡乔木、邓力群他们讲过多次,一定要在我们这一代人还在时候,把毛主席的功过敲定,把‘文革’的问题敲定,一锤子敲定,一点一点讲清楚。这样党的思想才会统一,人民的思想才会统一。”

邓小平:“但是,我们有些同志就是不顾全这个大局,顽固地要求按照他们的想法去写。”

陈云："这是很危险的！如果我们不坚持按照我们的想法去办，将来很可能把毛主席打倒。结果，不但会把毛主席否定，而且也会把我们这些作含糊决议的人否定。因此，必须把这个问题搞清楚。"

邓小平："你认为如何加工、修改好这个决议呢？"

陈云："我有两条意见，一、专门加一篇话，讲讲解放前党的历史，写党的六十年。六十年一写，毛泽东同志的功绩、贡献就会概括得更全面，确立毛泽东同志的历史地位，坚持和发展毛泽东思想，也就有了全面的根据。"

邓小平豁然开朗："这个意见很好，最难办的问题解决了。我一定向起草小组转告。"

陈云："二、建议中央提倡学习，主要是学习马克思主义哲学，重点是学习毛泽东同志的哲学著作。当年在延安，我学习毛泽东同志的哲学著作，受益很大。"

邓小平："我也主要是从毛泽东同志的哲学著作中学会运用辩证法的。"

陈云："因此，历史决议中关于毛泽东同志对马克思主义哲学的贡献，要写得更丰富，更充实。结束语中也要加上提倡学习的意见。"

邓小平："好！这就确立了毛泽东思想在我党的核心地位。"

陈云："我还是要提醒你，少工作就是多工作。"

邓小平："不行啊！我还要接见吉布尼先生和林达光先生，和他们谈谈社会主义的市场经济问题。"

人民大会堂贵宾室　内　日——

邓小平："我真诚地欢迎吉布尼先生和林达光先生来访，也愿意回答你们提的问题。"

吉布尼："对美国来说，中国长年来是关闭的。现在你们要这样高速度实现现代化，真是一个了不起的大挑战。确实像重新开展一场革命似的。"

邓小平："确实像是一场新的大革命。我们革命的目标就是解放生产力，发展生产力。离开生产力的发展、国家的富强、人民生活的改善，革命就是空的。我郑重地说，我们不是资本主义，但我们也不要贫穷的社会主义。"

吉布尼:“你力主引进外国资本,实现中国的现代化,这会不会导致中国社会制度发生变化？”

邓小平:“不会的！我承认外资是资本主义经济，在中国占有它的地位。但是外资所占的份额是有限的,改变不了中国的社会主义制度。”

林达光:“您是不是认为过去中国犯了一个错误，过早地限制了非资本主义的市场经济？而今又力图扩大非资本主义市场经济的作用？”

邓小平:“说市场经济只存在于资本主义社会，只有资本主义的市场经济,这肯定是不正确的。社会主义为什么不能搞市场经济?这个不能说是资本主义。”

林达光:“您提出了一个非常了不起的命题，社会主义可以搞市场经济。我很想听听您更加深入的意见。”

邓小平:“我经过深思熟虑得出结论,一、我们搞的市场经济是社会主义的;二、市场经济不能说只是资本主义的,是社会主义的。市场经济,在封建社会时期就有了萌芽。社会主义也可以搞市场经济。同样,学习资本主义国家的某些好的东西,包括经济管理方法,不等于实行资本主义嘛!”

吉布尼:“很有新意。”

邓小平:“一句话,我们是把它当做方法来发展我们的生产力,绝不会影响社会主义性质,更不会回到资本主义社会。”

邓小平的办公室　内　日——

邓小平坐在沙发上,聚精会神地审阅文件。

茶几上的电话铃声响了。

邓小平拿起电话:“喂！我就是啊……”

远方显出卢绪章打电话的画面:“我是卢绪章,小平同志,船王包玉刚自香港给我打来电话,他将陪着父亲包兆龙老先生来北京,很希望得到你的接见。”

邓小平:“那就请你写个报告,请办公厅的同志安排。”

卢绪章:“可是我们有些领导同志，仍然不同意饭店用包兆龙老先生的名字命名。”

邓小平:“为什么呢？”

卢绪章：“他们认为，如果未来的饭店叫兆龙饭店，那就是在首都北京为境外的资产阶级树碑立传。”

邓小平：“这叫什么话！请你告诉这位领导同志，如果他还坚持这种意见，我就请他休息！”他啪的一声挂上电话。

远方卢绪章打电话的画面消失。

李秘书走进：“家里打来电话，说有远道的贵客，请你早些回家。”

邓小平家的庭院　外　傍晚——

邓小平健步走在春意盎然的庭院甬路上。

室内传出十分熟悉的、亲切的对话声：

“当年啊，我们首长在赣南的时候，最喜欢吃春笋。我记得他对我说，小尤同志，如果能弄点儿猪肉来，炒它一盘春笋炒瘦肉丝……他说着说着口水都淌出来了。”

邓小平听后笑了。他快步走进屋去，一看：

老尤从行李袋中掏出一个个春笋放在茶几上。

邓小平高兴地：“今天啊，就让卓琳炒一盘春笋炒瘦肉丝好不好？”

老尤：“好！老首长，你回来了？”

邓小平：“回来了！你来北京怎么也不提前打个招呼？背着这么多的春笋多沉啊！”

卓琳：“他啊，是和县里的一个干部吵完架，一气就跑到北京找你告状来了。”

邓小平：“谁惹你生气了？没动手吧？”

老尤：“这年月，小小的县太爷，怎敢动手打邓大人当年的通信员。”

邓小平：“为什么呢？”

卓琳：“他们新上任的县太爷，到处大讲特讲万元户，说当了万元户的是英雄，当不了万元户的是狗熊。老尤一听就火了，和他辩论起来。没想到这位县太爷说这是你提倡的。老尤二话没说，就背上这些春笋来北京了。”

老尤：“老首长，这话是你说的吗？”

邓小平：“可以肯定地说，不是我说的。”

老尤：“这就对了！我们跟着毛主席和你闹革命，难道就是为了再搞几个新型的地主吗？”

邓小平：“这话也不对。因为时下的万元户不是地主，他们是靠双手挣来的，不是靠剥削得来的。”

老尤：“不管怎么说，一部分人先富起来是对的，但是不能忘了那些受穷的。因为共产党人还有一个最高的使命，那就是解放全人类！”

邓小平：“你说得对。先富带后富，最后大家一块富。”

老尤：“咳！下边这些歪嘴的小和尚，又把你定的改革开放的经卷给念歪了！”

邓小平：“还是主席说的那句老话，教育农民是个严重的问题。”他笑着问：“把美国儿媳妇领回家了吗？”

老尤腾地一下站起来：“我不要这个蓝眼睛、黄头发的美国儿媳妇！连尤才这小子也不准他进家门。”

卓琳：“我可和你的老首长商量好了，你不要，我们要！”

老尤：“真的？”

邓小平：“真的！历史上，王昭君曾下嫁匈奴人，西藏的松赞干布也娶了一位汉族的公主；就说我们党的领导人李立三同志吧，也娶了一个俄国的姑娘。当年曾和我在一个党小组过组织生活，后来又在你们赣南很有名气的蒋经国吧，不也娶了一个苏联的共青团员嘛。为什么我们的尤才就不能娶一个蓝眼睛、黄头发的美国姑娘呢？”

老尤摇了摇头：“你们要啊，我不反对，反正我是不准他们进家门！”

卓琳：“等有机会了，你可以陪着我去深圳看看他们小两口吗？”

老尤：“到时再说。”

邓小平笑了：“好一个到时再说，你的心动了！”

邓小平办公室　内　日——

邓小平坐在桌前批阅文件。

王震走进：“邓副主席，我写给你的要求恢复生产建设兵团的信收到了吧？”

邓小平：“收到了！”他拿起桌上一封信，“我做了批示，你看吧！不过，到头来又是要劳驾你这个病号。”

王震接过信件双手捧读，传出邓小平的画外音：

“请王震同志牵头，约集有关部门领导同志对恢复生产兵团的必要性，作一系统的报告，代为中央拟一决议，以凭决定。邓小平　七月一日。”

王震边收信边说：“有了你这条批示，新疆问题就可以画上一个圆满的句号了。”

邓小平：“我想向中央建议，调王恩茂同志重返新疆，接替你这个病号去工作。你的意见呢？”

王震：“可以！”他笑了笑，“新疆各族人民让我向你转达一个要求，在瓜果飘香的八月，请你去新疆做客。”

邓小平高兴地：“行！不过，你这个老新疆要给我当向导。”

定格叠印字幕：

第二十四集终

第二十五集

在男女深沉的画外音中叠印出有关的历史资料。

男声画外音:“邓小平在王震的陪同下于八月十日视察新疆。从此,新疆各族人民迈步走上了奔向小康的光明大道! 中共十一届六中全会预备会议召开了,邓小平再次论述了经过多次修改的《关于建国以来党的若干历史问题的决议》,使得这个决议起到像一九四五年那次历史决议所起的作用。那就是总结经验,统一思想,团结一致向前看!为了逐步解决干部终身制,他建议设立顾问委员会,并当选中央顾问委员会主任。”

女声画外音:“接着,邓小平又着手解决关于台湾回归祖国,实行一国两制的伟大构想。随着这一伟大构想的提出,香港于一九九七年回归祖国也提上了日程。为此,英国这个老牌殖民主义者通过各种渠道进行试探,妄图把香港这个东方明珠牢牢地掌握在大英帝国的手中。随着改革开放步伐的加大,关于兴办特区——尤其是深圳特区的建设,也招来很多非议。加之沿海地区因走私成风而导致腐败现象的加剧,一些心存疑虑的同志把矛头指向了兴办特区的方针、政策上……”

邓小平办公室　内　日——

邓小平:“乔木同志,你看了《中共中央、国务院关于打击经济领域中严重犯罪活动的决定》了吧?”

胡乔木:“看了! 同时,我还看了有关沿海一带走私犯法活动的通报,真是感到触目惊心。”

邓小平:“是啊! 我们实行对外开放和对内搞活经济不过才两年的时间,就有相当多的干部被腐蚀了。”

胡乔木:“听陈云同志说,当前犯罪的严重情况,不是过去‘三反’、‘五反’那个时候能比的。”

邓小平:“那个时候,贪污一千元以上的是‘小老虎’,一万元以上的是‘大老虎’,现在一抓就往往是很大的老虎!更为严重的是,性质都很恶劣,贪污的或者损害国家利益的,都不止是什么‘万字号’。在这两年当中,有大量的白银、黄金走私到香港,使国家损失了大量的外汇。”

胡乔木:“必须严格执法,从重处理,方能起到以儆效尤的作用。”

邓小平:“单靠这一手还不行!要靠两手才行,一手就是坚持对外开放和对内搞活经济的政策,一手就是坚决打击经济犯罪活动。要告诉我们的同志,这是一个长期的经常的斗争。”

胡乔木:“这件事情搞不好,会失去一定的民心,甚至还会被人当成攻击改革开放的靶子。”

邓小平从桌上拿起一份材料:“这是谷牧同志前几天报来的材料,说有些人大代表和政协委员查经济犯罪的原因,就查到了兴办特区上来。”

胡乔木:“我也听说了,深圳办特区,是导致经济犯罪的源头,不堵死这个源头,社会主义就一定会变颜色!”

邓小平:“这是风马牛不相及的两件事嘛!你是理论家,要从理论上阐述清楚经济犯罪的原因。”

李秘书走进:“谷牧副总理问,你何时见他?”

邓小平:“给谷牧同志回电话,今天下午!”

邓小平办公室的庭院　外　日——

邓小平和谷牧相对坐在藤椅上,看着满园的春色,严肃地交谈着。

谷牧:“说到对兴办经济特区的非难——尤其是对毗邻香港的深圳特区的非难那就多了!有人说特区是国际资产阶级的‘飞地’,是香港市场上‘水货之源’的销售地;也有人说特区是中国走私的‘通道’,甚至比拟为旧中国上海的‘租界’等等。总之,他们把社会上一切腐败的现象都归罪于建设经济特区。”

邓小平:“你是如何看待这些责难的呢?”

谷牧:“我认为这些责难,给特区创办工作增加了困难。我作为分管经济特区和对外开放工作的负责人,深感压力不小,很有些‘秋风萧瑟’的味道。”

邓小平:“言重了!你应该记得,对于改革开放,一开始就有不同的意见,尤其对兴办经济特区。社会主义国家举办主要是同资本主义国家发展经贸关系的经济特区,老祖宗马克思、列宁没有讲过,社会主义国家也无此先例,它是一项重要的创举和试验,不出些问题那才叫不正常呢!”

谷牧:“我看‘极左’思潮也在起作用。”

邓小平:“这也是难免的!另外,中国饱受帝国主义的侵略,人们对于同资本主义打交道存有戒心,对特区有疑虑和非议,也是可以理解的。”

谷牧:“我赞成你的意见!”

邓小平:“你打算怎么办呢?”

谷牧:“我坚决执行中央委托给我的任务,把兴办特区和对外开放推向前进!”

邓小平:“好!有哪些具体措施?”

谷牧:“我准备在第二、第三季度花较大的功夫,对经济特区进行调研,对广东、福建进行实地考察,然后召开有关座谈会,向中央做出有说服力的报告。”

邓小平:“很好!还有什么问题吗?”

谷牧:“香港风传中国到一九九七年要收回香港,英国人反对,股票波动很大。如果香港的经济出现了麻烦,深圳就会受到冲击。”

邓小平:“你放手去做,香港的问题由中央来解决。”

李秘书:“首长!你接见包玉刚父子的时间到了。”

邓小平喟叹一声:“咳,时间太少了!谷牧同志,我们就谈到这儿吧。”

人大会堂贵宾室门口　内　日——

邓小平站在门口静静地等待着。

包玉刚和卢绪章搀扶着年迈的包兆龙走来。

邓小平迎上去,紧紧握住包兆龙的双手,热情地:“真诚地欢迎老先生来北京看看!”

包兆龙:“邓先生,您日理万机,还挤时间接见我们父子,真是不知道该如何谢谢您啊!”

邓小平:“老先生,说谢谢就远了!”他转身指着贵宾室,“请!”

贵宾室　内　日——

邓小平坐在沙发上:“包玉刚先生,你们父子创建这样庞大的海上王国很不容易啊！”

包兆龙:“主要是玉刚的功劳。”

包玉刚:“邓先生有所不知,一九五五年,我才开始有第一条船,是八千七百吨。经过二十七年的奋斗,我已经拥有二百一十条船,总吨位是二千一百万吨。这其中包括中国造的六条船。”

邓小平:“了不起！包先生,你帮我们合作搞的那几条船,有希望搞好吧？”

包玉刚:“我想不会有问题的。我个人认为，中国造船厂虽说已经不错,但还需要引进先进的新的技术,这样才能造好船,造大船。”

邓小平:“你说得不无道理！时下,我们搞些小吨位的船,世界上也需要吧？”

包玉刚:“需要！二三万吨位的船更需要。”

邓小平:“二三万吨位的船,我们的造船厂,恐怕还没有这样的本事。”

卢绪章:“我听柴树藩部长说,我们有造二三万吨船的能力。”

邓小平:“好,好!包玉刚先生,听说你和英国首相撒切尔夫人有私交,是这样的吧？”

包玉刚:“是的!尤其是关于中国的政情和香港的金融,她经常向我咨询。”

邓小平:“这很好嘛！希望你能为香港回归祖国出力。”

包玉刚:“请放心,我也有颗中国心嘛！”

邓小平:“很好!包老先生,你这次来北京,有什么事情需要帮忙,就只管说。”

包兆龙:“我听说北京有人反对叫兆龙饭店,是这样的吗？”

邓小平:“我不能说没有,但我是赞成的。”他转身取来一个大信封,“这就是我送给你们父子的礼物！”

包玉刚双手接过信封,取出一幅字,打开特写:

兆龙饭店

包玉刚、卢绪章激动地鼓掌。

包兆龙老先生的脸上绽开笑颜。

在热烈的掌声中送出深沉的男女声画外音，并叠印出有关的历史资料片。

男声画外音："不久，中国共产党第十二次全国代表大会召开了！邓小平在开幕词中明确地指出，走自己的路，建设有中国特色的社会主义。他在回顾了我党正、反两个方面的经验和教训之后，强调地指出，我们的现代化建设，必须从中国的实际出发。无论是革命还是建设，都要注意学习和借鉴外国经验。但是，照抄照搬别国经验、别国模式，从来不能得到成功。把马克思主义的普遍真理同我国的具体实际结合起来，走自己的路，建设有中国特色的社会主义，这就是我们总结历史经验得出的基本结论！"

女声画外音："同时，邓小平重申了八十年代的三大任务，提出今后一个长时期，至少是到二十世纪末的近二十年内，要抓紧四件工作，进行机构改革和经济体制改革，实现干部队伍的革命化、年轻化、知识化、专业化；建设社会主义精神文明；打击经济领域和其他领域内破坏社会主义的犯罪活动；在认真学习新党章的基础上，整顿党的作风和组织。这是我们坚持社会主义道路，集中力量进行现代化建设的保证。与此同时，香港回归祖国的步伐也加快了……"

邓小平的会客室　内　日——

邓小平坐在沙发上，认真地审阅一份文件。

廖承志走进："邓副主席，国务院港澳办上报的解决香港问题的十二条意见，你看了吧？"

邓小平摇了摇手中的材料："我正在研究之中。"

廖承志："有何意见？"

邓小平："很好！再和英国人打交道就有了依据了。"

廖承志："外交部已经收到英国外交部的涵告，前首相希思将于近期访华，点名要见你。"

邓小平:“可以!他见我的目的是谈香港问题吧?”

廖承志:“对!据外交部得到的情报,中国公布了解决台湾的办法以后,英国朝野都在关注香港问题。另外,他们刚刚在马尔维纳斯群岛取得胜利,想以此为筹码和我国谈判香港问题,妄图多得到一些好处。前首相希思访华,只是为现任首相撒切尔夫人访华起个投石问路的作用。”

邓小平:“英国的底牌是什么呢?”

廖承志:“据说,英国外交大臣欧文已经准备了一个以‘主权’换‘治权’解决香港问题的方案。”

邓小平取过一份香港报纸:“他们已经有意地透露出来了:一九九七年前由英国先行让出香港整个地区的名义主权;作为回报,中国应作出具有国际法律约束力的承诺,使英国现行对香港的统治权至少延续到一九九七年,然后逐年作‘滚动式’的延长,直至二十一世纪。”

廖承志:“对!”

邓小平:“一副老殖民主义的嘴脸!”

人大会堂　内　日——

邓小平微笑着站在迎宾厅的中央,望着希思走来。

邓小平紧紧握住希思的手:“欢迎你,老朋友希思阁下。”

希思高兴地:“用你的话说,我们这两个老朋友不但在很多问题上的看法相同,而且也都是运动员。”

邓小平:“对,对!你是体育运动员,我爱打桥牌。”他指着沙发,“有朋自远方来,不亦乐乎,请坐下谈吧!”

邓小平、希思分主宾落座。

希思:“我记得结识阁下的时间是一九七四年,那时我作为英国的首相来北京访问。在谈到香港问题的时候,毛泽东问周恩来,‘还有多少时间?’周恩来说,‘占香港面积百分之九十的香港新界是一八九八年租给他们的,租期九十九年,到一九九七年期满,距现在还有二十三年挂零。’毛主席指着阁下说,‘是他们的事了。’”

邓小平:“当时,毛主席是这样说的。”

希思:“转眼八年过去了,现在离一九九七年只有十五年的时间了,你是如何考虑在这期间处理这个问题的呢?因为很多人都要在香港投资,怎样才能使香港投资者放心呢?为了香港的繁荣和稳定,我们两国政府必须公开声明,立即为签订新的协议进行谈判。”

邓小平:“香港的主权是中国的。中国要维护香港作为自由港和国际金融中心的地位,也不影响外国人在那里的投资。在这个前提下,由香港人管理香港。”

希思:“有什么法律依据吗?”

邓小平:“我国宪法有规定,允许建立特别行政区,由香港人自己组成政府,不管是华人、英国人或其他人都可参加,可以做政府的雇员嘛,甚至成为香港政府的成员都可以考虑。各种制度不变,对外可以用‘中国香港’的名字发展民间关系。对英国来说,商业方面不会受到影响,还可以发展。”

希思:“看来,中国在一九九七年是一定要收回香港了?”

邓小平:“对!如果中国到那时不把香港收回来,我们这些人谁也交不了账。”

希思:“我提醒阁下,这个问题条约里写得很清楚啊!”

邓小平:“新界的租借,香港的割让,是过去英国强迫清政府签订的不平等条约,实际上是废除的问题。”

希思微微地点了点头:“我懂了中国的立场。”

邓小平:“无论将来香港的政治地位如何,香港的经济现状都会保持不变,投资者大可放心。”

希思微微地摇了摇头:“不一定吧!”

邓小平坚定地:“我相信,只要香港有钱赚,逃走的钱还会回来的。我还相信,大部分人是有远见的。”

希思:“我是十分赞赏阁下的自信的。”

邓小平:“不!这是十亿中国人民的自信。另外,请你转告撒切尔夫人,中国政府已经做好了准备,随时欢迎她来中国讨论香港问题。”

伦敦唐宁街首相官邸　内　日——

撒切尔夫人首相傲岸不逊地:“政治家的自信,必须建立在坚实的经济基础上；同时，也必须来自香港人的民意和民心。”

希思：“我懂了夫人的意思，中国无力决定香港经济的繁荣和发展，更是难以获得香港各界人民的拥护的。”

撒切尔夫人冷漠地一笑：“对！换句话说，这才是真正的决定香港未来地位的条件。”

希思：“如果邓小平坚持在一九九七年收回香港呢？”

撒切尔夫人：“那就请这位打不倒的邓小个子去问问五百万香港人民吧！”

希思：“你决定访华了？”

撒切尔夫人点点头：“我要亲自会一会邓小平，当然，我会按照中国的古训先礼后兵行事的。”

希思不无担忧地：“为了做到出师必胜，你还是找一位熟悉邓小平的人随同访问中国。”

撒切尔夫人高傲地：“我已经请了邓小平的朋友——我们英国籍的香港船王包玉刚随我出访。”

英国皇家空军专机　内　日——

撒切尔夫人呷了一口咖啡：“包玉刚先生，听说你和邓小平是朋友？”

包玉刚：“朋友谈不上，为了拓展中国的旅游业、发展中国的造船业，他于百忙之中曾约见过我。”

撒切尔夫人：“听说他还关心你在北京兴建的一座饭店，还亲笔为饭店题了字？”

包玉刚：“是的！这座饭店用的是我父亲包兆龙的名字，在北京议论纷纷，通不过，邓副主席大笔一挥，兆龙饭店，就全都平息了。”

撒切尔夫人：“这也是中国特色吧！”他沉吟片时，“邓小平私下和你谈过香港问题吗？”

包玉刚：“谈过！一、中国人决不会放弃对香港的主权；二、他明确表示，中国在收回主权的同时，允诺香港人可以管理香港，但新界的租约绝对不容许延长。”

撒切尔夫人不无蔑视地笑了笑。

邓小平办公室　内　日——

邓小平坐在沙发上，用心地翻着香港的中文报纸。

廖承志走进，玩笑地："邓副主席，你在报纸上见到那条《铁娘子来华大战钢汉子》的消息了吗？"

邓小平笑了笑："香港报纸就是爱搞这些惊世骇俗的标题，她撒切尔夫人愿意接受'铁娘子'的美誉，我邓某人永远也不要'钢汉子'的绰号！"

廖承志："为什么呢？"

邓小平："她铁娘子最怕的不是我邓某人，而是改革开放的中国，还有十亿中国人民。"

廖承志："对！十亿中国人民才是真正的'钢汉子'。"他取出一沓文件，"这是你和撒切尔夫人会谈的一些材料。"

邓小平接过材料翻了翻："为什么船王包玉刚陪同这个铁娘子访华呢？"

廖承志："外交部得到的消息是这样的，撒切尔夫人和你会谈之后将飞往上海，为包玉刚在江南造船厂定造的'世谊'号轮船下水剪彩。"

邓小平："船王厉害！"他沉吟片时，"我与撒切尔夫人会谈结束后，要挤点时间见一下这位船王。"

人大会堂福建厅　内　日——

邓小平站在福建厅的中央，很有风度地握住撒切尔夫人的手："欢迎你来中国访问。"

撒切尔夫人："我作为现任首相访华，看到你很高兴。"

邓小平："是呀！英国的首相我认识几个，但我认识的现在都下台了。欢迎你来呀！"他转身指着沙发，礼貌地，"请坐下谈吧！"

邓小平、撒切尔夫人分主宾落座。

撒切尔夫人操着不容置疑的口吻说道："邓小平阁下，关于香港问题，大英帝国是以中英双方签订的《南京条约》、《北京条约》、《中英展拓香港界址》三个条约为根据的。贵国采取任何手段，都不可能消除它存在的事实。换言之，中英双方都必须严格遵守。"

邓小平："首相阁下，你应该知道，上述三个条约是英国强加给中国的

不平等条约，中华人民共和国成立的时候就宣布废除了！“

撒切尔夫人听后愕然一怔。

邓小平：“关于主权问题，中国在这个问题上没有回旋的余地。坦率地讲，主权问题不是一个可以讨论的问题。现在时机成熟了，一九九七年中国将收回香港。就是说，中国要收回的不仅是新界，而且包括香港、九龙。因此，中国和英国就是要在这个前提下进行谈判，商讨解决香港问题的方式和办法。”

撒切尔夫人：“不含有其他前提吗？”

邓小平：“没有！容我坦诚相告，如果中国在一九九七年还不把香港收回，任何一个中国领导人和政府都不能向中国人民交待，甚至也不能向世界人民交待。如果不收回，就意味着中国政府是晚清政府，中国领导人是李鸿章！”

撒切尔夫人：“我不知道中国政府的领导人是否考虑过，中国如果宣布收回香港，就会给香港带来灾难性的影响。我这决不是危言耸听，这个影响在今天就已经有迹象可寻了。”

邓小平淡然一笑：“对此，我的看法是，小的波动不可避免，如果中英双方抱着合作的态度解决这个问题，就能避免大的波动。”

撒切尔夫人摇了摇头：“恐怕连你所倡导的四个现代化，甚至新建的深圳特区也将会受到影响。”

邓小平：“影响不能说没有，但说会在很大程度上影响中国的建设，这个估计不正确。如果中国把四化建设能否实现放在香港是否繁荣上，那么这个决策本身就是不正确的。”

撒切尔夫人不知如何回答是好，表情十分尴尬。

邓小平：“我还要告诉夫人，中国政府在做出这个决策的时候，各种可能都估计到了。如果说宣布要收回香港就会像夫人说的‘带来灾难性影响’，那我们要勇敢地面对这个灾难，做出决策！”

撒切尔夫人气得红着脸：“好！我欣赏你这种勇气。”

邓小平：“那我们的会谈到此结束，欢迎你再来北京。”

撒切尔夫人起身：“谢谢！谢谢……”

人大会堂东门外　日——

几十名中外记者等候在东门外，等待着撒切尔夫人。

撒切尔夫人在随员的陪同下步出东门，一看这些中外记者顿感心神不定，下台阶的时候一脚踩空，身体向前倾斜。

随行的保镖眼疾手快，上前扶住了即将栽倒的撒切尔夫人。

一位英国记者挤到前边来："撒切尔夫人，你和邓小平先生的会谈还成功吗？"

撒切尔夫人故作镇定地："成功，成功……"

一位香港女记者大声地问："撒切尔夫人，你对未来中英两国的前景将做何评论？"

撒切尔夫人微笑着："我很欣赏中国的一句古诗，海内存知己，天涯若比邻。我想这就是对中英两国关系最好的诠释！"

人大会堂休息厅　内　日——

邓小平握住包玉刚的手："船王，老朋友，兆龙饭店盖得怎么样了？"

包玉刚："进展十分顺利。"

邓小平："兆龙饭店落成典礼的时候，我是一定要出席的。"

包玉刚："这对兆龙饭店来说，真是蓬荜增辉了！"

邓小平："你是宁波人，据我所知，自清末民初，在海内海外就形成了一个会做生意的宁波帮。"

包玉刚："那时，在国内是以上海为基地的。"

邓小平："我有一个建议，希望你当一个民间的大使，把海外的宁波帮吸引回大陆来，先把故乡宁波建设好，然后再以上海为基地向大江南北拓展，把国家建设好。"

包玉刚："我一定当好这个民间大使。"

邓小平："听说撒切尔夫人去上海，要为你新定造的'世谊'号轮船下水剪彩？"

包玉刚："是的！"

邓小平："你为什么要请她剪彩呢？"

包玉刚："船在外国是属于阴性的，所以都是找女人来主持下水典礼和命名仪式。请撒切尔夫人为江南造船厂造的‘世谊’号轮船剪彩，对促进中英两国的友谊也是有好处的嘛。”

邓小平：“好！愿你也当好中英友好的民间大使。预祝‘世谊’号轮船下水成功！”

上海江南造船厂　外　日——

“世谊”号轮船剪彩下海的场景。

“世谊”号披红挂绿，各种彩带系满轮船的空中。

造船工人穿上节日的盛装，有的在敲锣打鼓，有的在举着一挂挂长长的鞭炮，等待着燃放。

撒切尔夫人在包玉刚等陪同下款步走进现场。

锣鼓声停了，欢笑声息了，只有阵阵海浪撞击“世谊”号船帮的响声。

司仪走到麦克风前，大声地：“现在，我宣布！‘世谊’号轮船下水剪彩仪式开始——”

顿时又响起锣鼓声、鞭炮声和人们的欢呼声。

司仪：“下边，请包玉刚先生讲话！”

全场响起热烈的鼓掌声。

包玉刚走到麦克风前：“今天，我十分高兴！这是因为‘世谊’号的建成，它象征着中国造船业的重大成就。同时，也有力地证明了中国有能力制造出世界一流水平的船舶！”

全场再次响起热烈的掌声。

包玉刚：“下边，我宣布，由英国首相玛格丽特·撒切尔夫人为‘世谊’号下水剪彩——”

全场爆发出掌声和喝彩声。

撒切尔夫人在掌声和喝彩声中走到麦克风前，很有风度地讲道：“我很荣幸能为‘世谊’号船下水剪彩。因为这艘船象征了中国、英国和香港地区之间的密切关系。一艘香港的船只，由一位英国首相在中国最重要的港口城市进行命名典礼，这是最美好不过了。我在这里命名这艘船为‘世谊’号，愿上帝保佑所有的航行者！”

撒切尔夫人转身拿起一把系着红绸的小银斧，不失身份地砍断红丝绳。

悬在绳上的那瓶香槟酒应声撞碎在船舶上，金风飘香。

一块朱色的绒幕启开，显示出“世谊”号中、英文名字。

“世谊”号沿着轨道缓缓驶向大海。

全场沸腾了！锣鼓声、鞭炮声和人们的喊声汇成了一曲欢乐的交响乐。

包玉刚：“夫人，这欢乐的场面将预示着香港更加繁荣！”

撒切尔夫人有些怆然地摇了摇头。

邓小平庭院　外　日——

邓小平微眯着双眼躺在竹制的安乐椅中，用心地听廖承志的汇报。

廖承志：“撒切尔夫人不甘心在北京的失败！她回到伦敦之后，立即把香港的几大英资财团如汇丰、怡和、太古、会德丰、渣打等董事会主席请到了自己的官邸，密谋从经济上逼我就范，捞回在政治上失的分！”

邓小平站起身来，鄙视地：“她永远得不到！说说看，她在香港搞了哪些小动作？”

廖承志：“由于香港这几大英资集团听命于唐宁街，联手在香港搞了一个港元汇价狂跌的‘九月风暴’，这在香港人民经济生活中引起了很大的动荡。”

邓小平：“我敢大胆预言，这个‘九月风暴’很快就会平息下去的。”

廖承志：“另外，她在香港打出了三张牌，一曰信心牌；二曰民意牌；三曰经济牌。目的嘛，就是采用经济手段，逼迫香港人民站在英国一边。”

邓小平：“这是痴心妄想！”

廖承志：“另外，在美国右翼势力的支持下，台独势力借势抬头，里根政府也对我们采取了极不友好的做法。”

邓小平：“没关系，兵来了将挡，水来了土囤。再过几天，里根的国务卿舒尔茨使华，我将借此抨击里根政府在中美关系上的霸权主义！”

钓鱼台国宾馆　内　日——

邓小平与舒尔茨相对而坐，进行唇枪舌剑的交谈。

邓小平：“舒尔茨特使这次来中国生活得还愉快吗？”

舒尔茨:“很好,感谢中国的热情招待。里根总统要我转达他对邓小平先生的问候。”

邓小平:“谢谢!自一九七二年《中美上海联合公报》发表以来,中美关系发展比较正常。作为中美双方,我们都应该珍惜这种关系。”

舒尔茨:“但是,邓小平先生,在某些地方,还是发生了些小的摩擦。”

邓小平:“是的!有摩擦,但责任不在中国。就说技术转让吧,中国并不是非领先美国的先进技术不可。老实讲,我们搞现代化主要是靠自力更生。即使美国的技术可以全部转让,中国也未必就全部买进。”

舒尔茨:“某些尖端技术,也不是贵国自力更生所能办到的吧?”

邓小平:“不!舒尔茨特使,你错了!原子弹、氢弹和所有的核武器,算得上‘尖端’吧?美国这方面的技术一直在对中国搞封锁。但是,我们不都一一通过独立钻研、自力更生,办到了吗?”

舒尔茨张口结舌:“是,是……”

邓小平:“问题不在于美国对我们转让什么,而在美国究竟把中国当做潜在的敌人,还是真正的朋友。在许多中国人的心目中,同美国能不能交朋友,美国够不够得上朋友,还存在着许多疑问呢!”

舒尔茨:“这未免太多心了吧?”

邓小平:“不!这是历史的经验告诉我们的。先不说历史上美国对中国不平等,就是现在,也未必平等。”

舒尔茨:“有什么根据吗?”

邓小平:“前不久,美国司法机关公然企图‘传讯’中国政府,这是典型的霸权行径,真是岂有此理!请特使转告里根政府,中国作为一个主权国家,神圣不可侵犯。我们对此提出严正抗议!”

舒尔茨:“邓小平先生有所不知,美国司法制度是独立的,政府无权过问呀!”

邓小平:“如此说来,美国实际上就是三个政府了:国会,内阁,法院。那么,究竟要人家同你们哪个政府打交道才好呀?”

舒尔茨被问到尴尬之处。

邓小平:“请转达我对里根总统的问候,希望他恪守中美双方达成的一切协议，尤其是关于台湾问题的协议。”

舒尔茨：“是！”

邓小平：“同时，还请你告诉里根总统，中国作为一个主权国家，受侵犯的时代已一去不复返了！”

邓小平家的会客室　内　日——

邓小平在打电话：“请转告外交部，与老牌的帝国主义国家办外交，绝对不要奴颜婢膝，腰杆要硬起来！……关于香港问题，英国的行为是拉大旗，做虎皮，我敢断言，她撒切尔夫人这个铁娘子是撑不下去的！”他啪的一声挂上了电话。

卓琳站在门口：“你看谁来了？”

邓小平转身一看：

尤才身着西装，双手抱着一个特大的纸盒子。

邓小平玩笑地：“尤才，当了美国的女婿了，还不忘自己动手啊！快放下吧。”

尤才把笨重的大纸盒子小心地放在地上。

卓琳：“快告诉你邓伯伯，这里边装的是什么宝贝。”

尤才：“这是我们厂生产的第一台二十一吋的彩色电视机，请你看看，比日本好的还是差？”

邓小平警惕地：“说老实话，是给我来送礼的吧？”

尤才：“我可没有这个胆量，真的是请你鉴定的！”

邓小平：“那你就请这方面的专家搞个鉴定会嘛！”

卓琳：“人家尤才早已搞过这样的鉴定会了。”

邓小平：“那他送到咱们家里干什么？”

卓琳：“尤才，快着说吧！”

尤才：“我那个美国媳妇说，把电视机送到邓大人家里，他看后说好以后，再让他转给我中国的公公。”

邓小平笑了：“好！这个忙我帮。”

秘书办公室　内　日——

李秘书在打电话：“喂！请讲……噢，是关于香港的事情？那就请你讲得详细一点儿……请放心，我一定向首长报告！”他拿起笔边接电话边记录。

邓小平家的会客室　内　日——

邓小平：“尤才，还有要我办的事吗？”

尤才：“有啊！”他转身抱来两个漂亮的纸盒子，高兴地喊道，“卓琳阿姨，快来帮帮忙！”

卓琳走到近前，打量片时：“是送的礼品吧？”

尤才边说边把两个纸盒子放在茶几上，一挥右手：“被阿姨猜对了！不对，这礼品绝对不是我送的。”

邓小平：“那一定是别人托你送的了？”

尤才：“对，对！”

卓琳：“那就别打开了，原物退回！”

尤才：“那可不行！”他边说边打开两个纸盒，是一男一女两个非常漂亮的洋娃娃，“好看吧？”

卓琳：“好看，好看！是谁送的？”

尤才：“你听听这洋娃娃的话声就知道了。”他说罢相继打开了两个洋娃娃的开关。

男洋娃娃：“老邓！你猜我是谁？”

女洋娃娃：“卓琳大姐，你猜我是谁？”

两个洋娃娃一前一后不停地说着。

邓小平和卓琳被逗得开怀大笑。

尤才：“二老别笑了，猜出是谁来了吗？”

卓琳用心地听了听：“这洋娃娃的声音倒是蛮耳熟的，老爷子，你猜出谁来了吗？”

邓小平：“猜不出来！”

尤才：“是江西南昌拖拉机修造厂的陶大姐！”

卓琳：“对，对！”

邓小平：“尤才，这到底是怎么回事啊？”

尤才：“由于工厂效益不好，陶大姐提前退休闯深圳，在我的工厂旁边开了一个小茶馆,靠卖凉茶为生。”

邓小平:“好啊!当起阿庆嫂来了!”

尤才:“有一天,我和美国夫人来喝凉茶,知道了陶大姐的身份,决定请她出面办一家电子洋娃娃工厂。”

邓小平:“这资金和技术是哪儿来的呢?”

尤才:“是我那位美国夫人弄来的。陶大姐只管加工制作,销售是美国人的事。”

邓小平感慨地:“你又办了一件大好事哟!不仅解决了陶大姐的工作问题,而且还帮着不少人解决了吃饭问题。”

卓琳:“陶大姐的生意好吗?”

尤才:“好!她让我向二老发出邀请,你们何时南下深圳特区考察工作,她个人掏腰包,请吃生猛海鲜!”

邓小平:“好!就这样说定了!”

李秘书:“开饭了!”

邓小平:“民以食为天,咱们吃饭去!”

尤才扶着卓琳走去。

李秘书送上一份电话记录稿:“这是外交部报告的有关撒切尔夫人的情况。”

邓小平接过审阅过后,微笑着说:“很好!”

邓小平家的餐厅　内　日——

邓小平边吃边说:“尤才,香港所谓的‘九月风暴’,对你们的独资企业有影响吗?”

尤才边吃边答说:“没有!撒切尔夫人真蠢,用毛主席的话说,她是搬起石头砸自己的脚。”

邓小平:“说说原因嘛!”

尤才:“她在香港搞的‘九月风暴’,第一倒霉的是香港人民;第二就是大英帝国,他们每天在香港的损失大了去了!”

邓小平微微地点了点头。

尤才:“中国大陆没有损失,在深圳的美国、日本的独资或合资企业,却借机发达起来。”

邓小平：“你们真没有一点儿担心吗？”

尤才：“有！就怕邓伯伯订的改革开放政策变了。”

邓小平：“告诉他们，中国吃够了闭关锁国的亏了，改革开放的政策绝对不变。”他转念一想，又问道，“你估计香港的‘九月风暴’会很快平息下来吗？”

尤才：“一定会的！”

邓小平笑了：“尤才还是个不错的政治家嘛！”

尤才茫然地摇了摇头。

邓小平：“撒切尔夫人真的撑不下去了！方才，我接到外交部报告，她决定再派前首相希思访华，商讨香港问题。”

人大会堂　内　日——

邓小平直言不讳地：“希思阁下，请恕我直言，想用主权换治权是行不通的。在香港问题上，我希望撒切尔夫人首相和她的政府采取明智的态度，搞些小动作不仅无助于问题的解决，反而给自己出了些难题。”

希思：“我会如实转达的。”

邓小平：“我再重申中国在香港问题上的原则立场，中国一九九七年收回香港的政策不会受任何干扰，不会有任何改变，否则我们就交不了账。我不解决这个问题，我就是李鸿章。谁不解决这个问题都是李鸿章。”

希思：“我理解你的苦衷！”

邓小平：“我没有什么苦衷，倒是撒切尔夫人首相有不少的苦衷。我希望今后会谈的时候，不要再纠缠主权换治权的问题，要扎扎实实地商量香港以后怎么办，过渡时期怎么办。这对彼此都有益处。”

希思点点头：“我懂了！”

邓小平：“如果英方不改变态度，中国就不得不到一九八四年九月单方面公布解决香港问题的方针政策。”

希思：“你还欢迎撒切尔夫人来华访问吗？”

邓小平：“我欢迎她作为英方首席代表来北京签署《中英关于香港问题的联合声明》！”

邓小平家的客室　内　日——

邓小平坐在沙发上，仔细地翻阅茶几上那一摞材料。

有顷，王震满面怒气地走进，把手中的材料往邓小平面前的茶几上一丢，生气地："你看见这些材料了吗？"

邓小平摇了摇手中的材料："把你那份材料收起来，我这里也有一份。"

王震拿起几份材料："你听听，这位同志说，'深圳已改变了颜色，走上了复辟资本主义的路'；这位同志认为'特区已经变成了新的租界'……"

邓小平指着手中的材料："这份材料说得更严重，他说特区黑市货币流行，违纪违法活动横行，大搞倒卖'洋货'，搞错了。"他又拿起一份材料，说道，"这个同志承认特区有成绩，可他却认为'特区之所以有今天，是靠优惠政策，是靠剥削内地，赚内地的钱'。"

王震指着手中的材料："这个同志认为，'在深圳这块土地上，除了五星红旗是红的外，其他一切都是'黄'的了；咳！辛辛苦苦几十年，一夜之间变成解放前！"

邓小平把手中的材料往茶几上一丢："王胡子，你和谷牧等同志见了我就说特区的好话，可还有这么多说不好的，你说怎么办呢？"

王震想了想："一、中央要坚定办经济特区的决心；二、严肃批评这些思想保守的同志。"

邓小平微微地摇了摇头："中央靠什么下决心呢？又凭什么批评这些同志思想保守呢？我想了很长时间，决定亲自去深圳、珠海等经济特区看看。"

王震："好！我举双手赞成。"

邓小平："前提是，你必须陪着我南下。"

定格叠印字幕：

第二十五集终

第二十六集

神州大地　外　日——

一声汽笛长鸣,化出一列客车飞驰南下。化入车内:

邓小平、卓琳、王震、郁教授、牟记者、老尤等围坐在桌旁，随意地谈论着。

王震:“自从小平同志为中国发展绘制了‘三步走’的宏伟蓝图以后，又在党的十二大上提出了‘建设有中国特色的社会主义’。这可是一个了不起的新命题哟!”

邓小平:“叫我说啊,这个命题既不新,也没有什么了不起,准确地说,这是我们总结长期历史经验得出的基本结论。”

郁教授:“诚如您在党的十二大上讲的那样,照搬照抄别国经验、别国模式,从来不能得到成功。”

牟记者:“您这次南下，是为了验证经济特区的路是走对了还是走错了吧?”

邓小平:“有这个意思,但不完全。”

郁教授:“那一定是为了看望坚持在特区第一线的‘拓荒牛’们吧?”

邓小平:“当然也有这个内容。王震同志是知道的，办特区是我倡议的,中央定的,是不是能够成功,我要亲自来看一看。”

王震乐观地:“小平同志这么一看嘛，中国的特区建设就从点发展成面了!”

邓小平:“你王胡子什么时候也学会吹牛了?”

王震认真地:“我可不是吹牛哟!”

邓小平:“那你说的这番话是什么意思?”

王震:“提前向牟记者通报,中国改革开放的步子从此就加大了!”

车厢中洋溢着欢欣的笑声。

深圳桂园宾馆会议室　内　日——

邓小平看了看手中的名单："开始吧！由梁市长先介绍深圳的情况。"

梁市长："我们根据中央的政策在深圳办经济特区，五年以来取得了很大的成绩。到目前为止，共与外商签订协议二千三百七十八项，协议投资一百一十八亿元港币，引进了一万五千多台(套)设备，其中不少是七十年代的先进产品，新修新建了上百间工厂，开始进行了人事、工资、体制等方面的改革，生产效率和经济效益大大提高。"

邓小平："能说得具体些吗？"

梁市长："可以！近几年来特区工农业产值、财政收入增长很快，特别是工业产值，一九八二年达到三点六亿元，一九八三年达到七点二亿元。"

邓小平："那就是一年翻了一番喽！"

梁市长："是翻了一番，比办特区前的一九七八年增长了十倍多，财政收入也比四年前增长了十倍，去年达到三亿多。"

邓小平满意地点了点头。

梁市长："为了推进深圳经济特区快速发展，我们希望发行在特区流通的新货币。"

邓小平："对人民币究竟影响有多大？"

梁市长："目前在深圳同时流通三种货币：人民币、外汇券和港币……"

邓小平："以港币为主？"

梁市长："事实上港币占主要地位。单单农民的手里，估计就有一亿港币。"

邓小平："发行一种新的货币，对人民币的打击程度有多大？"

梁市长："没有测算过。"

邓小平："一定要慎重！另外，深圳土地收税是否与香港一样？最近一个美国学者讲，应收土地税，否则以后吃大亏，你们研究一下。"

梁市长："是！"他取出一份材料，"这是有关的数字统计和未来发展的前景，说明我们取得的成绩是不小的，但问题同样也不少。大家早就盼望你来看一看，今天总算盼到了。下边，请你给我们作指示。"

与会者鼓掌欢迎。

邓小平:“你们讲,我听。这个地方正在发展中,你们讲的我装在脑壳里,不发表意见。”

在深沉的画外音中叠印出相应的历史画面:

“邓小平一行登上了深圳的国商大厦第五十四层楼顶上,他看到整个深圳新发展的情况比较满意;接着,他又看了一个渔民村,三四十户人家,原来是很贫困的,后来都富裕起来了,每家都盖了新房子,他感到十分欣慰;接着,他又参观了一个电子厂,听着工人的介绍很是高兴。最后,他与卓琳、王震一行来到了尤才创办的‘深发电子有限公司’……”

深发电子有限公司门前　外　日——

尤才和他的美国妻子海伦与工人们在门前等候。

有顷,一辆面包车驶来,戛然停在门前。

尤才急忙走上前去,打开面包车的门。他相继搀扶邓小平、卓琳、王震等领导走下面包车。

邓小平向面包车上一指:“尤才,你看谁来了?”

尤才一眼看见了父亲老尤,激动地:“爸爸!……”几乎是用双手把老尤从面包车上抱下来。

老尤看着西装革履的儿子:“变了!真的变了……”

这时,海伦走上前来,生硬地叫了一声“爸爸!”伸展双手抱着老尤送上了一吻。

老尤急忙推开海伦:“这、这像什么样子……”

邓小平一行大笑不止。

尤才走到邓小平面前:“邓伯伯,这就是我的美国妻子、公司的总裁海伦。”

邓小平有礼貌地握住海伦的手:“海伦,是最美的女神,请带着我们参观你们的公司吧。”

这时,身着老板服装的陶大姐跑过来,挡住去路,上气不接下气地:“卓琳大姐!老、老……”

邓小平:“老邓!”

陶大姐:“这么叫行吗?”

邓小平:“行!”

陶大姐:“好!我就叫一声老……老邓,你和卓琳大姐说话可要算数啊!”

邓小平:“算数!你请客,我是一定要吃的。”

陶大姐:“我的工厂呢?”

邓小平:“也一定参观!”

公司厂房　内　日——

在《小平　您好》的音乐中叠印出相关的画面:

身着白色工作服的工人在紧张有序地工作着;

尤才和海伦穿着白色工作服,陪着身着白色工作服的邓小平、卓琳、王震、老尤一行参观电子软件生产车间;

邓小平一行指着产品不停地问些什么;

尤才和海伦分别介绍些什么……

制造洋娃娃的车间　内　日——

在《小平　您好》的音乐中叠印出有关的画面:

身着白色工作服的女工站在台前紧张地工作着;

每位女工前面摆满了许多形态各异的洋娃娃;

陶大姐引邓小平、卓琳、王震、老尤、尤才、海伦以及郁教授、牟记者参观,介绍她的产品……

深圳公路　外　日——

一辆面包车飞似地奔驰在公路上。化入车内:

邓小平:“尤才,你这个公司生产的电脑软件是自己研发的吗?”

尤才:“不是!我们主要是通过引进样机,然后加以学习、消化,进行再生产。”

海伦:“这是我们美国对中国进行智力输出,在深圳的公司中再大量生产软件,对双方都有很多利润的。”

老尤:“海伦,你是有钱的美国人,当了中国的儿媳妇,就不准多赚中国人的钱!”

车上的人听后都禁不住笑了。

王震:“老表！时代变了,要向深圳人学习,有钱大家赚！”

邓小平:“尤才,全中国有那么多的娃娃、学生,搞软件是完全有条件的。记住,电脑教育要从娃娃抓起。”

海伦:“邓伯伯说得对,我们美国人就是从娃娃抓起的。”

邓小平转身一看:

陶大姐不高兴地看着车窗外边。

邓小平玩笑地:“陶老板,用你们江西老表的话说,你今天怎么满脸都是苦大仇深的表情啊？”

同车的人听后都忍不住笑了。

陶大姐:“苦大仇深说不上,反正心里不是个滋味。”

卓琳:“我们不是说好了吗？等看完了演出,就跟着你去吃消夜。”

陶大姐:“不是为这件事。”

王震:“那又是为什么呢？”

陶大姐:“人家尤才两口子是我的东家，又开了一家美国独资的电子公司,老邓关心是应该的。我嘛……”

邓小平:“就应该关心！”

陶大姐:“可时间过去大半天了，你什么时候关心过我这个小厂子啊？”

邓小平:“放心,我要关心几天！”

陶大姐一惊:“真的？”

王震:“真的！小平同志和我商量,说你这个洋娃娃工厂具有方向性的意义,如果全国各地下岗的工人和离职干部都向你学习,办起像洋娃娃这类性质的工厂该有多好啊！”

陶大姐惊喜地:“真的？”

邓小平:“真的！等我回到北京以后,我将请有关部门召开座谈会。到时,你可要做专题发言！”

陶大姐:“我？……不行,不行！”

卓琳:“行！尤才,今天的演出你和海伦上台吗？”

尤才:“上!”

小剧场　内　日——

报幕小姐款款走到台前:“第一个节目,男女二重唱:《小平 您好》!由‘深发电子有限公司’的总裁海伦女士、总经理尤才先生联合演出!”

台下爆发出热烈的掌声。

尤才挽着海伦走到台前,向着听众深深地鞠了一躬。

观众席中:

老尤生气地站起,欲要离去。

王震一把拉住老尤:“坐下,听《小平 您好》。”

老尤:“你看我那个儿子的样子,挎着老婆上台,真是丢人现眼。”

王震:“这不是丢人现眼,这叫改革开放!”

台上:

随着热情的音乐响起,尤才和海伦放声唱起了《小平 您好》。

台下:

听众渐渐站起,情不由已高歌《小平 您好》,最后形成了一曲混声大合唱。

在《小平 您好》的合唱声中送出男声画外音,并叠印出相应的历史资料片:

“邓小平在参观过珠海经济特区之后,为深圳挥笔题词,‘深圳的发展和经验证明,我们建立经济特区的政策是正确的。’接着邓小平又来到了厦门,经过认真地考察,又挥毫写下了,‘把经济特区办得更快些,更好些。’再接着,邓小平又风尘仆仆地北去上海……”

北去的火车专列　内　日——

邓小平、卓琳、王震、牟记者坐在专列车厢中,一边望着窗外壮丽的山河,一边自由地交谈。

王震:“小平同志,你对深圳的印象如何?”

邓小平:“一片兴旺发达。深圳的建设速度相当快,盖房子几天就是一层,一幢大楼没有多少天就盖起来了。”

牟记者:“深圳的效率为什么这样高呢？”

邓小平:“主要是搞了承包制,赏罚分明。说到蛇口工业区发展更快的原因,是中央给了他们一点权力。五百万美元以下的开支,他们可以做主。另外,我是赞成他们提的这个口号的,时间就是金钱,效率就是生命。”

牟记者:“你能谈谈特区在改革开放中的作用吗？”

邓小平:“我认为特区是个窗口,是技术的窗口,管理的窗口,知识的窗口,也是对外开放的窗口。”他转眼看着王震,“王胡子,我们到上海应该干些什么呢？”

王震:“看宝钢！”

邓小平赞同地:“好！我们就看宝钢。“

通往宝山的公路　外　日——

一辆乳白色的面包车飞驰在公路上。化入车内:

吴钢自豪地介绍:“宝钢第一期工程即将完工,至迟明年就可投产。也就是说,一座世界级的现代化的大型钢厂将傲然屹立在上海。宝钢那飞溅的钢花将把东方明珠照耀得更加光彩夺目！”

邓小平:“没想到吴钢这小子还有些文采！”

卓琳:“不要忘了,他妈妈是有名的记者。”

王震:“这就是遗传吧！”

牟记者:“什么遗传啊,他们这一代人是在文化大革命中长大的,别的本事没学到,嘴皮子功夫倒练出来了！”

吴钢把嘴一噘:“邓伯伯,我妈呀就是鲁迅先生批评的九斤老太婆！等我们宝钢二期工程上马以后,她就知道我们这一代绝不是天桥的把式——只说不练了！”

面包车上发出惬意的笑声。

牟记者:“看你得意的,宝钢二期工程能不能上马,还得问问你邓伯伯呢！”

邓小平:“黎总,你的意见呢？”

黎总:“不管有多少反对的意见,我认为宝钢第二期工程非上不可！”

邓小平:“我赞同黎总的意见,宝钢二期工程上是肯定的,问题是什么时候上。”

黎总：“我们经过科学的论证，认为应该趁热打铁，立即上马。”

邓小平：“如果一九八四年开工，两年能不能完工？每年需要多少投资？投资高峰在哪一年？”

黎总：“投资高峰在八五年，有两亿元就可以了！”

邓小平：“原来国家计委考虑宝钢二期工程在‘七五’期间上，如果一九八五年只要两亿元，还可以上得快一些，不要耽误时间。”

王震：“对！还是要争取时间。”

在女声画外音中叠印出相应的画面：

“邓小平一行在宝钢黎总的陪同下，驱车巡视了宝钢纵横十三平方公里的厂区。他来到延伸到江中一千六百米的宝钢主原材料码头上，远眺滚滚东去的江水心潮澎湃，坚定地说了这句话，‘我们要把日本的技术都学过来！’最后，他驱车来到就要竣工的4063立方米大高炉进行视察……”

4063大高炉　外　日——

高炉工地上热火朝天，建筑工人们紧张地劳动着。

邓小平大声地问：“工人同志们，你们是从哪里来支援宝钢建设的啊？”

“四川！”

邓小平笑了：“是我们家乡的啊，同志们辛苦了！”

“小平同志辛苦了！”

邓小平频频向家乡的建筑工人招手致意。他望着这座大高炉：“黎总，这座大高炉在世界上能排第几？”

黎总：“我只能这样说，应该是名列前茅。详细情况嘛，”他指着吴钢，“由他介绍。”

吴钢认真地：“就容量而言，我方提供的这座高炉不是世界上最大的；但是，就其先进程度而言，我方提供的这座高炉无疑是属于世界最先进的水平。”

牟记者生气地：“吴钢，什么一口一个我方我方的，不要忘了，我是你妈！”

同行参观的人不约而同地笑了。

邓小平："这符合价值规律，也符合时代潮流嘛。"

牟记者叹了口气："咳！吃着人家的嘴短，拿着人家的手软，几个臭钱，就把我的儿子收买过去了。"

邓小平："王震同志，有何感想啊？"

王震："我是第三次来宝钢了！想想宝钢这几年走过来的路，真是一言难尽啊！"

邓小平："黎总，你可以告诉宝钢的同志们，就是王震同志没有吹冷气！"

黎总："我们非常清楚！"

邓小平："我建议，一期工程投产时应由王震同志来点火。"

黎总："行！"

吴钢忙说："不行！"

邓小平一怔："为什么？"

吴钢："邓伯伯，您知道吗？这座高炉点火以后，炉内的温度高达一千八百度啊！"

邓小平："我告诉你，你王震伯伯的温度是三千度！"

宝山宾馆　内　日——

邓小平站在书案前，挥毫题字的特写：

掌握新技术，要善于学习，更要善于创新。邓小平

王震、黎总、牟记者、吴钢等情不自禁地鼓掌。

邓小平放下毛笔："你们的掌声告诉了我，你们是赞成我写的这三句话的。"

"是！"

邓小平："你们还有什么问题吗？"

"没有了！"

吴钢："邓伯伯，我还有问题要问。"

邓小平："你是代表日方啊，还是代表宝钢啊？"

吴钢不好意思地:“我代表自己。”

邓小平:“行!说吧。”

吴钢:“根据我考察日本钢铁业的情况，宝钢投产后若想保持领先地位,就一定不要像鞍钢那样只是完成国家下达的生产指标,而是要推向市场,参与国际钢铁业的竞争。”

牟记者:“不要瞎说!”

邓小平:“吴钢是在明说。我们的国家,不仅宝钢要按市场规律办事,参与国际竞争,而且所有的企业都要按市场规律办事,有条件地都要推向市场,参与国际竞争!”

在深沉的男女声画外音中叠印出相应的画面。

男声画外音:“邓小平视察上海宝钢之后,满怀喜悦地驱车北上。他回到北京以后,很快就发表了如下这段有名的谈话……”

邓小平站在主席台上讲道:“最近我专门到广东、福建跑了三个经济特区,有了点感性认识。我们建立经济特区,实行开放政策有个指导思想要明确,就是不是收,而是放。从特区可以引进技术,获得知识,学到管理。厦门特区划得太小,要把整个厦门岛搞成特区。这样就首先吸引大批华侨资金、港台资金,就可以把周围地区带动起来,使整个福建省的经济都活跃起来。我们要开发海南岛。再开放几个港口城市,可以实行特区的某些政策。要让一部分地方先富起来,搞平均主义不行,这是个大政策!”

女声画外音:“在邓小平的倡议下,三月二十六日,中共中央、国务院召开了沿海部分城市座谈会。会议根据邓小平的建议,提出将厦门特区扩大到全岛,并实行某些自由港的政策。会议建议,进一步开放大连、秦皇岛、天津、烟台、青岛、连云港、南通、上海、宁波、温州、福州、广州、湛江、北海十四个沿海港口城市。从此,中国通向世界的大门完全打开了!……”

邓小平家的庭院　外　晚——

邓小平缓步走在灯光柔和的甬道上。突然,客厅中传出有些耳熟的一男一女的对话声。

男声:“你呀,完全辜负了邓伯伯对你的希望!”

女声:“叫我看啊,你已经跟不上邓伯伯的改革步伐了!”

邓小平笑着自语:“这父女俩怎么打到这里来了……”

邓小平的客厅　内　晚——

卓琳:“叫我说啊,你们父女俩都压压火,平平气,等老爷子来了再说好不好?”

邓小平一步走进:“清官难断家务事!国事,留在这里继续吵;家事,我不介入,你们回家解决。”

郁教授:“我们父女间的矛盾,既是家事,也是国事。”

邓小平笑了:“有意思,你们的家事也成了国事了!”

卓琳:“对!郁平在美国不是找了一个台湾的同行嘛,不仅他们双方的二老反对,两岸的科研机构也反对。”

邓小平:“我明白了,中国科学院担心郁平的先生是台湾的特务,台湾的科学院害怕郁平是共产党……”

郁平急得哭了:“邓伯伯,他们不是担心,而是就这么认为的。今天上午,科学院的领导正式和我谈了话,停止我参加对撞机的研究工作,去北大教书。”

卓琳:“郁教授一听就火了,问郁平,你是要革命工作还是要爱情?二者必居其一!”

郁平:“我的母亲做得更绝,不仅不承认这门亲事,也不准我的先生进家门。”

郁教授:“你懂吗?这是大是大非问题!”

郁平:“邓伯伯,您得为我作主啊!……”

邓小平有些沉重地:“看起来,一国两制不解决,一家两制也是很难行得通的啊!”他看着急得要哭的郁平,“拿出你当年拦我轿车的闯劲来好不好?”

郁平:“好!”

邓小平:“一国两制早晚要解决,一家两制立即解决!”

郁教授:“怎么个解决法?”

邓小平："郁平可以去北大教书，但研究对撞机的工作不能停。工作交由我来做。"

郁平："谢谢邓伯伯！"

邓小平："如果台湾不允许郁平的先生从事科研工作，我同意他来中科院工作。"

郁平哭了："邓伯伯！……"

邓小平："至于郁教授同不同意台湾的女婿进门，我就不好说些什么了！"

郁教授："您不知道，郁平她先生的父亲十分反动啊！"

邓小平："不要忘了，杨振宁博士的岳父还是我们的战犯杜聿明呢！"

郁教授沉思不语。

郁平生气地："那好！我和先生搬到中科院去住。"

卓琳："不行！你父母会伤心的。"

郁平："邓伯伯……"

邓小平："这样吧，你的恩师李政道先生就要来北京访问了，请他在研究对撞机的同时，帮着做你父母的工作。"

人大会堂安徽厅　内　日——

李政道："小平先生，在您的关照下，电子对撞机工程就要进入科研实验了，几十个博士后流动站也建立起来了。对此，我是要谢谢您的！"

邓小平："错了！应当是我对你说声，'谢谢！'你是我们最好的朋友，你不仅帮着科学院筹建了电子对撞机工程，而且还帮助我们培养了很多科研人才。"

李政道："您太客气了！"

邓小平："据我所知，博士这个名称恐怕在汉朝就有了。博士的知识既然已经很博了，为什么还要有博士后呢？'博士后'对我来说是新名词，在国外可能是老名词了吧？"

李政道："也不老！真正形成制度是在第二次世界大战后。普通大学生，是由教师出题目，然后指导讲解。合格者授予学士学位。研究生在读博士时，是教师定方向，定题目，是学生自己解题，由教师和同行们评价。合格者授予博士学位。”

邓小平:“中国的大学就是按照这个模式办事的。”

李政道:“但是,真正做研究,方向、题目都要自己定,这是独立工作能力的锻炼和判断,博士后研究工作一般要二至六年。有了博士后,才能使优秀的博士生成为独立的研究人员。自然,博士后的科研费、生活费必须有保证。”

邓小平:“我们可以解决!”

李政道:“目前全世界最先进的科技是以美国为主,而在美国,几乎每一所第一流的研究院里最优秀的研究生大都是华人。其中相当一部分是中国政府派出去的留学生。这是祖国的财产,是不能放弃的,尖锐的问题是怎么吸引他们回来。”

邓小平:“你的意见呢?”

李政道:“一要教育他们为祖国出力,为民族争光。再是建议政府建立国家科学基金委员会,科学基金应该完全用在基础研究和应用上。而比较大规模的项目,国家应用长期计划和拨款的方式。”

邓小平:“这没有什么困难。”

李政道:“八月二十二日是您的八十大寿,遗憾的是,电子对撞机到十月才能建成。按照我们祖宗留下来的传统,不能把它当做一份厚礼献给你了!”

邓小平:“我是反对做寿的。你们的电子对撞机建成以后,我一定出席剪彩仪式!”

在深情的女声画外音中,叠印出有关的画面和历史资料片:

“一九八四年八月二十二日,邓小平迎来了自己的八十华诞。回首往事,似乎又想起了这样几句话,我是中国人民的儿子,我深深地爱着我的祖国和人民……”

长城内外、大江南北同时回响着一个声音:“我是中国人民的儿子,我深深地爱着我的祖国和人民……”

邓小平家的庭院 外 傍晚——

邓小平拄着手杖缓缓地踱步、沉思。

有顷，卓琳走到近前，爱责地说：“你没有忘记今天是什么日子吧？”

邓小平：“没有！”

卓琳：“那为什么还一个人在院子里走啊想啊的？”

邓小平：“有些事我不能不想啊？”

卓琳：“能和我说说吗？”

邓小平：“能！”

卓琳指着不远处的两把藤椅：“走！你坐着说，我坐着听。”她扶着邓小平走到藤椅前分别落座。

邓小平：“方才，我想起了改革开放初期提出的‘四个坚持’，特别是党的领导，是完全正确的。不然，什么事情也搞不好，还会出问题。”

卓琳：“我看啊，出问题就不是小问题。”

邓小平：“完全正确！从某种意义上说，社会主义市场经济优越性在哪里？就在四个坚持。而四个坚持又集中表现在党的领导。从某种意义上说，四个坚持是‘成套设备’，在改革开放的同时，一定要搞好四个坚持。”

卓琳：“你还想了些什么？”

邓小平：“现在富了，将来还会更富，这就有个分配问题。不能让少部分人获得那么多财富，大多数人没有，这样发展下去总有一天会出问题。”

卓琳：“你不是常说嘛，分配不公，会导致两极分化，到一定的时候问题就会出来。”

邓小平：“是啊，这个问题要解决。过去我们讲先发展起来。现在看，发展起来以后的问题不比不发展时少。”

李秘书走出正屋大门：“首长，今天晚上喝什么酒啊？”

邓小平笑着说：“讨个吉利，喝红葡萄酒。”

邓小平家的餐厅　内　夜——

一桌简单的饭菜，两杯红红的葡萄酒。

卓琳端起酒杯：“来！为你八十大寿干杯。”

邓小平端起酒杯：“再加一条，为即将到来的国庆三十五周年干杯。”

邓小平、卓琳轻轻一碰，每人品了一口。

卓琳:“你呀,在任何时候都想着国家和人民,从不想想自己已经到八十岁了!”

邓小平:“这是因为我是祖国的儿子嘛!我相信无论当儿子的走到什么地方,他都不会忘记自己的母亲。因此,当儿子的只要还有一口气,就要对自己的母亲尽孝。同时还要让母亲活得体面、光彩!”

《小平 您好》的音乐悠然而起,同时送出深情的男声画外音,并渐渐化出如下的一组画面:

“邓小平在自己的家中悄然度过了八十岁的生日。但是,全国人民——尤其是我们剧中写到的各行各业的人物,他们在《小平 您好》的音乐中为邓小平祝福……”

上海宝钢　外　日——

吴钢、黎总兴奋地带着牟记者参观宝钢。

牟记者一边高兴地听介绍一边在本上飞快地记录着。

扬子化纤车间　内　日——

机器轰鸣,飞快转动,很快转化成化纤产品。

王工身穿工作服,严肃地检查化纤生产。

安徽　丰收在即的田野　外　日——

一望无际的稻菽翻滚着喜人的波浪。

田野里的男女青年高唱着《小平 您好》忙收割。

深圳广场　外　日——

花团锦簇、绿草成茵的草坪,鸽子飞翔在草坪的上空。

手持鲜花的群众排成长龙,向着那幅巨型的邓小平画像走来,每人深鞠一躬,然后双手把鲜花献在邓小平画像前。

老尤和儿子尤才、美国媳妇海伦每人拿着一束最美的鲜花缓步走到邓小平画像前,深鞠一躬,把献花献在画像前。

邓小平家的庭院　外　日——

邓小平就像是一位年长的园丁,提着一个小铁桶,为满园盛开的花儿浇水。

李秘书高兴地走来:“外交部打来电话，中英两国政府关于香港问题的联合声明要在人大会堂签字了！”

邓小平直起腰来，笑着说:“很好嘛！英国政府由谁来北京出席签署《关于香港问题的联合声明》啊？”

李秘书:“还是那个铁娘子撒切尔夫人。”

邓小平:“好！我也要出席。”他说罢继续为满园盛开的花儿浇水。

人大会堂　内　日——

中英两国政府举行隆重的《关于香港问题的联合声明》的签字仪式(可用历史资料片代)。

邓小平举着一杯红葡萄酒,笑着走到撒切尔夫人面前:“我们先庆祝，再交谈,好吗？”

撒切尔夫人同样举着一杯红葡萄酒:“客随主便!”轻轻地碰了一下邓小平的高脚酒杯,象征性地抿了一下。

同时,邓小平也饮了一小口。

与会的中、英两国政府的随员礼节性地鼓掌。

人大会堂贵宾室　内　日——

邓小平:“我们两国的领导人就香港问题达成协议，为各自的国家和人民做了一件非常有意义的事情。”

撒切尔夫人:“我赞成阁下的看法。”

邓小平:“如果‘一国两制’的构想是一个对国际上有意义的想法的话,那要归功于马克思主义的辩证唯物主义和历史唯物主义,用毛泽东主席的话来讲就是实事求是。换句话说,和平解决香港问题,就必须既考虑到香港的实际情况，也要考虑到中国和英国的实际情况，要三方都能接受。”

撒切尔夫人:“对此，香港人——还有英国和西方各国人民的心中都存有不小的疑虑啊！”

邓小平:“请放心,中国是信守自己的诺言的。我们讲‘五十年’不变，不是随随便便,感情冲动而讲的,是考虑到中国的现实和发展的需要。”

撒切尔夫人:“再过几天,我就要访问美国了,阁下有什么话要我向里根总统转达吗？”

邓小平：“如果他认为‘一个国家，两种制度’的方式可取的话，美国在这个问题上是可以做很多事情的。”

郁教授的新家　内　日——

郁夫人驻步邓小平像前，虔诚地自语：“国庆三十五周年就要到了，我真诚地祝福你能活过一百岁，我们跟着您再庆祝五十年大庆！……”

郁平悄然走进，听着母亲的话声有点儿酸酸的：“妈！你说出了女儿的心里话。”

郁教授从室内走出：“女儿，你们学校怎么欢庆建国三十五周年啊？”

郁平：“都在积极地准备。但主题是一个，歌颂邓小平为祖国建树的丰功伟业！”

郁教授：“说得具体些好不好？”

郁平：“不知道！”

郁夫人：“这孩子，还对父母保密啊！”

郁平：“因为‘各村都有高招’，说不清楚。”

郁教授：“我相信具有光荣传统的北京大学，一定能干出代表十亿中国人民的大事来！”

郁平：“那就等着看吧！”

郁教授：“郁平，你的恩师李政道先生打来电话，希望我们父女能出席正负电子对撞机奠基仪式。他还告诉我，你邓伯伯也出席。”

郁平：“我去！”

正负电子对撞机工地　外　日——

一块缠着红绸子的奠基石立在一座预先挖好的土坑中央。

镜头缓缓摇出：

奠基石的四周是施工的建筑工人；

主席台右边是身穿节日盛装的鼓乐队；

主席台左边是举着鞭炮的青年工人；

主席台对面是两位礼仪小姐拉着系有球状的红色彩绸；

随着鼓乐声声、掌声阵阵，围观的群众渐渐地撕开了一道人廊；

邓小平、李政道、郁教授、牟记者、郁平在有关领导的陪同下走来。

邓小平等一行坐在主席台上。

司仪走到麦克风前，大声地："中国科学院正负电子对撞机工程奠基仪式现在开始！"

鼓乐声、鞭炮声、呐喊声鼎沸，撼动大地，声震长空。

同时摇出邓小平、李政道等与会者兴奋的表情。

司仪："同志们！请安静！下边，请邓小平同志为正负电子对撞机工程剪彩！"

鼓乐声、鞭炮声、呐喊声再起，一浪高过一浪。

邓小平站起身来，从桌上拿起缠有红绸子的剪刀，迈着坚定的步伐，走到彩绸前。

同时，一位端着彩盘的礼仪小姐走到彩绸前边，把手中的彩盘放在彩球的下边。

邓小平举起剪刀，镇定地剪了两下。

红色的彩球落在了礼仪小姐的彩盘中。

邓小平拿起缠有红绸子的铁锹铲了一锹土，向着那块奠基石培了第一锹土。

邓小平把铁锹交给工作人员，转过身来，迈着坚定的步伐走回主席台。

司仪大声地："同志们！请安静！下边，请邓小平同志发表讲话！"

与会的同志们热烈鼓掌。

邓小平："同志们！今天，正负电子对撞机工程举行了奠基仪式，它标志着我们国家，又朝着高科技的大道前进了一大步！"

与会的同志们再次热烈鼓掌。

邓小平："同志们！过去也好，今天也好，将来也好，中国必须发展自己的高科技，一定要在世界高科技领域占有一席之地。请同志们想一想，如果六十年代以来，中国没有原子弹、氢弹，没有发射卫星，中国就不能叫有重要影响的大国，就没有现在这样的国际地位！"

鼓乐声、鞭炮声、呐喊声推向了最高潮。旋即又化作了交响乐

《小平 您好》。

在《小平 您好》的音乐声中，由远而近传来整齐划一的脚步声。同时，送出激越的男女声画外音，并叠印出相关的历史画面：

男声画外音："一九八四年十月一日，中华人民共和国迎来了三十五周年大庆！伟大的中华民族历经改革开放的战斗洗礼，以前所未有的英雄姿态迎接自己的国庆佳节！"

女声画外音："一唱雄鸡天下白。请看啊！天刚刚放亮，接受检阅的中国人民解放军各部队昂首阔步走来！"

男声画外音："请看啊！首都的工人、农民、科技大军、大中学校的师生组成一个个方队，迎着冉冉升起的旭日，从四面八方向天安门广场走来！"

天安门城楼　外　日——

在激情的《小平 您好》的音乐声以及脚步声中送出男女画外音，叠印出相应的历史画面。

男声画外音："一九八四年十月一日上午十时，邓小平和他的战友们准时登上天安门城楼。他远望高高耸立的人民英雄纪念碑以及那穿着节日盛装的人民，真是无限感慨在心头啊！国庆三十五周年大典开始了，邓小平作为中央军委主席，在国防部长秦基伟的陪同下走下天安门，以八十岁高龄乘车检阅了陆、海、空三军。那时，古老的北京上空回响着邓小平向三军指战员的问候：'同志们辛苦了！'"

女声画外音："邓小平阅兵结束之后，他又登上天安门城楼，看着一个个方队从金水桥前走过，无限感慨涌上心头。这时，在北京大学的方队中突然出现了一条横幅，'小平，您好'！顿时，天安门广场沸腾了！"

男声画外音："'小平，您好'，说出了亿万人民的心里话！没有邓小平，就没有改革开放的新时代；没有邓小平，就没有伟大祖国的繁荣和昌盛；没有邓小平，就没有今天十三亿人民的幸福生活！……"

男女声联合画外音："三十五周年国庆大典之后，邓小平的理论在继续发展着，邓小平所开创的改革开放的大道越走越宽广；今天，二十世纪第三位伟人邓小平走了，但是，邓小平理论依然是中国人民阔步前进的旗帜，我们中华民族将沿着邓小平开创的革命道路前进！前进！永远前进——”

《小平 您好》由独唱化为交响大合唱。

三军仪仗队迈着整齐的步伐前进着。

“小平，您好”的横幅渐渐推到屏幕前面。

邓小平乘车阅兵由远驶来，渐渐推到屏幕的中央。

定格叠印字幕：

全剧终

二〇〇八年元月十八日于香山

二〇〇八年二月十八日于香山

(京)新登字 083 号

图书在版编目(CIP)数据
小平 您好/王朝柱著. —北京:中国青年出版社,2009.1
ISBN 978-7-5006-8614-9

Ⅰ. 小… Ⅱ. 王… Ⅲ. 电视文学剧本—中国—当代 Ⅳ. I235.2

中国版本图书馆 CIP 数据核字(2008)第 205355 号

责任编辑:高育红 刘茗茗

*

中国青年出版社出版 发行
社址:北京东四 12 条 21 号 邮政编码:100708
网址:www.cyp.com.cn
编辑部电话:(010) 64079077 营销中心电话:(010) 84039659
三河市君旺印装厂印刷 新华书店经销

*

700×1000 1/16 32 印张 2 插页 455 千字
2009 年 2 月北京第 1 版 2009 年 7 月河北第 2 次印刷
定价:49.00 元
本图书如有印装质量问题,请凭购书发票与质检部联系调换
联系电话:(010)84047104